幼儿园游戏指导

——光明幼儿园自选游戏实验的思路与方法

北京师范大学教育系
北京崇文区光明幼儿园 自选游戏课题组

北京师范大学出版社

图书在版编目(CIP)数据

幼儿园游戏指导：光明幼儿园自选游戏实验的思路与方法／北京师范大学教育系、北京崇文区光明幼儿园自选游戏课题组著.—北京：北京师范大学出版社，1996.9（2019.6 重印）
ISBN 978-7-303-04103-9

Ⅰ. 幼…　Ⅱ. 北…　Ⅲ. 学前教育－游戏课－教学参考资料
Ⅳ. G613.7

中国版本图书馆 CIP 数据核字（96）第 19344 号

营销中心电话　010-58802181 58805532
北师大出版社高等教育分社网　http://gaojiao.bnup.com
电子信箱　gaojiao@bnupg.com

出版发行：北京师范大学出版社 www.bnup.com
北京新街口外大街 19 号
邮政编码：100875
印　刷：北京京师印务有限公司
经　销：全国新华书店
开　本：889 mm × 1194 mm　1/16
印　张：11.375
字　数：276 千字
版　次：1996 年 9 月第 1 版
印　次：2019 年 6 月第 15 次印刷
定　价：18.00 元

责任编辑：康长运　装帧设计：孙　琳
责任校对：李　菡　责任印制：陈　涛

目　录

前　言

本书是以我们在光明幼儿园开展的3年游戏科研为基础总结而成的。

全书共分四大部分：

首先在第一部分明确了“自选游戏”研究课题提出的背景。本课题的确立是为了探索幼儿教育规律，贯彻《幼儿园工作规程》，真正实现以游戏为幼儿园的基本活动。自选游戏研究是一项应用性、开发性课题，旨在将理论转化为实践，通过提供教育技术策略培训教师，引导其教育观念的转变并指导教育行为，从而大面积提高保教质量，达到科研为幼教实践服务、为幼教事业发展服务的目的。

第二部分，幼儿园以游戏为基本活动。侧重从理论上探讨什么是游戏及其特点与实质，论证游戏是学前儿童的基本活动。进而在对当前幼儿园游戏开展中存在的较普遍的问题作出分析的基础上，提出了“自选游戏”的概念，论证其内涵与外延，探讨自选游戏与教育教学的关系，并进一步考察分析了自选游戏中教师主导与幼儿主体的关系，以及自选游戏对实施个别化教育、促进幼儿个性和谐发展的作用。

第三部分，幼儿园自选游戏的指导。这是本书的重点内容。主要从游戏环境创设、游戏计划的制订、游戏过程的指导、游戏规则的建立以及游戏的观察与评价等方面进行探讨。每一部分都涉及目的意义、指导原则以及具体的方法策略，并提供大量实例，以便启发、参考和借鉴。如小、中、大班各活动区游戏材料与玩法实例、小、中、大班游戏计划实例、幼儿游戏行为的观察分析实例及教师指导实例等。

第四部分，师资培训与研究的初步效果。我们首先对整个游戏科研过程中如何培训教师队伍和研究的组织形式进行了认真的总结，归纳出一些带有普遍性、规律性的东西。光明幼儿园开展自选游戏研究课题3年多来，陆续有一些研究成果，教师也发表了一系列经验总结。我们选出一些有代表性的较为优秀的篇目汇集在这部分内容中。

本书在撰写过程中，注意体现以下特点：

1. 理论与实践结合　本书不是停留在单纯理论说理、逻辑思辩上，而是致力于将理论与实践紧密联系。如，结合幼教实践存在的问题进行理论分析，便于教师澄清认识，转变观念。既使在指导游戏方法这部分，也尽可能结合各环节的具体操作，给予理论指导、说明，使教师知道怎样做和为什么这样做。

2. 注意实用性、操作性　本书旨在在理论与实践的转换上，为教师提供一整套操作化工具，可以起到培训教师的作用。特别是在第三部分，从游戏环境创设到活动过程的指导均有较为详尽具体的策略方法，对实践中容易出现的问题予以分析，同时提示正确的做法，从而可以使教师据以指导自身教育行为。本书力求教师拿来就能用、会做，而不是仍然停留在只会说，不会做，使教师在实施操作中，不断提高教育技能。

3. 启发激励教师的能动创造性，引导其在教育实践中研究探索规律　本书分析了游戏开展中可能遇到的各方面的、大量的、多样化的问题，并提出了解决问题的方法、建议，可作为教师工作指南，作为教师指导游戏的工具手册。然而对幼教规律的认识与探索是无止境的，对幼儿园游戏的研究也只是刚刚起步，不可能穷尽所有问题。幼儿教师是一支不可忽视的科研力量。自选游戏的开展对教师的素质、技能提出了更高的要求，机械地照搬书本是行不通的。教师一定要结合面临的具体教育对象和实际的教育条件，创造有效的指导方式。因而本研究课题的着眼点不在于提供现成模式，而是提供思路和方法，致力于启发教师自身的积极能动性，引导他们在工作中努力探索，不断创新进取，自觉主动地在教育实践中研究教育，钻研规律，从而在不断提高幼教质量，促进幼儿在游戏中积极健康发展的同时，教师的自身素质、教育技能和教育研究能力也得到提高。如此则幼教事业有望兴旺发达。

本书由自选游戏课题组集体编写。

参加本书各部分撰写的人员：第一部分、第二部分，张燕、姜维静；第三部分，张燕、邹萍、李连荣、李荣伟、单银雪、季敏、刘克勤等；第四部分，张燕、姜维静、郝杰兰等。全书由张燕、郝杰兰、姜维静总策划和主编。

自选游戏课题组成员及参加本课题全体人员：郝杰兰、邹萍、苏京平、李连荣、李荣伟、刘克勤、单银雪、单金雪、季敏、刘利、陈荣花、李爽、任晓燕、孙玉芝、梁淑敏、傅文满、敖玉茹、姜维静、张燕等。

编　者

1995 年 2 月

第一部分　自选游戏研究课题提出的背景

一、自选游戏研究课题与《幼儿园工作规程》的贯彻执行

1989年国家教委颁布的《幼儿园工作规程》(简称《规程》)是新时期幼儿园教育的根本依据，为深入幼教改革指出了方向。《规程》体现了对传统教育观念的更新。如：《规程》将教育活动作为宏观的概念，在高一层次上囊括了一切具有教育因素的活动；强调幼儿在教育过程中作为发展主体的作用，“幼儿园教育活动是有目的有计划引导幼儿主动活动的多种形式的教育过程”；特别突出了环境的作用和对幼儿实践活动、幼儿与环境相互作用的重视，提出“创造与教育相适应的良好环境，为幼儿提供活动与表现能力的机会”；强调使每个幼儿在不同水平上发展，体现了重视个别差异的思想。

《规程》的这些基本精神和要求是依据新时期我们国家、社会在教育目标上的新的要求和规格，以及教育对象——幼儿的身心发展特点与发展规律提出的，符合幼儿教育的规律，反映出对学前教育的认识随实践的丰富而不断深化。

《规程》还特别突出了游戏在幼儿园教育中的地位，将“以游戏为基本活动，寓教育于各项活动之中”专门作为幼儿园教育的一条指导原则，指出“游戏是对幼儿进行全面发展教育的重要形

式”，并提出幼儿园开展游戏的具体要求。《规程》要求幼儿园注重开展游戏与以上基本精神是一致的，其关键在于使幼儿教育工作更符合幼儿特点，依幼教规律施教，这样才能有效地促进幼儿身心和谐发展，实现教育培养目标。

自《规程》颁布以来，幼教界掀起了认真学习、深入领会其精神实质的高潮，并在实践中努力贯彻执行，促进了儿童观、教育观的转变，推动了幼教改革的不断深入。在对“幼儿园以游戏为基本活动”的问题上，广大幼教工作者越来越认识到游戏对幼儿发展的重要意义，并努力为幼儿游戏的开展创造良好条件。

然而目前幼儿园游戏的开展并不尽如人意，大致有五种表现：一是提供的游戏类型单调；二是统一安排、硬性规定活动的内容形式；三是游戏条件与环境创设不利；四是指导方式程式化；五是未能观察了解幼儿游戏行为，指导随意性大，缺乏个性化指导等（详见第二部分）。

将这五种表现归结起来，乃是导演与放任两种极端倾向并存，反映出非此即彼的极端化、片面化认识：

一是强调以游戏为手段，注重发挥“手段性游戏”的作用。强调为达到特定目的而开展游戏，将游戏教学化，有的甚至将游戏作为一门课程安排在一周活动中，忽视了幼儿游戏是其自发自愿参加的，具有自主性的实质特点。因而导致了程式化指导和导演游戏。

另一个极端是为游戏而游戏，注重发挥“目的性游戏”的作用，认为游戏就是要让幼儿自由玩。常听一些教师、园长有这样的困惑：“是否应让幼儿想玩什么就玩什么，教师不予指导，否则就是不自由？”有的教师认为“幼儿就喜欢自己玩，教师干涉太多不好”，把教师的指导与幼儿的自主自由对立起来，因而开展游戏停留在表面形式上，过分重视游戏的兴趣性、娱乐性、自发性，而忘记活动的教育目标，导致放弃教育，放任自流。

幼儿教育实践中的问题实际上反映出理论上的混乱和模糊。

要真正贯彻《规程》的基本精神、切实落实幼儿园以游戏为基本活动、按规律实施教育，单纯理论说教于事无补，需在理论与实践结合的层面上探讨问题，澄清认识，探索教育方法与技术策略。为此，我们提出了“自选游戏与教师指导”研究课题。

二、自选游戏研究课题与教师素质、教育技能的提高

《规程》为深入幼教改革进一步指明了方向。教改的关键在于教师。从教师在整个教育过程中的地位和作用看，教师是教育目标的实施者，国家的教育培养目标需通过教师具体组织教育活动，直接落实到幼儿身上。同样，《规程》精神需转变为教师的教育行为，才能有科学的教育实践。教师的儿童观、教育观及其素质、教育技能直接影响教育质量与效果，影响教育目标的最终实现。

前述幼儿园游戏开展不尽如人意的状况也从一个侧面反映出教师素质和教育技能方面的问题。

我们曾对教师组织幼儿一日活动情况做过调查，又曾具体就开展游戏问题向教师进行问卷调查，并现场观察教师指导游戏的行为，结果发现：在创设游戏环境方面，环境的开放性、动态性不够，未能使环境成为幼儿积极充分活动的条件；在游戏指导上，无计划，无明确意图，教师未注意观察了解幼儿的行为，也未注意认识游戏及其材料的潜在教育功能，指导随意性大；在整个教育过程中，未能注意提供使幼儿充分自主活动的机会和依幼儿个人特点施教。

又据“北京市 15 所幼儿园玩具提供与利用调查”，60%以上的教师认为在幼儿玩玩具时应加以指导，但这种积极意向并不直

接导致有效的行为与积极的效果。除去游戏开始时分发玩具和结束时收放玩具两个环节外，在游戏过程中，17.3%教师只作为旁观者，不加干涉，而干涉幼儿游戏过程的老师有3种：16%维持纪律，27.2%不时巡视，仅39.5%参与到游戏中，随时指导。在记录到的376次教师指导行为中，79%为被动指导，占绝大多数。

在调查中，在与幼儿教师的实际接触中，我们发现：教师虽一般能认识到游戏的重要性，但行为上有脱节，教师较普遍地感到不知应如何指导。这实际上反映出教师并未真正透彻理解正确的教育理论，观念上仍有混乱。并缺乏必要的指导游戏的技术手段。因而未能在活动过程中很好地发挥主导作用，游戏的开展仅有形式而无大实效。

为此，我们提出自选游戏研究课题，力图为教师提供体现《规程》精神和正确理论观念的一整套操作化工具、手段。如：如何观察幼儿游戏行为，如何制订游戏计划、创设适宜环境、有效组织指导游戏、发挥师生积极相互作用，同时注重与家庭教育的配合和个别化指导的影响等。通过提供一系列反映正确教育指导原则的教育措施，以具体的教育技术策略培训指导教师，促使其在教育实践中、在实际的实施与操作中，转变教育观念，改进教育行为，从而切实提高教育质量。

三、注重理论的转化工作，加强应用性教育研究和教育技术策略设计

贯彻《规程》，落实以游戏为基本活动的精神，是深入教改的一项艰巨任务，也是幼教实践对研究人员提出的一项新的研究课题，要求研究人员作出实验论证，在理论与实践的转换上发挥作用。

以往的幼教科研较注重抽象概念思辨，单纯论理。应当认识

到，幼儿教育作为一门科学，对之进行基础理论研究是重要的、必不可少的，但决不能仅仅停留在坐而论道上。理论需在实践中得到检验，同时理论又需通过实践而得到发展。学前教育是一门应用性、实践性极强的学科，能否适应教改之需、适应社会发展的需要与要求，是衡量这门学科是否具有生命力，是否具有存在价值的唯一标准。“科技要转化为生产力”，理论的转化工作具有重要意义。幼教理论要操作化，才可能推而广之，才能指导实践，大面积提高幼教质量，实现科研为促进幼教事业发展服务。然而目前我国幼教理论的运用，即关于幼教开发性、技术性的研究仍较薄弱。

要真正实现“游戏作为幼儿基本活动形式”，发挥其在幼儿身心发展中的促进作用，实现科研为实践服务之目的，研究人员需在理论与实践的转换与过渡中担当中介和桥梁，进行开发性研究，这是社会发展和教改提出的新挑战。

本课题力图转变以往那种为科研而科研的做法，尝试探索以科研带队伍，提高教师素质，使科研切实为解决实践中迫切需解决的问题、为提高幼教质量服务。

本课题也试图探索一条科研如何服务于实践，迅速带来教育效益的良好途径，即如何在组织上为尽快取得研究效果提供保证。

第二部分　幼儿园以游戏为基本活动
——理论依据与现实的思考

一、幼儿游戏概述

（一）什么是游戏

关于游戏的定义，教育学家和心理学家的争论几乎持续了一两个世纪。由于对它的理解不同，看问题的角度各异，因而始终未能找到一个确切的定义。

假如我们去问问孩子们，答案似乎很清楚。当我们问到一个正埋头捏着泥饽饽的孩子："你干什么呢？"他会说："玩呗！""捏它干什么？""可有意思了！"一位母亲问他的儿子："'出去玩'是什么意思？"回答是："就是出去干你平时开心得不想回家吃饭的那些事。"有意思、好玩、开心，即儿童是在从事追求内在目标的活动，这是一种由内驱力——直接的内在动机所策动的快乐的活动。

这样看来，对幼儿的游戏似乎可以得到一点共同的认识：游戏是为了寻求快乐而自愿参加的一种活动。当然，幼儿游戏决不是单纯感觉上的快乐，它不同于成人的游手好闲，而是伴有生命充实感的快乐。儿童是"通过亲身体验而获得生命活动的意义的"。

关于幼儿游戏的特点

游戏是幼儿的活动，是幼儿期普遍出现的活动。从幼儿的游戏与学习活动、劳动活动的对比中，我们可以看到游戏具有这样一些特征：

1. 游戏是幼儿主动自愿的活动

游戏是幼儿的天性。幼儿游戏不是在外在强制的情况下进行的，而是幼儿出于自己的兴趣与愿望、自发自愿主动进行的活动。自主性是游戏的主要特点。游戏符合幼儿生理心理发展水平，能满足其需要，幼儿游戏以活动本身为目的，幼儿的行为是由内部直接动机的驱动而产生的，游戏不要求务必达到外在的任务和目标，也没有严格的程序和方式，玩什么、怎么玩均由幼儿自己决定。幼儿往往满足于活动过程而不在乎其结果，他们是在没有任何外在压力的情况下，轻松愉快地做自己喜欢的事情，与周围环境发生积极的相互作用。“儿童的游戏是实现他的积极性的一种形式，是生命活动的一种形式。”

2. 游戏是令幼儿感兴趣的愉快的活动

幼儿游戏是以愉悦为目的的体验生活的活动。兴趣性、娱乐性是游戏的一个重要特点。幼儿是从游戏过程本身得到愉快和满足的，如果幼儿对游戏丧失了兴趣，游戏也就停止了。

游戏因其适应幼儿的需要与其身心发展水平，因而可使幼儿感到满足和愉快，幼儿在游戏中没有外在限制，能够身心放松，积极活动，充分表现自己，实现个人的愿望，他们通过操纵材料、物品，控制所处的环境，体会到自己的力量和自信，从成功和创造中获得愉快的体验。如前例，幼儿快活地沉浸在捏泥饽饽中……“正是这种把以前获得的印象组合成新的创造物的可能性，正是这种对自身力量的考验，是游戏使幼儿产生巨大愉快的源泉。”（柳布林斯卡娅）

3. 游戏是虚构与现实的统一

幼儿游戏不是主观臆断或空想，而是以客观世界为依据，是其生活的写照，反映其知识经验。游戏的主题内容、角色情节、游戏中的规则及行为方式等均具有社会性特征，是对现实世界的反映，是幼儿渴望和参与成人的社会生活的反映。

然而，幼儿在游戏中并非“如实地”反映世界和周围生活，而是以假想即“假装的”、虚拟的方式作出反映的。就是说，幼儿在游戏中是通过想象、以“改头换面”的形式对真实的生活赋予了自己的理解，进行着象征性自我表现。例如，游戏中幼儿可以不受实际环境的具体条件和时间的限制，将地板当作海洋，将椅子作为军舰……等，通过想象创造新的情景。同时，幼儿也在此过程中理解和深入认识外部世界。

4. 游戏具有具体性

幼儿游戏有主题有情节，有实物材料，有具体的活动和实际的动作等，游戏的内容形式丰富多采、灵活多变。游戏的具体性适合于幼儿的认识和心理活动特征（思维的直觉行动性与具体形象性、兴奋大于抑制、心理活动无意性等），幼儿正是在具体的游戏活动中，积极操作实践，认识周围生活，使身心得到发展的。

5. 游戏包含着积极的约束

幼儿游戏并非毫无约束和限制，游戏中，个体有一定的自我约束。既使是极单调的插棒游戏，幼儿也不会忘记自己的“目标”与规则。这一特征与游戏的自主性紧密相关。如：在建构游戏中，幼儿需对自己的注意力和动作进行不断的调节和控制，养成坚持性，在活动中学习克服困难，尝试解决问题，完成搭建任务；在角色游戏中，幼儿为了符合角色的要求和游戏的情景，也要主动克制自己，做出符合角色身分的行为，如娃娃家的“爸爸”不随便吃东西。因此，有人说“儿童不是由于自由才进行游戏，而是在游戏中变得自由了”。

总起来看，幼儿游戏一般具有以上几方面特点。分析认识游戏的性质，理解游戏的特点，是教育者利用游戏作为教育手段和正确有效地指导游戏的前提。

关于幼儿游戏的产生

幼儿游戏的动机是由内在需要产生的，这种需要是受生活经验与外在环境的影响而产生的。幼儿的游戏一开始就具有社会性特征：幼儿的游戏动作直接来源于他们与成人的接触。

可以认为，幼儿游戏动机是生物性与社会性的统一，是主体与客体相互作用而产生的。

幼儿作为生长着的有机体，他们有要求活动的需要，有表达情感、与人交往的需要，有独立活动、操作物体、对环境产生影响的需要，又有模仿成人的动作，反映与参加成人社会生活的需要。幼儿的这些需要促使幼儿通过游戏活动将有机体的生物本能与外界环境刺激发生相互作用。游戏正是由此而引起和产生的，同时又借助游戏活动使这些需要得以满足。一种需要满足了，新的需要又出现了。幼儿的需要同已有能力水平之间矛盾的产生、转化与统一，都是在积极的游戏活动过程中实现的。

（二）游戏是学前儿童的基本活动

游戏是学前儿童的基本活动

幼儿几乎无时无刻不在游戏。游戏是处于身体和心理上各种机能仍未成熟阶段的幼儿的主要活动。“幼儿的生活就是游戏”。幼儿以游戏为主导活动。就是说，幼儿期的发展必然要经历游戏这个过程，这是学前幼儿的基本活动，是为进入学龄阶段适应社会生活做准备的活动。

1. 游戏在幼儿的一日生活中占据的时间最多，是其生活的大部分内容

幼儿在一日生活中，除了饮食、睡眠、盥洗等日常生活活动之外，几乎都在游戏着（有的幼儿即使在吃饭、洗手时也要玩）。幼儿的生活是以游戏为中心的，游戏占据幼儿生活的大部分时间，几乎成为幼儿生活的全部内容，是幼儿“最根本的生活现象”。我们可以注意观察一下，如果一个孩子不去游戏，那么他不是正面

临发展中的某种不正常状态，如经受某种疾病，就是受到了特别的限制。

2. 游戏产生于幼儿身心发展的一定阶段，最适合其特点，能反映其发展水平，是幼儿期特有的活动方式

幼儿期儿童好动活泼、好奇、好模仿，认识活动表现出具体形象性，具有心理活动和行为的无意性，自制力差，情绪作用大等，游戏是最符合幼儿的年龄特征和心理发展水平的活动形式，是最适合幼儿需要的活动方式。

3. 幼儿游戏有自己独特的结构，有着独特的发展变化的规律，是具有不同层次、水平的矛盾运动系统

游戏中的矛盾斗争既促进游戏活动的深入，又由此促进幼儿身心的发展。在此矛盾运动中，幼儿游戏由最早的游戏动作向及物游戏发展，以后又出现结构游戏，再发展到象征性游戏，进而转变为社会性角色游戏。游戏的不断发展与不断深入，促进了幼儿心理发展水平的不断提高，而其心理水平的提高反过来又推动游戏的深入。游戏活动与幼儿的身心发展是相辅相成、相互促进的，最终促使幼儿从游戏活动向学习活动转化。

表2.1 幼儿游戏发展过程图示

第一阶段	感情性活动	· 对活动对象的感情性活动 · 对物的追求 · 对母亲或看护者在感情上一致

↓

第二阶段	自发性探索活动	· 对活动对象特征的探索 · 根据外部特征，对整个物体下定义 · 与特定伙伴结成松散关系

↓

续表

第三阶段	扩大的活动范围	· 通过与活动对象多方接触形成有一定方向的活动 · 了解物的多方面使用方法，组织起来玩耍 · 共同活动，分清职责，定出规矩但不能持久

↓

第四阶段	组织化的活动	· 有目的地以物结交朋友 · 准备好玩时所需物品，使玩耍有意义 · 分清职责，明确规矩

4. 游戏创造了最近发展区

游戏是学前幼儿的基本活动。基本并不等于唯一（如果是唯一，也就无所谓基本），而是与学前期其他活动相互联系、渗透和补充的。学前儿童不仅游戏，也从事自我服务的劳动，如自己穿衣洗脸等，并进行初步的学习活动。但游戏在学前期儿童的多种活动中，占据主导地位，游戏引起幼儿心理活动的各种质变。心理学家发现，各种心理发展的新萌芽首先出现在游戏中。幼儿本质上是通过游戏得到发展的。正如维果茨基所说，“儿童在游戏中的水平高于其他活动中的水平”，游戏“创造了最近发展区”。

游戏可以为促进幼儿身心全面发展提供最优条件

游戏不仅是童年期一种特有的快乐的活动，而且它也是对幼儿成长发展和学习有价值的一种活动。

1. 游戏可促进幼儿身体生长发育

孩子们在奔跑、跳跃、攀爬、钻进钻出的活动中，在荡秋千、玩滑梯、拍球的活动中，他们的身体得到了锻炼，大肌肉动作和多种运动技能得到了发展，形成了协调平衡能力等；孩子们在使用蜡笔、剪刀的活动中，在摆弄操作物品和多种工具、材料的过程中，小肌肉运动能力和手眼协调能力得到了促进，发展了感觉运动技能，也为书写和阅读准备了必要的技能。

2. 游戏促进幼儿智力的发展

心理和教育研究者令人兴奋地指出，“儿童早期是奠定智力发展基础的最佳时期。游戏的过程正是智力发展的非同一般的特殊的过程，这恰恰是游戏的作用之所在”（马斯洛、罗伊德）。

游戏对幼儿智力发展的作用得到了普遍的承认，并已经和正在得到越来越多的证实。

幼儿在游戏中与环境相互作用，通过操作物品，认识事物的特征，发现事物之间的相同与不同，进而逐渐意识到事物之间的关系和联系，能对物体进行分类，形成概念。

在假想的游戏中，幼儿对已有的知识经验和生活经历以独特的方式重新加以组合，这正是创造性想象的源泉。

游戏促进语言的发展。幼儿在共同游戏和密切的相互联系接触中，有大量运用语言的机会，从中可以学习理解他人语言和用语言表达自己。语言能力的发展能够进一步促进幼儿智力活动水平的提高。有研究表明，热衷于主题想象游戏或社会角色游戏的3岁幼儿，在一些智力测验中取得的成绩明显优于其他幼儿。

游戏还能训练幼儿对数量关系的认识。如，幼儿通过积木游戏，比较长短、粗细、高矮，知道两块小积木可以搭成一块大的。此外，他们在游戏中，反复操作、尝试、探索，从而找到解决问题的办法，提高了处理问题的能力。

3. 游戏可以激发幼儿的良好情绪，促进幼儿个性和社会性的发展

游戏是幼儿表现自己情感的一种方式。幼儿在游戏中，可以不受压抑地实现自己的愿望，自然地表现自己的情感态度。如，一个小幼儿给娃娃打针，嘴里说着：“别哭，不怕！”游戏使幼儿由被动转为主动，因而感到愉快、满意和自信。游戏可以使幼儿产

生新的兴趣和积极的情绪，并逐渐地学会控制自己的消极情绪。可见游戏具有良好的心理保健作用。在游戏中，幼儿可以充分表现自己，自由支配物体、操作材料，并进行大胆的艺术活动，其创造的欲望可以得到极大的满足。为了达到成功的目的，幼儿需克服困难，促使其自我约束，因而有助于形成自制能力和意志力。

幼儿在游戏中，要与其他伙伴发生关系，他们逐渐地发现和了解了自我与他人，了解了自己行为的结果及他人对自己的反应，使自己的行为能为同伴接受。在游戏中幼儿作为集体成员，需相互适应，服从共同的行为规则，掌握和学习轮流、协商、合作等社交技能。

特别在社会性角色游戏中，幼儿有机会学习扮演社会角色，使自己处于他人的地位，体验别人的情感和态度，学习成人社会各类社会角色应有的行为方式，从而理解成人世界，理解社会角色之间的关系，学习并遵守社会生活准则。

幼儿在游戏中，开始时自己玩，逐渐能与同伴平行玩，再到联合起来玩，甚至能够分工协调、相互协作有组织地玩。游戏使幼儿从自我中心状态过渡到能够考虑到他人，并学习与他人协调平衡，成为一个社会的人。

游戏激发了个体身心发展的巨大潜力，为幼儿步入社会，从事正规的学习生活做了最初的必要的准备。

幼儿游戏是以活动本身为目的的，即为游戏而游戏，他们并没有自觉地意识到游戏的作用，而且游戏的确不能创造具有社会意义的价值，不具有生产性，无实际功用。但是，这并不抵消游戏对于个体、对于社会发展的重大意义。游戏对于个体身心发展有着现实的价值（如上所述），同时具有社会意义。幼儿通过游戏，学习社会文化，形成符合社会需要的行为方式。正是游戏使文化得以在下一代身上传播，因而使社会种族得以不断延续和发展。

不应以成人的功利性观点看待幼儿的游戏，把它仅仅当作毫无意义的嬉戏、玩耍、瞎胡闹等无聊地寻求快乐的活动。游戏对于幼儿来说，既是追求快乐的活动，又是一种十分严肃的工作。幼儿把游戏看作生活的必需，他们主动参加活动，情绪积极高涨，很少有“玩够了”的时候。事实上，幼儿的游戏和学习不是截然分离的，更不是相互对立的，游戏是幼儿学习的一种独特途径和方式，是他们认识世界、发展自我的媒介。教育家和心理学家发现：“如果在良好的情况下让幼儿去游戏，会导致最佳的学习”；如果不通过游戏，则很难期望有充分的学习。特别应当认识到，游戏是幼儿积极主动的行为，正是由于这种由内在动机激发的积极与周围事物、外部世界相互作用的活动，外部世界才具有一定的意义，个体也才能在认识客观世界的同时，实现自身的发展。正如这段话所描绘的：“幼儿把一种热烈的情感带进了游戏活动之中，他们就好像是小小研究家，正在从事自己所热爱的工作。”

游戏使幼儿在不知不觉中掌握了初级的学习行为。游戏活动的发展促使幼儿由行为的无意识，即仅注重过程本身，过渡到逐渐注重活动的结果，幼儿开始意识到行为的意义。心理学家指出，“这种意识——自觉目的性是系统学习和劳动的必要条件”。可见，游戏使幼儿为学习做好了准备。

总之，游戏是幼儿的基本活动，在幼儿生活中意义重大，对其成长发展有重要影响。因此，幼儿教育应将“寓教于乐”作为基本原则，将游戏作为幼儿教育的有效手段，运用到教育活动之中。

（三）幼儿游戏的类型

幼儿游戏的类型多样，常常不拘一格。我们可以从历史与当代、从中外教育家、心理学家对游戏的分类，认识其多样性的特点。

1. 按照儿童对游戏的体验分类

比勒（Bihler）认为，游戏是儿童全面发展的手段。他根据儿童对游戏的不同体验形式，将游戏分为：

(1)机能游戏　幼儿反复做某个动作或活动以示快乐和满足。这类游戏自然地锻炼感觉运动器官，有效地发展身心机能。

(2) 想象游戏　又称“过家家”、“模仿游戏”、“角色游戏”，即再现成人生活的游戏。幼儿开始时是模仿周围成人的某些行为，进而有意识地扮演成人的角色，以后逐渐能够按角色的要求行动和协调相互关系。

(3) 接受游戏　幼儿通过看画册、听故事、看电视、电影等而获得乐趣的活动。这是相对被动的游戏。

(4) 结构游戏　又称“创造游戏”。幼儿运用积木、粘土、沙或纸等制作物品，进行造型活动。

日本的山下俊郎也从幼儿心理活动的角度，将幼儿游戏分为感觉游戏、运动游戏、想象游戏、接受游戏和结构游戏等。

2. 按照幼儿游戏的社会性水平分类

美国的帕顿（Parten）按照幼儿游戏表现出来的社会参与水平，将幼儿游戏行为归纳为 6 种类型：

(1) 独自游戏　幼儿自己一个人玩玩具，兴趣全部集中在自己的活动上，不在意周围其他伙伴的活动。

(2) 平行游戏　幼儿单独做游戏。由于玩的玩具材料与其他人相类似，因此看起来好像是在一起玩，其实幼儿是在同伴旁边玩。

(3) 联合游戏　幼儿与同伴一起游戏。他们谈论共同的话题，活动中偶尔有借东西的，出现相互追随模仿的行为，但没能围绕具体目标进行组织，每个幼儿仍是依个人的愿望游戏，是凑在一起玩。

(4) 协作游戏　幼儿形成小组做游戏。游戏中有分工和协作，有共同的目的和达到目的的方法。小组通常由一两个领头的孩子组织指挥。

一般地，这几种行为类型随幼儿年龄的增长而变化。除此以外，幼儿游戏中，还有两类与社会参与性有关的行为。

（5）无所事事　幼儿不是在玩、在游戏，而是在东游西逛，玩弄自己的身体，或是从椅子上爬上、爬下，再就是注视着某些突然发生的有趣的事情或是发呆。

（6）旁观　幼儿（几乎在整个游戏时间）关注着其他小朋友的活动，偶尔也搭几句话或是提些问题，但始终不加入到游戏中去。

3. 按幼儿智力发展阶段对游戏进行分类

皮亚杰根据幼儿智力发展阶段，将游戏分为3类：

（1）感知运动游戏　又称“机能性游戏”。幼儿反复练习感知觉与动作。如小婴儿反复地丢拣玩具或物品，从身体动作和活动中得到快乐。

（2）象征性角色游戏　幼儿以模仿和想象扮演角色，反映周围生活。幼儿能脱离对当前实物的知觉，以表象代替实物作思维的支柱，进行想象。如用一只小篮代替汽车的方向盘。以后逐渐学会用动作和语言符号进行思维，如“假装咱们受了伤”并作疼痛状等。这类游戏是以假想的方式反映现实，体现了游戏的典型特征，幼儿通过假想将已有知识经验重新组合，以假想的方式“参与”成人的社会生活，从而获得愉快和满足。

（3）有规则的游戏　以规则为中心，摆脱了具体的情节，用规则来组织游戏。最初是带有自发性的规则游戏，此中包含着“义务”观念，参加者必须意识到游戏至少有两个人一起玩。这是一种在相互交往活动中以规则为目标的社会性游戏。简单的规则游戏出现在4、5岁，以后随着年龄的增长，逐渐演化为体育游戏、纸牌游戏等。

4. 依据游戏的教育作用分类

前苏联的学前教育学注重从教育角度研究游戏，根据教育实践中如何以游戏作为促进发展的途径，即依游戏的教育作用进行分类，把游戏分为两大类别：

（1）创造性游戏　包括角色游戏、结构游戏和表演游戏。这类游戏大都是由幼儿自由地玩，强调儿童的主动性、创造性。

（2）有规则游戏　包括体育游戏、音乐游戏、智力游戏等。通常是由教师在儿童自发游戏的基础上创编的，是为达到一定的教育目的而进行的。活动大都是由教师组织儿童进行。

前苏联的分类对我国学前教育有较大影响。

日本学前教育家和田实主张幼儿教育应采取游戏诱导的方法，即通过游戏，在无意识中去诱导幼儿身体的健康发展和涵养其德行。由此出发将游戏分为经验游戏、模仿游戏、练习游戏三种。和田实提出的幼儿游戏结构为：

- 经验游戏
  - 直接直观的游戏——观察
  - 间接直观的游戏——听故事和音乐
- 模仿游戏
  - 记忆性的——将观察到的事物凭记忆再现出来，模仿象征
  - 想象性的——戏剧表演
- 练习游戏
  - 身体方面的——捉迷藏、跑跳等生理运动
  - 精神方面的——猜谜、拼图等智力活动
  - 技术方面的
    - 语言技巧——谈话、唱歌
    - 运动技巧——球类游戏
    - 手工制作——绘画、制作
    - 劳动——采集、饲养等

除以上对游戏的几种分类外，还有人把游戏分为：探索游戏、掌握技能的游戏（发展动作及绘画、书写、建筑、阅读等）以及模仿象征和戏剧表演等。

从以上的不同分类可以看出，游戏的外延是极宽广的，可以发生在儿童活动的各个领域，具有丰富多样性的内容和形式。因而，“把游戏作为活动的一种特殊类型或固定形式来下定义是不妥当的”（凯瑟琳·加维）。由以上的多种分类又可见，对游戏的分

类没有绝对的标准。由此也促使我们进一步考察和探求游戏的实质。判断一种活动是游戏还是非游戏，应当以能否激发幼儿——活动主体快乐的主观体验并促使其积极主动去活动作为标准或界限。就是说，一种活动如果能使幼儿感到开心、好玩、有意思，并以此为目的积极从事或投身其中，这种活动即为游戏。结合日常生活中的例子，似可认为：游戏的实质就在于幼儿的主体性、自主性能够在活动中实现。

二、当前幼儿园游戏开展中存在的问题及原因分析

目前，我国幼儿园开展游戏的状况不能令人满意，游戏的开展很难取得应有的促进幼儿全面发展的效果。归纳起来，主要有这样几种表现：

1. 提供的游戏类型或活动形式单调　目前幼儿园安排提供或开展的较多的是积塑拼插游戏，类型单一。据“北京市15所幼儿园玩具提供与利用”的一项调查表明，在种类分布上，结构玩具占73.2％。游戏的开展远未达到多样化，没有发挥其多方面的教育功能。

2. 统一安排、硬性规定活动内容形式　幼儿园游戏并非幼儿的自主性活动，玩什么、怎样玩不是由幼儿自己做主的，而是由教师统一安排规定的　如玩某几样玩具、开展某几种主题，常听教师这样向幼儿交代：“今天就玩娃娃家和餐厅。”或是逐一开展不同类型的游戏，如周一玩结构游戏，周三智力游戏，周五表演游戏……

3. 指导方式程式化　教师往往习惯于以一定的模式导演游戏，如规定出几种主题和角色，帮助幼儿分配角色或指定角色，游戏中的角色需按固定方式行动，情节要依一定套路发展。如餐厅

的幼儿就是做饭，做出多种面食、点心等，做好的饭要有人来吃，于是教师就去引导其他孩子如表演区的幼儿来吃饭；表演区不能只有演员表演，于是教师又要安排一些孩子来当观众……游戏主题、角色、情节几乎均由教师编导排练，注重热闹的场面、结果的圆满。游戏的开展并非依据幼儿自身的兴趣，幼儿不能自由地将其知识经验反映在游戏中。

4. 游戏条件与环境创设不利　相当多的园所玩具材料较少；有的园有一定数量与种类的玩具，但常常处于封闭状态，有些玩具材料等物质基础较好的园所，游戏条件创设仅限于提供多种材料、保证时间，教师未能注意因地制宜创设游戏活动条件和充分发挥物质条件的实际效用，未能对游戏环境中多方面的因素加以合理组织。

5. 未能注意观察了解幼儿的游戏行为，指导随意性大　教师由于未能注意观察幼儿的游戏行为，游戏的计划性不够，缺乏指导的目的意识。教师没有充分理解或了解具体教育对象的游戏水平与特点，就谈不上对幼儿行为给予有针对性的具体指导，因而游戏效果不甚了了。在这种情况下，游戏的开展也容易受到冲击。

以上几种状况比较普遍地存在。其主要原因在于教育者的游戏观，即对游戏的认识、看法上存在着偏差。教育者对于什么是游戏，幼儿游戏的特点如何，游戏的性质及其表现形式、范围等有关的游戏内涵与外延的理解仍较肤浅，有表面化、简单化倾向。例如，将游戏仅仅看作是幼儿感兴趣的一种活动类型，未认识到其真正本质在于自主性，在于能够激发起幼儿——发展主体的内在活动动机，促使他们主动自愿参与活动过程；认为游戏就是学前教育学教科书上划分的角色游戏、结构游戏、表演游戏及智力游戏等，并机械僵化地将这些类型照搬到实践中，因而造成了游戏分类开展形式单一，游戏的开展按固定的套路或程式，注意其规模场面，往往依教师的设计导演成为一台戏，表面看上去很热闹，但仅流于形式而实际无大效果等问题。

要改变以上局面或状态，关键在于端正教育工作者的游戏观，清楚地认识幼儿游戏的特点，理解游戏的实质，进而按规律指导游戏，创造适宜条件，真正使游戏成为幼儿园基本活动。

以上状况也表明，教师在对游戏的指导上缺乏必要的教育技术策略和方法手段，因而不知道究竟如何指导游戏。前面提到的调查发现，教师除去在游戏开始时分发玩具及结束时收放玩具两个环节略有指导外，在整个游戏过程中，17.3%的教师仅仅作为旁观者，对活动不加干预；而干涉或介入幼儿游戏的教师行为有3种，16%是出于维持纪律，27.2%不时巡视，仅有39.5%能够参与游戏，随时指导。另外，在所记录到的总计376次教师指导行为中，被动指导占绝大多数，为79%。可见，教师迫切需要一套理论向实践转换的、便于实际操作的指导游戏的方法手段，在转变观念的同时，提高教育技能，改进教育行为。

三、自选游戏概念的提出

（一）幼儿园作为教育形式的两类游戏

《幼儿园工作规程》明确提出，幼儿园“应以游戏为基本活动，寓教育于多项活动之中”。综观我国幼儿园多年的教育实践，可以认为，幼儿园一般有两类游戏：

一是以游戏的形式开展活动实施教育，完成特定的教育教学目标。如在上课或作业中注意采用游戏的形式与手段，激发幼儿兴趣，从而促进教育效果的提高。此即手段性游戏。

二是注重游戏活动本身。以游戏为基本活动，注意开展幼儿自选的、自由的游戏活动，充分发挥游戏的自主性特点，激发起幼儿——发展主体的内在活动动机，产生积极体验，通过轻松愉快的活动过程，促进其身心得到发展，这就是目的性游戏。

幼儿园的这两类游戏（手段性游戏与目的性游戏）各有其独特的教育意义。前者是作为教育手段运用的，是结合特定的教学或主题活动而进行的，侧重认识的目的，是在教师组织下并且往往是以集中统一的形式进行的。对这类游戏，教师的控制程度较大。幼儿需按要求行事，对于幼儿来说，并不能完全自主。因此，这类活动并非充分意义上的游戏。在我国以往的幼儿园实践中，在这类游戏——教学游戏的创编和开展上，积累了较好的较为丰富的经验。后者即所谓“目的性游戏”，注重游戏活动本身，使幼儿在活动过程中体验快乐并身心获益。这类自由自选的游戏对幼儿的个性、情绪和社会适应性方面的影响和促进作用较大。但这方面恰恰是我国幼教实践的薄弱环节。以往一些幼儿园比较注重依游戏类型分门别类开展游戏，如周一角色游戏、周三结构游戏、周五表演游戏或智力游戏等。这主要是由于对游戏类型的单一性、简单化的限定或机械地照搬教科书，导致了对幼儿活动整齐划一的安排。事实上，这样来安排的幼儿活动形式仍应属于教学游戏的范畴，而并非严格意义上的幼儿游戏，因为幼儿不能对活动自主支配，不能自己选择、作出决定。

幼儿园以游戏为基本活动，就应特别注意开展目的性游戏，即幼儿自由自选的游戏，注意探索这类游戏活动的形式。

幼儿园作为教育机构，其一切活动均具有教育性因素，都是为了实现全面发展的教育培养目标。幼儿园游戏作为教育活动的一部分，应被教师纳入有目的、有计划的教育影响过程，有效地指导游戏，使游戏“成为对幼儿进行全面发展教育的重要形式”，应注意在自选自由游戏的开展中，处理好幼儿自主性游戏和教育者有目的指导、影响的关系。

前面提到的幼儿园开展游戏的五种偏差表现，实际上可以归结为两种极端化倾向，即“导演”与“放任”并存。或是注重发挥“手段性游戏”的作用，强调为达特定目的而开展游戏，以游戏为手段，将游戏教学化，忽视了幼儿游戏所具有的自主性的实质性特点，导致了程式化指导、导演游戏；或是跑到另一个极端，过分强调“目的性游戏”的作用，为游戏而游戏，教师不予指导，否则就是不自由，注重游戏的兴趣性、娱乐性、自发性，而忘记活动的教育目标，导致放弃教育、放任自流。这种非此即彼的固定化、片面化认识是极其有害的。教师需在教育实践中摒弃这种极端化的思维方式，学会有分析地辩证地看问题。

我们知道，游戏的关键在于自主性。对游戏加以指导，似乎与其本来的意义相矛盾，事实并非如此。这里的指导并不是指外部强制性的要求规定、硬性安排，或者教幼儿做什么、不做什么、如何做，而在于激发起幼儿的积极能动性。强行控制幼儿的行为，不会产生真正的游戏。幼儿园生活中不乏这样的例子。例如，一次游戏时间，教师规定幼儿玩积塑，给每个孩子分几块材料，要求不能离开个人的位子。有的幼儿无意识地摆弄手中材料，有的就坐在那里发呆，有的幼儿玩一种玩具一会儿就厌烦了，但教师不让离开座位，于是不时回身与周围孩子打斗。又如，一次在“幼儿园”游戏中，为使游戏圆满，教师指定一男孩子为“园长”，自己当“教师”，结果这位“园长”由于没有这方面的知识经验，不知该做什么，他东看看西晃晃，不知所措地跟在教师身后，被动地听从他的安排。教育者要充分认识游戏的实质，注意开展幼儿自选游戏，为幼儿提供自主支配行为、自愿地积极参加活动的条件。

同时，应当认识到，幼儿园游戏并非完全自然状态下的幼儿自发活动，而是教育活动的一部分。幼儿自发的游戏，其促进发展的客观结果往往具有很大的偶然性、盲目性。幼儿园游戏是有目的、有意识的教育影响过程，应能更有效地促进幼儿的发展。因此，教育者对游戏的指导不能仅仅是随意性的，而应增强指导的目的意识。如从游戏计划的制订到选择材料、创设环境以及教师自身行为的影响，都应体现一定的教育目的或意图，盲目随意性指导不会产生预期的效果。

教育工作者应努力探索幼儿园游戏开展的形式，并探索以不同于其他教育活动的方式指导幼儿的游戏。

（二）幼儿园自选游戏概念的提出

幼儿园应注重开展自选游戏。我们在这里特别强调“自选游戏”的概念。自选游戏指的是一种人为创设自然情景下的幼儿游戏。由于幼儿的一切活动均具有游戏性，同时幼儿的游戏也是他们的学习和工作，因而幼儿园自选游戏宜将内容广泛、形式多样的幼儿活动如娃娃家等角色游戏、建构活动、语言阅读、操作、探究、观察等等囊括在内。自选游戏一方面可以为幼儿自发自愿的活动提供条件，同时又可渗透教育的目的要求。

自选游戏对于幼儿来说，是一种自由活动、自由游戏：活动类型是幼儿感兴趣的，具有多样化的形式和丰富的内容；同时，幼儿可以自己决定玩什么、怎么玩，可自由选择，充分自主活动。

对于教育者——教师来说，自选游戏体现一定的教育意图和要求，教师可以通过确定游戏的教育目标制订计划，通过创设适宜的游戏条件，并在活动过程中指导影响幼儿的行为，激发幼儿对周围环境的兴趣，积极实践操作探索，从而达到促进幼儿全面和谐发展的目的。

日本学前教育家和田实提出“游戏诱导”的思想，主张将幼儿自然活动为主体的游戏作为保育的中心。就是说，幼儿教育要采用诱导的方法，使幼儿在不知不觉中、在无意识中受到诱导，促进其身体健康发展，涵养其德行，启迪其智能。我们认为，幼儿教育因其对象的发展特点，更应注重通过“自然的课程”，使幼儿得到发展。

自选游戏是愉悦性与教育性的统一，前者为手段，后者为目的。即以适合于幼儿特点的方式进行教育，使教育顺应幼儿身心发展规律，通过游戏实现教育促进发展的目的。可以认为，自选游戏是一种“自然”的、隐性的课程或教育活动，与显性课程即正规的教育活动，如分科教学或综合主题教学相比，具有独特特点：

一是注重在幼儿生活的自然进程中给幼儿以潜在影响。自选游戏为幼儿提供了自由活动、自主支配行为的条件和机会。游戏中，教育影响是潜在的，教育意图往往客体化在环境材料之中，教师也作为环境中的因素——作为幼儿的游戏伙伴，与幼儿共同参与活动过程。幼儿在其熟悉的现实生活中，在积极愉快的游戏活动中，潜移默化、不知不觉地接受教育影响，学习并认同社会要求，向着教育目标规定的方向发展。

二是注重活动过程，注重主体的直接操作体验，获取大量感性经验。在自选游戏中，教师通过提供适合幼儿生活经验的情景与材料，使幼儿到得大量直接感知体验的机会，幼儿可直接操作材料，通过自身的具体活动与动作同周围环境和物质材料相互作用，通过活动过程获得大量的丰富的直接经验，从而了解客观世界，学习知识，发展多方面能力。

三是人际交往的多向性并特别有利于发挥幼儿伙伴与群体的教育影响力。由于自选游戏活动的组织比较松散，因而活动中教师与幼儿个别接触的范围扩大了，师生间互动频率大大增加，有益于因材施教。更重要的是，在自选游戏中，幼儿可以有充分机会与伙伴、与伙伴群体相互作用。事实上，幼儿既作为教育对象，又同时可发挥教育者的作用。每个幼儿在知识经验、能力及性格特点上均成为其他幼儿的一个影响源，是一种重要的教育因素。教师可以有意识地利用幼儿伙伴及幼儿群体，发挥积极的教育影响作用。

在自选游戏中，教育影响和要求更易于为幼儿所接受，并转变为幼儿自己的愿望与动机，从而产生较好的教育效果。

自选游戏是作为教育活动的一种形式被纳入有目的、有计划的教育影响过程中的，与集体正规教育教学和生活活动共同作为实现教育目标的有效形式和手段。

自选游戏的开展，有益于真正落实“幼儿园以游戏为幼儿的基本活动”。幼儿园应将自选游戏作为幼儿在园一日活动的一部分重要内容，每天为幼儿安排一定的较为集中的自选游戏活动时间，并创设宽松的环境气氛和良好的物质条件，为幼儿提供较充分的自主活动机会，使游戏真正成为幼儿生活之必需，并经长期活动过程，促进幼儿身心整体的发展。

（三）自选游戏与教育教学的关系

广义上，幼儿园教学与游戏均为教育活动。然而二者又有所区别。前者是显性的，指正规含义即狭义的课程；后者则为隐性的非正规意义上的课程。这里，试对二者的不同的特点作如下分析。

1. 首先，从两类活动的发生看，游戏是自然发生的，是符合幼儿特点的活动形式，是幼儿在外界条件刺激下，由内在动机所引起的；教学则是成人由外部引入的，并非直接由幼儿的内部动机所引起的，具有一定的强制性，教师规定了活动内容、形式、方法，幼儿需依教师的要求按预定的步骤进行活动。

2. 从两类活动的教育目标看，二者侧重点有所不同。教育机构中的教育教学一般为显性教育影响，它更多地与儿童的知识掌握、认识发展及技能形成有关。我国幼儿园教育受前苏联影响较大。前苏联学前教育理论认为，“在科学飞速进展的时代，人们要求儿童吸收的知识越来越多，越来越复杂，要求幼儿智力发展水平更高”，因而主张将“有计划地推进幼儿智力的发展作为幼儿园的任务”，强调系统教学，要求有效地组织幼儿的认识活动。当然，近年来这方面的理论与实践越来越注重将教学重心移到学的方面。

可见，幼儿园教育教学是以发展幼儿智力、增长知识技能为主要目标的。

关于游戏的教育目标，以往无明确的提法。我们认为，游戏作为幼儿园教育活动的一种形式，应当确立其教育目标，从而更好地在实践中开展并利用游戏，达到一定的教育效果。否则很可能流于放任。

不同类型的教育活动（如幼儿生活、学习或教学、游戏等），其教育目标所侧重的内容及其精确化程度有所不同，效果实现的时效性也有所差异。这里提供一张表格，试从教育目标等方面对幼儿园游戏与教学两种教育活动作一对比。

表 2.2　幼儿园游戏与教学两种教育活动对比

	集体教育教学活动	自选游戏
教育目标	具体精确，以认知发展为主	较宽泛,全面培养,尤有益于良好情绪、社会性发展
活动内容与形式	较单一，分科或分领域进行，有益于系统深入	整体性、多样化、内容丰富、形式多变、切合幼儿生活经验
组织结构	组织严密、教师控制程度高、单向作用、面向幼儿全体、注重统一要求	较松散,幼儿自由度高、自主性大,面向小组,幼儿之间相互影响，注重因人而异、个性化教育
指导方式	以显性直接指导为主，注重教、传授、灌输,按计划程序严格实施	多为隐性指导，间接自然的影响与直接指导结合，计划性与随机性统一，注重发现式学习
时效性	较为立竿见影、效果快且明显	经历较长时期活动过程，有潜在效果

游戏属隐性课程，主要与儿童的情感、态度及其他个性品质的形成有关。一般地，游戏活动的教育目标不宜确定得较精细，有如一种活动培养一种能力那样一一对应，其效果也并非一次性立

竿见影地实现（不同于教学活动），而是对幼儿身心整体发展具有促进作用，并且需经过较长期的活动过程逐步得到实现。游戏的教育目标宜确定得较为宽泛。可以认为，自选游戏的开展有助于以发展良好情感、个性和社会适应性为主的幼儿园教育目标的实现。同时，自选游戏可以使幼儿个体充分展现其能力、水平与个性特点，因而有助于教育目标的具体化、对象化。教师在确定教育目标时，要在了解特定教育对象——本班幼儿全体与个别幼儿的基础上，将社会要求——教育总目标具体化为本班幼儿的发展目标，因材施教，真正实现教育促进发展的目的。同时，教师需将自选游戏纳入整个教育过程，配合学期教育目标及逐月、逐周的教育重点，长计划，短安排，有意识地开展游戏活动，通过每日游戏活动过程，逐步接近教育的总目标。

3. 两类教育活动的组织形式有别。幼儿园教学活动与游戏活动不仅在教育目标的侧重点上有所不同，在活动的组织结构与指导方式上也体现出不同特点。

在组织结构上，教学活动的组织较严密，教师对整个活动过程的控制程度较高，往往面向幼儿全体，注重统一要求，活动的组织形式以集体为主，有少量分组和个别活动形式。教学活动较多是教师向全体幼儿的单向交往，师生互动作用不够充分。而自选的自由的游戏活动的组织则较松散，幼儿自由度较高，可以在较大范围内自己做主，自由选择、自主支配自己的行为与活动，教师在照顾全班幼儿的同时，更需因人而异、有针对性地进行个性化的指导和影响，且常常是面向活动小组的指导，活动中师生之间的个别接触增多，且不仅有师生的相互作用，幼儿之间也有机会积极地相互影响、相互促进。

4. 教师对两类教育活动的指导方式不同。在指导方式上，教学活动中往往是显性的教师直接指导，如交代活动内容、提出要求、安排步骤等，同时注重讲解、教授和灌输知识技能，教师一般需按计划与活动的程序严格执行；而游戏活动的指导则多为隐性的，更多的是体现在活动材料和游戏环境创设中的暗示作用，实现间接的指导，同时与教师自身对活动过程的直接影响引导结合，由于活动的组织结构较为松散，教师一方面需有计划地指导开展游戏，还需随时注意观察幼儿行为，抓住教育契机，把指导的计划性与灵活性统一起来。游戏中，教师需注重引导和促进幼儿与周围环境、玩具材料和游戏伙伴积极相互作用，通过实际操作、尝试和探索，发现式地学习。

幼儿园教育是一个有机联系的整体系统，游戏与教育教学活动都是幼儿园实施全面发展教育的必不可少的重要活动形式。二者既各有特点各有侧重，又相互联系、融合渗透、相互促进、相辅相成，从而共同实现幼儿园教育任务和目标。

在开展自选自由游戏时，教师应当明确，自选游戏不是一种孤立的活动形式，而应与集体的教育教学相互配合补充。一般的，自选游戏中各种活动类型的教育功能不同，因而与集体教学的联系也有所不同。例如，自选游戏中的语言阅读活动、自然科学活动等以认知为主的活动类型同正规教学的联系更加紧密，可以很好地与之相互配合联系。教师可以使幼儿提前在活动区接触教学中的有关内容，又可在事后引导幼儿反复练习，巩固知识技能，促进深入探究。教师在指导上也可多采取直接影响的方式，如交代任务、提出要求、示范实验或直接教以操作方法、引导活动步骤等，激发幼儿的活动兴趣，促进探索发现的行为；也可以尝试将这类区域作为专门的学习区，开展目的更为明确的活动。一般的，随幼儿年龄的增长及其智力活动强度的增大，这类学习成分较多的活动类型应逐渐增多，并作为教师指导的重点。

教师还应注意将幼儿在自选游戏中在直接操作体验的基础上获得的大量感性经验，拿到教育活动中加以统合，使之系统化。通过教师一番画龙点睛式的总结归纳，以直接指导的方式，帮助幼儿形成概念，使幼儿的认识活动产生质的飞跃。

自选游戏在表面上，是一种幼儿自然状态下的活动，如前所述，系幼儿自发自愿进行的，幼儿可自主行为，无受控制、被强制支配之感。然而实际上，整个活动过程均渗透教育目的要求，教师的指导或教育意图无所不在。如通过环境创设、材料投放、活动内容形式的建议、游戏伙伴的影响等等，增强教育促进发展的效果。教师注重引导幼儿的发展方向与进程，使幼儿从事有意义的行为，丰富其生活经验，促进感知操作，与周围环境积极相互作用，不断发现和学习，提高心理活动水平，从而达到教育培养目标，而并非让幼儿随意盲目、偶发地学习。教师是通过提供适宜于幼儿特点的活动，激发主体能动性，使社会的要求内化为幼儿心理需要，有效地促进发展。

可见，幼儿园自选游戏的开展对教师的要求更高了，其难度较之以认知为主的教学活动更大。对教师来说，这意味着新的挑战。教师需在实践中端正儿童观、教育观，并需努力提高自身素质和教育技能。

四、自选游戏中教师主导与幼儿主体的关系

（一）自主性的发展是教育的目标和任务

幼儿游戏的实质在于自主性。游戏对于幼儿之所以魅力无穷，就是因为幼儿的自主性可以在游戏中得到充分体现和发挥，幼儿自主自愿地从事自己喜爱的活动，支配控制自己的行为。

然而，幼儿在游戏中所表现出来的自主性这种内部活动的动机和需要，并不完全是先天自发的本能，而是在主客体相互作用中，在外界环境的影响下，特别是在成人有意识地教育下产生的，是逐步发展培养起来的。

有人曾经研究过儿童的自发性，认为自发性这种内部动机有

两类：

一是自然发生的自发性：做事情是出自个体本身所具有的内部倾向，是内在能量在受到外界刺激时的释放，是一种自然的新陈代谢。自然的自发性从新生儿时期开始萌芽，如新生儿在母亲喂奶时会抬头，会吸吮。这是有机体的生物本能，是一种未分化的活动或冲动。这种自发性是教育的前提。

二是自我发现的自发性：个体遵循自己的意愿，通过自由选择表现自己，如儿童自觉地学习一定的教学内容。这种自发性强调意志自由、自由选择和自我表现，是通过教育而形成的，具有方向性。

这里的所谓自发性就是自主性。从心理学角度考察，自主性是一种较复杂的心理能力与个性品质，属动力系统。即个体对自身的行为的意识与调控能力，个体知道自己要做什么，能依据个人对正确事物的信心行事，积极主动去做该做的事情，通过自身的活动而获得发展。幼儿的自主性涉及行为的目的意识，需随知识经验的增长，形成一定的认识判断力，以及对行为的自我协调控制的能力。

可见，自主性既作为教育的基础和前提，是儿童活动的原因，又是教育所要达到的目标与结果，因而艾里克森明确地提出：促进幼儿的自主性与主动性的发展是早期教育的基本任务。

（二）自选游戏有益于激发和培养自主性

游戏虽是一种自愿的活动，但是如果没有适宜的环境，没有成人的启发、引导和支持，就不可能顺利进行（贫困地区的幼儿较少游戏行为就证明这一点），游戏对幼儿发展所起的作用并不是自然而然实现的，自然状态下的自发的幼儿游戏很难获得发展的价值。

我们可以把影响幼儿的周围事物统称为环境，那么成人，特别是幼儿教师，是影响幼儿环境的关键因素。

幼儿游戏受环境的影响，包括物质设备和积极活动的条件，如时间、场地、适宜的材料场景及其结构组织等等，这些环境条件是由教师创设的，是教师依据一定的教育意图加以组织控制的。

成人自身的行为对幼儿游戏也产生积极的影响。这一点我们可以从婴儿期游戏的产生得到证明。婴儿游戏活动通常借助成人的支持与关注，通过经常与成人接触模仿成人的动作而引起。婴儿最初运用实物的动作就是在与成人的共同活动中学会的，并由此产生了实物游戏。

幼儿的主动性受周围环境条件的影响。正如前面提到的例子，教师提供的单调的环境——活动类型单一，或是程式化的活动方式会限制、制约幼儿的自主性与积极参与游戏的愿望，不会产生真正意义上的游戏行为。

教师要实现对游戏的有效指导，关键是要处理好师生关系。如果以教师与幼儿在活动中的相互关系作为一对矛盾，则教师为矛盾的主要方面，是教育与管理的主体，教师能否激发起幼儿的自主性，取决于其主导作用发挥的如何。教师可将自选游戏作为处理教师主导与幼儿主体关系的最佳契合点，作为激发培养自主性的最有利条件：

1. 把幼儿放在支配游戏的地位

自选游戏并不忽视教师的指导，但是教师应当明确，这里的指导不是支配，不是外在的强制性控制，而在于激发和保持幼儿对游戏的热情。教师应通过提供自主活动机会和自选活动的环境条件——丰富多彩的材料与活动类型等，使幼儿可以自己作出决定、自己做主支配行为，使幼儿成为活动的主体，积极与周围材料、事物相互作用，探索发现。

使幼儿真正能够支配行为、做活动的主体，并不意味着教师仅仅作为环境的提供者。在实践中，我们常常发现，一些幼儿对丰富多彩的环境充耳不闻、视而不见。这表明，良好的环境一般地不能自然而然地对幼儿产生影响，而需教师发挥客观物质环境与幼儿之间相互作用的中介和桥梁作用。“必须承认，作为发展心理学的前提，环境因素并不直接决定发展，直接决定发展的是幼儿的活动。幼儿的个性是在活动中形成的。游戏材料对幼儿‘发展’的作用并不自我显示，它只是一种隐蔽的潜能，只有当幼儿使用物体时，才能发挥它的全部意义。”教师要注意将隐性指导与直接影响结合，帮助幼儿成为活动过程的主体，这正是教师主导作用的体现。例如，在自选游戏中，教师可以在活动之前，向幼儿介绍活动材料和环境的变化，启发幼儿利用过去的有关经验，提出适当的活动建议；教师可以在适当的时候，帮助幼儿掌握有关材料的特点与用途、工具的使用方法和操作技巧，指导必要的交往技能等，引导幼儿积极投入活动，从而发挥环境的教育意义；教师还需引导幼儿在活动中建立和执行必要的活动规则，使游戏活动能有一定的秩序，这样幼儿就能把主要精力放在操作材料、探索环境、体验其中的意义上。通过教师激励作用的发挥，使幼儿成为活动的主体，积极与周围事物相互作用，才能使潜在环境中的教育价值转化为真正的现实的教育效果。

2. 增强指导的目的意识

自选游戏作为教育活动的一种形式或类型，应体现一定的目的方向性，教师的指导不能仅仅是随意性地、盲目泛泛地进行。幼儿的游戏是以活动本身为目的，为游戏而游戏，为了好玩而玩的。然而作为教育者，则应十分明确地意识到，幼儿园开展游戏为幼儿提供自主自由活动机会不是目的，而是手段，其目的是激发幼儿自主积极性，促进其身心和谐健康发展。幼儿园游戏是愉悦性与教育性的统一。教师不宜过分侧重活动的兴趣性、愉悦性的一面，而忘记活动要达到的目的。目的才是重要的。教师对游戏的指导应始于愉悦和兴趣，进而促进幼儿从事有意义的活动，自我实现。为此，教师应增强指导游戏的目的意识。一方面必须对教育培养目标非常清楚，并充分了解各类游戏及其材料的潜在教育功能，从而真正使自选游戏成为实现教育目标的有效手段和途径；另一方面，教师还必须把握好管与放、自由与约束控制的关系，有效地促进自选游戏的开展。教师要注意在总体上把握住教育的方向性，教师对自选游戏的管理与控制体现在依社会的人才规格而对教育对象提出的发展总目标上；同时，微观上教师对教育对象的具体要求要掌握一定的度，即要在对幼儿能力特点充分了解的基础上，提出稍高一步的要求，有一定难度而又不超越其能力所及，从而引起主体心理发展的内部矛盾，激发其发展的新的需求。要在自选游戏中创造出“最近发展区”，有意识地通过游戏，达到教育促进发展的目的。例如，在自选游戏中，引导幼儿学习和掌握正确的社会行为规范，增长能力。一位幼儿在“娃娃家”当“爸爸”，他躺在床上翘着腿抽烟，教师见此就引导他发现并模仿成人积极的行为方式，如父亲在家做家务劳动，辅导孩子学习等；幼儿用积塑插出了机器人向教师显示，教师就激励他再插一个不同形式的机器人。在自选游戏开始前，教师向幼儿提要求、建议，甚至交代任务，如对益智操作组的幼儿提出：看谁插出的形象多且新颖别致；要求语言组的孩子每人会自己看一本书，理解内容并能向别人讲述等。就是说，幼儿园自选自由游戏为教育活动，是教育条件下或有教育含义的游戏，而非完全生物性的幼儿自发游戏。因而教育指导的策略应是顺其自然，因势利导，促进其向着积极的方向和更高水平发展，促进个体自主能力的增长，而不是任其自然。

应当从积极意义上理解教师对教育过程的管理。教师对幼儿给予一定的约束控制是必要的，最终是为了激发幼儿的能动性，逐步促进幼儿自主教育发展，促进其潜力的发挥和能力的不断提高。教师的主导作用绝非意味着包办代替、硬性规定、强行控制幼儿的行为，使幼儿成为被动接受影响、听凭摆布的木偶。

教师应在指导自选游戏中，将社会要求与个体实际能力结合，将方向性与适度性统一起来，通过有效地组织和利用环境中的教育因素，有目的、有计划地对幼儿施加影响，不仅提供适宜活动，并且提出适当要求，逐步引导幼儿对自身行为的意识和调节控制能力，激发其内在活动动机，使幼儿在积极的游戏活动中，实践并内化社会要求，自主自由发展。

（三）教师主导作用的发挥取决于教师自身的积极能动性

很显然，对自选游戏的指导机械地照搬教科书是行不通的，以往的实践已有这方面的教训。教师必须依据特定教育对象的实际，主动去创造适宜有效的指导方式。所谓“教学有法，教无定法”，是说教育活动有其内在规律特点，但绝无一成不变的套路。游戏活动的开展更是没有现成的大纲和模式（本研究课题并不提供现成的模式，而是提供思路和方法，引导教师积极努力去探索）。教师的主导实际上意味着教师在正确教育观念指导下，努力探索规律，发挥自身的主观能动性、创造性。可以认为，教师主导作用主要体现在这样两方面：一是在师生双边活动过程中，教师作为教育者，是矛盾的主要方面，因而需注重研究教育对象，选择适合于幼儿的教育内容形式并以其可接受的方式施以教育影响；二是在各种教育影响因素中，教师起主导作用，应注重研究发掘和充分利用各种有利的教育影响因素，消除或减弱不利因素，将多方面教育要素加以合理组织，最大限度地发挥教育效能。基于此，教师在指导自选游戏中应注意对以下几方面问题的探索。

1. 观察研究教育对象　教师要促进幼儿向社会所规定的方向、向预定的教育目标发展，必须首先注意观察研究自己的教育对象，在掌握幼儿的一般发展规律的基础上，充分了解分析具体教育对象——本班幼儿（全体与个别）的实际发展水平、活动特点等，以此作为组织教育过程、指导游戏的依据，否则其指导只能是主观的和盲目随意的。

2. 考察分析游戏的潜在教育功能　教师还需在明了教育培养目标的同时，研究发掘各类游戏的潜在教育价值，分析各种材料、活动形式对幼儿发展的意义及其功能特点和玩法等，以便很好地开展游戏，从而使游戏这种适合于幼儿特点的活动被纳入有目的、有计划的教育影响过程，与集体正规的教育教学、生活活动共同作为实现教育目标的途径与手段，充分发挥其促进幼儿发展的实际效用。

3. 合理组织各方面教育因素　教师要注意分析现有的物质条件，在此基础上，因地制宜提供适宜的游戏材料、场地空间，结合幼儿实际设置有利于幼儿身心全面发展的各个游戏区，提供多样化的游戏类型和尽可能大的选择范围；依活动的开展，还需有计划地逐步投放和更换材料，变换活动类型，调整多个活动区之间的关系。教师还需注意环境的开放性及其动态效能的发挥，保证充足的游戏时间，同时注意自身行为的引导和影响等等。教师要通过综合考察环境中多方面的教育因素及其相互关系，将它们合理加以组织，构成有机的整体性的教育影响，从而满足幼儿积极活动的需要，为他们提供大量直接感知、操作、与环境充分相互作用、获得丰富生活经验的机会，使自选游戏真正成为激发与培养自主性并促进幼儿身心和谐发展的有效途径。

五、自选游戏与个别化、个性化教育

（一）个别化、个性化教育的意义与时代特征

《幼儿园工作规程》将“遵循幼儿身心发展的规律，符合幼儿的年龄特点，注重个别差异，因人施教，引导幼儿个性健康发展”作为幼儿园教育工作的一项重要原则。

《规程》又提出，幼儿园教育活动应“充分利用周围环境的有利条件，以积极运用感官为原则，灵活地运用集体活动与个别活

动的形式，为幼儿提供充分活动的机会，注重活动的过程，促进每个幼儿在不同水平上的发展”，强调“游戏是对幼儿进行全面发展教育的重要形式”，幼儿园教育应充分利用游戏，“促进幼儿能力和个性的全面发展”。

《规程》进一步具体指出，“幼儿园应在各项活动的过程中，根据幼儿不同的心理发展水平，注重培养幼儿良好的个性心理品质，尤应注意根据幼儿个体差异，研究有效的活动形式和方法，不要强求一律”。

以上是从幼儿个性发展与个别化教育的关系的角度，提出培养幼儿良好个性需考虑个体差异，进行个别化教育。这反映出社会需要对教育的要求，未来人才的特征应具备健康丰富的个性，这是学前教育总的发展趋向。

个性化教育即因材施教。这种教育思想古已有之，反映了教育的一条规律。中国古代远在《学记》中就提出，“夫之教人，各因其材”，“各因其所长”，并一直作为重要的施教原则，指导教育实践。

《规程》在当前重申这一教育思想，其意义已超出古代因材施教的思想，即不仅将考虑个别差异作为一条教育原则，而且强调个别化教育、因材施教对于培养儿童的和谐个性，造就一代具有丰富个性的未来建设者这一教育目标的重要意义：学前教育“要培养良好的个性心理品质”，促进幼儿体智德美全面和谐发展。

人的发展是一个和谐整体，其身心各方面特征彼此以不同形式联系着，组合成一个完整的动力体系。人的发展又是独特的，不同于他人的，人的个性的所有特性均以不同形式联系形成独特结构，因而成为不同的个性，“每个儿童就是一个特殊的世界”（马卡连柯），由此表现出个体的独特性与总体的多样性。教育具有全面整体性，即通过教育促进幼儿个性和谐发展，与此同时，通过因人而异的教育，造就培养出一代具有丰富个性的新人。

然而在当前学前教育实践中，对于幼儿教育在培养幼儿个性方面的价值并未得到足够的重视，幼儿园管理上与幼儿教育的组织与方法上，仍然注意集中统一教育的模式，较多采用单向的注入式的教育方法，以统一的教育内容要求每一个幼儿，忽视个别差异。

因此，对《规程》强调个别化、个性化教育的重要意义应予以充分认识：

一是从个体自身发展来看，个别化、个性化教育是幼儿发展的要求。新的儿童观教育观将每个幼儿看作是一个与他人不同的独特个体，其差异或区别（包括发展水平的差异、发展领域或特点的差异、发展速度的差异及各个幼儿在生活经历、原有教育环境条件上的差异等）应当受到尊重，而不能被忽视。这不仅反映儿童的发展特点，而且应从幼儿发展权利的角度来看待这个问题。每个幼儿都是具体而独特的，具有区别于他人的特点，这是客观规律，不以人的意志为转移。幼儿教育要遵循这条规律，才能取得应有的教育效果。否则，以一个标准要求他们，必然事倍功半或徒劳无功，甚至起到相反的作用。

二是从社会需求的角度来看，个别化、个性化教育是社会发展对人才、对教育提出的新需要。现代社会的发展对人才规格的要求在不断提高，要求培养具有丰富个性的人才，要求教育要促进人的身心和个性的健康和谐发展。这一培养目标体现出时代的特点。我们的教育不是要培养出统一规格模式的产品，教育不能压抑儿童的个性特点，而应尊重教育对象的个体差异，因材施教，造就个性和谐健康发展的人，造就一代有着丰富个性的新人。

（二）个别化、个性化教育是一种教育观念和教育指导思想与原则

首先应明了，个别化教育不是个别教育。以往幼教实践中常提“个别教育”，往往容易引起误解，认为这是指对某些表现较为突出的或有行为问题的或是有某些不良倾向的幼儿给予特别关注，即对个别（行为失常）幼儿的教育。这是一种片面的理解。我们提“个别化教育”其范围应是面向全体教育对象，根据个体差异因人施教。就是说，因材施教与面向全体实际上是一个问题的两个方面：每个幼儿均有各自不同的特点，“对所有的儿童来说，教育的任务是不会改变的”，教育必须注意将社会要求与具体教育对象的实际结合，施加有针对性的影响，才能取得成效。

其次，个别化教育并非拘泥于某种特定的教育组织形式。如果将个别化教育仅仅作为教育组织形式（个别教育、分组教育、集体教育）中的个别教育或分组教育，就会陷入形式主义、教条主义的歧途，不仅于事无补，有时甚至会产生负面效应。目前有这样的苗头出现，应该引起高度重视。如有些幼儿园为贯彻因材施教注重分组教育，他们预先对幼儿进行智力测验，据以分组，但又产生困惑：究竟如何分，按多少作为一分数段？此仅涉及智力方面的差异，幼儿其他方面的差异如能力、个性、兴趣特长……等等，是否还需逐一分组？如此陷入不断组合分组的误区。试想，教师的精力都放在不断测查分组上，如何能很好地因人施教呢？况且，就我国的幼教实践看，我们的班组往往班额大，幼儿人数多，教师人均负责教养幼儿人数多，分组教学的条件并不完全具备。因而不宜把国外的做法原封不动地照搬到我们的幼儿园中。我曾见到这样一个例子：一位教师为加强个别化教育，将幼儿分为两组，分别进行不同的活动。教师特别注重对穿珠组的幼儿个别辅导，引导幼儿选两种颜色的木珠有规律地用线穿连。这是小班幼儿，有的幼儿穿得快，他们按要求穿了一段，就变换了形式；有的幼儿则只能随意穿，教师把着手教他“一红一绿……”，并反复鼓励“我知道你会穿，一定穿得好……”但这孩子仍是不开窍。这时，教师看到其他幼儿变换了穿珠的形式，就予以纠正，“这样不对。应该……”。可见，教师只注重了形式，加强分组与一对一的逐个指导，却忽视了实质：儿童的发展是有差异的，要因人而异予以指导，而非以一个标准或水平来要求他们。事实上，不同组织形式如果运用得当，均可对幼儿个体发展产生良好的影响。因此，教师一定要将个别化教育作为一种教育观念、一种教育思想与原则，用以指导实践，这样才有可能发现并创造出很多行之有效的个别化教育的措施和方法。

实施个别化教育必须坚持辩证的观点，处理好统一要求与因材施教的关系。个别化教育应当理解为统一要求或一般的教育规律或原则的具体化、对象化。统一要求即对所有的人的共同的一般要求，体现了国家和社会的总的目标。对教育对象的总的要求，这对任何类型任何阶段的教育都是适用的，可以保证教育具有方向性。教育培养出来的人应是符合一定社会需要的人才。教育要满足社会需求，这是教育受社会制约、并为社会服务之规律的反映。共同的教育目标或对幼儿的一般要求还是基于对个性中的共同性、一般性因素的考虑。一般地，同一年龄阶段的儿童具有共同的年龄特征，教育据以提出各年龄阶段的教育任务和一般要求。然而这里的统一要求涉及的是一般原则一般特点，并不能代替具体的教育实施。就是说，要实施有效教育，还必须依具体的对象的实际，对统一要求加以调整，具体到适合于某一地方的幼儿教育，适合于某一班级以至班中的每一个幼儿，这体现了教育要依教育对象身心发展特点及各方面实际条件进行的规律。因此这两者是辩证的对立统一的关系，教育要将社会要求与个体发展统一起来，要依据幼儿特点（群体与个体）制定具体目标、计划，并考虑适合实际的教育策略措施，才能达到总的培养目标或社会规定的一般标准。就是说，要实现一般要求，实现社会总目标，并不能排除而是需要考虑每个儿童的个人特点。教育要使每个教育对象都能按社会要求发展，同时又尽可能展示个人特点潜力，即统一要求下的多样性，各具独特性而又达全面一般发展。我们的教育应能培养出既各具特色又有着共同的符合社会主义社会需要和 21 世纪时代特征的品质才能的个性充分发展的一代新人。

（三）自选游戏有益于个别化、个性化教育的实施

1. 个别化教育与个性和谐发展的关系

现代儿童观认为，幼儿发展具有整体性，个体和谐发展是一种较理想的教育目标。《规程》特别明确提出，教育应“促进每个幼儿在其原有水平上发展”。教育要依据幼儿的特点因材施教，促进和发扬其特点长处，纠正其发展之偏向，弥补其不足，从而扬长补短，促进其和谐发展，达到一般基本要求。而不是偏重发展幼儿的某一个方面而牺牲其他，造成片面发展。

幼儿的个性并不是自发形成的，而是需要依靠教育而得到发展，形成较稳定的行为特征。个性，即幼儿具有的不同于他人的稳定行为特征，其本质是幼儿的自主性、独特性。当前幼教界提倡对幼儿主体性的尊重，也就是尊重幼儿的个性。个性教育就是培养幼儿的自主性、独特性，因此可以认为，个性教育是全面和谐发展的核心。

个别化教育与个性和谐发展涉及到教育与发展的基本理论问题。教育应当能够发现了解并研究每个幼儿的不同特性与特长，进而帮助他最大限度地发挥个性潜能，促进其尽可能充分的发展。个别化教育实际上体现了教育的主导作用与教育促进发展的功能。学前教育必须通过对幼儿进行个别化教育、通过因材施教的各种途径、手段，达到促进幼儿身心和谐发展、造就具有丰富个性的一代新人的教育目标，以实现为社会需要服务的最终目的。此二者可看作是手段与目标或结果的关系。

2. 自选游戏是实施个别化教育，促进幼儿个性和谐发展的有效途径

自选游戏是幼儿园等集体教养机构中的一种教育活动形式，是“人为创设的自然情景下的幼儿游戏”，兼有教育性、目的计划

性（对教师）与自主性、愉悦性、注重过程（对幼儿）的特点。同时，自选游戏又是幼儿依一定兴趣而自然结成的活动小组，因而它有利于实施个别化教育，激发幼儿自主性、积极能动性与创造性，从而促进其个性潜力的发挥，促进其身心健康和谐发展。

自选游戏可加强教育的针对性。自选游戏为幼儿提供了充分的表现机会，幼儿可以在一定范围内最大限度地自由选择自己感兴趣的活动，积极参与活动过程，从而个性得以较充分全面的展示，其智力水平、知识技能、情感社会性及体力状况等均可在活动中充分表现出来，因而为教师提供了有利条件，可以观察了解每个幼儿，了解幼儿群体（班级）与个别的特点，了解每个幼儿的独特性，及幼儿发展的各个方面，了解个体差异，在此基础上，制订教育的目标计划，使之更具有针对性、对象性、具体化。而这在单一化的集体教育中是不可能的。教师依据对幼儿的充分观察了解，制订的教育目标与计划才具有客观可行性，如此才能切实实施有针对性的教育。教师可对照幼儿发展的一般年龄特点和社会的培养目标，依本班幼儿实际能力和发展水平，确定目的要求，提出既符合全班幼儿的统一目标，又有不同层次不同领域的具体要求，促进幼儿（全班与个别）在原有基础上的发展。

自选游戏能激发发展主体的自主性、积极能动性，有利于个性发展并提高教育的效果。自选游戏可将教师的教育要求（外部要求）与幼儿主体的积极性（内部动机需要）相结合，更好地达到教育的效果。在自选游戏中，幼儿可在其所积极从事的感兴趣的活动中，按受教育影响，其主体地位得以发挥。幼儿能自选活动，自主行为，自创游戏条件，自我规范行为，积极能动地与周围事物相互作用，在此过程中，内化社会要求和规范，增强自制自控能力，发展认识能力，增长社会知识，学会辨别是非，从而积极主动地发展。自选游戏是一种教育活动形式，在活动中儿童并不是被动地服从要求、接受影响，而是能主动活动，活动中有所用心，因而有利于取得教育效果。幼儿的个性在此过程中也得到了发挥。

自选游戏是实施个别化教育、因材施教的最佳途径，能将各种教育因素有机地组织在一起，有利于个别化、个性化教育。

首先，自选游戏有益于发挥不同教育组织形式的互补作用。从自选游戏的进程看，教师需在活动前以集体的组织形式对全体幼儿实施影响，包括提出行为要求，介绍活动材料，建议活动形式玩法，启发知识经验，从而引导幼儿自选活动；在自选游戏过程中，教师更多地对各组幼儿实施影响，通过在各组间巡视并着重参与其中一两个组的活动，引导游戏技能，促进情节主题的丰富与深化，同时注意针对幼儿个人游戏情况，予以指导影响，如鼓励积极行为，引导活动方向等；在活动结束时，引导幼儿评价游戏行为，肯定活动质量高、表现好的小组与个人，同时在全体幼儿中树立榜样，激励进一步游戏的愿望等。在整个自选游戏进程中，教师既照顾全体有共同的要求，又注意个别，特别加强对幼儿依兴趣自然形成的游戏活动小组的影响，发挥不同教育组织形式的互补作用，使每个幼儿均能在此过程中得到促进。

其次，自选游戏可加强教师与幼儿之间的个别接触，有利于因人而异地予以影响。

自选游戏中，每个幼儿依个人兴趣愿望选择所喜受的活动，积极投身游戏，每个人都有事可做。教师可依教育计划和重点，加强对幼儿个别指导，考虑幼儿的个人特点，增强师生之间的相互作用。如有的幼儿玩桌面玩具套盒，随意摆弄材料，教师就引导他按一定规律如从大到小排列等。对于能力差的可多予以鼓励，并具体指导方法，如比较两个套盒的大小，再行排列；对于能力强的可激励他以不同形式排列，如从大到小延伸或从低向高叠加等，因人而异地予以引导帮助，促进每个幼儿的发展。

再次，自选游戏有益于充分发挥幼儿之间的相互作用这一有效的个别化教育途径的作用。

幼儿伙伴本身可以作为一种积极的教育影响因素。以往对此重视不够，实施教育仅看重教育者对教育对象的影响。目前这个问题仍然未引起重视，一些园所将开展活动区活动的侧重点更多放在教师对幼儿的教育作用,提高教师对幼儿个体的接触范围上。这种状况应迅速改变。自选游戏事实上是一种幼儿依兴趣而自然结成的小组游戏,在小组活动中幼儿之间可产生积极的相互影响。如积木组建构活动中,幼儿之间在搭建主题、情节、生活经验、知识技能方面都会发生相互作用，建构时小组幼儿还需共同建立与执行社会规范，并相互督促评价，幼儿在此过程中学习理解他人情感和观点,逐步能控制自身冲动,协调相互行为等等。可见,自选游戏提供了幼儿之间相互交往的机会，这对于幼儿来说，不仅是重要的教育内容，而且可成为教育的途径和手段。幼儿伙伴的相互影响有益于幼儿社会化，有益于每个幼儿个性的健康发展。

再有,自选游戏的开展可加强班级教育与家庭教育的联系,有助于更好地实现个性化教育。

家庭与幼儿园密切配合，坚持对每个幼儿教育的一致性，是实现个别化、个性化教育的重要条件。自选游戏的开展要求教师在观察了解幼儿的基础上制订适宜的活动计划和提出有针对性的目的要求。教师还需注重与家长的相互联系沟通。家庭教育是一种个别化教育的方式。教师和家长可以就每一个幼儿的发展及相应的教育措施进行相互交流、探讨和学习，教师还可依自选游戏的开展,指导家长并相互配合协作,从而较好地达到教育效果。如建议家长结合活动的需要与幼儿共同准备材料,丰富幼儿经验,学习巩固知识技能，并配合训练行为规范等，家园一致一贯，促进每个幼儿在原有基础上得到尽可能充分的发展。

自选游戏还要求教师将教育的计划性与随机性结合，有益于实现个别化、个性化教育。个别化、个性化教育无固定模式，需因人因情景而异。自选游戏的开展有利于教师依教育目的计划实施教育影响，同时随时观察幼儿，了解其行为表现，及时抓住教育契机，发挥教育机制，因势利导，因材施教。

总之，自选游戏是在幼儿最熟悉的日常生活中，将教育任务、内容、方法与手法形成相互联系、影响渗透的统一整体，从而有益于激发每个幼儿的个性潜力特长，促进幼儿完整个性的形成。

第二部分　幼儿园自选游戏指导

一、自选游戏环境的创设

开展自选游戏，首先需考虑游戏环境、条件的创设问题。

游戏环境主要涉及游戏场地、游戏材料、游戏活动角（区）的设置等物质条件的提供，同时要考虑游戏的物质环境中各种因素的关系与联系，相互之间的结构与组织是否合理，能否最大限度地发挥综合整体效能。

游戏环境中蕴含着或体现着教育者的观念和意图，无论这种观念或意图是否被意识到。教师应在正确教育观念指导下，通过创设适宜的游戏环境条件，有目的、有计划地影响幼儿的行为。事实上教师是将教育意图客体化在环境材料中，以潜在间接的方式，引导幼儿的行为和活动的。教师应注意将游戏条件的提供和环境的创设作为有效地促进游戏的开展，影响幼儿积极行为，促进其身心发展的重要途径与手段。

（一）关于创设适宜环境提供游戏条件的意义与原则

教学论认为，教育过程是教师与教材及教育对象三方面相互作用的过程。在此过程中，教师起主导作用：教师一方面需研究教育对象，观察了解儿童身心发展水平、已有的知识经验、能力与需要等，包括教育对象的共同的普遍状况及每个儿童的不同发展特点；同时还需研究教材，即儿童学习和认识的对象，如需要掌握的正确科学的概念、各门学科初步的知识体系等，经选择加工编排组织，以适合于教育对象接受水平的方式加以传授，使之学习掌握，同时促进各方面能力的发展。

幼儿阶段，由于儿童身心发展水平及能力的限制，不可能从事正规的系统知识的学习，而需在生活中学习。幼儿的教材更多的应是直接经验，幼儿通过直接感知周围生活中的事物，认识客观世界，增长能力，学习本领。教师要结合幼儿生活经验，为他们提供大量丰富的直接感知和具体操作的机会和条件。

可见，幼儿教育的教材是一种广义的概念，可以理解为适宜的有充分感知操作机会的教育环境的提供。因此，教师应注意认真研究游戏环境条件、玩具材料等，以幼儿可接受的方式，实际地、具体地呈现在他们面前，促进激发其感知、操作、尝试和探索，在积极主动的游戏活动中，认识周围事物，了解其间关系，进行有意义的学习。

教师应当在研究教育对象——幼儿与教材——适宜的游戏环境的基础上，将两方面有机联系协调，促进二者之间的相互作用，从而促进幼儿的发展。为此，需遵循以下原则。

1. 适宜性原则　游戏环境的创设、材料玩具的提供，要适合幼儿的特点，考虑其生活经历、已有的知识经验及兴趣与能力。适宜性还体现为环境中的刺激（包括环境布置与材料提供）应是适度的，既不过于单调，又不能以多多益善、琳琅满目为最佳。前者使幼儿无法活动游戏，后者又会使幼儿情绪浮躁，不知所措，行为不安。

2. 发展性原则　游戏条件的提供应能够促进幼儿知识经验的丰富，激发其对周围事物的兴趣与探索的欲望，促使幼儿通过与环境材料的相互作用，提高身心发展水平。

3. 整体性原则　将环境中多方面影响因素加以合理配置和组织结构，包括将有组织的教育与自由活动结合，园所教育与家庭教育配合，静态环境与动态环境结合。教师要考虑材料提供的层次性、具有不同教育功能的各类游戏的合理配置安排等，更好地发挥综合整体效益，促进幼儿身心多方面和谐发展，同时促进每个幼儿均能在其原有基础上，得到尽可能充分的发展。

（二）自选游戏活动区（角）设置的基本要求

1. 根据各类活动的教育功能与特点设置活动区

教师要在认真分析各类游戏教育功能的基础上，结合幼儿实际，设置有利于幼儿身心全面发展的各个活动区。例如“娃娃家”等角色游戏有益于丰富幼儿的社会生活经验，培养角色扮演能力和以物代物能力，学习和实践社会交往技能；美工区、益智操作区等的活动可以训练手的小肌肉动作和实际动手操作能力，动手动脑，激发表现创造的欲望和培养审美情趣；科学区的活动有益于促进幼儿的探索、尝试和发现能力，激发其对生活中科学现象的兴趣，培养良好的做事习惯和学习能力；积木区游戏则不仅有助于发展幼儿的建构技能，增进空间知觉和数、形意识，促进表现力、创造力的发展，同时可以有益于幼儿之间相互交往，学习协调行为，培养合作能力，促进幼儿伙伴之间的相互学习和影响等。有的教师在安排幼儿自选自由游戏时，提供了绘画区、粘贴区、泥工区、编织区等，这些均是增进幼儿操作能力、培养美感的美工活动类型，仅设这一类活动类型显然比较单一，不利于幼儿兴趣与能力的全面发展。一般地，自选游戏活动区设置应有：“娃娃家”等角色游戏区域、积木区、益智操作区、图书区、美工区、科学区、音乐表演区，还可以有玩沙玩水区。通常要依班级幼儿人数提供活动区，如30人左右的班级设5～6个区域为宜。可以考虑有固定常设的区域，如角色游戏区、积木区、图书区等，又可有依计划或季节等情况变换调整的区域，如美工区、音乐区及玩沙玩水区。

教师在设置活动区时，还要考虑各类活动的特点及其适宜条件。例如，美工区、语言阅读区、科学区等应设在光线明亮、比较安静的位置，积木区场地要宽敞些，以方便幼儿的建构活动。可以将幼儿游戏活动类型分为安静的和活动性较强的两大类，在设置其在活动室的位置时，作出相应考虑。

表 3.1-1　各游戏活动区的设置条件

设置条件／游戏活动区	室间场地	光线（照明）	必要设备	活动性（动/静）	备注
“娃娃家”等角色游戏区	场地宽敞		椅、桌、床、柜等家庭必要设备 存放材料道具的设备	活动性较高	最好便于取水
积木区	场地宽敞		积木架 材料分类安放 可提供便于取放材料的小篮等	活动性较高	可考虑与娃娃家邻近，最好有地毯以降噪
益智操作区			材料架 分类放置玩具	中度	
语言阅读区		光线明亮	录音机、桌子、书架	安静活动性低	避免干扰 可设在角落与其他区隔离 接近电源插座
美工活动区		光线明亮	工具材料架、桌子、展示板	中度	最好便于取水
科学探究区		光线好 近窗、有日照	桌子或台架、瓶、盒、笼等	安静、活动性低	避免干扰 设于安静区域
其他					

2. 活动区设置应体现层次性和渐进发展性

首先，应根据幼儿年龄特点和实际需要设置活动区。小、中、大班活动区的设置各不相同。小班幼儿刚从家庭进入幼儿园，活动区设两个“娃娃家”，可以使幼儿感到亲切适意，从而较快适应幼儿园生活；益智操作区提供的材料应体积较大，同类材料数量较多，地毯的提供能够便于幼儿的活动操作，同时又使幼儿感到轻松舒适，有益于激发良好情绪；中、大班益智区的操作材料则较复杂，如拼图及结构复杂的积塑、数字卡等；大班还可以专门增设棋区等智力活动强度大的活动类型。对于初入园的一些分离焦虑较严重的小班幼儿，教师可在自选游戏中专门设一“宠物区”，幼儿可将自己喜爱的玩具带来玩，以后随幼儿对幼儿园环境和生活的逐渐适应，教师可将这个区作为“自带玩具区”，引导幼儿将自己喜爱的玩具轮流从家中带来放在这里，让大家玩，学习分享和给予。

刚刚开始自选游戏的班级，特别是小班，活动区的设置与自选游戏的开展不宜一下子全面铺开，可以考虑结合各区的设置，有计划地逐步开放各个活动区。例如，第一周先开放1～2个活动区，使幼儿认识该区的玩具材料，尝试玩法，并学习收放整理，同时结合活动的开展，建立初步规则；第二周进一步熟悉巩固前一周提供的活动，同时再增加一种新的活动提供新经验……逐步地到幼儿对各个活动区主要材料玩法、游戏规则等都有所了解，这时，就可以全面展开自选游戏了。

教师还要注意随自选游戏的进行，有计划地逐步投放材料或更换材料，变换玩法，不断激发幼儿发展的新的需要。例如，中班教师随着幼儿游戏能力的增强，将体积较大的积塑更换下来，又增添数学天平；积木区也应随幼儿积木建构能力的增强，增加一些板材及废旧瓶罐等不同规格的材料，引导幼儿学习综合运用搭建；随积木游戏的开展还可增添一些辅助材料，如小动物、人偶、小车等等，激发丰富的建构主题和情节；中、大班科学区可出现新发现簿、动植物生长观察记录簿；大班美工区应考虑逐渐加大难度和丰富活动类型，如开展剪染纸活动、多种立体造型、色彩设计、编织等。根据幼儿游戏活动的需要，教师还应及时增设活动区或变换活动类型。例如，某中班幼儿对小医院的角色游戏兴趣减弱，一些幼儿常常自发地到图书区玩“幼儿园”角色游戏，教师就因势利导，将原来设在“娃娃家”旁的小医院改为“幼儿园”，并增加贴绒形象、数字卡及纸笔、铃鼓等相应的活动材料，满足幼儿的需要，同时又使图书阅读活动得以不受干扰。

3. 因地制宜设置活动区提供游戏条件

目前我国幼儿园活动室空间大多不很宽敞，教师应根据本班活动室场地条件，因地制宜地设置活动区。如，可充分利用室内墙边、四角设置活动区，门前、楼道的场地在保证安全和不妨碍交通的情况下也可加以利用。有的班有小凉台，在天气好的季节可用于设置一些特定区域开展游戏。当然，在活动区设置上，教师应注意使全班幼儿的活动处于自己视力范围内，以确保安全和给予必要的指导。

教师可依本班实际条件，考虑安排若干固定的活动区，还可根据需要临时设置可变动的活动区，或是将各区材料、位置大致固定，活动空间则可随时调整。如室内空间场地较窄小的，可将积木区或美工区等的位置和材料固定放置，活动时再依需要，搬开桌椅，腾出空间，开展活动游戏。

活动场地的安排要能最大限度地发挥实际效用。以往幼儿园比较注重开展集体教学活动，加之各班级往往班额大、孩子多，而场地有限，且幼儿桌椅多是按集体教学的要求摆放的，因而所剩空间无几。游戏是幼儿的基本活动，开展自选游戏不能等待房舍面积扩大了、场地增加了再来考虑，而是应注意提高现有条件的实际利用率。教师可以根据不同活动的需要，随时调整场地空间。如要开展自选游戏了，教师引导幼儿将桌椅等抬出放在楼道或叠起，将集体活动的场地调整变换成为需要的形式。即根据不同活动的需要随时调整场地。应明了桌椅等幼儿活动的家具设备应能为活动的开展服务,而不应成为负担或限制活动的因素。

开展自选游戏还要注意充分利用现有玩具材料，同时尽可能发掘当地乡土材料。可收集自然材料、废旧物品及半成品等，注意因地制宜，发挥教师积极能动性创造性自制部分既简易又便于操作、富于变化的游戏活动材料、玩具，为幼儿自选游戏的开展提供适宜条件。

4. 将整个活动室自选游戏环境作为一个动态系统，发挥整体优化功能

教师在设置活动区时，不仅要注重提供有利于幼儿身心全面发展的各种活动类型和区域，还需要考虑各区域及其活动之间如何相互适应和协调的问题。为此，就需注意调整各活动区的相互关系。例如，有的班级将图书区设在娃娃家和积木区之间，而这两个区域都是活动性相对较强、幼儿交往较多、较为喧闹的地方，幼儿无法在中间安静阅读。在设置活动区时，教师可依各区特点与所需条件,将活动区分为相对安静的和活动性较强的两大类,凡较安静的活动区域设在临近的位置，而活动性强的相邻设置，从而避免相互干扰，同时促进相互作用与影响，形成合理结构，较好地发挥整体优化功能。例如，将角色游戏区域设置在邻近的地方，“娃娃家”与“小医院”相邻，“娃娃家”与“幼儿园”、“餐厅”相邻，从而相互联系、促进；又可将图书区、美工区和科学区等相对较安静的设在临近位置；积木区既可建构又可结合开展角色游戏，可与“娃娃家”等角色游戏区域相邻。

另外，还可以采用分割空间的办法设置活动区，避免相互干扰。如利用小书架、钢琴等将图书区分割成为一个与外界相对隔离的小天地，幼儿可在此安心阅读。玩具架也可用来划分区域和活动空间。

活动区的设置要考虑本班活动室具体条件，如门、窗位置，玩具架与桌椅的结构造型、场地面积等等，尽可能达到合理结构。当然，自选游戏环境往往不可能一次性设置合理，而需依活动开展不断加以调整改进，逐渐达到整体优化的效果。

5. 赋予环境一定的自治因素

在创设自选游戏环境时，教师还要注意探索并赋予环境一定的自治因素，发挥环境的暗示、引导作用，规范、协调和控制幼儿的行为。例如，在一些需要限定人数的区域设有相应的标记，如小脚印、小帽子、项链等，引导幼儿自动调整人数；小班玩具架有相应材料的标记，指导幼儿按类收放；各活动区均有该区域或活动类型的形象标记或文字标志，引导幼儿从事相应的行为或活动，避免幼儿拿玩具走动，不能专心于活动和操作。与此同时，结合环境的创设，注重引导幼儿建立和执行游戏规则，如自理行为自选活动的规则、使用材料的规则、协调伙伴之间相互关系的规则等。例如，小班图书区墙上布置了两个娃娃一起看书的形象，暗示和引导幼儿要能共享材料，安静认真阅读；大班幼儿建立了推选组长分配角色任务、带领小组幼儿共同商量并坚持游戏主题的规则，活动区同时设有幼儿参与本区活动情况表格，由组长负责填写。幼儿在游戏中无需教师分配和反复督促提醒，而能自己以规则约束控制规范行为，通过长期反复实践，逐渐形成规则意识，整个游戏过程活而有序，幼儿自主性、自理自治的能力和主动协调关系的能力也在活动中得到发展。

自选游戏环境的创设并不意味着增加教师的工作负担，不意味着活动前教师做大量的准备，一切均由教师创设好了，幼儿就只管玩。而是可以考虑将环境的创设也作为教育过程，作为教育活动的一部分，引导幼儿与教师共同参与创设。教师可以结合自选游戏的进行，引导幼儿关心并积极参与游戏环境的创设。如活动区的材料可以是幼儿从家中带来的，像图书、小汽车、各种瓶盒废旧材料等，或是幼儿家中养殖的动植物等，有的幼儿把自己喜爱的小金熊带到班上，有的带来龙虾、螃蟹。开展自选活动前，幼儿三三两两搬动桌椅，将活动场地调整变换成一定的形式，即使小班幼儿也显示出很大的潜力，合作搭桌子、卷放地毯等；美工区的孩子们将自己的美工作品用大头针固定在展示板（吹塑板）上，既美化装饰了环境，又使幼儿的表现需要得到了满足。

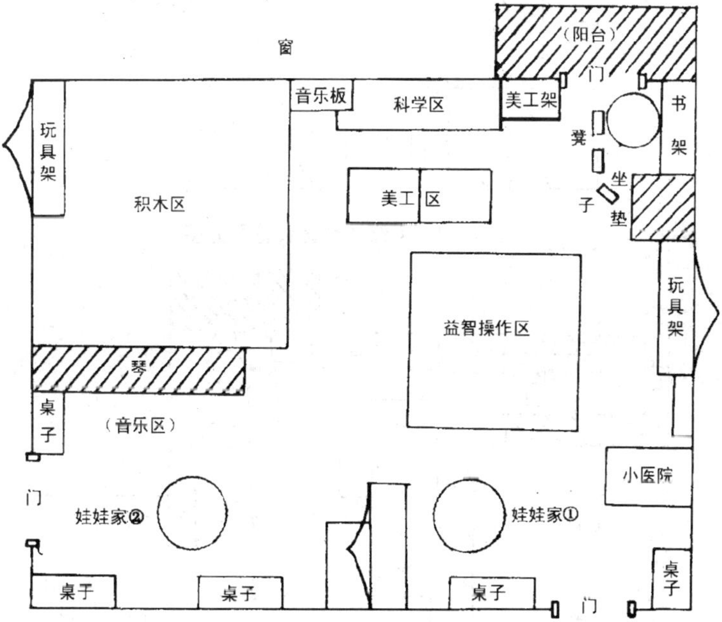

图 3.1-1 小班活动室自选游戏活动区设置平面图

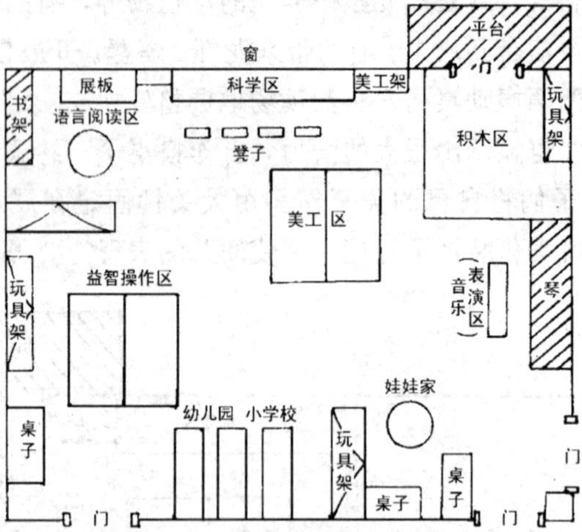

图 3.1-2　中班活动区设置平面图

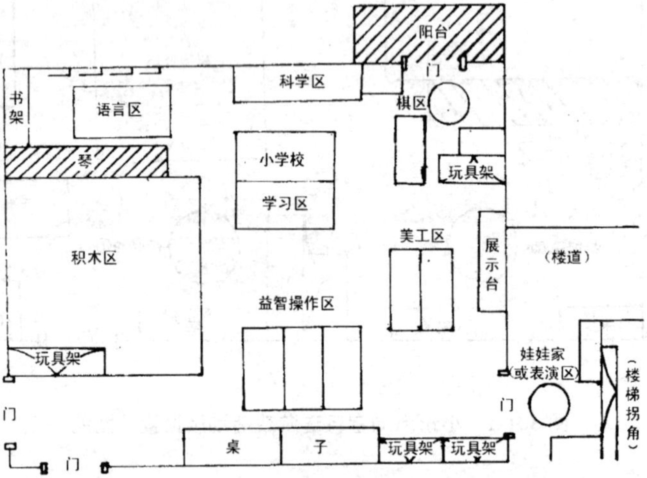

图 3.1-3　大班活动区设置平面图

（三）室内自选游戏活动区设置与可开展的活动要览

这里提供一份室内自选游戏开展一览表，可为教师在分析各类活动的教育功能和所需条件、活动形式等时提供参考。

表 3.1-2　室内活动角设置及可开展的活动一览表

活动角名称	教育作用及可提供的学习经验	设备、材料	活动建议	注意事项
娃娃家	1. 发展社会性，了解人际间关系及不同角色身份，学习角色扮演，及适当的行为方式； 2. 学习友好交往技能，如轮流、分享、协商、互助、合作等； 3. 学习表达个人意愿、情感、见解，能相互沟通，发展语言交流能力；实践和尝试幼儿自己解决社交问题的办法； 4. 发展表征能力，如能以物代物使用材料，激发想象力及创造性反映现实生活的能力； 5. 学习适度表达个人情绪，并了解他人情感，能自我控制和调整与伙伴之间的相互行为和关系。	1. 娃娃； 2. 矮床、柜架、小型桌椅（可用积木废旧材料及日常用的桌椅搭成）等； 3. 餐具、茶具、厨房用具，及衣物、清洁工具等家庭生活常用物品； 4. 各种废旧瓶盒及辅助材料，如：实物蔬菜、纸块、粘泥、小积塑等。	1. 较简单的家庭生活主题，如做饭、吃饭、照顾娃娃、请客、整理房间、洗衣、看病吃药、带娃娃出去买东西、游玩等； 2. 扩展的反映社会生活的主题，如餐厅、菜场、商店、医院、学校、理发店、邮局、书店、汽车、电影院、动物园、服装店、警察局等等。	1. 位置可与大积木区相邻，并可结合开展角色游戏； 2. 注意材料归类整理（可标标签），又设百宝箱，便于幼儿随时依需要取用材料； 3. 注意启发和丰富幼儿生活经验，及对当前社会事件的反映，促进游戏之深入。

续表 1

活动角名称	教育作用及可提供的学习经验	设备、材料	活动建议	注意事项
积木角	1. 发展建构能力，学习各种建构技法； 2. 认识基本形状，发展空间知觉，理解数量关系，如大小、长短、宽窄等； 3. 激发创造力、想象力，学习尝试不同的建构设计，自行解决问题； 4. 培养社会性，幼儿之间能分享、分工合作，共同建构设计，并共同角色游戏； 5. 发展语言交流和表达能力。	1. 大、中型积木——可以是现成玩具，又可用大纸盒、泡沫塑料自制； 2. 不同规格的板材，可以用三合板或硬纸板、纸盒等； 3. 辅助材料，如：交通工具、人偶、动物、树木小景等； 4. 材料篮。	1. 单纯建构活动，如叠高、延伸、对称、围封等； 2. 结合主题或角色游戏进行建构，如餐厅、火车站、大桥、动物园、电影院、汽车等等。	1. 建构活动所需空间较宽敞，宜与娃娃家相邻，以便进一步开展角色游戏(如有条件，可铺地毯或地板革)； 2. 积木分类摆放，可画好纸型或标签等，以便幼儿自行取放整理。
语言——图书阅读角	1. 学习听、说、读、写的基本技能(读、写前的准备)； 2. 养成听、说、读、写的良好态度与习惯，逐步培养阅读兴趣； 3. 学习运用语言表达个人情感、需求意愿和观点； 4. 相互交流、沟通，幼儿之间相互了解、相互学习、相互影响，友好共处。	1. 书架、矮桌； 2. 录音机、录音带——故事等，耳机、书； 3. 各类语言卡，如看图识字卡、儿歌卡、接龙卡、猜谜卡、拼板； 4. 其他，如拼图讲述板、拼图材料(可用废旧物自制)、儿歌跳棋、新闻剪辑等。	1. 接龙、拼图游戏； 2. 拼贴讲述； 3. 连词——连句——编故事； 4. 看、讲故事书、看图讲述； 5. 辨别音响、听故事录音等； 6. 讨论谈话、幼儿互讲故事、讲述个人生活经历、时事等。	1. 此活动角宜设于安静区——远离娃娃家及大积木角； 2. 逐步开放、逐步丰富材料或变换活动，加强计划性； 3. 可考虑建立以下几方面规则： a. 每次拿一种材料，用完放原处； b. 谁先拿的材料谁先玩用——先来后到，又可建议学习社交技能，如轮流、交换等； c. 依本角活动空间考虑限定人数； 4. 如有条件，可备地毯或坐垫。

续表 2

活动角名称	教育作用及可提供的学习经验	设备、材料	活动建议	注意事项
自然科学角	1. 激发幼儿对自然和科学现象的兴趣； 2. 学习运用多种感官感知事物现象，发展观察力； 3. 活跃思维，培养分析、判断和推理能力； 4. 提供尝试、探究、实验的机会，通过实地操作，解决认识问题，获得知识，形成概念。	1. 台、架、矮桌等； 2. 养殖活动所需用具如铲、浇水壶、桶、瓶、盆、罐等容器； 3. 种子、动植物； 4. 动植物标本、石子、贝壳等； 5. 科学活动所需各类工具、器材，如：镜子、放大镜、秤、度量器械、眼罩、嗅瓶、听力罐、触袋、磁铁、手电筒、万花筒、汽球、塑袋等等。	1. 养殖活动，如：种花、种蒜、照料植物；养金鱼、乌龟、蜗牛、小鼠、蚕等； 2. 有关季节和天气变化的活动； 3. 有关空气、水、声、光、电、磁、机械的活动； 4. 人体五官、感知觉； 5. 宇宙——日、月、星辰； 6. 化学现象。	1. 自然角宜设于安静区域，最好置于窗前，有较充足阳光及流通空气，且为自然光线，便于幼儿观察； 2. 依活动计划，逐步展开，随时更换材料及活动形式与内容； 3. 可根据本班幼儿实际能力，考虑提供观察记录本； 4. 与正规教育活动结合考虑安排。

续表 3

活动角名称	教育作用及可提供的学习经验	设备、材料	活动建议	注意事项
益智操作角	1. 发展感知觉，学习运用五官观察比较； 2. 训练小肌肉操作的技能，手眼协调及手指动作灵巧； 3. 学习有关数的概念，训练思维能力，如分类、系列、空间、时间、数形，了解事物之间的相对关系； 4. 激发求知欲，培养探究兴趣； 5. 培养专心做事、坚持克服困难及独立解决认知问题的能力。	1. 材料架、矮桌、各类材料篮； 2. 各类工具：尺 、秤、计数器； 3. 专门材料，如：小积塑、形状套盒、套碗、拼图、六面体、七巧板、数/图卡、各类棋、穿线板、系扣/带板等； 4. 可利用的废旧材料，如：各类果实、种子、石子、线绳、珠子、皮筋、各种质料——光滑/粗糙、软硬、轻重的物品，旧瓶盒…	1. 感知操作类活动，如拼图、穿珠、系扣/带、接龙、触袋、音盒； 2. 度量、计数活动； 3. 棋类等智力游戏； 4. 形状、空间； 5. 其他。	1. 玩具、材料分类放置，以便幼儿自行取放整理； 2. 材料及活动的提供应有较强计划性、目的性； 3. 可提供范例供幼儿借鉴、模仿、参考；有关数的活动教师需给予较多直接指导； 4. 促使幼儿之间相互交往，从而能相互学习、影响。

续表 4

活动角名称	教育作用及可提供的学习经验	设备、材料	活动建议	注意事项
美工角	1. 学习观察感受周围事物，并用美工材料方法表达个人情感和思想； 2. 提供接触各种材料的机会，使幼儿了解材料特性，学习运用工具，进行色、形等平面、立体造型活动，激发尝试探究的欲望； 3. 发展想象力、创造力及不拘一格的表现力，并体验成功，培养自信； 4. 训练小肌肉动作灵巧，手眼协调，发展操作能力和解决问题的能力。	1. 架、柜、矮桌、材料篮； 2. 范例夜、展示板； 3. 工具：剪子、刀子、尺、各种笔、糨糊、针、线、垫板等，颜料； 4. 各种材料、各类规格的纸张、粘泥或面团、颜料 5. 辅助材料：瓶盖、小棍、石头、铅丝、旧图片挂历、吸管、纸袋、纸盒、线绳等等； 6. 借鉴欣赏用品、半成品等； 7. 清洁用具，如抹布、水盆、广口瓶（如有条件可备小围裙或套袖）。	1. 平面造型活动：绘画，如铅笔画、蜡笔画、粉笔画及使用液体颜料的绘画等；剪贴或撕贴，如几何拼贴、窗花……等；自然材料造型，如树叶画等； 2. 立体造型活动：泥工；折纸；综合手工制作，如做做玩玩立体纸造型、废旧物自制玩具； 自然材料造型：豆画、豆子造型、石头画…… 3. 编织缝纫：穿珠、编彩带悬挂装饰、缝包、编粽子、毛线编织…… 4. 配合节日及活动室布置的美工活动，如，悬挂装饰、团结主题造型……等。	1. 此角落宜设于安静区，且离水源较近处； 2. 注意收拾整理的清洁工作，养成良好习惯； 3. 依据空间大小，考虑是否需限定人数； 4. 设观赏台，一方面可为幼儿提供活动范例，又可展示幼儿作品，使他们体验成功，且便于相互学习、启发； 5. 活动的开展需依本班幼儿年龄特点考虑具体发展目标，并有计划地变换和丰富活动； 6. 注意促使幼儿之间的交往、交流，学习交往技能和相互给予积极影响。

（四）各活动区游戏材料的配备与投放

玩具材料是幼儿游戏的物质支柱，是幼儿游戏的工具。幼儿是通过使用玩具材料在游戏中学习的。历史上不少教育家都很重视玩具的作用，重视玩具对幼儿身心发展及其各方面能力的促进意义。有的教育家还专门为幼儿设计了一些玩具和游戏材料，如福禄倍尔和蒙台梭利设计了“恩物”和促进感知操作能力的材料。

要开展好自选游戏，教师应在合理设置活动区环境的基础上，进一步深入分析各活动区所需的适宜设备、玩具材料，并具体分析探索现有各类材料的不同特点及其教育功能，尽可能探究和发掘每一种玩具或游戏材料所具有的多方面教育功能，了解、掌握各种材料的多样化玩法，从而有目的、有计划地投放、变换和调整，科学地指导幼儿使用操作。

应明了，仅仅为幼儿提供配置必要材料并不能保证良好的活动效果，要使这些玩具材料切实发挥应有的作用关键在于教师。正如一位研究游戏的专家（苏塔玛）所指出的，“游戏材料只是游戏的一个必要条件，在没有与游戏有关的直接和间接指导的情况下，游戏材料本身不会有教育意义和可解释性”。

首先，园所应从自选游戏的需要出发，为各年龄班配置必要的适宜的玩具材料。可按开展各类游戏的活动区配置，如角色游戏与表演游戏的材料、结构游戏材料、美工活动、益智操作类材料、科学活动材料及图书等。

进而教师可以分析其各自特点，探索玩法，以活动类型和活动区为单位，汇总分析现有的玩具材料。各区的玩具材料应包括专门化玩具材料和非专门化材料。如，本班益智操作区有哪些材料，积木区、“娃娃家”各有哪些玩具材料，科学区、图书区有哪些等等。教师要在明了各种游戏活动类型的教育意义、功能的基础上，进一步探索各个活动区中各类具体玩具材料的特点如何，每一种玩具在培养促进幼儿哪些方面的能力上作用更明显；每一种玩具材料可以有哪些玩法，哪些是一般的常规性玩法，可不可以加以扩展，提出创新性玩法。如，中班益智操作区的六面体玩具，可以用来拼出动物等图形，可依图样向前、向后、向左或向右依次翻转为六种图形，其扩展玩法：拼摆叠高立方体，可依次递减、逐层拼摆，在此过程中，幼儿可认识数形关系等。又如接龙玩具，其一般性玩法是依图形连接延续，几何图形接龙需三角接三角、正方接正方；具体形象的如动物的、水果的接龙也如是进行。幼儿可以自己一个人拼接着玩。此玩具也可扩展为两人一起玩，一人连接一次，规定出一定的规则来决定输赢；再有，还可用它作多米诺牌，将“牌”按一定距离竖起来，摆成连续的各种图形，推倒一只牌则其他牌会依次倒下去，适合于大班幼儿探索多米诺现象。又如，冰棍棒可以用来数数，玩撒棍、拨棍，又可用来拼摆图形，拼出小房子、树、小动物等造型，或是用作玩具制作的辅助材料等等。

美工区的材料也很丰富，可开展的活动也是极为多样的。如，大班美工区的纸带或毛线绳等可以用来编结，编辫子、花篮、书包等，又可缝纫，缝沙包，缝制小布袋，将豆子穿在线绳上连接缝制出图案，或用线绳本身缝成图案装饰等；另外，还可用来围粘出不同造型，犹如一笔画（只是材料、方法不同）。科学区也可以有进行多种实验、观察的玩具和操作的工具、材料，如磁铁、镜子、放大镜等，教师要发掘其多样性的玩法。又如水，可作沉浮实验，又可用来观察渗透现象，还可制作水枪喷壶等，用来给动植物浇水。如果用水枪、喷壶向太阳喷水，可以看到七色彩虹……。教师对玩具材料特点与玩法的探索分析不仅限于正规的专门化玩具，还要注意各种非正规玩具如废旧材料、半成品与辅助材料的作用，与专门化玩具搭配，丰富活动形式，增强表现力。各班教师可根据本年龄班幼儿能力特点，研究玩具、材料的玩法，并排列出不同玩具及其玩法的难易顺序。

开展自选游戏，创设和提供游戏环境，教师必须发挥主观能动性、创造性，不能被动地仅限于园里给多少玩多少，只考虑现有玩具的玩法，还要想方设法为幼儿增加玩具材料，为更好地深入开展游戏、促进幼儿各方面能力发展创造最佳条件。因此，我们要求实验班教师分工负责活动区材料的提供，除了研究个人负责的区域现有材料的状况，还需开动脑筋，积极探索为适合和促进本年龄班幼儿的实际与发展，“还应当提供哪些材料和活动形式”。对于教师提出的建议，确实物美价廉的，园里可以考虑购买来给各班增加配置。事实上更多的应是教师自制的简易而富于变化的操作活动的玩具材料。如，教师在益智区用废旧图书或挂历上的完整画面，在后面衬上一层稍硬厚实的纸板，切割成4～6块，或10块以至更多块数几何形、多边形等，引导幼儿玩拼图，同时又可计数块数；对能力强的幼儿可以增加活动的难度，增加拼图的块数或是增加切割形状的复杂程度，又可计算拼摆时间，增加竞赛因素，如两人同时开始拼，一人拼一份，看谁先完成等等。

教师对玩具材料的研究可以利用下页的表格。

教师在探索各类玩具特点和玩法时，还要注意向幼儿学习，观察幼儿是如何使用操作的，正所谓“教学相长”。幼儿因其年龄特点，对周围事物往往有他们自己独特的认识、独特的观察事物的角度和思维方式，在使用玩具材料时，有些孩子正是由于经验缺乏，没有框框，往往不受原有正规玩法限制，能够独辟蹊径。例如有的孩子将用来拼插的各种弯曲的较复杂积塑在桌面上拼摆出小娃娃等形象。教师可从幼儿那里受到启发，而丰富对材料特点与功能的认识，探索多样化的玩法，从而更好地指导幼儿的游戏的开展。应当认识到，儿童既是我们教育的对象，同时也是我们研究和学习的对象，在教育过程中，教育者往往需要向教育对象学习如何教育。因此，在扩展性玩法这一栏中应包括从幼儿那里看到的新颖玩法。

表 3.1-3 游戏区自选玩具材料的玩法汇总表

游戏区名称________班级________

名称 \ 玩法		一般性常规玩法	变换性的扩展玩法	备注
现有玩具材料	1. 2. 3. 4. 5. 6. 7. 8. 9. 10.			●难易顺序 ●突出特点教育作用等
还需增添的玩具材料	1. 2. 3. 4. 5.			

整理（填写）教师________填写日期________

教师对各年龄班各类玩具材料的特点、玩法的探讨这一环节非常重要，否则，以其浑浑使人昭昭。如果教师对材料一无所知或知之甚少，如何观察分析幼儿游戏状况、判断其能力水平的表现呢？又如何能够在其原有基础上，予以有针对性的具体指导，引导自选游戏的深入开展，提高活动质量呢？

常看到一些教师在幼儿游戏时，站在一旁不参与进去。他们这样解释自己的行为：“孩子们就爱自己玩，他们不愿老师干预。”然而我们通过对游戏的观察，可以很容易地发现，幼儿喜欢与教师一起玩，凡有教师参加的活动，幼儿往往兴致很高，因为教师毕竟是成年人，知识经验丰富，可以有很多玩游戏的点子，能吸引孩子们。我们还常常注意到，有的孩子在没有教师过问和参与的情况下玩游戏，一会儿就玩不下去了。当然，教师的参与指导并不意味着强制性干预，“你该怎么怎么玩”等，而是可以有多种直接或间接的指导方式，教师可以以伙伴身份影响幼儿的游戏。看起来，教师如果能以一颗爱心来关注幼儿的发展，大约就不会出现以上那种解脱自己的责任的行为和说法了。

综上所述，教师应把游戏环境连同相应的玩具材料作为教材来研究，“吃透”教材，同时切实掌握摸透幼儿的年龄特点和实际能力，才可能采取有效的方法促进二者之间的相互作用，使幼儿通过游戏，通过玩玩具，发展各方面能力。

在对各种玩具材料进行分析探索的基础上，可以编制玩具卡。园所可以从保教管理与资料建设的角度，进一步建立起全园玩具档案系统，作为培训教师的途径与手段，指导其对教具和玩具材料认真研讨，更好更有效地开展游戏，发挥玩具材料对幼儿身心发展的作用。

<table>
<tr><td colspan="2">编号________　类别（依游戏类型或教育功能归类）________
玩具名称
主要功能
玩法</td></tr>
<tr><td>备注（可注明适宜的年龄范围等）</td><td>图片</td></tr>
</table>

图 3. 1-4　玩具卡的内容与格式

（五）光明幼儿园小、中、大班部分活动区材料配置与玩法分析实例

小班认知操作区玩具材料的教育功能及玩法

该活动区所拥有的玩具材料：

四季认知系扣挂布、穿衣服的娃娃、系扣图板、系扣接龙、串珠、配对图片、接龙图片（图形接龙、颜色接龙）、套碗、认知卡片、摸箱、形状配对鸡蛋。

△四季认知系扣挂布

教育功能：此种玩具可以促进幼儿小肌肉的发展，培养幼儿集中注意、专注以及坚持性，对于小班幼儿来说，对提高其生活自理能力也有好处。还能培养幼儿协调合作的能力，学会合作完成一件事情。

常规玩法：进行系扣练习，练习系扣子、解扣子、系子母扣。

扩展玩法:用于常识练习及认知活动,知道不同季节树木花草的变化,以及各种小动物应该生活在什么地方。

△穿衣服的娃娃

教育功能:促进幼儿小肌肉发展,提高幼儿的生活自理能力,练习手眼协调,培养幼儿集中注意、专注和坚持性,在游戏中激发幼儿良好的情绪,练习系扣这个动作技能。

常规玩法:练习穿脱衣服,巩固穿、脱衣服的顺序和方法以及系扣子、解扣子动作的练习。

扩展玩法:结合常识活动,认识四季服装,知道不同服装的名称及用途和质地。

△系扣图板

教育功能:促进幼儿小肌肉的发展,训练动作技能,培养幼儿集中注意、专注和坚持性,在游戏中培养幼儿良好的情绪情感,自己的事情自己做。

常规玩法:可以用来练习系扣子、解扣子。

扩展玩法:可以用于常识教育,认识四季服装及计算一一对应。

△系扣接龙

教育功能:此种玩具可以促进幼儿小肌肉的发展,训练动作技能,培养幼儿集中注意、专注和坚持性,在活动中有利于审美感的培养并增进幼儿之间的交往。

常规玩法:此种玩具用来练习系扣子、解扣子。

扩展玩法:可以结合对颜色的认识进行接龙,用于常识认知活动;培养幼儿按一定规律排列的最初的能力,还可以做项链、手链,进行装饰、点缀。

△串珠

教育功能:此种玩具可以促进幼儿小肌肉的发展,训练动作技能,培养幼儿集中注意、专注和坚持性,在游戏中启发幼儿的想象创造,培养良好的审美感,增进幼儿间的交往。

常规玩法:此种玩具可以练习手的动作的灵活性,把塑料绳穿在木珠的洞里,进行穿、接练习。

扩展玩法:可以进行颜色的认识,把同样颜色的穿在一起,穿完一种颜色再穿另一种颜色;还可以进行形状的认识,把形状一样的穿在一起,穿好后可以做项链、手链、头花。进一步还可以按一定规律进行串连（一红一绿，一圆一方）。

△配对图片

教育功能：此种玩具可以培养幼儿集中注意、专注和坚持性，丰富自然科学知识，学会按物体的形状和用途分类，发展幼儿的感知觉。

常规玩法：此种玩具可以发展幼儿的认知，把一样的两张图片放在一起，把用途一样的图片放在一起，把材料一样的图片放在一起。

扩展玩法：可以用作常识认知卡片，认识各种物品的名称，可以用作计算课教具，学习一一对应。

△接龙图片（图形接龙、颜色接龙）

教育功能：此种玩具可以训练幼儿多种感知觉，培养他们集中注意、专注和坚持性，在游戏中启发幼儿的想象创造，增进彼此间的交往，丰富自然科学知识，提高幼儿合作游戏的能力。

常规玩法：按图形的形状接龙，把一样的图形摆在一起，可以有规律的排列，两个三角形，两个圆形，两个正方形，请幼儿接着摆；还可以按颜色拼摆，把几个颜色一样的摆在一起，如两个红的、两个绿的、两个黄的，请幼儿接着摆，也可以按物体的种类接龙。

扩展玩法：可以制作分类盒，进行常识活动，认识形状的相同与不同，还可以用作认识图形的教具，用来做排序、排列练习用，也可以用作认识颜色的教具及计算点数，一一对应。

△套碗

教育功能：此种玩具可以促进幼儿小肌肉的灵活性，培养集中注意、专注及坚持性，发展幼儿的感知觉，在活动中有意尝试，探究学习和解决问题，促进幼儿间的交往。

常规玩法：此种玩具可以按颜色或大小来进行游戏，从大到小套叠、排列，或从小到大进行。

扩展玩法：可以用来认识物体的大小，进行大小的排列及认识颜色练习，也可以用来作娃娃家的餐具。

△认知卡片

教育功能：此种玩具可以发展幼儿多种感知觉，培养他们集中注意、专注和坚持性，在游戏中有意尝试，探究学习和解决问题，增进幼儿间的交往，丰富他们的自然科学知识。

常规玩法：此种玩具可以用来发展幼儿的认知能力，认识常见的水果、蔬菜、交通工具及常见的物品，可以一个幼儿举图片，一个幼儿说名称，还可用于计算教育，认识1～10。

扩展玩法：可以放在美工区，让幼儿按图片上的物品画画，还可以作识字卡片用，让幼儿看物体图画，认识相应的汉字。

△摸箱

教育功能：此种玩具可以训练幼儿的触觉和运动觉，依据触摸，了解事物的外部特征。培养幼儿集中注意及坚持性，在游戏中激发幼儿良好的情绪。

常规玩法：教师在箱内装上各种物体，让幼儿通过触摸感知物体的软硬、大小、形状，并能说出它们的名称。

△形状配对鸡蛋

教育功能：此种玩具可以训练幼儿多种感知觉，促进小肌肉的发展，培养注意力的集中专注，在活动中有意尝试，探究学习和解决问题。

常规玩法：此种玩具可以用来巩固对图形的认识，根据一半鸡蛋的形状、颜色，去找另一半鸡蛋，找到后，合在一起成为一个鸡蛋。

扩展玩法：可以用作美工区的图形印章画的印章，还可以放在娃娃家，做鸡蛋，丰富幼儿的游戏内容。

（季敏）

小班美工区玩具材料的教育功能及玩法

该活动区所拥有的玩具材料：

水彩笔、油画棒、图画纸、剪刀、糨糊、彩色圆纸片、装废纸小盒、彩色的三角形电光纸、画好物体用以涂色的图画、大张的彩色墙壁纸、废旧图书图片、画好图形用以剪纸的电光纸、橡皮泥、折纸用的各种纸块。

△水彩笔、油画棒

教育功能：此种物品可以促进幼儿小肌肉的灵活性，练习正确的握笔姿势，培养幼儿注意力的集中专注，启发幼儿的想象创造，激发良好情绪，培养幼儿的审美能力。

常规玩法：此种物体可以用来进行绘画和涂色练习。

扩展玩法：可以用来认识颜色，比较粗细。

△图画纸

常规玩法：此种物体可以用来进行画画练习和涂色练习。

△剪刀

教育功能：此种物品可以促进幼儿小肌肉的灵活性，练习使用剪刀的方法及技能，培养注意力集中和安全意识。

常规玩法：可以进行剪纸，剪直线、斜线、曲线，按图形轮廓剪，按物体的形状剪，折好后再剪等。使用剪子应引导幼儿注意安全。

△糨糊

教育功能：此种物品可以促进幼儿小肌肉的发展，练习正确的涂抹糨糊的方法，增进幼儿间的交往，培养协调合作的能力。

常规玩法：此种物体用来进行粘贴，幼儿通过共用一碟糨糊有助于分享。使用糨糊后，教师可引导幼儿学习收拾整理。

△彩色圆纸片、三角形纸片

教育功能：此种物品可以发展幼儿的多种感知觉，促进小肌肉的发展，培养注意的集中及坚持性；启发他们认识几何形体；激发想象创造，增进幼儿的交往，有利于审美感的培养。

常规玩法：此种物品可以进行折叠、剪贴，剪小花、剪窗花，剪完后粘在图画纸上。可进行折、剪、粘、画的综合活动。

扩展玩法：可以用来进行常识教育活动，认识颜色、大小，还可以进行添画练习。

△装废纸的小盒

教育功能：此种物品可以培养幼儿良好的游戏常规，学习整理物品，培养卫生习惯；又可增进彼此间的交往，学习协调合作游戏。

常规玩法：此种物品用来盛放废纸和碎纸。

扩展玩法：用作材料或物品的分类盒。

△画好物体用以涂色的图画

教育功能：此种物品可以发展幼儿的多种感知觉，并发展幼儿的手眼协调性，练习涂色的方法技能，培养他们注意力的集中、专注及坚持性；在活动中激发幼儿的良好情绪，培养对色彩的感受力，提高审美能力。

常规玩法：此种物品可以用来进行涂色练习，涂好后幼儿还可以把它剪下来，放在固定的盒子里，然后自己可以重新组画粘贴。

扩展玩法：可以用来认识颜色及认识物品名称、用途，制作分类盒。

△废旧图书、图片

教育功能：此种物品可以发展幼儿小肌肉的灵活、协调性，练习剪、粘的动作技能，扩展游戏内容，丰富游戏材料，启发幼儿的想象创造，激发言语交流的进行。

常规玩法：此种物品可以进行剪纸练习，用剪刀沿物体轮廓剪，剪好后放在固定的小盒中，然后可以进行重新组画粘贴，并进行语言讲述。

扩展玩法：可以按物体不同用途分类，制作分类盒，还可以粘贴布置动物园等。

△画好图形进行剪纸练习的纸型

常规玩法：此种物品可以进行剪纸练习，按物体轮廓剪，并把剪好的物体贴在图画纸上。

扩展玩法：可以进行分类练习，知道物体的不同种类、用途等。

△橡皮泥（或粘泥、细面）

教育功能：此种物品可以促进幼儿小肌肉的发展，练习捏、搓等动作技能，启发幼儿的想象创造，激发良好的情绪，培养审美能力。

常规玩法：此种物品可以用来练习捏、搓等，学会捏一些简单的物品。

扩展玩法：可以用来比较物体大小、长短，学会分解、组合。

△折纸

教育功能：此种物品可以使幼儿小肌肉的发展得到提高，练习折纸这一动作技能，培养他们注意力的集中、专注，在活动中启发幼儿的想象创造。通过活动，使幼儿了解事物的变化。

常规玩法：此种物品可以用来练习对边折、对角折，学习折一些简单物品。

扩展玩法：结合彩纸折叠，可以用来认识颜色；在折纸活动中认识几何图形，了解事物的变化：正方形通过对角折成为三角形，正方形经对边折成为长方形等。

（季敏）

小班积木区玩具材料的教育功能及玩法

该活动区所拥有的玩具材料：

大型泡沫积木、小型木质积木、玩具柜、塑料动物玩具、电池、胶卷盒、纸盒、可乐瓶、雪碧瓶、纸盒玩具（汽车、楼房、红绿灯、岗楼）、花罐、小筐、木板、帽子。

△大型泡沫积木

教育功能：此种玩具可以发展幼儿的多种感知觉，促进小肌肉的灵活性，练习搭、叠高等动作技能，扩展游戏内容，丰富主题情节，在活动中激发良好的情绪，增进交往和言语交流，培养协调合作的能力。

常规玩法：此种玩具可以用以围拢、延长、堆高等技能练习；搭建楼房、围墙、马路、大桥、幼儿园、动物园等简单的造型。

扩展玩法：可以在进行有主题的搭建游戏时，用来当床、桌、椅，可以用于认识图形、颜色。

△小型木质积木

教育功能：此种玩具可以发展幼儿小肌肉的灵活性，培养幼儿注意力的集中、专注；训练建构能力，激发幼儿创造和想象，用各种形体搭出具体造型。在活动中幼儿间可相互交往增进言语的交流，有利于共享、轮流、协商地进行游戏。

常规玩法：此种玩具可以搭建楼房、街道、马路等，在用大积木搭建好物体的造型后，幼儿可用小积木进行装饰或搭建细小的部分。

扩展玩法：可以用作立交桥的栏杆和柱子，装饰大型积木建筑物，可以给小动物当桌椅。

△塑料动物玩具

教育功能：此种玩具可以扩展游戏内容，丰富主题情节，激发幼儿游戏兴趣。

常规玩法：此种玩具可以让幼儿拿在手里摆弄，让幼儿认识动物的名称。

扩展玩法：可以作为积木区的装饰品，幼儿搭好积木后，用塑料动物玩具装饰、点缀，当小警察，给小动物搭家。

△电池、胶卷盒等

教育功能：此种玩具可以扩展游戏内容，丰富主题情节，启发幼儿的想象创造。

常规玩法：此种玩具可以一个接着一个延长摆放，装饰建筑物，围拢搭建围墙。

扩展玩法：可以作为立交桥上的路灯的灯柱，可以做汽车的轮子和车箱，还可以做火车的汽笛。

△可乐瓶、雪碧瓶、粒粒橙瓶

可作为建筑材料使用。如：

此种玩具可以竖在地上当柱子，摆在建筑物旁边做装饰，横在地上延长摆放，当马路的边儿。

△小筐

常规玩法：此种玩具可以用来取放玩具、积木，盛放游戏材料。

扩展玩法：可以做小房子的屋顶和桌子。

△木板

常规玩法：此种玩具可以用来与一般积木材料综合运用搭建楼房，使楼房有几层的高度，有楼层的区分。

扩展玩法：可以搭建立交桥，做立交桥的桥面和斜坡。

△帽子

积木区提供一定数量纸帽，可作为参加本活动区的标记，并用来限定人数。

（季敏）

小班“娃娃家”玩具材料的教育功能及玩法

该活动区所拥有的玩具材料：

娃娃、家具（矮床、小组合柜、桌椅）、衣物、餐具、茶具、厨房用具（灶具、锅、刀、面板等）、辅助材料（实物蔬菜、油面等）、清洁工具（布、扫帚）、电话、大型积木、镜子、钟表等。

△娃娃（毛绒动物）

教育功能：扩展游戏的内容，丰富主题情节，在娱乐中激发幼儿良好情绪，训练幼儿动作技能，培养其爱心和协调合作的能力。

常规玩法：让娃娃当孩子，抱娃娃玩。

扩展玩法：给娃娃看病、洗澡、穿衣、穿鞋、喂饭、给娃娃喝水喝奶；带娃娃外出买东西、看节目表演。

△家具（矮床、小组合柜、小型桌椅）

教育功能：可以扩展游戏的内容，丰富主题情节，促进数形概念的发展。

常规玩法：

1. 矮床——躺、坐、放娃娃，放衣物，把小被子叠好放在上面。

2. 小组合柜：摆放物品（茶具、工艺礼品）。

3. 小型桌椅：坐、摆放餐具。

扩展玩法：

1. 矮床：整理床上用品。

2. 小型桌椅：吃饭、看书、绘画、用桌椅充当隔离用具。

△衣物

教育功能：促进小肌肉的发展，训练动作技能，培养幼儿做事认真专注和坚持性，丰富主题情节，有意尝试，学习解决问题，增进社会生活知识。

常规玩法：练习穿衣、叠衣服。

扩展玩法：洗衣服、晾衣服。

△餐具茶具

教育功能：可以训练动作技能，促进小肌肉的发展，扩展游戏的内容，丰富主题情节，在游戏中激发良好情绪，增进交往。

常规玩法：喝水、吃饭。

扩展玩法：招待客人。

△厨房用具（灶具、锅、刀、面板等）

教育功能：训练动作技能，扩展游戏的主题和情节，在娱乐中激发良好情绪，有利于共享、轮流、协商地进行游戏，有意尝试，学习解决问题。

常规玩法：用来做饭，操作活动。

扩展玩法：按用途分类摆放，刷锅洗碗等。

△辅助材料（实物蔬菜、插片、胶粒、橡皮泥、泥工板）

教育功能：可以训练多种感知觉和动作技能，促进小肌肉的发展，扩展和丰富主题情节，启发幼儿想象和创造，增进幼儿之间的交往，有利于共享、轮流和协商地进行游戏。

1. 实物蔬菜

常规玩法：切菜、炒菜。

扩展玩法：招待客人、喂小动物、分割数数。

2. 油面和橡皮泥

常规玩法：揉、团、捏、搓等。

扩展玩法：包饺子，制作生日蛋糕、馒头、包子、花卷、麻花等。

3. 插片、胶粒

常规玩法：拼、插。

扩展玩法：当饭、菜，小朋友的头饰。

△清洁工具

教育功能：训练幼儿的动作技能，扩展丰富主题情节，培养良好的生活、卫生习惯。

1. 布：用来擦桌子、椅子、窗台、柜子等。

2. 扫帚：清扫地面、清洁地毯等。

△电话

教育功能：它可以促进数概念的发展，通过打电话扩展和丰富主题情节，启发幼儿想象和创造能力，发展语言，增进交往，从而产生愉快的情绪。

常规玩法：打电话。

扩展玩法：与其它区进行交流，丰富主题扩展游戏内容。

△镜子和旧钟表

教育功能：发展幼儿感知觉，巩固幼儿对图形和数概念的认识，训练动作技能。

常规玩法：

1. 镜子：照镜子。

2. 钟表：看时间（适于中班）

扩展玩法：镜子——镜子游戏，找影子；钟表——认识数字，拨钟表，了解时针、分针、秒针。

（邹萍）

中班自然科学区玩具材料的教育功能及玩法

该活动区所拥有的玩具材料：

种子、萝卜、果实、落叶、观察记录本、金鱼、乌龟、甲鱼、蝌蚪、蚕、昆虫、水、磁铁（瓶、罐、铁钉、橡皮泥、碗等），声（杯、盆、碗、易拉罐、沙子、石子、皮筋等），电（电池、灯泡、气球、电线、塑料绳、梳子等）。

、植物（种子、萝卜、果实、落叶、记录本）

教育功能：运用多种感官，感知事物现象，发展观察力，活跃思维，提供尝试、探究、实验的机会，通过亲自动手、观察、种植获得知识，形成概念，培养幼儿对自然科学的兴趣，了解自然界如何依季节和时间而发生变化，丰富自然科学知识，培养注意集中、专注、坚持性，学习简单的劳动技能。

△种子

常规玩法：

1. 种在土里观察其生长。
2. 泡在水里及浸湿的棉花上，观察其生长。
3. 装在袋里做种子标本，画上标记随时观察。

扩展玩法：

1. 用种子练习分类：按颜色、形状、大小分。
2. 可用种子练习数数。
3. 用种子拼画。

△萝卜

常规玩法：

1. 根向下种在盆中，观察是否开花。
2. 切成半个萝卜，天天浇水，观察会不会长叶子。
3. 把半个萝卜中间挖空，泡上白菜头，观察萝卜根与白菜头的变化。
4. 在萝卜中间挖坑，然后种上蒜，观察萝卜头、蒜的变化。

扩展玩法：送到娃娃家做菜。

△果实

常规玩法：

1. 给苹果画上五官，用皱纹纸做头巾，做成苹果娃娃。

2. 把葫芦装饰成“葫芦爷爷”。

3. 在土豆上插小棍做刺猬。

4. 用两个柿子椒做小狗（一个横着做头，一个竖着插上做身体，再装饰上五官）。

扩展玩法：放到娃娃家美化环境，起到装饰作用；或是用作开展游戏的实物材料。

△落叶

常规玩法：

1. 树叶标本：把树叶压平，贴在图画本上。

2. 树叶分类：制成分类册。

扩展玩法：

1. 树叶拼画：用不同颜色、不同形状的树叶拼出金鱼、小船、兔子、狐狸、蝴蝶等。

2. 树叶印染：把潮湿的树叶拼成图形，放在吸水的纸上，用锤子砸树叶，进行印染活动。

3. 叶脉书签：用叶脉制成书签，观察叶脉。

△观察记录本

常规玩法：

1. 天气日记：记录每日天气变化。

2. 生长日记：记录动植物的生长变化。

3. 季节日记：记录一年四季的变化。

扩展玩法：成立“小小电视台”，向大家介绍新闻。

二、动物（金鱼、乌龟、甲鱼、蝌蚪、蚕、昆虫）

教育功能：通过亲自动手喂养小动物，了解小动物的外形特征及生活习性，增添童趣，增长知识，激发幼儿的好奇心及爱小动物的情感。学会照顾小动物，获得愉快体验，丰富自然科学知识，培养集中注意力和认真做事的习惯，促进幼儿多种感官及观察能力的发展。

△金鱼

常规玩法：观察小鱼游，喂小鱼。

扩展玩法：学习小鱼动作，做小鱼游状。

△乌龟

1. 观察乌龟外形特征。

2. 观察乌龟在地上爬及在水里游。

3. 喂小乌龟，观察乌龟怎样吃东西。

△甲鱼

观察和喂养。还可以与乌龟一起观察比较异同。(乌龟壳硬，甲鱼壳软；乌龟可以把头、四肢、尾巴都缩进盖里，盖住全身；甲鱼身体下面无壳，缩不到壳中去；乌龟头是圆的，甲鱼头是尖的。)

△蝌蚪

1. 观察蝌蚪外形。

2. 喂蝌蚪。

3. 用放大镜观察蝌蚪变成青蛙的过程。

4. 记生长日记。

△蚕

同蝌蚪。

△昆虫

预先可引导幼儿在日常生活中寻找、捕捉一些小昆虫。

1. 养虫子：把捉来的虫子放到瓶子里，观察昆虫的异同，了解益虫、害虫。

2. 玩虫子：把蚂蚱腿上系上线，观察跳的动作；把虫子放在纸盒里听听它的脚步声；把两只蟋蟀放在一起斗蟋蟀。

3. 制作昆虫标本。

4. 制作昆虫画册，把废旧图书上的小虫子剪下来贴在纸上制成画册。

三、科学小实验（声、电、磁、水）

教育功能：运用多种感官感知事物现象，发展观察力，丰富自然科学知识，活跃思维，培养分析、判断、推理能力，激发幼儿的好奇心及对自然科学现象的兴趣，通过亲自动手操作，鼓励幼儿进行大胆的尝试、探究、实验，自己解决问题，获得知识，培养幼儿集中注意力，做事认真，有坚持性。

△声

常规玩法：

1. 水杯或水瓶里装上不同数量的水敲打会发出不同的声音。

2. 圆盒两边用线穿上两个珠子制成拨浪鼓。

3. 两个酸奶碗穿上线制成小电话。

4. 易拉罐口上用胶布平粘一管，一吹罐就响。

5. 在瓶、罐内放入沙子、石，制成沙罐。

6. 把啤酒瓶子盖用铁丝穿在一起，或是固定在较厚的圆形纸板边缘，制成手铃或铃鼓。

7. 把皮筋套在纸盒上，制成皮筋琴，一拨皮筋就会发出声音。

8. 各种声响的录音带，辨别是什么声音。

扩展玩法：游戏“猜猜我是谁?”“传话”等。

△电

1. 电池上面放一个小灯泡，用电线连接，灯泡亮。

2. 用两个气球摩擦，放在一起，会互相躲避。

3. 一个气球在身上摩擦后，可以吸到墙上、玻璃上等。

4. 用塑料包装绳制成头发，粘在娃娃头上，用梳子反复梳理后，“头发”会飞起来。

△磁

1. 磁铁可把小盒中铁的东西吸出来。

2. 两块磁铁吸在一起用力才可以分开；磁极相对的磁铁互相排斥，吸不到一起。

3. 磁铁在小铁片上摩擦一会儿，铁片可吸铁钉。

扩展玩法：

1. 废旧图书剪画粘在硬纸卡片上，下面别一曲别针，用磁铁吸引小卡片可以进行表演。

2. 小棍上系上磁铁，在小鱼卡片上别上曲别针可以钓鱼。

△水

常规玩法：

1. 用各种质地的废旧材料试一试，什么东西可以浮在水上，什么东西会沉下去。

2. 试一试空瓶、空罐怎样沉下去，怎样浮上来。(空罐底朝下时漂起来，底朝上时沉下去；空瓶口堵上时，可以漂起来，空着口往水里按时就沉到水中。）

3．铁钉、橡皮泥、石子怎样浮上来？（铁钉扎在泡沫塑料上，橡皮泥捏成碗形，石子装在塑料小碗中）

4．用小瓶装满水往水车玩具上倒水，水车会转动，水流得快水车转动快，水流得慢水车转动慢。

5．用转道玩具拼成一个蜿蜒曲折的“盘山道”，水从上面倒进去，会沿轨道流下来。幼儿可了解水是由高向低流动。

6．把一杯水倒进粗、细不同的两个瓶子里量一量，看是不是一样高，用笔记录下来，再按画的标记把两个瓶子装的水，分别倒进一样大的两个杯子里比比是不是一样多。

扩展玩法：

1．纸船放在水里一会儿就湿了，用油画棒在折好的纸船外面，厚厚地涂上颜色，可以防水。

2．把塑料瓶扎上眼，装上水可以制成喷壶、喷水瓶。向着太阳喷，可以看到彩虹。

（李荣伟）

中班积木建筑区玩具材料的教育功能及玩法

该活动区所拥有的玩具材料：

大积木、中型积木、板材、交通工具及其他辅助材料（易拉罐、纸盒玩具、电池、人偶、动物玩具、树木小景、玩具筐、玩具柜等）。

△大积木

教育功能：学习各种建构技法，发展建构能力，训练肌肉动作，认识积木的基本形状，发展空间知觉，理解数量关系：如大小、长短、宽窄等，激发幼儿想象力、创造力，学习尝试不同的建构设计，自己解决问题，培养幼儿与人协商、合作、共同建造的能力，发展语言表达能力及手眼协调能力，培养幼儿注意集中、坚持性，有利于审美感的培养，游戏后进行角色游戏，可以扩展游戏内容，进一步想象、创造。

基本技能练习：

1．延长：一块接一块地连起来做交通道路。

2. 围封：把积木围起来做花园或动物园。

3. 堆高：把积木一块一块堆起来，搭成高楼。

4. 连接：在两块积木之间，放上一长条积木，搭成桥。

5. 对称：同样形状的两块积木对称地摆放，搭出门柱等。

扩展玩法：幼儿一起协商合作，用大积木和其他辅助材料搭出饭店、火车站、动物园、街心花园等，开展角色游戏。

△中型积木

教育功能：同大积木。

1. 在叠高、延伸、围封、连接、对称的基础上进行填充、装饰。可在大积木建造的饭店楼层中，填充进小积木，做圆桌、椅子等。

2. 在大积木建造的交通道路中做各种汽车；在花园中摆出鲜花造型；在游乐场做跷跷板、滑梯等。

△板材

教育功能：提供尝试、探究学习解决问题的机会，启发想象、创造。与积木材料综合运用，增强建筑造型的表现力，扩展游戏内容情节，有利于审美感的培养。

常规玩法：辅助堆高，同大积木一起建筑立体造型，做楼层隔离板。或做桌面、车身。斜放板材，做公路斜坡。

扩展玩法：可代替玩具筐，把需要的中型积木或辅助材料放在上面，便于取放玩具。

△交通工具

教育功能：扩展游戏主题，培养协调合作能力，增进交往，丰富社会生活知识，促进数形概念发展，培养审美能力。

玩法：

1. 用交通工具拼插材料拼接成公路，与大积木连接，拼出“十字路口”、“行车道路”、“立交桥”等。

2. 连接成地铁，建在大积木下面，摆上各种车辆，起到深化游戏主题情节作用，扩展游戏内容。

△辅助材料（易拉罐，纸盒玩具，电池，人偶，动物，树木小景，玩具筐，柜等）

教育功能：扩展游戏主题，启发想象创造，激发良好情绪，促进言语交流，增进社会生活知识，尝试探究解决问题，发展空间知觉，促进数形概念发展。培养取放常规，养成良好的行为习惯，有助于审美感的培养。

△易拉罐、旧电池

玩法：

1．延伸：一个接一个摆放，做道路隔离墩等。

2．对称：两个易拉罐对称摆放做灯座、支柱等。

3．堆高：与板材一起共同使用建高楼。

4．围封：易拉罐围封起来做花园、游乐场。

5．把易拉罐放倒与大积木合用，做汽车轮子。

扩展玩法：在易拉罐上面粘上皱纹纸花做花瓶，起到装饰作用。

△纸盒玩具：人偶、动物、树木小景

玩法：填充、装饰，丰富主题情节，起到美化作用。

△玩具柜、筐

1．取放玩具，储存玩具。

2．玩具柜上贴上几何图形标记，按标记收玩具。

扩展玩法：玩具筐做装饰用，与积木合用做灯罩、雕塑、喷水池等。

（李荣伟）

中班益智区玩具材料的教育功能及玩法

该活动区所拥有的玩具材料：

积塑、滚球玩具、动物六面体、分类盒、接龙、拼图、动物食物配对玩具、青蛙棋、计数器、冰棍棍、水中套圈、系带玩具。

△积塑

教育功能：训练多种感知觉，促进小肌肉发展，训练动作技能，培养集中注意力和坚持性，启发想象、创造，娱乐，激发良好情绪，促进数形概念发展，在拼插活动中增进社会生活知识的了解和表现，有利于审美感的培养。

玩法：

1．拼插成简单造型：如花、枪、汽车、报话机等。

2．与其他辅助材料一起连接，围封、拼插出动物园、飞机场等。

扩展玩法：

1. 运用插好的成型玩具进行角色游戏。

2. 运用积塑练习数数、分类（按颜色、形状、大小分）、拼摆图形等。

△滚球玩具

教育功能：训练多种感知觉，促进小肌肉发展，培养动作技能，培养幼儿集中注意力，做事专心，有坚持性，娱乐，激发良好情绪，启发幼儿想象、创造，进行有意尝试、探究，学习解决问题，有利于共享、轮流、协商、合作。

玩法：把长轨道与短支柱插在一起，连接成四通八达的道路，玻璃球放到最上面，沿轨道滚下。

扩展玩法：把轨道连接起来，用支柱托起来，把水从上面倒下来，观察水的流动。

△动物六面体玩具

教育功能：训练幼儿图形知觉，训练观察力和敏锐的反应识别力、判断力，培养幼儿注意、集中、专注和坚持性，促进数形概念发展，学习尝试、探究，努力克服困难，自己解决问题。

玩法：由 16 块正方形组成的六面体玩具，幼儿可按图形拼成任何一种动物。之后，再向前、向后、向左、向右依次翻，可变成 6 种动物。

扩展玩法：

1. 拼摆叠高成三角形，依次递减从下向上堆高，成为“金字塔”。进行计数活动，学习基数与序数。

2. 可作为积木区的辅助材料，进行填充装饰。

△分类盒

教育功能：训练幼儿多种感官及小肌肉活动，培养幼儿集中注意和坚持性。丰富自然科学知识，增进社会生活知识。通过自己动手操作，获得知识，形成概念，培养分析综合能力。

玩法：

1. 摸箱里放进各种物品，摸出后分类放进分类盒中。

2. 按颜色、形状、特征分类放进分类盒中。

3. 用分类卡片进行分类。

扩展玩法：把昆虫、落叶等分类，放在分类盒中，或制成标本，放在自然角观赏。

△**接龙（几何图形接龙）**

教育功能：训练动作技能，促进小肌肉发展；培养迅速感知和反应能力；激发幼儿言语交流，激发良好情绪；有利于轮流、协商进行游戏；促进数形概念发展。

玩法：可两名幼儿一起玩，一名幼儿先出“牌”，上有三角形和正方形，另一名幼儿可任意选择有三角形或正方形的牌连接，继续往下接，依此类推，进行游戏。

扩展玩法：多米诺牌，即多米诺现象。把牌按一定距离，竖起来一个接着一个地摆成长龙，推倒最后一个，前面依次倒下。

△**拼图**

教育功能：训练幼儿多种感知觉，促进小肌肉发展；培养幼儿做事认真，精神集中；自己动手尝试创造，解决问题；促进数形概念发展；提高审美能力。

玩法：把旧图书上的一个完整画面，剪成五块、六块，或更多块图形，幼儿分别把几块图形拼成一个完整画面。

扩展玩法：

1. 认图形，数卡片。

2. 拼好后讲故事。

△**动物食物配对玩具**

教育功能：认识动物的生活习性，丰富有关自然界的知识；在活动中培养幼儿注意力集中；启发幼儿想象、创造，探究学习解决问题；促进数形概念发展。

玩法：6种动物及6种食物，动物及食物都可以上下左右移动，通过移动进行配对，如熊猫吃竹子、小羊吃草、小猴吃桃等。

△**青蛙棋**

教育功能：学习动脑筋，解决问题，训练思维和反应的灵敏性；学习计数；培养幼儿注意力集中，做事专心，能克服困难，解决问题；幼儿之间可以学习轮流、协商、共同游戏。幼儿必须学习遵守游戏规则。

常规玩法：

1. 青蛙若干个停在“池塘”边（大圆圈上）。幼儿投骰子，骰子的6面上有6种颜色。如果幼儿说要红色，投的骰子也是红色，就可以让一只青蛙跳到荷叶上，如果不是，不能跳。看谁的青蛙跳进来的多。

2. 骰子上写数字，幼儿分别投骰子，谁的大谁走。

扩展玩法：运用青蛙和池塘（棋盘），编讲故事。

△计数器

教育功能：训练多种感知觉，发展小肌肉动作及手眼协调和手口对应能力；培养幼儿注意力集中；促进数形概念的发展；训练思维的灵活性和敏捷性。

玩法：

1. 数数：点数、顺数、倒数。

2. 比多少，知道长短，进行对比。

3. 认识颜色，按指出的颜色数出相应的数。

△冰棍棍

教育功能：发展多种感知觉，训练小肌肉动作，启发想象创造，激发良好情绪，促进数形概念发展，有利于审美感的培养。

玩法：

1. 用冰棍棍练习数数。

2. 拼图形：拼出几何图形或小房子、小蝴蝶等。

3. 撒棍拨棍：撒一把棍，用一根棍拨起其他的棍，拨一根取一根，拨时不得触碰第三根棍。计数所拨的冰棍数，多的获胜。

扩展玩法：用冰棍棍做玩具，或做标签，也可用做量具，测量长短用。

△水中套圈

教育功能：训练多种感知觉，发展小肌肉动作及手眼协调能力；培养集中专注能力和坚持性；激发良好情绪，活跃思维，激发幼儿的好奇心及对自然科学现象的兴趣。

玩法：圆圈若干个在水中，按动按键使圈套中一个目标或两个目标，比比谁套得多。

扩展玩法：运用套圈练习数数。

△系带玩具

教育功能：训练多种感知觉，促进小肌肉发展，培养手眼协调能力及动作技能，通过自己亲自动手，尝试探究，解决问题，提高自理能力。

玩法：

1．在制成鞋样的卡片玩具上练习系鞋带。

2．在鞋面上练习系蝴蝶结。

扩展玩法：把系好的鞋送到娃娃家，进行角色游戏。

（李荣伟）

大班表演区玩具材料的教育功能及玩法

该活动区所拥有的玩具材料：

毛绒玩具（小兔、小狗、小猫）、布袋木偶、手指木偶（各种人物及小动物）、布缝制的胡萝卜等水果和蔬菜、废旧材料（易拉罐、纸盒、各种挂历纸）、录音机、磁带、打击乐器（三角铁、撞钟、手铃、铃鼓）、彩色皱纹纸条。

△毛绒玩具（小兔、小狗、小猫）

教育功能：促进小肌肉发展，训练动作技能，扩展游戏内容，丰富主题情节，启发想象创造，有利于激发言语交流，培养协调合作能力。

玩法：最初用于木偶表演，熟练后可作为辅助性的表演。

扩展玩法：用于比较大小、高矮、毛色、长短等特点。

△布袋木偶（河马、小猴、小猫）

教育功能：（同上）

玩法：用于木偶表演，操作难度较大，重点教会幼儿使用方法。

扩展玩法：过渡环节讲故事用，能使故事更生动，更吸引幼儿。

△手指木偶（各种人物和小动物）

教育功能：（同上）

玩法：用于木偶表演，编、讲故事。

扩展玩法；数学活动时可以用来进行排序、数数、做计算题。

△布缝制的胡萝卜等蔬菜和水果

教育功能：扩展游戏内容，丰富主题情节，启发想象创造，有利于共享、轮流、协商。

玩法：用于木偶表演时的道具。

扩展玩法：认识水果、蔬菜的外形特征。

△废旧材料（易拉罐、旧挂历纸、纸盒）

教育功能：激发幼儿以物代物的能力，扩展游戏内容，丰富主题情节；启发想象创造；进行尝试、探究，学习解决问题；增进社会生活知识。

玩法：表演时，易拉罐可作为话筒，挂历纸可以做木偶的帽子和衣服，盒子可以作为礼物和桌子等。

扩展玩法：数学活动时用来比粗细、大小；还可以认识形体，如圆柱体、正方体、长方体。

△录音机、磁带（舞蹈组合音乐、轻音乐、儿童歌曲）

教育功能：训练多种感知觉，训练动作技能；培养对音乐的感受力，娱乐，激发良好情绪；增进社会生活知识。

玩法：表演舞蹈时，放一段舞蹈组合音乐。木偶表演时加入一段轻音乐或儿童歌曲。

△打击乐器（三角铁、撞钟、手铃、铃鼓）

教育功能：训练多种感知觉，促进小肌肉发展，训练动作技能和节奏感；娱乐，激发良好情绪；培养协调合作能力，有利于培养审美感。

玩法：表演音乐节目或给舞蹈伴奏。

扩展玩法：做其他表演时的道具，如舞蹈用铃鼓，木偶表演中使用乐器，可以模拟声音，丰富游戏内容情节，例如，三角铁可以模拟水声，撞钟可以模拟时钟报时。

△彩色皱纹纸条

教育功能：扩展游戏内容，丰富主题情节；激发发散思维，尝试、探究，学习以物代物，自己解决问题；娱乐和激发良好情绪。

玩法：表演舞蹈时可以用来化妆、系在头发上和腰上等；用作道具，如将两块较宽且长的皱纸拿在手中，做蝴蝶飞舞状。

扩展玩法：做门帘、食品面条；做风筝，编小辫等。

（任晓燕）

大班积木区玩具材料的教育功能及玩法

该活动区所拥有的玩具材料：

大型空心积木：弓形积木、长方积木、斜面积木、三角形积木、半圆形积木，混合积木，硬木板或纸板，辅助材料（易拉罐、可乐瓶或其他废旧柱状物、废电池、大小不等的包装盒、箱子、地毯）。

一、大型空心积木

教育功能：训练动手操作能力和建构技能，培养注意集中、专注、坚持性，激发幼儿的发散性思维，启发想象创造，有意尝试探究，学习解决问题，激发言语交流，培养协调合作能力，增进社会生活知识，促进数形概念发展。

△弓形积木

玩法：

用来当桥或架起的门洞等。

扩展玩法：

1. 当车身，在积木下面（平面在下，凹面向上）放数个易拉罐，车子可以滚动。

2. 把两块积木相对在一起，中间出现一个圆洞，可以当作水池、小动物的家等。

△长方积木

玩法：用来当立柱、立交桥墩、隔板、围墙。幼儿一般选用色彩对称的成对积木。

扩展玩法：几块相拼代替木板，当楼顶或立交桥路基。还可选一块积木，在上面稍加装饰成为路灯。

△斜面积木

玩法：

1. 可当立交桥等物体的斜坡。

2. 选择同样的两块拼成梯形积木，搭成高大建筑物的大门、房山。

扩展玩法：把两块拼出梯形倒过来使用，可当船身，稍加装饰即可成为各种各样的船。

△三角形积木

玩法：用来当房顶、楼顶和围墙。

扩展玩法：可利用它的形、色来装饰建筑物。

△半圆形积木

玩法：用来当房顶、楼顶和围墙。

扩展玩法：

1. 把一块半圆形倒过来放，当摇椅。

2. 把两块半圆拼成一个圆，当马路上的安全岛，或装饰成公园的花坛。

二、混合积木（以中型积木为主综合运用各种形状的积木）

玩法：在用大型积木搭出物体框架后，此种积木就是幼儿进一步构建物体的最基本材料，如：公园的围墙、小动物的房子、马路上的隔离墩、建筑物中的各种装饰等。

扩展玩法：

1. 可利用积木的形状特点，当“公园”或“马路”中的小人、摇船、汽车等以物代物使用。

2. 利用它的形和色，搭配或组成漂亮的边缘建筑（栏杆、围墙），将建筑物装饰得更加美观。

3. 也可以用几块拼出匀称的物体或动植物。

三、硬木板（或硬纸板）

玩法：可用于与其他材料的综合建构，如做房顶、楼层板、立交桥路面等。

扩展玩法：把木板或纸板剪成同样大的长方形，可摆出公路上的路标，如慢行道、人行横道；也可以当汽车车身、公园中的滑板或滑梯玩具等。

四、辅助材料

教育功能：可启发主题情节，扩展游戏内容。

△易拉罐

玩法：用它代替圆柱积木，用来当桥架、楼层支柱（一般是与木板配合使用。此物不要出现得过多过杂，同类的要 4 个以上）。

扩展玩法：可当车轮，围成围墙、马路中的隔离墩，或装饰成路灯、花坛。

△可乐瓶（或其他各种饮料瓶、废电池等）

玩法：

1. 用同色大可乐瓶做楼层支架或公园大门立柱及路灯。

2. 小饮料瓶可与大可乐瓶配合使用，当围墙、支架。

扩展玩法：

1. 拼摆成花坛等，丰富主题内容。

2. 可用它的形、色来装饰整个建筑物体。

3. 用旧电池当人、动物，拼搭成汽车等。

△包装盒或包装箱（大小不等的牙膏盒、化妆品盒、药盒、礼品盒、饼干盒等）

玩法：根据盒的外形特征，可当建筑物的支架或用扁平盒当楼层板、房顶或车身。大的包装箱可做材料箱，幼儿可将各种建筑材料按类归放在大小不同的箱子中。

扩展玩法：可把不同的纸盒组装成汽车、花坛等来充实建筑内容。

（李连荣）

大班语言区玩具材料的教育功能及玩法

该活动区所拥有的玩具材料：

图书、自制图书、故事录音带、识字卡片拼图。

△图书

教育功能：培养注意、集中专注和坚持性，激发言语交流，增进社会生活和自然科学知识，培养良好的阅读、讲述和倾听的能力和习惯，激发对书的兴趣。

常规玩法：幼儿自取图书进行阅读，也可以两人以上合看一本书，边看边讲，促进交流。

扩展玩法：

1. 老师选择部分语言区的图书讲给幼儿听，指导阅读方法，然后请幼儿自己看图阅读，或识字阅读。

2. 请幼儿带一本自己会讲的图书到幼儿园来讲给大家听（请家长配合）。

△自制图书

教育功能：自编故事，自制图书，可增强幼儿的自我表现力，启发想象创造，激发言语交流，增进交往，培养审美感，在活动中体验成功与自信。

玩法：

1. 每人自制一本图书，放在语言区大家互相交流。

2. 在游戏中组织幼儿依一定主题集体制作一本图书，并进行讲述。

扩展玩法：在大班末期引导几个幼儿协商自定主题，如可以是班内的好人好事，每人负担画其中的一部分内容，然后进行创造性的讲述。

△故事录音带

玩法：配合本班故事图书和图片内容播放，幼儿围坐，边听边看图书或图片（也可结合认字活动），模仿录音进行讲述和练习复述。

扩展玩法：脱离开录音带，几个人看文字阅读图书或图片内容；也可以把故事中的文字单个放大成汉字卡，然后请幼儿根据故事内容，拼出一句话，或整段故事内容。

△识字卡片和六面拼图（48块）

玩法：

1. 看图认字。

2. 归类拼图，并且加以说明。

扩展玩法：

1. 选用部分认字卡拼成一句话，或是用卡片上的图画形象编故事。

2. 用六面图拼出不同内容的画面进行讲述，或进行物体归类训练。

（李连荣）

大班益智区玩具材料的教育功能及玩法

该活动区所拥有的玩具材料：

拼图、大积塑、小积塑、木制结构玩具、管形积塑、棋类、玩具柜。

△拼图（200块左右）

教育功能：训练图形知觉，增进幼儿分析判断力，培养注意力和坚持性，增进思维的敏捷性，通过拼摆操作，尝试解决问题，促进数形概念发展。

玩法：独自进行或两人合作照图拼摆成一幅画面。

扩展玩法：采取比赛、记时形式进行，能力强的幼儿可以不照图拼。

记时竞赛的玩法还可以巩固幼儿对钟表的认识和培养竞争意识。

△大交通积塑

玩法：2～4人合作拼插，一般是以拼插出不同公路、立交桥为主。

扩展玩法：可与积木综合运用拼搭成较长、结构较复杂的公路、立交桥等。

△小积塑（胶粒积塑、方块积塑、插片等）

玩法：独自进行或两个人以上合作拼出有主题的成套玩具，如各种家具、大型户外玩具造型，拼出动画片中出现过的机器人、怪兽、飞机、大炮、坦克、轮船等。

扩展玩法：用积塑的自然形、色和大小的不同进行排序、计数等，也可以有规律地拼出立体图案或花边。

△木制结构玩具

玩法：两人以上合作拼插，以拼房子为主。

扩展玩法：拼立体图形和进行数的排序。

△管形积塑（空管和软管积塑）

玩法：拼插出立体的能活动的车、动物、眼镜等。

扩展玩法：1. 配合其他区做道具或辅助材料，如：为表演区做表演道具，为积木区制作车，为娃娃家做麻花、羊肉串等食品。

2. 利用玩具的自然弧度和形状拼摆图案和动物。

△棋类（各种自制棋、象棋、计算棋等）

教育功能：它能有效地培养幼儿的注意力、坚持性，训练幼儿的思维，培养幼儿的规则意识与竞争意识等。

玩法：根据不同棋的规则，采用两人结对进行比赛，最初可以老师与幼儿一起玩，进行指导，然后可引导幼儿之间比赛。

扩展玩法：可以结合计算教学内容，自制一些计算棋，如加减或单双数练习的棋。

另外还可以利用棋子拼摆图案等。

（李连荣）

二、关于自选游戏计划的制订

（一）制订游戏计划的目的和依据

游戏计划的制订是切实实现将游戏纳入有目的教育过程的关键，同时，可增强教师开展游戏的目的意识，指导其教育行为。游戏计划的制订通常以周为时间单位。

教师需根据本班幼儿教育的学期总目标，以及每日、每周的教育重点制订游戏计划，从而使游戏与其他形式的教育活动相互联系、渗透，共同实现教育培养目标。教师还需依据对幼儿游戏行为的观察制订计划，使游戏目标的确定更切合幼儿实际，适合其年龄特点和发展水平，目标制订得更具体。这样，才能通过游戏活动的开展促进幼儿身心各方面不断发展。

（二）自选游戏计划制订中应注意的问题

教师在制订游戏计划时，应考虑这样一些问题：

1．如何确定游戏的教育目标并使之具体化

①首先，在确定游戏目标时，需考虑幼儿的年龄特点。一般地，小、中、大班幼儿发展水平是不同的，游戏计划要适合本班幼儿的年龄特点。例如，有位教师将大班积木区的教育目标定为“能为所建造的物体命名”，就显得不适度，这可作为对中、小班幼儿积木游戏行为的要求，教师以此有意识地引导幼儿从随意行为向有意识的行为发展。对于大班幼儿，教师应注意引导其行为的目的性，可提出“有主题地搭建，先想好搭什么或先商量共同活动的主题（如搭天安门、火车站、游乐宫等），再进行搭建”的目标。

一位教师确定大班科学区的活动内容与教育目标为“结合开展种植照顾动植物的活动，培养幼儿责任感”，这样的要求就比较适宜，可以引导幼儿在活动中增强自主意识和激发责任意识。

②制订游戏计划时，还需结合对各游戏类型的教育功能特点

的分析，确定各活动区的游戏目标。

③再者，游戏的教育目标一定要有实际针对性，切忌过泛、过于笼统。例如，将美工区的教育目标确定为“培养幼儿美感和动手操作能力”，语言区则为“培养幼儿语言表达能力”，这无疑是正确的，但却失之过泛，不够明确具体，不具有针对性，因而难以在教育实践中实施，教师无法在游戏活动中对幼儿的行为给予切实引导和影响，目标也就不容易达到。

教师可结合大班一些幼儿对阅读活动兴趣不高、看书不专心的状况，提出这样的具体要求：“能自始至终看完一本书，看书时能看懂每一页的内容情节，能向别人讲述图书内容等。”这样，指导起来就很明确了。

又如，教师可针对幼儿在积木建构中材料使用不当、所搭建物体的结构交代不清的状况，提出“会选择适宜形状的积木材料进行搭建，预先明了所搭建物体的结构（可通过幼儿相互讨论），采用相应的搭建技能方法（如何处需叠高、何处需架门……）”等。

④游戏的计划和目标应体现出渐进发展性。计划是行动的纲领，是用来指导教师的教育行为的。游戏计划的制订如果千篇一律，上周或上月的计划同本周无异，这样的计划就是完全无意义的一纸空文。教师要通过游戏计划的制订，有目的、有计划地指导幼儿游戏，从而促进幼儿在游戏——感兴趣的活动中得到发展，改变以往随意盲目加以指导的倾向。因此，游戏计划应体现出渐进发展性，各周各月的游戏目标应逐步提高要求。这一点与前所述游戏目标具有针对性紧密相关。就是说，教师要根据幼儿实际游戏水平，加以有针对性地引导，从而逐步促进其各方面能力的发展，校正不良行为，巩固积极行为，不断提高活动质量。为此，教师要在当周或当月对计划执行情况如何、目标是否达到、幼儿行为有无改进提高等加以反馈，进行效果检验，据以制订下周下

月的计划。

2. 依游戏目标设置环境，有计划地投放材料，同时考虑相应的指导方式

例如，某大班教师将音乐区目标确定为“能欣赏音乐，感受不同性质的乐曲，并即兴做动作”，但在环境材料的设置与提供上，仅列出“提供磁带、花环、乐器”等，显然不够，而应明确列出提供哪些具有不同性质的音乐带，如雄壮的有“运动员进行曲”，舒缓的如“摇篮曲”……等。

又如，某班益智区的目标是“培养幼儿对棋类活动的兴趣”，教师为此提供了象棋、飞行棋、跳棋和五子棋等，难度为不同层次的棋类玩具，使不同能力的孩子都可以得到适宜的材料，这样幼儿（特别是一些女孩子）就不会由于畏难而不爱玩了。教师的指导则侧重“按各类棋的规则下棋”，使幼儿掌握基本玩法，并采取“会玩的幼儿教不会玩的”方式，从而广泛开展棋类活动，培养幼儿多方面的兴趣和游戏能力。

结合“娃娃家”的游戏目标，“丰富娃娃家角色和游戏情节”，教师引导幼儿注意观察家庭生活情景，进而交流讨论，从而改变幼儿在“娃娃家”总是做饭吃饭等情节单调的倾向。

3. 注意自选游戏与其他教育活动及生活活动的联系，加强与家庭教育的配合，注重个别指导

应当明确，自选游戏不是一种孤立的活动形式，而是为达到教育目标的一种必要而有效的教育手段、途径。在开展自选游戏中，教师不是要独出心裁、另搞一套什么花架子，而是要注意将游戏的开展与集体的教育教学相互配合补充，这样才能很好地达到教育目标。

例如，我们常常看到一些幼儿对美工课的活动较感兴趣，但由于活动能力有差异，第一个完成操作的与最后一名往往相差10分钟甚至更长时间。在这样的情况下，教师可以引导这些能力稍

差、手头动作较慢而兴趣仍较浓的幼儿到自选游戏的美工区，继续其操作。这样，两类活动就会自然地结合起来了，同时也照顾了幼儿的兴趣和能力差异。如果一定要等到这些孩子做完，再进行下面的程序或活动，就会影响全班的活动进程，场地的安排调整也无法进行。

一般的，自选游戏中的各类区域都可以考虑与教育教学的结合、联系和渗透，语言阅读区、自然科学区等以认知活动为主的区域更是如此。教师可以使幼儿提前在活动区接触教学中的有关内容，尝试发现，又可在事后引导幼儿反复练习，巩固知识技能，进一步激发探索欲望。例如，中班幼儿近日学习了“小蝌蚪找妈妈”，科学区就出现相应的材料——活的小蝌蚪，便于幼儿观察、认识其特征与发展过程；大班结合“光与影”的教学，在科学区提供小镜子，幼儿可以用来聚光、反光，探究尝试……；中班语言教学“金色的房子”后，教师就在图书区出现这本图书和贴绒材料，引导幼儿练习讲述。又如，大班教师为了使幼儿作好升入小学的准备，加强语言阅读能力的培养，要求每个幼儿带一本图书来园，在自选活动中给其他小朋友讲，加强语言训练，培养对书的兴趣与阅读能力。

教师也可以将这类区域作为专门的学习区，开展目的更明确的活动。

通常，随着幼儿年龄的增长及其智力活动强度的增大，这类学习成分较多的活动类型应逐渐增多，并作为教师指导的重点。

小班集体教学的时间较短，一日活动中还有许多可以利用的时间。为配合自选游戏的开展，教师每天可以利用安静活动的时间，与幼儿一同阅读，讲一些新书给幼儿听，激发他们对图书区阅读活动的兴趣；又可在一日活动中，安排出一些分组活动的时间，指导或教给幼儿一些基本的游戏活动技能，如分组指导幼儿搭小积木，学习简单的延伸、叠高等等技能；又可引导幼儿了解不同材料的使用方法，练习掌握各类游戏活动的规则等，从而培养游戏能力，使幼儿能更有兴趣、更好地进行自选游戏。

在开展自选游戏中，教师还应注意园所教育与家庭教育的配合联系，并加强对幼儿的个别指导教育，同时可在此过程中，以向幼儿交代任务的方式，引导其行为，培养任务意识和负责任的行为。如：交代幼儿回家带书并学习讲述（如上例），对幼儿提出回家向父母学习下棋的要求，以便回园后同小伙伴下，相互教学等；针对某幼儿看书不专心坐不住，教师在指导上提出具体要求：一页一页翻阅图书，看后能讲出图书基本内容。

4. 对计划与目标的实施情况做出反馈

游戏的计划与目标应是教育指导的出发点和归宿。教师需按计划指导游戏，并注意对计划与目标的实施情况进行检验，了解效果如何，进而为下一轮教育工作提供客观依据。如此，才能确保游戏目标的制订具有实际针对性并体现出渐进发展性。如，大班教师在上周计划的效果栏记录了这样一些反馈信息："娃娃家由于幼儿经验不够丰富，幼儿在家往往无所事事。"第二周的计划与目标就需针对此作出相应调整，改进幼儿的行为。如"丰富幼儿家庭生活经验，交代幼儿回家注意观察家庭生活事件，共同交流讨论"，而在第二周计划的目标中只提"主动使用礼貌用语"就显得不够和不很适宜了。

又如，大班积木区的反馈效果是"幼儿对游戏规则还不太清楚，场地上常有散乱的积木"。针对这种情况，教师就需在下周计划中有所改进。如"使大班幼儿讨论进一步明确积木区的规则如'用多少取多少……'等"，"活动中能遵守规则，相互督促"。

针对上周幼儿在棋区活动中坚持性差、中途转换的情况，下周就提出"引导幼儿做事专心，能克服困难，学习独立解决问题，有坚持性"的要求。指导上则采取教师与幼儿一起下棋的方式，激发其兴趣，并引导幼儿尝试以不同方式解决问题。

（三）游戏计划的内容与格式

游戏计划以周为单位加以制订是较为适宜的。

在计划表格上方，首先需将本周教育目标或重点写明，以使教师明了自选游戏是实现教育目标的手段与途径之一，并将其纳入整个教育过程，通过自选游戏实施或落实总的教育目标。

表格横列按所需提供的活动类型或区域依次列出。如，娃娃家、积木区、益智操作区、语言阅读区等。一般以五六类活动为宜。教师要在分析各类游戏教育功能的基础上，结合幼儿实际，设置有利于幼儿身心全面和谐发展的活动区，而不宜只提供单一类型或同种性质的活动区域。

表格纵列依次为以下内容项目：

1. 游戏目标的确立　通常需依据各活动类型的教育功能与本班幼儿的年龄特点和实际发展水平，同时结合教育的总目标与阶段性重点加以确立。目标的确立要与活动内容的安排（或建议）结合起来考虑。

2. 材料的投放与场地空间的安排　应注意材料的投放与物质环境创设不是一次性的，而需依据上面游戏目标及活动内容的确定，作出相应的安排。

3. 适宜的指导方式　教师需依不同活动的特点与幼儿的不同年龄考虑相适宜的指导方式，并尽可能将游戏与教育教学及生活活动相互联系、结合与渗透，对幼儿给予整体性的教育影响。

4. 注意事项　计划中还应包括与家庭教育联系配合的内容，如要求幼儿自家中带材料，请家长丰富幼儿的有关经验，以及个别教育指导的问题等。

5. 效果记录　教师要对计划执行情况、效果如何，幼儿游戏行为如何、有无改进提高等，进行反馈并如实简要记录，从而对本周游戏的教育效果作出分析评价，并作为下一周自选游戏计划制订的依据。通常在周末填写这一栏。

表 3.2-1　室内自选游戏周(　　)计划

本月/周教育重点：　　　班别：______教师：____________日期：______

活动区域 / 项目						
A. 教育目标及可提供的主要学习经验(针对本班幼儿实际制订和调整)、活动内容安排						
B. 设备、材料、空间位置的提供与安排(参前一览表,并依具体发展目标自填)						
C. 指导方式(注意与教育教学结合,考虑不同活动类型和不同儿童的特点,自填)						
D. 注意问题(考虑与家庭教育的配合及个别教育指导等问题)						
E. 备注:简要观察和效果记录						

(四) 确保自选游戏的时间

开展自选游戏，发挥其对幼儿身心发展的作用，必须切实保证足够的自选游戏时间,特别应提供一定的较为集中的游戏时间。否则，游戏的开展就是一句空话，良好的游戏材料、物质条件的提供也不能发挥其应有的实际效用。

为了确保游戏时间，幼儿园首先应从管理上，对以往一日生活作息作适当调整，每天上、下午各安排约一个小时的较为集中的自选游戏时间，从而在制度上加以保证。这里是一张《光明幼儿园幼儿作息时间表》，可供参考。

表 3.2-2　光明幼儿园幼儿作息时间表

日托：7：30　入园

7：40～7：50　早操

8：00～8：45　早饭及餐后游戏

8：45～9：20　中、大班作业　9：00～9：20 小班作业

9：20～10：00　室内自选游戏——冬季

(9：20～10：20　户外——春、夏、秋三季)

10：00～10：15　喝水

10：15～11：15　户外活动——冬季

(10：35～11：15　室内——春、夏、秋三季)

11：15～11：30　盥洗

11：30～12：00　午饭

12：00～12：10　散步或安静活动

12：10～14：15　午睡

14：15～15：00　起床、盥洗、吃午点

15：00～16：00　户外活动——冬季

(15：00～15：45　室内自选游戏——春、夏、秋三季)

16：00～16：45　室内自选游戏——冬季

(15：45～16：45　户外——春、夏、秋三季)

16：45～17：00　盥洗

17：00～17：30　晚饭

寄宿：17：30～18：00　离园、餐后游戏、散步

18：00～18：25　看儿童节目

18：25～18：45　入厕、洗手

18：45～19：30　室内自选游戏

19：30～20：00　洗手、吃晚点、喝水

20：00～20：30　盥洗(洗手、洗脸、洗脚、刷牙、洗屁股)

20：30　上床

(次日)　7：00　起床、盥洗

7：15～7：30　户外活动

教师要认真执行作息制度，保证较长的、较为集中的自选游戏时间，使游戏能够很好地开展，充分满足幼儿的游戏愿望。

另外，一日生活的其他环节及零散时间，也应尽可能地利用起来开展自选游戏，从而使游戏真正成为幼儿园的基本活动。如幼儿来园后的晨间活动，早餐后的时间以及傍晚饭后准备离园的时间等，均可用于自选游戏；课后及环节过渡中，教师也应注意为幼儿提供部分便于收放的区域或材料，开展有一定选择的游戏，或是引导幼儿三三两两地做语言趣味游戏、拍手游戏等不需使用材料的游戏。

小班幼儿正规集体教学的时间较短，可以有更多的时间用于游戏。一日生活中，除开展集体的语言游戏、听故事、手指游戏等，可以有计划地安排一些特定类型的游戏。针对小班幼儿生活经验较少、游戏技能缺乏的实际，教师可分类开展“娃娃家”、积木游戏、拼图游戏等，分类予以指导，教以某些游戏技能，或是介绍某些活动材料及其玩法，并指导幼儿实践和练习各类游戏的规则，从而为小班幼儿自选游戏的开展提供一些基础。

（五）小、中、大班自选游戏计划实例

以下为光明幼儿园小、中、大班游戏计划 13 份，可供参考。

室内自选游戏周/逐日计划（1）

班级：小一班　　　　教师：李连茉　单金雪　　　　日期：1992.6.2～6.6

周工作重点	1. 加强积木区和语言表演区的常规； 2. 发展幼儿的语言交往能力。					
活动区名称	积木区	娃娃家	医院	益智区	语言区	自然角
A. 发展目标及可提供的主要学习经验（针对本班幼儿实际制订和调整）。	1. 继续培养幼儿构建的技能； 2. 加强收放玩具常规，要求先收纸盒玩具，再收其他。	1. 继续培养幼儿交往能力，加强角色意识； 2. 发展幼儿的操作能力。	1. 继续丰富幼儿的游戏经验； 2. 发展交往能力，游戏中要热情认真，为病人服务。	1. 继续培养幼儿的拼插技能； 2. 培养幼儿的合作意识。	1. 培养幼儿的语言表达能力，练习说完整话； 2. 建立语言表演区常规。	1. 继续培养幼儿的观察兴趣； 2. 培养爱小动物的情感。
B. 设备材料、适宜空间位置的提供与安排（参前一览表，并依具体发展目标自填）。	减去一部分动物插塑。	娃娃家的幼儿可以过渡到与小二班的表演区一起游戏（如：抱娃娃去看表演）。	丰富半成品材料，如在硬纸上印有大小、形状不同的"药片"，提供小瓶、小纸袋等。	减少部分小型玩具。	增设语言表演区（用窗纱围起来）、增添小椅子、手指木偶、头饰等。	设置养鱼、养蝌蚪的容器。
C. 活动建议及指导方式（参前自填，随时增添）。	1. 加强游戏后的评价； 2. 游戏中注意个别幼儿的辅导。	1. 鼓励幼儿参加角色游戏，并能固定自己的角色； 2. 加强礼貌教育。	教师加强观察幼儿游戏情况，引导幼儿深化游戏内容。	幼儿拼插的作品可为积木区或其他区域提供。	以集体教育形式介绍本区常规。	1. 引导观察动植物的变化； 2. 教育幼儿爱护动植物。
D. 注意问题：1. 与正规教育的配合；2. 家长配合；3. 个别教育。	启发幼儿由堆放积木过渡到叠高构建	与小二班表演区合作要注意常规培养，稳定情绪。	1. 注意个别幼儿的常规培养； 2. 注意人员的搭配（强弱搭配）、交流生活经验。	以分组指导形式为主。	老师参加到活动区进行具体指导。	1. 鼓励幼儿多观察； 2. 通过谈话来引导幼儿从多方面去观察。
E. 备注：可做简要观察和效果记录。	老师重点指导时，此区搭建效果就好一些； 取放玩具常规还要加强。	到小二班看节目，幼儿很感兴趣，但是娃娃家中冷落，无人做家务（大家都去看节目）。	由于加强了幼儿之间的影响，所以此区游戏水平提高很快。	幼儿友好分享较好，但此区游戏水平发展不平衡。	开始两天参加的人很多，但幼儿在讲故事时胆子小，只顾给自己讲，（下周可使幼儿两两结合到表演区轮流进行）。	幼儿对自然角的东西很感兴趣，并对观察产生了兴趣。

室内自选游戏周/逐日计划（2）

班级：小一班　　教师：李连荣　单金雪　　日期：1992.6.8～6.13

周工作重点	1. 培养幼儿操作兴趣，提高动手能力； 2. 培养交往能力、口语表达能力，鼓励创造性。					
活动区名称	积木区	娃娃家	医院	益智区	语言区	美工区
A. 发展目标及可提供的主要学习经验（针对本班幼儿实际制订和调整）。	1. 培养个别幼儿玩积木的兴趣，发展围封技能； 2. 继续培养放玩具常规。	培养幼儿有情节地游戏，加强角色意识的培养，鼓励幼儿积极动手操作。	1. 继续丰富生活经验，加强常规培养； 2. 明确角色意识，主动与人交往。	诱发全体幼儿的拼插兴趣，鼓励幼儿大胆创新。	1. 培养幼儿的讲述兴趣和口语表达能力； 2. 继续培养常规。	1. 结合季节教幼儿制作夏季的树、花、水果； 2. 培养操作兴趣。
B. 设备材料、适宜空间位置的提供与安排（参前一览表，并依具体发展目标自填）。	强调各种辅助材料的收放位置（固定）	油面、各种菜，暂不与小二班表演区交往。	及时清理每天的游戏材料； 继续提供半成品“药片”。	更换一部分积塑（可塑性强的）	提供表演区和手指木偶。	折纸、涂色水果（半成品）、纸团苹果（用皱纹纸和旧报纸）。
C. 活动建议及指导方式（参前自填，随时增添）。	老师深入到游戏中去指导； 随时强化常规。	加强游戏前的引导和游戏中的指导	加强游戏后的评价	以启发、引导、鼓励方法为主； 展示和评价玩具作品。	利用过渡环节，选择较简单的故事磁带，讲给幼儿听，引导幼儿在游戏中复述。	随着美工教学内容的进行，先后出现不同的制作材料。
D. 注意问题：1. 侧重与正规教育的配合等；2. 家长配合；3. 个别教育。	侧重指导个别不经常来此区游戏的幼儿提高技能，激发兴趣。	重点指导阎鹏、付帅、冯硕等能力较差的幼儿	能力强弱搭配	鼓励幼儿坚持用一种玩具去拼插建构	日常注意纠正幼儿的发音，鼓励幼儿大胆讲话。	鼓励幼儿积极操作，重点引导操作能力差的幼儿。
E. 备注：可做简要观察和效果记录。	通过加强个别指导，幼儿的水平和兴趣有了明显提高，常规较稳定。	由于丰富了游戏操作材料，游戏水平有所提高，能发展情节。	本周医院组出现了新的游戏情节，如查“咽炎”、“揉腿”。	游戏中出现了一物多玩现象，如用套碗叠高、排列大小、当饭碗等。	早餐后来此区幼儿很多，人员也基本固定，游戏中途走开的较少，能力差的幼儿愿到这里来。	操作能力强的幼儿愿意来此区，做好水果送给娃娃家（出现了自发的活动区之间的交往）。

室内自选游戏周/逐日计划（3）

班级：小一班　　　　教师：单银雪　季　敏　　　　日期：1993.10.4～10.9

周工作重点	1. 节后，稳定巩固各游戏区的常规，并指导幼儿进行“动物家”的游戏； 2. 创设美工区，让幼儿初步感受到制作的兴趣。					
活动区名称	动物家	积木区	图书区	自然常识区	美工区	益智区
A. 发展目标及可提供的主要学习经验（针对本班幼儿实际制订和调整）。	培养幼儿之间的简单交往，知道自己是动物家的主人，来了客人应热情招待。教幼儿学习用礼貌用语“请进”、“请坐”、“再见”等。	培养幼儿对积木的兴趣，能进行简单的堆高、延长的活动。	培养幼儿对图书感兴趣，会一页一页翻书。	让幼儿了解什么是自然常识区，并知道爱护它。	培养幼儿初步感受到制作的兴趣，用半成品完成制作。	懂得玩完玩具要放回原处，根据老师在玩具柜上贴的标记，能把玩具收拾好。
B. 设备材料、适宜空间位置的提供与安排（参前一览表，并依具体发展目标自填）。	根据幼儿的实际情况，先开设一个动物家，便于教师指导，给幼儿提供简单的游戏用具，如小桌子、床、小动物、茶具、餐具等。	提供一些大的积木和一些小积木。	为幼儿准备一些情节简单、易看懂的小动物书。	幼儿从家里带来一些水果、干果（苹果、梨、石榴、花生、栗子）等。	教师为幼儿准备一些练习画直线曲线的背景图。	让选择益智区游戏的幼儿坐在一块地毯上玩，为幼儿提供一些拼插容易的玩具，使幼儿不致因难度大而失去玩的兴趣。
C. 活动建议及指导方式（参前自填，随时增添）。	节前告诉幼儿注意观察过节时人们的活动，并且让幼儿看爸爸妈妈是怎样招待客人的。	节前，让幼儿注意观察大街的变化，采取个别指导的方法。	活动前教幼儿学习看图书	让幼儿观察这些水果及干果，并进行简单的操作活动。	指导幼儿用笔及认识颜色。	教师把拼插好的玩具放在玩具柜上供幼儿欣赏，便于幼儿模仿。游戏中指导个别幼儿。
D. 注意问题：1. 侧重与正规教育的配合等；2. 家长配合；3. 个别教育。	要求幼儿回家后观察爸爸妈妈等大人招待客人是怎么说的，又是怎么做的。	要求幼儿取积木时要用小筐，随用随取。	教幼儿注意爱护图书，不撕书。	配合认识五官的活动。	配合集体活动画圆和直线。	要求幼儿爱护玩具，不玩的玩具一定要放在小筐中，换玩具时，一定先要送回原处再取新玩具。
E. 备注：可做简要观察和效果记录。						

室内自选游戏周/逐日计划（4）

班级：中一班　　　　教师：李连荣　单金雪　　　　日期：1993.6.2～6.5

周工作重点	1. 在游戏中培养幼儿动手动脑的能力和观察的兴趣； 2. 培养幼儿的合作意识，发挥同伴间的互相作用，（以强带弱）重点指导能力差的幼儿。					
活动区名称	积　木　区	娃　娃　家	操　作　区	益　智　区	语　言　区	科　学　区
A. 发展目标及可提供的主要学习经验（针对本班幼儿实际制订和调整）。	提高全体幼儿的搭建水平，发挥同伴的作用。对能力强的要求有主题，并合作搭建，为能力差的激发兴趣。	发展幼儿的交往能力和合作意识，能与其他活动区发生交往。	鼓励幼儿积极动手操作活动，重点是提高能力差幼儿的操作水平和兴趣。	1. 培养玩棋兴趣； 2. 培养注意力和坚持性。	进一步培养幼儿阅读兴趣和口语表达能力。	培养幼儿观察兴趣和善于思考的习惯，学做观察记录。
B. 设备材料、适宜空间位置的提供与安排（参前一览表，并依具体发展目标自填）。	更换和增添一些废旧物材料，如：各类包装盒、饮料瓶等。	增添“筷子”等操作材料。	增加夹球、桃核儿，更换智力积塑玩具和废旧材料。	出现动物拼图和“数字棋”、“方格棋”、“动物接龙”等。	出现连环的故事图片和废旧图书。（准备贴绒材料和剪刀等）	继续引导幼儿观察小青蛙和园内果树与果实的变化，出现观察记录本。
C. 活动建议及指导方式（参前自填，随时增添）。	游戏前激发幼儿大胆创造； 游戏采用半自选形式，能力强弱搭配。	每次活动采用半自选，老师进行能力方面的调整。	老师要引导能力差幼儿动手操作的兴趣。	1. 以集体教育形式，教幼儿懂得“棋类”游戏的玩法、规则； 2. 教师参加到游戏中指导。	1. 老师引导幼儿学讲图书； 2. 鼓励幼儿自制故事图片，并会拼讲出内容。	重点在晨间活动和自选游戏中，引导幼儿观察和做观察记录。
D. 注意问题：1. 侧重与正规教育的配合等；2. 家长配合；3. 个别教育。	结合“六一”节引导幼儿搭建自己过的公园等，加强对能力差的徐达、李根等人的个别指导。	重点：鼓励交往能力差的幼儿积极与其他幼儿交往。	重点：指导白梦梦、赵庚、马辰龙、孙维等。	1. 老师要鼓励幼儿积极参加下棋比赛； 2. 保存幼儿的拼插作品，加强评议。	请家长配合：在家培养幼儿看书习惯和为幼儿讲述故事书；鼓励幼儿练习讲述。	引导能力差的幼儿积极参与到观察活动中。
E. 备注：可做简要观察和效果记录。	幼儿的水平有了很大提高，个别幼儿建筑中使用大积木太多，废旧材料利用得不够。	幼儿以操作活动为主，能与个别区发生交往。	幼儿兴趣很大，提供的材料深受能力差幼儿的喜欢。	多数幼儿学会了玩棋；能力差的感到困难，兴趣不稳定。	来此区的幼儿有所增加，但是不普遍。下周应更换新书。	在教师的引导下，班内个别幼儿的确有了很大变化，他们产生了观察兴趣，并且越来越主动了。

室内自选游戏周/逐日计划（5）

班级：中一班　　　　教师：李连荣　单金雪　　　　日期：1993.6.7～6.12

周工作重点	1. 加强幼儿阅读兴趣和口语表达能力的培养；　2. 提高幼儿游戏的目的性和观察能力；　3. 加强交往能力的培养。					
活动区名称	积木区	娃娃家	幼儿园	益智操作区	语言区	科学区
A. 发展目标及可提供的主要学习经验（针对本班幼儿实际制订和调整）。	继续提高幼儿的搭建水平，培养合作性，有主题和创造性地搭建物体。	继续提高幼儿的交往能力，发展同伴和角色间的关系。	1. 发展幼儿的交往能力和组织能力； 2. 模仿幼儿园一日生活，并会自行协调关系。	1. 继续培养幼儿玩棋兴趣，重点指导能力差的幼儿； 2. 鼓励幼儿有新意的拼插。	1. 加强幼儿阅读兴趣； 2. 发展幼儿的讲述能力。	结合“小实验”培养幼儿观察自然界事物，激发对自然界变化的兴趣，对科学知识探索的欲望。
B. 设备材料、适宜空间位置的提供与安排（参前一览表，并依具体发展目标自填）。	调整材料，撤掉一部分大积木。根据幼儿搭建主题需要整理和补充废旧材料。	天气热了，每天要更换操作材料。	“幼儿园活动区”调换到“娃娃家”附近，此区的材料由幼儿根据活动需要进行配备。	调整积塑增加棋类玩具。	请每个幼儿从家带一本自己会讲述的新书摆放在语言区。	出现磁铁玩具和有关的其他材料。
C. 活动建议及指导方式（参前自填，随时增添）。	1. 日常注意引导幼儿观察周围环境； 2. 游戏中注意观察，鼓励幼儿的创造性。	老师扮演角色，参加到游戏中去指导。	建议“幼儿园的老师”要大家商量轮流担任。	以观察和参加游戏的方式进行指导。	1. 引导幼儿会安静看书，还要会为同伴讲述图书； 2. 鼓励表达能力差的幼儿大胆讲述。	1. 每天引导幼儿观察小蝌蚪的变化，继续做记录； 2. 活动中引导幼儿积极探索和实践。
D. 注意问题：1. 侧重与正规教育的配合等；2. 家长配合；3. 个别教育。	建议家长在往返家的路上，注意引导幼儿观察周围的建筑物。	日常丰富幼儿生活经验，引导不善交往的幼儿参加此区。	引导幼儿模仿幼儿园一日生活，帮助不爱讲话的幼儿建立自信心，鼓励他们当“老师”。	引导能力强的幼儿带能力差的幼儿一起玩。 重点：白雷、张驰等。	请家长把带到幼儿园的图书先讲给幼儿。	配合常识活动“认识磁铁”。
E. 备注：可做简要观察和效果记录。	调整后的积木材料适宜，并且由于强化了游戏前的观察，幼儿的搭建水平有了明显提高。	由于增加了“幼儿园”，“娃娃”家也更加活跃了，他们把“娃娃”送到“幼儿园”……自然交往。	来此区的幼儿较多，虽然强调大家轮流当“老师”，但是也经常发生争“老师”问题。	能力差的幼儿在此区发生了明显变化，进步了，并对棋开始产生了兴趣。	来此区的幼儿非常多，尤其是晨间，多数幼儿先把自己的书介绍给别人，然后自己或与别人同看。	幼儿对“磁铁”小实验兴趣很大（男孩子较多）。

室内自选游戏周/逐日计划（6）

班级：大一班　　教师：单银雪　陈荣花　　日期：1992.10.5～10.10

周工作重点	1. 重点培养幼儿游戏中的交往能力；　2. 培养幼儿的学习习惯，提高幼儿的阅读能力；　3. 培养幼儿对自然科学区的兴趣。					
活动区名称	娃　娃　家	积　木　区	美　工　区	语　言　区	益　智　区	自然科学区
A. 发展目标及可提供的主要学习经验（针对本班幼儿实际制订和调整）。	在游戏常规基本稳定的基础上，加强角色与角色之间的交往。	幼儿能够根据过国庆节得到的生活经验，进行北京主要建筑的建构，如天安门、二环路等。	培养幼儿的动手操做能力，结合国庆节，做一些小制作。	培养幼儿的学习习惯，提高阅读能力。	发展幼儿操作能力，培养幼儿探究精神。	增强幼儿的劳动服务意识，培养简单的劳动能力（照看自然角），收放整理活动材料。
B. 设备材料适宜空间位置的、提供与安排（参前一览表，并依具体发展目标自填）。	幼儿能够根据教师提供的面和菜，做一些简单的饭菜。	投放一些幼儿自带的小汽车和幼儿在美工区自制的小盆景。	提供一些小瓶小盒、果冻盒等为幼儿进行小制作提供废旧材料。	增加幼儿自带的故事书、画册等。	增加魔板和十二生肖棋。	养殖，增加活龙虾，秋季水果、干果。
C. 活动建议及指导方式（参前自填，随时增添）。	重点指导角色之间的礼貌交往，逐渐发展情节。	帮助幼儿解决建构中的一些疑难问题。	指导幼儿为建筑区提供一些自制物品如小红旗、小盆景等。	教师为幼儿讲一些有趣的故事书、画册，从而激发幼儿的学习兴趣。	指导下棋的幼儿；把幼儿拼插出的东西搞一次展览，互相学习。	注意事物变化。积极做连续观察记录。
D. 注意问题：1. 侧重与正规教育的配合等；2. 家长配合；3. 个别教育。	注意个别幼儿的礼貌教育。	注意各种建筑的位置及搭高技能的培养。	提醒幼儿随时收拾自己周围的物品，保持现场干净、整齐。	注意提醒幼儿正确的看书姿势。	指导个别能力差的幼儿（白雪峰、李诚逊）等。	提醒幼儿注意照顾养殖的小动物。
E. 备注：可做简要观察和效果记录。	幼儿游戏常规较好，角色之间的交往增多了，能够根据自己的生活经验发展简单情节。	幼儿能够根据过国庆节的生活经验，进行主题搭建，能够较充分地利用材料。	幼儿进行的小制作比较单一，还需丰富幼儿知识，加强技能培养。	幼儿对自带图书较感兴趣，看书时还需老师经常提醒看书姿势。	幼儿对益智区游戏感兴趣，有了一定的合作能力，还需增加有关下棋方面的知识。	幼儿对养殖活龙虾非常感兴趣，每天都有幼儿进行观察，并做观察记录。还需培养幼儿自觉管理能力。

室内自选游戏周/逐日计划（7）

班级：大一班　　教师：陈荣花　单银雪　　日期：1992.10.12～10.17

周工作重点	1. 继续培养幼儿的游戏常规和交往能力；　2. 培养幼儿良好的行为习惯；　3. 重点培养幼儿的阅读能力。					
活动区名称	娃娃家	积木区	美工区	语言区	益智区	自然科学区
A. 发展目标及可提供的主要学习经验（针对本班幼儿实际制订和调整）。	继续培养幼儿角色之间的交往，巩固已建立的常规。	根据秋季的观察，引导幼儿有创造性地搭出物体，要求不断加深难度。	本周培养幼儿粘贴技能，结合拾落叶引导幼儿组画。	培养幼儿的阅读能力，重点在于幼儿的讲述和听故事能力。	重点培养幼儿的创造力，做到一种玩具多种插法。	让幼儿学会自觉照顾管理自然角，学会各种管理的方法。
B. 设备材料、适宜空间位置的提供与安排（参前一览表，并依具体发展目标自填）。	提高幼儿动手操作能力，会做饭和菜，要求家中卫生清洁。	继续投放车（交通工具）和幼儿自己动手做的花。	收集各种树叶压平。	录音故事（结合图书）。	增加计算教具和棋类材料	提供体现出秋季是收获的季节的材料和养殖材料。
C. 活动建议及指导方式（参前自填，随时增添）。	指导幼儿的交往更形象地反映出现实生活。	指导幼儿建筑的布局要合理。	教幼儿做树叶标本的方法。要求幼儿粘贴得干净、好看。	通过教师的指导启发幼儿读书的兴趣和阅读的能力。	指导幼儿玩法（教师具体示范）。	指导幼儿认真画观察记录。
D. 注意问题：1. 侧重与正规教育的配合等；2. 家长配合；3. 个别教育。	注意随时纠正家内乱摆现象，东西摆放要有序，地面要干净。	注意材料的使用要适当。	对个别幼儿加强此方面能力的培养，注意随时整理各种材料。	请幼儿从家带自己会讲的书刊。	请家长和幼儿在家中一起玩。	请幼儿和家长带些动植物。
E. 备注：可做简要观察和效果记录。	幼儿在玩时知道摆放有条理了，交往中能力加强了。	对于投放“车”，幼儿很有兴趣，建筑更有特色，但需要提高要求，搭建好后再放“车”。	幼儿能动手制作，但还应注意卫生及收放常规。	幼儿阅读书的兴趣加强了，互相讲，但还需进行指导。	幼儿能在益智区进行多种拼插，有一定的创造想象能力。	幼儿照顾管理自然角的能力加强了，知道自觉去做。

室内自选游戏周/逐日计划（8）

班级：大一班　　教师：单银雪　陈荣花　　日期：1992.10.19～10.24

周工作重点	1. 重点培养幼儿的阅读能力；　2. 继续巩固幼儿游戏常规及幼儿间礼貌交往；　3. 培养幼儿良好的行为习惯。					
活动区名称	娃 娃 家	积 木 区	美 工 区	语 言 区	益 智 区	自然科学区
A. 发展目标及可提供的主要学习经验（针对本班幼儿实际制订和调整）。	加深幼儿之间的角色交往，巩固、强化幼儿角色意识。	幼儿根据对秋天的感受和参观自然博物馆、升旗仪式的感受进行主题建构。	培养幼儿根据参观的感受进行绘画练习，从画面中反映幼儿的生活。	培养幼儿阅读能力，会看图讲故事。	发展幼儿创造力，启发幼儿联合拼插，合作完成作品。	让幼儿学会照看、管理自然角，进行简单劳动。
B. 设备材料、适宜空间位置的提供与安排（参前一览表，并依具体发展目标自填）。	投放一些橡皮泥，供幼儿制作家中所需物品（如小壶，小杯子）。	继续增加一些废旧材料，如“小电池”、“小纸盒”等。	引导幼儿在参观自然博物馆、看升旗等时注意观察。	一些幼儿图书、画册、图片，参观光明小学。	增加幼儿自制玩具，增加“中国地图”拼图。	增加一些种子，更换自然角的部分物品。
C. 活动建议及指导方式（参前自填，随时增添）。	以提建议的方式，帮助幼儿解决一些困难。	建议幼儿用多种材料搭某种建筑（如博物馆）更合理、适宜。	指导幼儿对人物的画法，注意人体各部位的比例。	纠正幼儿看书姿势。	指导幼儿的联合拼插活动，注意随时帮助幼儿解决一些问题。	指导幼儿进行观察记录，解决幼儿观察中提出的一些问题。
D. 注意问题：1. 侧重与正规教育的配合等；2. 家长配合；3. 个别教育。	注意娃娃家中的物品摆放要整齐。	注意积木区布局合理，不用的材料收放整齐。	提醒幼儿正确使用颜色。	鼓励幼儿从家中带一些自己喜爱看的图书，让家长配合纠正幼儿看书姿势，培养幼儿爱学习的好习惯。	鼓励幼儿在家中与爸爸、妈妈一起玩玩具。注意收放玩具要迅速。	鼓励幼儿为班里带一些种子、干果等。
E. 备注：可做简要观察和效果记录。	幼儿能够利用老师提供的材料进行游戏，有了一定的游戏水平，还能够帮助别人解决困难。	幼儿能够围绕主题进行搭建，半成品、废旧材料幼儿能充分利用，空间位置摆放还欠缺。	幼儿的绘画能力有所提高，画人的技能有所提高，但在使用颜色上还欠缺。	通过家长配合，幼儿的阅读能力有所提高，幼儿能够用完整且较连贯的语言讲故事。	幼儿对自制玩具较感兴趣，能进行联合拼插活动。	幼儿能主动为自然角带东西来更换，能够根据动植物变化做观察记录。

室内自选游戏周/逐日计划（9）

班级：大一班　　教师：陈荣花　单银雪　　日期：1992.10.26～10.31

周工作重点	1. 培养幼儿的交往能力；　2. 发展幼儿的想象力和创造力；　3. 加强对个别幼儿常规行为习惯的培养。					
活动区名称	娃娃家	积木区	美工区	语言区	益智区	自然科学区
A. 发展目标及可提供的主要学习经验（针对本班幼儿实际制订和调整）。	继续巩固幼儿角色之间的协调关系，增强交往能力。	根据各活动（参观龙潭湖公园）引导幼儿搭出建筑物，加强常规要求的培养。	本周重点练习粘贴技能，结合拾落叶进行粘贴。	继续培养部分幼儿的阅读能力和口语表达能力。	发展幼儿的创造和想象力及动手操作能力。	继续照顾管理自然角并记观察日记，开展实验活动。
B. 设备材料、适宜空间位置的提供与安排（参前一览表，并依具体发展目标自填）。	投放菜、泥、面等动手操作的材料。	充实废旧材料易拉罐、可乐瓶等。	带幼儿捡落叶并整理、收集。	增加故事磁带及图片。	提供拼图玩具。	增加动手操作物品如：镜子、磁铁。
C. 活动建议及指导方式（参前自填，随时增添）。	重点指导幼儿的交往合作能力。	指导幼儿搭建时的位置要合理。	指导幼儿粘贴的技能方法。	纠正幼儿的看书姿势和听讲能力。	指导幼儿用一种玩具进行多种插法。	指导个别幼儿记观察日记和实验的方法。
D. 注意问题：1. 侧重与正规教育的配合等；2. 家长配合；3. 个别教育。	注意物品的摆放，家中讲究卫生。	对个别幼儿进行常规教育培养（玩具的使用）。	注意发展幼儿创造性的粘贴技能。	请家长有重点地讲述图书。	对个别幼儿的玩法进行具体指导，同时进行卫生方面的教育。	从家中带实验的东西。
E. 备注：可做简单观察和效果记录。	通过指导，幼儿的交往合作能力有所增强。	幼儿在观察的基础上能够搭出公园的桥和亭子。	幼儿粘贴游戏同教育活动相结合，进步很大。	个别幼儿通过语言区的活动，阅读能力有所提高。	对个别幼儿的指导还要加强，提高能力。	幼儿记观察记录方法还要加强。

室内自选游戏周/逐日计划（10）

班级：大一班　　教师：陈荣花　单银雪　　日期：1992.12.21～12.26

周工作重点	1. 培养幼儿对自然科学的兴趣； 2. 重点培养幼儿的阅读能力和动手动脑的操作能力； 3. 结合认字巩固各区域的规则要求。					
活动区名称	娃娃家	积木区	语言区	美工区	益智区	自然科学区
A. 发展目标及可提供的主要学习经验（针对本班幼儿实际制订和调整）。	通过语言动作从中体现幼儿之间的角色意识及交往的能力。	继续培养幼儿的创造精神，巩固搭建的水平，明确规则要求，加强合作意识。	继续培养幼儿的阅读和讲述图片的能力，发展幼儿口语表达能力和大胆讲述能力。	结合迎新年活动，重点培养幼儿动手操作能力，利用各种材料制作贺年卡。	继续培养幼儿动手动脑的能力，通过玩各类玩具、棋类发展幼儿智力，巩固幼儿用一种玩具进行多种插法的活动。	培养幼儿对自然科学的兴趣，让幼儿在操作实践中懂得简单的道理。
B. 设备材料、适宜空间位置的提供与安排（参前一览表，并依具体发展目标自填）。	增加幼儿动手操作的材料，如油面、菜、毛线和幼儿自带的废旧材料。	本周新添塑料插具，幼儿还可以从家中带玩具汽车。	各种卡片，增加新书和图片，幼儿从家中带书和故事磁带。	毛线头、花布、旧挂历、彩色纸、羽毛等。	拼图、大型插具、棋类（自制棋、跳棋）。	磁铁、水的沉浮、电池、灯泡、颜色、口袋、气球等（幼儿从家中自带）。
C. 活动建议及指导方式（参前自填，随时增添）。	为增加幼儿之间的交往，有目的地让幼儿到家中做客，自我总结出角色扮演的情况。	每天都有新的主题，充分发挥幼儿之间的学习积极性，评选“建筑师”。	教师随时向幼儿介绍新书的名称内容，幼儿之间互相讲书。	指导幼儿制作的技能，要细心认真，做好后送给老师、小朋友、爸爸、妈妈、爷爷、奶奶等。	指导幼儿各种玩法的新意，增强幼儿对棋类的兴趣，老师和幼儿共同比赛。	激发幼儿对活动的兴趣，加强规则意识的培养，注意幼儿实践后的结果（观察记录）。
D. 注意问题：1. 侧重与正规教育的配合等；2. 家长配合；3. 个别教育。	要求幼儿把物品用具随时摆放整齐，能主动热情接待客人。	注意加强对个别幼儿的能力培养；各种材料随时摆放整齐，请家长参观，了解幼儿的建筑水平。	要求幼儿能认真阅读，注意保护图书，请家长配合给幼儿讲书的内容。	要求幼儿注意制作时废旧材料摆整齐，随时整理。	要求幼儿玩时注意整理、互相学习玩法，遵守规则，幼儿可以从家中带来材料。	要爱护用具，做到随时整理（回家也可让家长帮助做实验）。
E. 备注：可做简单观察和效果记录。	幼儿能充分利用材料（如在家织毛衣、招待客人）增加了交往能力，游戏的水平进一步提高。	通过评选“小小建筑师”，幼儿的创造积极性很高，建筑主题新颖，幼儿之间互相学习、启发情况很好。	通过家园配合，幼儿对讲故事很感兴趣，个别幼儿能较连贯讲述图书和图片内容了。	小朋友制作出不同材料的贺年卡，放在展板上，幼儿很高兴。	幼儿对棋很感兴趣，活动中体现出互相学习气氛，会的教不会的，这是好的开始。	幼儿对观察记录的兴趣比以前提高了，能通过活动懂得其中的道理。

室内自选游戏周/逐日计划（11）

班级：大一班　　　　教师：陈荣花　单银雪　　　　日期：1993.6.2～6.5

周工作重点	1. 抓好幼儿阅读和科学区的活动；　2. 注重对幼儿的个别化教育，使每个孩子都能有所提高。					
活动区名称	娃娃家	积木区	益智区	语言区	美工区	自然科学区
A. 发展目标及可提供的主要学习经验（针对本班幼儿实际制订和调整）。	继续培养幼儿的交往能力，发展社会性，重点指导此方面较差的幼儿，激发丰富的家庭生活主题与情节。	在丰富幼儿想象力的同时注意结构材料的综合运用，装饰美观增加难度，提高建筑水平。	在幼儿玩益智玩具中增加比赛项目，鼓励幼儿动脑筋，有自己独特的想象与创造。	继续培养幼儿对书的兴趣，提高幼儿的阅读讲述能力和语言表达能力，为入小学打基础。	重点以泥工为主，结合教育活动进行，发展幼儿动手能力。	根据教学活动的内容，让幼儿动手亲自实践：声音录音、影子、玩水、沙、电等。
B. 设备材料、适宜空间位置的提供与安排（参前一览表，并依具体发展目标自填）。	为幼儿提供各种动手操作的实物：面、菜和编织材料等。	运用不同的材料多指导幼儿用小、中型积木，更换可乐瓶。	提供智力玩具，大型的拼搭玩具。	幼儿带书包、图书，每天更换。	各颜色的橡皮泥、硬纸板、小棍、彩条。	注意更换幼儿操作实验的东西，能发出声音的材料如电话，各种嗅觉实验材料等。
C. 活动建议及指导方式（参前自填，随时增添）。	指导幼儿做饭菜精细，会拼摆，会自如地招待客人，做家务，编织等，表现丰富的家庭生活内容。	指导此方面能力差的幼儿（女孩子中的蒲雪莹、思思、吕菲、男孩中的赵墅、卢垒、白雪峰等）。	指导井岩岩、于娜、吴艳玲、张茹倍等参与此方面少的幼儿。	指导李彬、蔡成达、思思、薄雪莹、白雪峰、孙伟等人。	指导能力较差的几个小朋友：苏昊、张健为……	指导幼儿实验操作，爱护实验的用品，并能进行绘画记录。
D. 注意问题：1. 侧重与正规教育的配合等；2. 家长配合；3. 个别教育。	幼儿之间交往要讲礼貌，讲究卫生，要求随时整理。	帮助个别幼儿搭成成果，树立信心，注意积木的使用与规则。	插搭成以后进行展览、讲评，增强幼儿之间评价的能力。	要求幼儿大声讲述，有自信心。	要求注意卫生，做的时候耐心认真。	加强本区域常规的建立。
E. 备注：可做简单观察和效果记录。	李诚逊进步较快，交往能力加强了，但还要注意个别幼儿，请能力强的带动他们。	每次幼儿自选时注意能力的搭配，请能力弱的幼儿多出主意，材料的应用继续要求。	通过比赛的形式增加了幼儿兴趣，知道积极动脑筋，创造性不断发挥，但玩具材料不要放混。	现在幼儿带书每天更换，幼儿兴趣很大，但讲书的小朋友声音较小，还要有计划地培养。	幼儿本周捏泥的技巧提高很快，还要加强让更多的小朋友参与操作。	注意有计划地更换实验材料，吸引更多的小朋友来参加游戏。

室内自选游戏周/逐日计划（12）

班级：大一班　　教师：陈荣花　单银雪　　日期：1993.6.7～6.12

周工作重点	1. 结合“幼小衔接”工作，培养幼儿的各种能力； 2. 重点抓好幼儿阅读和学习区的活动； 3. 针对个别幼儿情况加强指导，创设条件。					
活动区名称	娃娃家	积木区	美工区	语言区	益智区	棋类区
A. 发展目标及可提供的主要学习经验（针对本班幼儿实际制订和调整）。	重点培养幼儿的交往能力，发展幼儿的社会性，提高实际操作的顺序性，加强个别幼儿的指导。	继续培养幼儿丰富的想象力和创造能力，要求建造美观，增加难度，提高整体水平。	为结合入学前教育，重点培养幼儿写字、绘画的姿势，开展“我是小学生”的活动，学习收拾整理个人的学习用具。	培养幼儿的阅读能力，发展幼儿的口语表达能力，让每个小朋友都来讲。	继续开展益智竞赛活动，鼓励幼儿动脑筋，有自己独特的创造想象。	根据教学活动的内容，让幼儿多操作实践，学习下棋的技能技巧，会的幼儿教不会的幼儿。
B. 设备材料、适宜空间位置的提供与安排（参前一览表，并依具体发展目标自填）。	为幼儿提供操作实物：面、菜、编织、盆水（因天气热了，让幼儿玩水）	指导幼儿多用小中型积木装饰，空间位置合理摆放。	幼儿自带书包、学习用具。	幼儿每天带书包要求带两本书，天天更换。	提供大型智力玩具拼插，更换部分材料。	幼儿可从家中带棋类玩具，智力迷宫图等材料。
C. 活动建议及指导方式（参前自填，随时增添）。	指导幼儿做家务事时要细致，会主动、热情招待客人（尤其是对不爱交往活动的）。	让能力强的幼儿带动能力较差的幼儿，多让能力差的幼儿出主意想办法，增强他们的自信心。	指导白雪峰的写字，闻梦楠、卢垒的绘画。	指导李彬、白雪峰、高雅、苏昊、李朝、孙伟等人。	重点指导此方面差的幼儿，引导井岩岩、吴艳玲等女孩子积极参与，全面发展。	指导不爱动脑筋的小朋友和几个女孩子。
D. 注意问题：1. 侧重与正规教育的配合等；2. 家长配合；3. 个别教育。	重点培养幼儿：思思、李诚逊、赵野、蔡正达、白雪峰等人，请他们每天轮换来参加。	指导个别幼儿：吕菲、赵野、卢垒、蒲雪莹等，要求随时摆放整齐。	结合教育活动让幼儿有重点地练习，引导幼儿互相帮助。	要求幼儿口齿清楚，请能力强的小朋友同他们一起来讲。	要求搭插成后进行展览，大家讲评。增强幼儿之间的评价能力	要求爱护小朋友带来的东西，互相学习。
E. 备注：可做简单观察和效果记录。	游戏中出现妈妈给娃娃织毛衣，角色情节在深入，孩子们学会绕毛线，很认真，并主动做事，交往增多，能力加强了。	在搭建中幼儿注意材料的使用，并能帮助能力差的幼儿提高建筑水平。	幼儿绘画较认真，通过游戏进行练习达到巩固提高，个别幼儿有所进步。	幼儿读书讲故事，增强了表达能力，他们互相讲述，现在兴趣提高了。	竞赛活动激发了幼儿积极性，最后展示评比，幼儿都有自己的创造性，对能力差的也是一个促进。	幼儿动手操作，对智力活动产生了兴趣，有的幼儿很爱动脑筋。

室内自选游戏周/逐日计划（13）

班级：大一班　　教师：李连荣　任晓燕　　日期：1994.5.16～5.20

周工作重点	1. 继续进行学习能力的培养，激发幼儿动手动脑和积极探索的兴趣； 2. 做迎“六一”的准备活动，引导幼儿利用废旧纸盒玩具，制作节日礼物（结合园内“六一”纸盒制作比赛活动）。					
活动区名称	积木区	益智区	棋类	表演区	美工操作区	自然科学区
A. 发展目标及可提供的主要学习经验（针对本班幼儿实际制订和调整）。	提高全班幼儿的搭建水平，引导幼儿扩大空间概念，并充分利用空间和材料。	继续培养幼儿有目的、有主题地构造，有选择地使用材料（色、形、大、小）。	继续培养全体幼儿玩棋类游戏的兴趣（重点是女孩子）。	1. 结合庆“六一”活动，引导幼儿创编一些节目。 2. 加强常规培养。	引导幼儿学习利用废旧物制作纸盒玩具和节日的礼物。	1. 培养幼儿观察自然科学的兴趣。 2. 培养积极参与小实验活动的兴趣，激发探索欲望。
B. 设备材料、适宜空间位置的提供与安排（参前一览表，并依具体发展目标自填）。	引导幼儿会充分利用原有的玩具材料并能根据搭建需要选择。增添纸盒材料，充实辅助材料。	提供展示作品的玩具架，便于幼儿观赏，互相启发。	增加自制棋的种类和数量，普及“老虎棋”、“计算棋”、“登山棋”等。	师生共同参与活动的材料准备和场地布置； 以幼儿自制的道具为主。	幼儿自备材料，寻找废旧材料； 老师提供辅助物：各种形状的彩纸、旧挂历、糨糊等。	提供玩水游戏——设在阳台上； 实验容积守恒，水的动力，水与空气，沉浮现象（师生共同准备材料）。
C. 活动建议及指导方式（参前自填，随时增添）。	老师向幼儿提出建议，进行参与性的指导，日常注意观察周围建筑。	加强游戏后的评价，保留作品。	老师有计划地每天具体指导2～3个女孩子。	引导胆怯和不爱讲话的幼儿多参加此区来表演，如高怡、陈多。	引导幼儿注意观察纸盒的外形特点，会巧妙利用。	结合常识活动进行，引导幼儿观察生活中的一些自然科学现象。
D. 注意问题：1. 侧重与正规教育的配合等；2. 家长配合；3. 个别教育。	引导能力差的幼儿主动参与搭建，协调自己与同伴的关系。	重点指导幼儿：张震、刘颈、付帅等，培养他们的坚持性和创造性的构建。	重点幼儿：周朝、婷婷、马瑞、刘楠、孔静、赵超然、火樱子。	与音乐教育活动配合，如欣赏“钟表店”乐曲后让幼儿加以创造性的表演。	请家长参与材料的准备并在家与幼儿共同制作玩具。	请家长配合，幼儿回家可继续进行实验，把新的发现画在“新发现”本上。教育幼儿节约用水。
E. 备注：可做简单观察和效果记录。	此区参加的人较普遍能利用环境，先搭出大的框架，然后分工细致搭建，并能充分利用废旧材料特点，如：用长方体纸盒当立柱、车身等。	以上几个幼儿经具体指导对此区产生了极大兴趣，有目的、有情节构造，如：插家具、电器和人物（边插边讲）。	多数女孩子对棋赛产生了兴趣，下周仍要巩固。	幼儿对创编节目很感兴趣，但是发展水平不平衡。此区女孩子参与的人数较多。	此项活动非常好，幼儿很喜欢，有许多玩具都是幼儿自发合作制作的。	此活动幼儿都非常喜欢参加，积极实验但是常规需加强。

三、教师对游戏过程的指导

教师对自选游戏的指导，一方面需通过创设体现一定教育意图的游戏环境间接影响幼儿的行为，激发其对周围事物的兴趣，积极投入游戏；另一方面，还需通过直接参与游戏过程，具体指导幼儿的游戏，引导其深入，不断提高行为质量和活动水平，通过游戏促进幼儿身心全面和谐发展。

（一）教师在自选游戏中的双重角色身分

对于教师是否需参与幼儿的游戏，有人认为，“孩子们就爱自己玩，他们不愿别人干预”。孩子们果真不愿教师参与、同他们一起游戏吗？事实并非如此。很多教师都有这样的经验，我们也曾注意到，在自选游戏中，凡是有教师参加的活动，都能吸引很多孩子，而且玩得更有兴致。幼儿因其年龄小，能力差，对周围环境的依赖性较强，作为环境的核心的成人——教师对幼儿的影响作用就更大。这里应当明确，教师参与幼儿的活动并不一定意味着硬性干预幼儿的游戏。教师与幼儿一起游戏，可以缩短成人与幼儿之间的距离感，同时，这也是教师观察幼儿的行为表现，具体深入地了解幼儿的最好时机。通过游戏，了解幼儿身心等方面的发展水平，了解每个幼儿的个性特点，以便有针对性地加以引导。实际上教师通过参加幼儿的游戏，能够发挥更大的教育影响力。

关于教师在教育过程中的作用，其角色身分如何，有人曾提出，教师是观察者、指导者、参与者、服务者等多重角色身分的看法。我们认为，教师在幼儿自选游戏中的身分主要是教育指导者与游戏伙伴。作为教育指导者，实际上包括观察者、组织者、建议者和活动材料的提供者等，而非仅指发出指令要求等直接控制幼儿行为的作用。

教师在与幼儿的游戏中，应注意以自身的双重角色身分影响幼儿的行为。教师应作为幼儿的游戏伙伴，以平等身分参与游戏过程，与幼儿共同探索操作，相互交流，遵守游戏规则。正如陶行知先生所说的，教师要“变成孩子”，与幼儿共享“欢乐”。教师的这种游戏伙伴的平等身分，可缩短幼儿与成人“两个世界”间的距离，使孩子们觉得亲切适意，而非拘谨畏惧，从而营造起一种宽松和谐的人际环境和精神心理气氛。由此，不仅可以使幼儿产生愉快的情感体验，增强对所从事的活动的兴趣；更重要的是，这种环境气氛，还有益于激发幼儿的独立自主性，形成积极的自我意识，增强自信，减少对成人的依赖性；再就是有益于激活幼儿的思维，激发主体积极的创造性行为。

与此同时，教师又需注意发挥教育者的主导作用，清楚地意识自己的职责，在游戏过程中有目的地对幼儿施加积极的影响。如启发丰富幼儿的知识经验，引导幼儿思维，克服困难，解决游戏中的问题，并纠正幼儿的不良行为，培养和促进其健康的个性。有的教师在对游戏进行教育引导时，仅仅作为纪律维护者或规则体现者，站在幼儿游戏外监督裁判其行为。如此，不仅不能产生应有的教育作用，反而会降低幼儿的游戏兴趣。教师要承担好游戏伙伴与教育者的双重身分，注意以潜在的方式，对幼儿的行为施加影响，更好地激发起幼儿——活动主体的自主性、积极能动性，达到通过游戏促进发展之目的。

（二）教师对游戏指导的意义与指导作用的体现

教师对幼儿游戏予以指导的教育价值，就在于引导幼儿行为的方向性。教师是教育者，即社会代表者，承担着为国家为社会培养下一代的重任，应通过对教育过程（包括游戏这种教育活动过程）的实施，逐步实现国家或社会的教育目标，培养出适合社会所需要的人才。为达此目标，教师就需依据幼儿身心发展规律与特点施教，将社会要求与幼儿需要结合起来，才能达到预期的教育效果。

教师对幼儿行为方向性的引导归纳起来，体现在这样三个方面：

1．规范幼儿的行为　教师通过指导游戏，引导幼儿认识社会知识和行为规范，如游戏中自理行为的规范、与人交往的规范等等，并促进幼儿在游戏中反复实践，逐步形成习惯，内化为其自身较稳定的行为特征，从而促进幼儿个性社会化。

2．影响幼儿的游戏内容　幼儿游戏的内容带有一定的价值倾向性，教师需引导其向健康积极的方向发展，这就是人们常常提到的指导要注意“游戏的教育性”。幼儿游戏中可能出现不健康主题，如：中班一些幼儿模仿成人抽烟喝酒，躺在床上翘着腿不做事；小班娃娃家的孩子们相互逗趣，说难听话“……尾巴撅”等。对此，教师应注意将幼儿的兴趣转向积极健康的方面。如引导幼儿观察家长如何在家里忙于家务劳动，如何精心照顾孩子或督促指导孩子学习、做作业等等，学习模仿良好的行为方式。

3．提高活动质量　教师还需通过引导，促进幼儿活动质量的提高，促进游戏的深入发展，并使幼儿在游戏中身心水平不断得到提高。例如，有的幼儿游戏无目的，不知道玩什么，活动中常无所事事，或频繁变换活动类型及材料；有的幼儿游戏中常出现无意识地摆弄材料、发呆等现象。教师就可通过提问、建议、提示玩法、提出行为要求、共同游戏或提供范例等指导方式，引导其学习自选游戏、自定内容主题，增强行为的目的性，激发幼儿不断尝试、探索，提高活动的积极性。

又如，幼儿有时在游戏中会出现停顿，玩不下去，或是情节贫乏、主题单调的情况，如中班幼儿在娃娃家不停地切菜，仅仅满足于简单的重复性动作等，教师就需加以引导，促进其对生活的观察，丰富知识经验，或是进一步指导幼儿的游戏技能，从而促进幼儿游戏的不断深入。

再有，一些幼儿往往出于个人习惯或是因一定的个性特点，游戏兴趣单一，每次游戏总是选固定的一两种。教师就需激发其对多方面事物的兴趣，既发扬鼓励其长处又弥补其不足，促使幼儿个性得以在游戏中得到全面和谐发展。

教师应注意通过促进物质环境、游戏材料与幼儿之间的相互作用，引导幼儿行为的方向性和发挥游戏的教育性因素。如前所述，教师通过创设适宜的具有教育性的游戏环境，间接影响幼儿，指导其游戏。然而，适宜的游戏条件或物质环境并不能自发地对幼儿的行为产生影响，而需教师很好地发挥作为幼儿与环境相互联系的桥梁与中介的作用。就是说，在影响幼儿游戏的诸因素中，人是最重要的。教师不仅是游戏环境的创设者，材料的提供者，幼儿对环境是否有兴趣，能否积极实践、操作并有所发现，也取决于教师的桥梁作用发挥得好坏。应通过教师的激发引导，促进幼儿与周围环境、游戏材料及伙伴相互作用，促使幼儿目中有物并能有所用心，在积极的活动中增长经验和能力。

教师还需注意发挥自身行为对幼儿的影响作用。游戏中，教师要以自身行为的示范、强化和情绪感染等作用，引导和影响幼儿的游戏行为。教师是影响幼儿环境中的关键因素。游戏的物质条件要靠教师来创设，同时，教师又通过自身的行为，包括教师的积极态度，对幼儿发挥引导、示范榜样和强化作用，从而营造宽松的精神心理环境。年龄较小幼儿游戏的发展正是通过与成人的相互作用，过渡到能与环境材料发生相互作用，即，通过成人的引导，幼儿的实物性的游戏行为才得以出现。

由外部强加的教师导演式的活动并非游戏，幼儿完全自发注意的行为也不能有效地使自身得到发展。教师应注意以双重的角色身分，影响引导幼儿的游戏行为。应当明了，教师指导的关键在于激发幼儿的自主性。在游戏中教师还需通过其自身行为的直接指导和一系列切实具体的影响方式，发挥游戏对激发幼儿自主性和促进其身心发展的作用。

（三）教师如何引导游戏进程

教师应注意对整个游戏过程，即从游戏开始至游戏进行过程，乃至游戏结束的整个环节加以引导。

1. 对幼儿游戏活动开始的引导　这个环节的引导并非可有可无，而是具有特定意义和作用的。在幼儿游戏开始时，教师可以引导幼儿对活动的选择，帮助幼儿协调各活动区人数，并以语言指导调控幼儿的行为。教师在幼儿游戏活动前，先以教育者主要是指导者与建议者的身分，引导幼儿选择活动，开始游戏。如教师可先介绍材料，提示或建议活动方法，启发已有的知识经验，并提出行为要求，提醒游戏规则，引导幼儿自选活动和积极参与游戏。有的教师未能意识到这个环节的作用，让幼儿随意活动。在这种情形下，往往出现一些幼儿不知道该玩什么，东瞧瞧西逛逛，结果或是反复变换活动或是始终无所事事；再有，会出现孩子们一哄而上地拥到一两个区域的现象，教师精心准备安排的区域和材料可能无人涉足，这并非是由于幼儿对这些内容不感兴趣，而是没有发现。我曾见到一个小班开始自选游戏前，教师未予以引导，只是说："现在小朋友可以玩游戏了，愿玩什么就玩什么。"结果，孩子们一下子全都集中到积木区和娃娃家了，这两个区域自然容纳不了这么多人，于是教师再回过头来协调人数，指导区域或活动类型的选择。这就造成了不必要的混乱，影响游戏的顺利开展。

2. 积极参与幼儿的游戏过程　游戏开始后，教师主要是以游戏伙伴的身分与幼儿共同游戏。这样做并不会削弱教育者对幼儿的影响作用。其实，教师作为大朋友与幼儿一起玩，这本身就是对幼儿游戏的一种肯定、一种积极支持的态度。在此过程中，教师要注意依计划和目标指导幼儿的游戏，同时随时抓住教育契机，及时有效地处理偶发事件，将指导的计划性与随机性、灵活性结合起来。如教师可依游戏计划参与某一两个区域幼儿的游戏，激励幼儿交流实践与交往，给予启发性的提问或建议，促进其尝试探究和发现。教师或是通过平行活动对操作技能、方式予以示范，从而影响幼儿行为，或是以“扮角色”方式，促进幼儿与周围事物的相互作用，使主题情节得以丰富深入……在这个阶段，教师应注意使幼儿积极投身到游戏活动中，并有效地引导和掌握活动进程。在游戏过程中，教师要能依幼儿的不同需要给了适当的帮助，同时还要注意激发幼儿之间的积极相互作用，如在活动方式、主题、知识技能以及行为规范等方面，促进幼儿伙伴间的相互影响。

3. 游戏结束时引导幼儿评价游戏　教师还需注意对幼儿游戏活动的评价。可以对幼儿执行游戏规则的情况作小结，表扬肯定积极的行为，也应注意对游戏活动的质量予以评价鼓励，如幼儿有哪些新玩法、新创意等。教师还要注意进一步提出深入开展游戏的新要求，激发幼儿新的需要。对中、大班幼儿，教师可以引导幼儿相互交流游戏的经验体会，介绍游戏过程，并进行自我评价，从而激发幼儿的自主意识和自主能力。另外，对于幼儿游戏中出现的一些问题，如行为规则方面的问题，可引导幼儿加以讨论，明确认识，并共同寻求改进的措施等。教师应以正面引导为主，注意树立榜样，发挥激励作用。

在整个游戏过程中，教师以双重角色身分参与幼儿的活动，并不断调整变换与幼儿的关系，从而有效地影响其游戏行为。游戏开始前，教师主要是以组织者、指导者的身分调控幼儿的行为，发挥显性教育影响作用；活动中，教师则更多是以玩伴身分参与幼儿的游戏，以隐性或潜在的方式引导幼儿的行为；游戏结束时，教师又以指导者角色组织幼儿小结游戏，提出新要求，同时又以平等身分与幼儿共同讨论评价游戏过程与效果，共享成功的欢乐。可以认为，教师参与幼儿活动过程的最大价值就在于激励和引导幼儿学习并实现自我教育。

（四）探索多样化的指导方式

对幼儿游戏的指导没有一定之规，也无现成模式可以照搬，需教师主动积极探索。一般的，需根据游戏活动类型的不同特点、幼儿的年龄特点加以考虑，同时还要注意给幼儿以因人而异的指导。

1. 对不同类型游戏活动，指导方法不同

各类游戏活动如娃娃家等角色游戏、积木建构游戏、智力操作游戏、表演游戏及接受性活动如图书阅读等，其教育功能特点有所不同，教师需了解掌握幼儿从事不同游戏活动的特点，才能予以有效的指导。

幼儿角色游戏特点及其指导

（1）幼儿角色游戏的特点

关于幼儿的角色游戏，国外一些学前教育家曾进行过研究。如艾里康宁提出角色游戏包括四种结构：一是角色；二是游戏行动，幼儿的游戏行动具有概括性，他们通过行动来扮演角色和实现角色之间的关系；三是对物体的运用，幼儿往往用游戏材料代表真实物体；四是游戏者之间的真实关系，即幼儿还需以角色外的相互交流，如提出建议或评议，来调整相互关系，促进游戏的进程。

萨米勒斯克也曾提出角色游戏的六个因素：模仿的角色、物品替代、动作与情景的假想、游戏持续性、幼儿之间的相互交往和通过语言相互交流。

综合以往国内外的研究，我们对幼儿角色游戏的特点作如下分析。

①角色的扮演

幼儿在游戏中扮演某一假想的角色。幼儿是以游戏材料、动作和语言扮演角色的，在此过程中，他们是以假想的方式，把头脑中已有的表象重新组合，从而反映对社会生活的认识，并参与成人的社会生活的。角色是游戏的中心。

②对物品的假想

在角色游戏中，幼儿常常以一种物品代替另一种。如用积塑粒当饭、用冰棍棒当匙、用枕头当娃娃等。幼儿能从过去所感知的事物中，分析出个别特性，并结合成一体，形成表象。幼儿是从实物动作过渡到以表象代替实物作思维的支柱。即开始时需依赖实物如冰棍棒的提示，引起联想，在头脑中出现“匙”的表象，于是产生以冰棍棒当匙给娃娃喂饭的游戏行为。

③对游戏动作和情景的假想

幼儿是以动作、语言来扮演角色的。在角色游戏中，幼儿是通过使用玩具的语言动作来假想各种游戏情景，表现假想的游戏情节，从而表达自己对社会生活的认识，表达自己的思想、情感与体验的。如假装活动室的一角是医院，假装医生给病人看病等。幼儿在角色游戏过程中可以充分想象，以概括的动作而并非某具体人的具体动作开展游戏，并使游戏得以不断变化和发展。

幼儿以角色自居，以真诚的体验和表演做出符合角色要求的行为，以角色身分规范约束自己的行为（此即角色的内部规则），在游戏中表现有（社会）意义的活动内容，并依据特定程序活动，如“妈妈”要操持家务、关怀照顾和教育辅导子女等。

角色游戏具有的教育功能：

①有益于发展社会认知能力。幼儿通过角色游戏，反映对社会生活的认识，将社会知识系统化；同时幼儿在游戏中通过以物代物，可增强联想、表征能力，从而激发创造的潜力。

②能促进良好社会适应性和激发积极的情感体验。幼儿通过承担角色与伙伴共同游戏，学习理解社会角色行为，同时实践并掌握社会行为规范和人际交往技能；幼儿在游戏中学习协调伙伴关系，他们需适当地表达自己的情绪情感，增强自制力并认识理解他人的需要。

③发展语言能力。幼儿在与伙伴进行角色游戏时，言语交往

的机会增多，有助于幼儿语言的发展，学习表达与倾听，学习运用语言进行相互交流沟通。

幼儿角色游戏的发展主要表现在以下几个方面：

一是幼儿游戏动作和对材料使用能力的发展：①简单重复性动作——②系列动作，凭兴趣使用操作材料，通常是实物材料——③能按角色需要使用代替物——④能创造性地使用和制作所需材料，或是能以言语动作进行替代。

二是角色扮演水平的逐步提高。幼儿对角色的模仿与扮演通常经历了这样的过程：①简单操作实物的动作，未意识所扮演的角色，满足于摆弄物体与反复进行同样动作，如反复喂娃娃等——②担任角色但常转移注意力，未能以角色的要求来行动——③角色意识明确，能按角色要求行动，能遵守游戏规则但尚不稳定——④明确角色意识并能协调角色之间的关系，角色间行为配合互补，以达共同游戏的需要和实现游戏的目的。

三是游戏内容的不断扩展与丰富。幼儿游戏的内容主要指游戏的主题与情节。幼儿角色游戏的主题呈现出不断发展的趋势，有三方面表现：①主题的范围从较简单的家庭生活的主题到能反映较复杂宽广的社会生活的主题；②主题的性质由简单而随意到比较复杂的有一定规定的内容；③游戏的情节涉及具体的游戏过程。幼儿的游戏情节由零散、片段的情节到出现系列情节，并逐渐发展丰富。如幼儿玩餐厅游戏，从简单做点心到能招待顾客，大班幼儿甚至出现了在餐厅举行记者招待会的情节等。

四是游戏语言能力的逐步增强：最初幼儿在角色游戏中独自操作物品，如喂娃娃，往往默默无语或是自言自语，有时几个幼儿一起玩，但各说各的话，幼儿专心于自己的游戏，未出现真正的交流；进而幼儿伙伴间能有简单对话，往往围绕所模仿的材料开展，幼儿相互间出现用言语逗趣、游戏行为相互追随模仿的现象；逐渐发展为能依游戏情节的发展与角色身分进行有意义的沟通。如妈妈在照顾娃娃，爸爸做饭，妈妈说："做好了没有，孩子都饿了。"爸爸做好汤端上来说："汤来了，快喂孩子吃吧。"妈妈说："爸爸喂不吃，妈妈喂才吃。"幼儿在游戏中的语言包括角色语言和角色外的交流沟通。

(2) 角色游戏的指导

根据以上对幼儿角色游戏特点及其发展的分析探讨，我们试对幼儿角色游戏的指导提出一些策略或建议。教师对幼儿角色游戏的指导，除预先计划，做好物质条件环境材料等准备外，还需注意这样两个方面：

①注意丰富幼儿的生活经验，引导其观察认识周围生活，加深印象，在此基础上，以角色游戏的方式加以反映和表现。

②加强对游戏活动过程的具体指导。教师对幼儿角色游戏指导的侧重点应当放在：促进角色承担扮演能力；促进言语交流能力和对社会交往的规则与技能的掌握上；促进使用材料的能力，能以物代物并激发丰富的联想表象创造力。

幼儿结构游戏特别是积木游戏的特点及其指导

(1) 积木游戏的特点

结构游戏也是幼儿通过想象，创造性地反映现实生活的一种活动形式。主要是通过使用一些结构材料如积木、积塑等，来建筑或构造各种物体和建筑物，幼儿是通过手的操作及其建构的作品，反映他们对周围事物的印象的。

积木游戏是结构游戏的一种。这种游戏在幼儿园开展得较早，也很普遍。由于它的设备简易且无定型又富于变化，因而深受幼儿喜爱。

积木游戏是适合于幼儿的极好的学习途径，它对幼儿体、智、德、美的发展均具有促进作用。国外幼教界对幼儿积木游戏的研究较多。如伊利沙白·S·赫施专门著有《论积木》，书中所列"幼儿积木课程的教育价值"(见图3.3-1)对我们认识这类游戏特点并考虑如何予以有效切实的指导，具有启发借鉴作用。

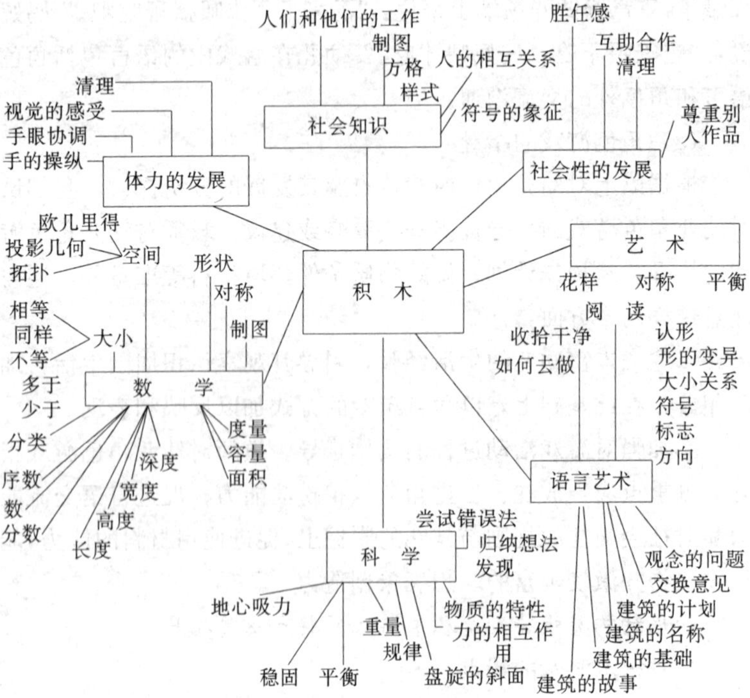

图 3. 3-1 积木课程的教育价值图示

幼儿的积木游戏通常也有一定的主题与情节。然而幼儿积木游戏的发展更突出地表现在对积木材料的建构造型方面。

最初，幼儿不会搭建物体，只是拿着积木材料玩，如拿一长条积木作飞机状，或敲打积木……

进而，幼儿逐步掌握了基本的建构技能，从能进行简单的堆砌，如幼儿将两三块至四五块积木简单地叠垒在一起，然后推倒重来，反复进行堆砌动作，到逐渐能够叠高，并会延伸与平铺，如搭高楼、火车等，再进一步，幼儿能够将几块积木架空，搭出门或桥，并出现围封的结构，将一些积木向四围延伸，围拢起来，中间形成一定的空间，如给小动物搭个“家”等，从而掌握几种基本的建构形式：叠高、延伸、平铺、架门、围封等，进而学习对称搭建。在此基础上，幼儿能搭建出比较复杂的物体或建筑物。

再往后，幼儿会运用大型与中小型积木综合搭建，并逐步能够依需要使用一些辅助材料如板材、大型柱状物（如可乐瓶）等，进行复杂形象的搭建并进行装饰，从而真实地反映现实生活，如搭出天安门、龙潭游乐园、天坛饭店等。

伴随幼儿建构技能的发展，幼儿行为的目的性也逐渐增强，由搭建后命名到能预先确定主题并坚持始终；积木游戏的主题情节也不断丰富、深化，如中大班幼儿搭出麦当劳快餐店、航空博物馆、电视发射塔、火车站、立交桥等等，甚至搭建出一组组相互联系的建筑群。如大班幼儿合作搭建出天安门广场——包括天安门、中山公园、历史博物馆、纪念堂与中国银行等一组完整的建筑造型。这不仅表明幼儿建构技能的增强、行为目的性的发展，以及对较广阔社会生活的认识、表现创造力的增强，同时也表明幼儿通过积木建筑活动，伙伴之间相互协调行为的能力和社会参与性水平的逐步提高。

（2）积木游戏的指导

教师对幼儿积木游戏的指导主要应注意以下几个方面。

①积木区游戏条件的创设是开展好积木游戏的重要一环。教师需注意适宜的环境场地的安排，注意材料的设置投放。以往幼儿园开展积木游戏，较多使用小型积木，材料分盒成套收放，而且往往是在单面上进行。这种方式不利于积木游戏多方面教育功能的发挥，不能满足幼儿表现的欲望和以建构造型方式充分反映其生活经验，更好地创造和想象，而且游戏中幼儿往往单独使用一盒材料，不利于相互之间的交往和相互学习影响。根据对积木游戏特点及其教育功能的分析，我们在环境设置上改变了以往的做法，提供了较宽敞的积木活动场地——积木区，地面上铺有地

毯或地板革，既可作为区域界限，又能避免活动中的噪声。提供的材料主要是中型积木和适宜大型积木。将积木按颜色或是形状分类摆放在积木架中，其他材料亦分类放置。幼儿可依建构之需随时取用，在活动过程中，可学习共享材料，协调相互关系，并相互模仿学习，进而可激发联合建构的需要，直至能够合作搭建完成共同的主题。教师一定要很好地考虑所提供的材料的类型和数量，如大型积木如果提供过多，幼儿只能进行简单搭建，搭几块就把场地占满了，无法深入和表现复杂的建筑造型。随游戏的开展，还应考虑增加投放其他非专门化材料作为建构材料，如板材、各种规格的柱状物（如废旧瓶罐）等。积木是开展建筑活动的物质基础和必要条件，但不应仅限于这类专门的游戏材料的提供，随积木游戏的开展，教师还要注意进一步探索、发掘更多的适宜材料。如板材的提供，可以大大丰富幼儿积木建筑的主题，深化情节，增强其对社会生活的表现力，激发创造的欲望与潜力。光明幼儿园幼儿积木游戏出现的多样化的建筑造型就是很好的证明。再有，教师还应注意依幼儿活动的需要及时呈现其他辅助材料，如小动物玩具、小人偶、小汽车以及手工制品或拼插成型的积塑玩具，要很好地设计这些辅助材料何时出现、怎样出现及所需数量等。教师要考虑如何通过辅助材料的提供，激发幼儿的建筑兴趣，丰富主题情节，并引导幼儿更高水平的游戏行为，而不是干扰活动，产生消极作用。

②引导幼儿观察，丰富生活印象，并增强有关建筑方面的知识经验。教师可以采取布置任务、引导观察描述和相互讨论的方式，使幼儿注意周围生活中的多种建筑，明了主题情节和造型结构特征。在此基础上，引导幼儿根据需要选择运用相应的材料，以建构造型的方式创造性地表现自己对生活的认识。教师应注意引导幼儿有目的地建构，从能够对所构建物体命名到能够有主题地搭建，进而能够围绕一定主题扩展情节。

③引导幼儿掌握建构技能。教师可采取平行活动——在幼儿身旁玩搭积木游戏，提供范式，引导幼儿共同收集和展示建筑图样，以及启发、提示、建议玩法等方式，激发幼儿对建构活动的兴趣并学习掌握建构技能，例如：如何叠高、如何选择运用材料——下面大、上面小，才能搭建得较高（不宜过高），才能稳固结实；如何对称，需选用相同形色的成对的材料搭建，才更加美观；弓形材料如何运用，适宜搭建什么结构的造型，以及如何依造型的目的选择运用材料，进行综合搭建等。在积木游戏过程中，教师还应注意引导幼儿比较、分析和鉴别材料，如长短、宽窄、厚薄、体积大小等，从而运用到相适宜的建筑造型中。当幼儿有了一定的建构技能，教师就需进一步引导幼儿进行整体设计，进而分工协作完成，如先搭出建筑主体结构，再进行局部的造型和细致的加工装饰等。

④激发幼儿之间相互学习影响。教师在创设自选游戏环境时，就需依积木游戏的特点，设置较为宽敞的场地，并提供分类放置的积木及其他造型材料，这样不仅有助于积木游戏的开展，而且有益于幼儿之间的相互学习和影响。较小的幼儿可以通过一起搭建，观察学习他人的建构形式，在造型与主题方面相互追随、模仿；较长的中、大班幼儿则可相互讨论共同的建筑主题，并在共同搭建完成活动目的的过程中，相互学习建筑造型方法，同时在有关建筑的知识经验方面，及对社会生活的认识和表现上也能互相影响。在建构活动中，幼儿还需相互协调关系，实践和增长社会交往技能，以及言语交流、适当表达情感和体验他人愿望需要、遵守共同活动规则的能力。

以上仅举角色游戏与积木游戏的特点与指导二例，其他不一一赘述。总之，教师在指导自选游戏中应注意了解各类游戏的教育功能，同时掌握幼儿各类游戏实际发展水平，在此基础上，选择和确定适宜的指导方式，从而促进游戏活动质量的逐步提高。

2. 对不同年龄的幼儿采取不同的指导方式

幼儿园小、中、大班幼儿身心发展水平不同，游戏能力各异，教师在游戏中应注意采取不同的指导方式，以适应幼儿的不同特点和需要，进而引导各年龄段幼儿均能通过游戏使身心各方面得到发展。

（1）对游戏要求的难度应逐渐加大

例如，在材料操作方面，小班幼儿应能学习掌握基本玩法规则，会正确使用；中、大班则要求在依材料本身特点正确使用的基础上，创造多种玩法。

又如在行为目的性方面，对小班幼儿要求能对所搭建的物体命名，中、大班则应在活动前确定主题，有目的地搭建。对较小幼儿教师要引导他们对活动本身有兴趣，能积极投入活动，并逐渐能专心持续；对稍长的则逐步引导他们对活动结果感兴趣，能够有所意识，并通过提高行为质量促进活动目的的实现，能玩出一定的结果。教师可采取提出任务的方式，激发幼儿心理水平的提高，使他们不仅满足于活动本身，而且还要达到一定的结果，如预先要求幼儿想好玩什么，游戏后讲述他是怎么玩的，玩了什么等。在此过程中，促进幼儿有意义的行为，同时有助于增强幼儿的任务意识和培养完成任务的能力。

教师对各活动区的指导均应体现出不断提高要求和难度。如同是“娃娃家”角色游戏，对小班幼儿应要求他们能够表现一般家庭生活的主题，学习承担角色并作出相应的角色行为；中、大班则应能表现较复杂的家庭生活的主题与情节，以及扩展的社会生活主题，幼儿要能反映角色之间的关系，并协调相互间的行为。图书区小班幼儿要能认真看一本书，中、大班要能完整理解书中内容并连贯讲述等。

（2）采用的具体指导方式各异

教师对小班幼儿较多采用示范、教并提供机会反复操作练习，实践使用各类游戏材料的基本技能，以及教师与幼儿进行同样材料的操作活动——平行游戏，使幼儿得以观察、模仿等；中、大班则可较多采用建议、提问等方式启发激励指导幼儿的游戏，还可以多运用发动大家、人人发表意见、共同讨论的方式，明确认识，相互影响。再有让幼儿伙伴做“小老师”指导和教其他幼儿，也是一种有效的指导方式。幼儿游戏中遇到问题，教师不急于提供答案或提供帮助，而是启发幼儿自己想办法，解决交往与操作中的问题等。

对小班幼儿教师可多采取直接指导、督促，影响幼儿的行为。如教师在带大家参观某区游戏成果讲评时，说“我喜欢认真做事的小朋友……”，使行为不当的幼儿及时纠正自己；对稍大些的幼儿则可用让他们轮流充当裁判或组长的方式相互提醒督促，相互作出评价，从而激励积极负责的行为。又如对中、大班幼儿，教师可采取交代任务、提出竞赛建议的方式，如“看谁插的机器人多，而且各不相同”；又如对图书区的小朋友提出“每个人要会讲自己看的一本书”或“能（结合拼图）相互复述刚刚语言课上学过的故事”。

（3）对自选游戏各个活动区指导的侧重点不同

自选游戏活动区的创设是从促进幼儿身心全面和谐发展的角度出发的，一般需提供“娃娃家”等角色游戏区域、积木区、图书区、益智操作区、美工区、科学区等。随幼儿年龄的增长，教师对各区的指导侧重点应有所变化。例如，对小班幼儿提供自然科学区主要是为了给幼儿提供观察场地、机会，并不作为活动的重点；教师对小班游戏的指导更多侧重于“娃娃家”、积木区等，着重激发幼儿良好情绪，能积极投入活动。对刚刚入园的适应性差的幼儿还可增设自带玩具区，允许他们将自己喜爱的玩具带来园，以减轻入园焦虑。而中、大班的教师则应注意引导幼儿逐渐对智力活动强度大、学习成分多的活动类型或区域感兴趣，如图书阅读区、益智操作区、自然科学区等，同时可结合规定活动任务，如每人要学会一种棋等，引导幼儿在游戏中学习，积极动脑筋，努力探索、发现。一般地，教师对中班游戏指导着重加强幼儿社会交往能力的培养，在大班则更注重培养幼儿自己解决问题的能力。

以上谈的是教师应依小、中、大班幼儿一般年龄特点，指导游戏。然而，具体到某个特定的班级，幼儿的身心发展水平和能力又不一定完全符合其年龄特征。例如，有的中班幼儿比较倾向于小班特点，有的则为较典型的中班特点，有的则更多表现出大班初级特点。因此，教师还应根据本班幼儿实际引导其游戏活动，并考虑适宜的指导方法。

3. 针对幼儿的不同能力特点予以因人而异的指导

人之不同，各如其面。在自选游戏中，教师还需针对本班幼儿的不同能力水平和个性特点，采取相应的指导方式，因材施教，使每个幼儿均能通过游戏活动，在其原有水平基础上得到尽可能充分的发展。

自选游戏为每个幼儿提供了充分表现和展示个人特点能力的机会和条件，教师要注意依据对每个幼儿的观察了解，提出有针对性的教育措施，确定适宜的指导方式。例如，胆小、内向的幼儿游戏时往往不容易参与活动，因为游戏一开始，动作快、主动的孩子马上占领了游戏性强的区域，教师可以引导他们自选游戏，使之提前选择自己喜爱的活动，或是帮助他们参加到各类活动中去；对于行动较积极的、外向的孩子，教师可以建议他们“你们上午玩过积木区了，这回让别的小朋友玩好吗？”使他们多给别人一些选择机会；对能力较强的，教师还可提出更高的行为要求，例如，小班幼儿本周美工区主要活动形式是剪纸，教师可为幼儿提供不同难度的图样：有剪直线的，有交错剪的，剪斜线、剪回形或蛇形线的，一些幼儿小肌肉动作发展较好，纸剪得利索，就提供间隔较细的图形，或引导他们剪出较长的富于变化的蛇形等；对于有一定能力但情绪较浮躁易于受到外界干扰影响的孩子，教师需注意引导他们专心做事，可提出“做完一件事或做好一件事，再做一件事”的要求；对一些不能自选游戏，行为无目的，常四处游逛无所事事的幼儿，教师可要求他们游戏前想好要去的区域，知道要玩什么，再去到特定区域活动，或是引导他们游戏后能给人家讲出他玩了什么，如何玩的等，从而激发有目的的行为；对于一些易于与人发生争执或冲突，有交往愿望但缺乏社交技能的孩子，可引导他们在加入他人活动与人交往时，能够清楚地表达自己的愿望，如一幼儿在玩穿珠，另一幼儿也想玩，教师建议他不是马上去拿人家小篮中的材料，而是先说：“我也想玩穿珠，咱俩一块儿玩好吗？”这样既可满足自己的的愿望，又不会招致别人反感而引起冲突，使游戏能友好愉快地进行。

对于那些兴趣较为单一的幼儿，教师可通过与他一起玩新的活动或是引导伙伴带他玩，激发他对各类活动的兴趣。

为了更好地给幼儿以因人而异的指导和影响，教师应结合自选游戏的开展，观察每个幼儿的游戏行为，并注重作出认真的分析，明了各人的特点及需要改进加强的方面，如此才能提出切实的、有针对性的具体教育指导措施。同时教师还应注重与家长及时取得联系，家园配合教育。教师可以将对幼儿的观察分析记录在家园联系册上，使家长了解自己孩子的情况，并提出建议争取家长的配合，从而取得较好的个别化教育的效果。通过这一方式，也可使家长明了游戏对幼儿身心发展的作用，引导家长探索学习科学育儿知识，并与家长相互交流学习，共同探讨适合幼儿（全体与个体）发展规律和特点的指导方式，更有效地实施对幼儿的教育。

总之，要开展好游戏，教师一定要发挥自身积极能动作用，注意在教育实践中探索多样化的指导游戏的方式方法，如及时呈现适宜材料，提出建议提问、启发和丰富知识经验，提供范例，共同参与活动，行为示范，教或具体指导游戏过程等，并利用幼儿伙伴的相互影响互教互学，促进游戏的不断深入和活动质量的逐步提高。对某一特定班级或特定幼儿的某种游戏究竟哪种指导方式适宜，还需根据具体情况作出判断；同时，教师还应注意综合运用多种方法手段指导幼儿游戏，才能取得较好的效果。

（五）指导自选游戏需注意的其他问题

教师对幼儿自选游戏的指导，还需注意以下几方面问题。

1. 注意自选游戏与其他教育活动的关系与联系

教师在开展自选游戏中，应注意这种教育活动形式与其他教育活动如集体教学、生活活动的联系，使之相互配合补充、联系渗透，而不是各自孤立地进行，如此才能较好地达到教育目的。例如，结合美工作业活动，在活动区继续幼儿感兴趣的内容，如剪贴灯笼、制作染纸做风筝等；又如，小班幼儿刚刚进行过穿珠计数的作业，自选游戏中有兴趣的幼儿接着操作练习，进而还可发展为将穿好的珠串联成项链等。特别是对自选游戏中语言阅读区、自然科学区等以认知活动为主的区域的活动，教师可以考虑与集体正规教学计划联系配合，从而丰富这类区域的活动内容，拓展多种活动形式，激发幼儿的兴趣和求知欲（参见前面章节）。

2. 关于指导的对象与范围

教师在对自选游戏进行指导时，应注意重点与一般结合，教师应根据计划对特定活动区予以重点指导。如某班教师依上周积木区和“娃娃家”游戏存在的问题，确定这两个区域为指导的重点。在自选游戏过程中，教师就需既关注各区游戏的全面开展，同时深入这两个活动区，给予更具体的和更有针对性的影响。

教师要在照顾全体幼儿的同时，特别注重对幼儿个体的影响，游戏中增加对幼儿的个别接触，针对每个幼儿的不同特点和需要进行具体指导帮助。对能力较差的和个性较内向退缩的幼儿要予以较多关照。在整个活动过程中，应注意将对全班幼儿集体的共同要求同因人而异的指导相结合，并注意逐渐增加对幼儿活动小组的指导，从而激发活动小组幼儿之间的积极相互影响，促进相互学习教育，小孩教小孩。教师应注意避免单一性集体指导和整齐划一的要求，同时又需注意指导范围不能仅局限于某几个个别幼儿。

再有，班级教师作为一个工作集体，要相互配合协作，在开展自选游戏中，既有统一计划要求，又各自分工负责。班级的几位保教人员应共同制订逐周游戏计划，明了对幼儿游戏的目的要求、适宜的活动类型和教育指导的侧重点等，同时分工负责，准备各区游戏材料，依分工重点指导幼儿不同类别的游戏。班上3个保教人员均参与游戏过程，分工指导各区幼儿游戏，从而增强对幼儿个体的接触范围。教师还需经常相互沟通情况，交流研讨适宜的指导方式，并注重给予幼儿一致和一贯的要求影响，使游戏真正成为促进幼儿身心和谐发展的有效途径。

3. 注重以积极互动方式激励幼儿行为

社会交往是一种动态的、具有信息交流和相互作用特征的活动。它担负着协调人与人之间的行动和满足个体间的心理需要的作用。积极地交往——人际互动有益于幼儿个性的形成，使之更好地适应社会，保持心理健康。成人，特别是教师与幼儿之间的交往，对幼儿发展具有重要意义。教师既作为社会代表者，同时又作为与幼儿平等的“人”，应从社会责任感出发，热爱幼儿，尊重幼儿，与他们建立相互信赖、热爱的关系，激发其良好的情感体验，从而更易于接受教师的正确指导影响，主动积极健康地发展。

在自选游戏中，教师应注意以自己积极饱满的情绪参与幼儿的游戏，影响感染幼儿。在与幼儿相互交往时，多运用中性与积极肯定的态度，尽量减少否定性接触。教师应将对幼儿尊重的观念转换为具体的行为态度，努力创造一种宽松和谐融洽的心理气氛和平等民主的精神环境。例如，教师可多运用赞许、鼓励、肯定的方式，表现出对幼儿游戏的兴趣，可以表扬幼儿的良好行为，或是用眼神、表情、动作等体态语言，作出赞许的表示，教师要注意尽量避免和减少强行控制、禁止、批评等否定性交往。如，一幼儿向教师显示他插的小飞机，教师摸摸他的头以示鼓励……。教师的积极态度会促使幼儿作出努力，促进积极的行为。教师在对自选游戏予以指导时，要多运用激励式指导方式，激发促进幼儿主动积极思维，鼓励其探索创造。如，设置问题情景，启发知识经验，提供机会、条件引导幼儿自我发现，学习克服困难，解决问题和体验成功。比如大班新开设了木偶表演区，很多幼儿都想去，教师启发“大家都想去该怎么办呢？”“我看谁能把机会让给别人”……教师也可以游戏伙伴身分与幼儿共同探索，甚至让幼儿当“小老师”，教教师这个大游戏伙伴玩下国际象棋，激发幼儿对自己能力的自信，并进而激发任务和责任意识。教师要力戒强制包办和随意放任式指导，从而在游戏中培养有意识的行为，增强自主精神。

4. 注意启发幼儿发现式学习，切忌硬性干预包办和模式化指导

前述，教师在组织幼儿进行自选游戏时，应注意运用多样化的指导方法，考虑结合各类游戏的特点和不同年龄幼儿游戏发展水平等，采用适宜的指导方式。特别需提出的是，教师的指导不等于硬性干预包办。笔者曾见到有的教师很主动热情地参与幼儿的游戏，引导积木区幼儿搭建成型的物体。为激发幼儿的兴趣，教师在每个幼儿独自搭建“高楼”的基础上，带领大家利用积木区剩余空间，搭出马路或立交桥，使用易拉罐、板材等废旧材料，将其装饰美观。应该说，教师参与幼儿活动，并予以指导，对于激发幼儿的搭建兴趣、引导其行为方向即搭出一定物体或成果是有

益的。但以后，教师和幼儿均将此作为一种模式或套路，凡搭积木，就是每人先独自搭出高楼，再由教师带领搭出大马路或大桥、立交桥，从小班直至中班，由此形成一种思维定势，幼儿以为搭积木就是搭高楼和路、桥，其他丰富多样化的主题都被抑制了，不能在搭建中得到反映，而且幼儿也不去注意观察周围生活，增长经验，这对于幼儿的发展是很不利的。

还有一个例子：大班教师近两周内在美工区增添了手指点画，幼儿对这种新的造型形式很感兴趣。教师为了引导幼儿学习这种技能，出示了若干图样范例，如毛毛虫（百足虫）、蜗牛、小鸡、花朵等。教师还参与活动同幼儿一起画，并随时予以具体指导，如手指如何蘸色、如何按压在纸上等等。笔者见到一个男孩子画纸上有弯弯曲曲的一串指点，显然是要画毛毛虫，但没有添画出头、足就放弃了，便问他："你这画的是毛毛虫吗？"幼儿说："画坏了，不要了。"（他指的是画弯曲了）看来这个幼儿也已形成了一种思维定势：只有老师范画的图样才是正确的，毛毛虫就是笔直的，一环接一环地横在地面上的。

需要指出的是，教师的指导方式是多样化的，各种方式本身无所谓好与坏，关键在于运用得是否得当。

再有，教师在教育实践过程中，在探讨多样化的游戏指导方式的同时，还需不断端正教育观念，调整自身的教育行为。前面的例子实际上反映出教师在指导游戏中仍是注重游戏的效果，一定要搭出成型像样的建筑造型。如此，教师对幼儿游戏给予硬性干预和包办代替，生怕出不了效果。教师以自己的思维方式影响着幼儿的行为，而未能引导幼儿在游戏中反映自己对生活的认识，并有所发现，尝试探索。久而久之，儿童离开教师就不知如何行动。教师启发幼儿在各自建楼房的基础上，扩展到楼房外有路有桥是好的，但不应仅限于此，还要进一步引导幼儿游戏的发展，启发幼儿用自己的眼睛观察生活，启发他们自己的生活经验，如见过的各种样式的饭店、购物中心，曾去过的博物馆、游乐宫等主题，其格局造型各不相同，从而扩展其思路，并尝试用建构方式加以反映和表现，不仅发展建构技能，且激发创造性等。对小班幼儿可引导他们观察表现自己的幼儿园、所居住的住宅小区等，对稍长的中、大班幼儿则可引导他们在观察的基础上，共同探讨不同的建构形式，并据以选择采用相应的材料与造型方法等，进行富有表现力的创造。

提供范例无疑也是指导游戏的一种有效方式，但要避免使幼儿产生依赖性和固定思维，即只有教师画的样例才是正确的。教师要激发幼儿自己开动脑筋，可以提示幼儿，在指点画范例中，教师只画了几种造型，而自然界事物变化无穷，还有其他多种事物可以用指点画来表现。即使同一事物也可以有不同的表现方式，如动态不同、视角不同等，小鸡的动作姿态不同，因而造型就不同，毛毛虫也是这样。教师在此基础上，进一步引导幼儿在日常生活中注意观察，从而把游戏与日常生活和学习自然地结合了起来。如，可让幼儿注意观察并想象毛毛虫有多少种形态，它在爬动时身体有何变化，如弯曲的、团起的等千姿百态，从而打破幼儿的思维定势——毛毛虫就是老师画的那种直直的样子。如此，才能使幼儿在游戏中不断有所发现，不断探究尝试，主动学习，身心得到发展。

总之教师对游戏的指导要能够扩大幼儿的兴趣范围和认识范围，丰富其知识经验，激发探索求知的欲望，增强幼儿以游戏方式反映生活的能力，增强表现力、创造力，最大限度地激发幼儿的发展潜力，力戒以一种固定化模式或框子指导影响幼儿。否则，不仅起不到促进发展的作用，反而会束缚住幼儿手脚。

5. 将指导的计划性与随机性结合

游戏计划的制订与执行可以增强教师对游戏指导的目的意识，避免放任自流，从而增强游戏的教育功效。然而，幼儿是活生生的、充满活力的、不断活动的，特别是在自主自由的游戏中，往往易出现某些意外反应或偶发事件。这就要求教师要有一定的灵活应变能力，将指导的计划性与随机性结合，随时抓住适宜的指导时机，掌握教育契机，因势利导，才能取得较好效果。因此，教师要不断探索提高教育技能，对具体情况作具体分析，从而增强灵活应变处理问题的能力，发挥教育机智，而不能以不变应万变。

例如，幼儿游戏中常会出现一些自发的行为，有的属恶作剧或不良行为方式，教师要及时予以引导。如小班孩子玩娃娃家，孩子们相互逗趣说难听话，教师就上前引导幼儿从事正当的家务操作，又启发孩子们的生活经验，使之学习承担角色，把行为导向积极方面。又如中班一幼儿在娃娃家当孩子，他拿着菜刀挥舞，教师引导他清楚自己的身分，知道“孩子”应有的行为，又告之拿菜刀舞动很危险，会伤着小朋友；又如一次在玩娃娃家的角色游戏中，孩子们谈论起电视中的内容——水灾，教师及时与孩子们谈话，使大家能够同情、关心处于困难中的人们，引导幼儿在游戏中加以表现，如怎样帮助灾区人民、捐献钱物等；一段时间内，中班娃娃家出现了猫、狗的角色，孩了们争相模仿，教师引导大家讨论“宠物扰民”问题。

游戏中，教师还要注意及时发现孩子身上的闪光点和出现的新变化，给予肯定、鼓励，强化之。如一男孩子平时好动，行为常常无目的，无坚持性。但有一次，他主动提出要当表演区的“收票员”，教师同意了他的想法。游戏中他先是将戏票全部攥在手中，票太多了拿不住，于是他自己取来小篮装票，他还邀老师来看表演，老师说没买票，这孩子反应很快，“今天教师节，不用买票。”他始终坚守岗位，表现很有进步，于是教师就折了一只小帽子送给他以示鼓励。

幼儿游戏中常常会有交往问题，由此也常引起矛盾冲突，教师应能及时了解情况，给予有针对性的指导，引导幼儿想办法解决问题，愉快游戏。如有的幼儿由于想要加入他人游戏，而没掌握适宜交往方法，因而不被接纳，对此，教师可引导他学习表达个人愿望，能与他人商量；有的则引导他自己想出办法解决问题，如一女孩特别想玩娃娃家，但人已满了，在教师引导下她想出了“当妈妈的同事，去娃娃家做客”，征得伙伴同意后，愉快地加入了游戏；有时游戏中出现角色争执，教师可启发幼儿自己想办法解决，如划拳决定去留；有时教师也可以提出建议，让两个争当“爸爸”的幼儿说说他想怎样当爸爸，在家做什么事等，然后由其他伙伴决定人选。

幼儿在日常生活中也常会出现一些预料外的事情，教师要注意因势利导。如大班几个孩子在户外活动中捉到一只萤火虫，大家很有兴趣，教师可提议找小瓶盒装起来，进而引导他们观察这个小昆虫身体如何发光，白天晚上有何变化。

又如，班上孩子们在观察自然科学区时发现了七色彩虹，大家很兴奋地谈论七色光是如何产生的，有的说是金鱼身上发出的，有的则认为是乌龟发出的……等，教师可由此组织一些科学活动，传授一些有关光的知识，激发幼儿对自然科学现象的兴趣和进一步探索、学习的欲望。

某班孩子在娃娃家玩过元宵节的游戏。他们用油面做元宵，没有馅，怎么办？几个孩子感到很扫兴，“没馅就不叫元宵了，我不包了。”教师见了及时到美工区拿了些皱纸团，放在小篮里，做叫卖状：“谁买元宵馅？有水果馅、豆沙馅、巧克力馅……”孩子们很高兴，买了元宵馅。教师及时以角色身分提出适宜材料，不仅使游戏得以顺利进行，也使孩们受到启发：遇到困难要能自己想办法解决和可以利用替代物游戏等。

随着游戏的开展，幼儿不满足于娃娃家仅限于家庭生活的情节，提出建议开个小医院，“孩子”病了可带他去医院，以及其他社会生活的内容，如小学校上课、卡拉 OK 歌舞厅、时装表演等，教师及时予以满足，帮助幼儿找材料、选位置，使游戏进一步深入。

又如，大班幼儿对智力活动感兴趣，游戏中，一些幼儿爱下棋而且特别喜欢拉老师一起下，以显示自己。教师的参加吸引了很多幼儿旁观。于是，教师因势利导对几个能力强的幼儿提出"教会其他小朋友下棋"的任务，这样既满足其表现的欲望，又发挥了伙伴间相互学习影响的作用。

教师要发挥教育机智，因势利导，及时给予有针对性的指导和影响，就需随时注意观察幼儿的游戏，了解活动的进展，掌握每个幼儿心理特点与行为变化。在此过程中，教师要注意向幼儿学习，站在幼儿的角度考虑他们的需要，才能不失时机地引导他们的身心向更高水平发展。如此也才能不断提高教育和指导游戏的能力。总之，教育的过程也是学习的过程，教无止境，因而学习无止境。教师要在教育实践中不断探索，不断端正教育观念，提高教育技能，并发挥能动性、创造性，能够因人因地因时制宜达到教无定法是为至法的境界，使幼儿教育不仅是一门科学，而且成为一门艺术。

（六）教师对各年龄班幼儿游戏指导实例

以下是光明幼儿园小、中、大班幼儿游戏指导 104 例，可作参考。

例 1. 咱们一起系　（小班益智操作区）

高斯琦今天来得很早。他妈妈对老师说，这个孩子动手能力差，特别是自理生活能力较差，希望教师多给予教育，让他多练习。于是在自选游戏活动时，我有意引导高斯琦到操作区活动。他对这个区好像没有什么兴趣，只是坐着看，并不去练习系扣。于是我走过去，对他和其他几个幼儿说："今天，季老师来给小朋友讲个故事，这个故事中有谁，就请你们把这个小动物系到绒布上，好吗？"幼儿立刻兴奋起来，高斯琦也很高兴。我开始讲故事，幼儿都能根据故事情节，把物体又快又好地系上，只有高斯琦半天才系了个小鸡。

看起来，他还不大掌握方法，动作不熟练，我建议其他几个幼儿把已经系好的解下来，重新系一遍，又对高斯琦说："来，咱们一起系。"他的兴趣很高，认真地向我学习系的方法，一会儿就学会了。他越系越爱系，边系扣嘴里还讲着故事。一直到游戏结束，他才恋恋不舍地离开操作区。

（季敏）

例 2. 小胖子变能干了 （小班益智操作区）

李卓是班上年龄较小、身体高而胖的一个男孩子，他的小肌肉发展较差，在玩益智区游戏时，他只能拼插一些简单的造型，如一条直马路、拐棍等，但他喜欢操作活动。渐渐地，他的行为出现了变化。

一天，有许多客人来参观我们班，游戏时，他选择了益智区游戏。他毫不迟疑地选取了一筐插片，在地毯上拼插起来，并且一边插嘴里一边说着什么。一会儿，他插出了机器人、自行车和小船。我一直在旁边看着他，但没有任何提示。当他插完这 3 件东西时，我表扬了他能插出这么多东西，他很高兴。我又对他说："你插的这只小船不错，可是船没有栏杆，人掉下来怎么办？"他连忙加了栏杆，使船更像了……游戏结束时，我请他当着许多客人和全班小朋友的面讲讲他的游戏。客人和小朋友听了他说的和看了他的作品，热烈地鼓起掌来，李卓高兴得眼睛眯成了一道缝儿，我也为他的进步由衷地感到欣慰。

（单银雪）

例 3. 老师教你玩 （小班益智操作区）

朱婉佳是班上年龄最小的一个女孩子，由于年龄小，各方面能力比别人差一些。

在一次自选游戏中，她竟然参加了五种游戏区的活动，这说明她还不会自选游戏，不知道玩什么，同时也缺乏游戏技能。这天的自选游戏中，她又是这边瞧瞧，那边看看。我见了，就来到她身边帮助她选择游戏内容，"佳佳，你看咱们班有这么多玩具，你喜欢哪一种呢？"我拉着她的手来到玩具柜前，"插片你喜欢吗？"她摇摇头，"宝石积塑你想玩吗？"她又摇摇头，"你看这个拼插鸡蛋特别好玩，我教你玩，好吗？"她点点头。我和她拿了玩具来到地毯上，我一边告诉她鸡蛋怎么玩，一边操作示范。她看得很认真，不由自主地也玩了起来，并且玩得很投入，直到游戏结束。对小班幼儿特别是能力较差的孩子，教师应给予更多关注，可以直接引导甚至教给方法，使他们逐渐能自选游戏，自主行动。

（单银雪）

例4. 扣子为啥系不上 （小班益智操作区）

本周游戏计划是发展幼儿的小肌肉及手眼协调能力，练习系扣子。

高斯琦今天来晚了，他在各活动区看了一遍，谁也没有理他，他站了一会儿，搬起椅子到益智操作区活动。今天，这个区只有他一个人，他先来到系扣板前，玩系扣子的游戏，最下面一个扣子很快就系好了，一会儿，他又系好了两个，还剩最后一个扣子他系了半天，还是系不上。他干脆不系了，玩起拼图的游戏，他没有按老师原先教的方式拼摆，而是把图片摆成一行，一个一个点数。玩了一会儿，他把图片收好，开始看其他幼儿游戏。他的注意力被积木区的幼儿吸引住了，看着看着他高兴地笑了起来。我轻轻走过去，问他："高斯琦，你想到积木区玩，是吗？"他回过头看看我，摇了摇头，我又问他："你一个人在这儿玩多没意思，咱们去玩别的，好吗？"他还是摇摇头，我问他："那你告诉季老师，你想玩什么？"他说："我什么也不想玩。"我看看系扣板，对他说："哟，这个小朋友的衣服还没穿好，他多冷呀！高斯琦，咱们一起来帮帮他好吗？"他点点头，开始系扣子，可是系了半天，也没系上，我发现他系扣的方法是对的，于是，我说："我来帮帮你。"我系时发现的确很费劲，再一看，原来扣眼有点儿小，系起来比较困难，怪不得他系了半天系不上。于是我找来剪刀把扣眼剪开了点儿，让他再系，这回他很快就系好了。他高兴地笑了。

（季敏）

例5. 卷地毯 （小班益智操作区）

小班幼儿游戏稳定性较差，特别是玩益智玩具，幼儿材料更换次数多，如在桌面上玩，来回走动更换玩具不仅自己玩不好，也会影响其他区儿童的游戏。所以我们给幼儿准备了一块大地毯，放在益智柜前，用时打开，不用时卷上，不占空间，游戏时幼儿坐在地毯上玩，也没声音。这个区是由我班保育员梁老师负责，每当自选游戏开始时，她就把地毯放好，结束时又把地毯卷起来，孩子们对卷放地毯十分感兴趣，有时梁老师卷地毯时孩子们就主动帮助。一天，刘柏洋说："老师，还不如让我们自己弄呢？我会放，也会卷。"梁老师说："他们行吗？"刘柏洋说："行。"站在一旁的幼儿也纷纷说："行，行。"梁老师说："那好吧，你们先放地毯，放好了再学卷地毯。"刘柏洋说："好。"以后，游戏开始，益智区幼儿放地毯就成了一个常规，孩子们会小心地放平地毯，然后再脱鞋进去玩。一段时间后幼儿又提出："老师该让我们自己卷地毯了。"梁老师说："好吧，我来教你们。"刘柏洋说："老师，我们自己会卷。"梁老师说："那你们来试一试。"刘柏洋、张青、高嘉义、张丽等幼儿蹲下卷，不一会儿就卷上了，又松又大，张青说："刘柏洋，咱们卷得太大了，不好看，还一边高一边矮。"其余几名幼儿也点头说："是啊，怎么搞的。"梁老师说："卷地毯开始时一定要卷结实，卷时大家要一样用力，要是你快、他慢的，卷出的就不整齐了。"孩子们把地毯放平，在梁老师带领下又卷了一次，结果又结实又好看，几名幼儿高兴极了。这之后游戏结束时，老师先帮助他们把地毯的心卷好，幼儿接着往上卷，大约两周幼儿就学会了。他们说："卷地毯时大家一点一点往前卷，不能太快也不能太慢，才能卷整齐。"不到一学期，幼儿就能自如地放、卷地毯了。幼儿对动作感兴趣，可以让幼儿做一些力所能及的事，如布置活动区的场地、卷放地毯、摆放桌椅等。常规的建立要做到一贯性、一致性，坚持要求，才能在形成能力的同时，养成良好习惯。

（邹萍）

例6. 新玩具　（小班益智操作区）

本周操作区的计划是教幼儿玩磁铁拼摆玩具，培养幼儿的游戏常规，能按照玩具材料的不同种类，把玩具收放整齐。

这周，我们在益智操作区为幼儿提供了一种新玩具"磁铁拼摆玩具"，这种玩具通常需要两个人一起玩，可以让幼儿按图样拼摆出各种物体，还可以进行其他磁铁游戏，幼儿的兴趣很高。特别是崔同，他等了好几天都没有玩上。今天，他又没能玩上，所以他很不高兴。他坐在离操作区最近的一张桌子上玩玩具，手里拿着几个玩具来回摆弄，但没有进行插接，他的注意力全在磁铁玩具上，玩磁铁玩具的两个幼儿玩得正高兴，他的眼睛始终看着他们俩。一会儿，一个幼儿跑来告诉我他不想玩磁铁玩具了，他想看书。于是，我就去问崔同愿意不愿意玩磁铁玩具，他兴奋地说："我玩！"说完，赶紧把手里的玩具收好送回去，搬着椅子快步走到操作区。他一把拉过磁铁板放在自己面前，又把图板拿过来，可他还不会玩。他把玩具摆在自己面前，看着。过了一会儿他开始把玩具摆在磁铁板上，乱摆也摆不出什么东西来。我走过去对他说："你如果不向别的小朋友学，你老也不会。你和史伟平一起玩，他会教你怎么玩的，好吗？"他点了点头，把玩具摆在了两人中间。过了一会儿，我再去看他，他已经学会拼摆一些简单的物体了。游戏结束时，他已基本会玩这种新玩具了。

（季敏）

例 7. 在游戏中认识蔬菜　（小班娃娃家）

小班幼儿在娃娃家游戏中，最爱摆弄的是娃娃和给娃娃做饭、切菜。至于在家承担什么角色，与"家人"是什么关系，他们往往不在乎。根据小班这一年龄特点，并结合小班第一学期教育目标，即培养幼儿良好的生活习惯，不挑食、爱吃各种蔬菜，在每天的游戏前我都特别为娃娃家准备好充足、鲜嫩的菜叶、黄瓜头、桔子皮等。由于厨房每天的菜谱都不一样，所以我每天找来的菜自然也不同。游戏前我先出示这些菜，请幼儿辨认，并且讨论一下怎样吃，然后再请孩子们到游戏区去实践，这样不但丰富了幼儿生活经验，而且还提高了幼儿制作兴趣，进一步促进了游戏的深入发展。

一天，在游戏中我发现吕晓在切小萝卜，旁边还有一盘切好的红橡皮泥，我好奇地问："这盘子里是什么？"吕晓说："这是肉呀。一会儿我给娃娃做肉炒萝卜。"在一旁的"爸爸"也忙着削萝卜皮。我问："这萝卜怎么吃呀？"张帅回答说："这是给娃娃生吃的。我妈说生吃萝卜更有营养。"孩子们在游戏中再现了他们的生活经验。在孩子们眼里，游戏就是生活，生活就是游戏。他们在游戏中不知不觉地接受着教育和影响，他们越来越关心每天的三餐了，他们努力辨认着饭菜的名称，"今天吃什么菜？"而且挑食的现象逐渐消失了。

如李根家长反映：李根在来幼儿园之前什么菜都不吃，每天都是以米饭加咸菜为主。所以导致他血色素低，黑瘦，皮肤粗糙。但是，来幼儿园后他逐渐变了，而且不到一个月就完全改掉了这个习惯。后来李根竟成了我班的吃菜大王。

（李连荣）

例8. 小熊的哥哥　（小班娃娃家）

我班有个幼儿叫李弛飞，是个倔强的男孩子，脾气很大。刚来幼儿园时他对老师都有抗拒心理，认为我们都是坏人。记得入园的第一天，就是他哭闹得最厉害，老师把他抱过来时，他在老师的怀里又踢又打，大叫着："我不上幼儿园，我要回家！"就这样，他在哭闹中度过了入园的第一天。第二天，我在门口迎接幼儿，远远的就听见了他的哭声，见他父母正在费劲地把他抱在怀里，我赶紧走过去，把他抱了过来。他急了，扬起小手打了我一巴掌，嘴里嚷着："我要找我妈妈。"这一天，他又哭着度过了。以后接连几天他都是大哭大闹地来园，到幼儿园什么玩具都不玩。上幼儿园成了他和他父母最害怕的事情，也成了他们的心理负担。

一天，我请他到小熊家做客。刚开始时，他不理我，我就和别的幼儿一起给小熊做饭，唱歌给小熊听。慢慢地，他开始注意我们，被我们的活动吸引住了。我对他说："弛飞，小熊还少个小哥哥，你来当好吗？"他点了点头，我把小熊放到他的怀里，他很高兴，又是抱，又是亲。我又对他说："季老师当妈妈，咱们一起给小熊做点好吃的好吗？"他小声说："好。"于是我们就一起给小熊做饭吃。在游戏中，他玩得很高兴，情绪有了很大转变。可是，一离开小熊家，他又开始哭闹。于是，我就每天都请他到小熊家做客，每次都在家中充当一定的角色，和他一起游戏。慢慢地，他愿意和我说话，也愿意与我亲近了。

有一天，在游戏中，我对他说："弛飞，小熊跟我说他不高兴了，不愿意让你当他的哥哥了。"他着急地说："为什么？""小熊不喜欢爱哭的孩子当哥哥。"听完我的话，他低下头，抱着小熊不说话了。我又对他说："弛飞，你是个乖孩子，小熊可喜欢你了，你明天来园要是不哭，小熊一定很高兴，还会让你当他的哥哥的。"弛飞没有说话，只是抱着小熊看。第二天，弛飞来得很晚，但是没有哭。我赶紧把他抱过来，把小熊放到他怀里，对他说："你看，小熊多高兴呀！他喜欢让你当他的哥哥。”弛飞亲了亲小熊，笑了。

（季敏）

例9. 她真像“妈妈” （小班娃娃家）

徐馨小朋友是班上个子最矮的一个小女孩，她开朗活泼，擅长与别人交往，因此，在每次游戏活动中她总担任主要角色。

今大，班里来了许多客人，这是全国各地的园长来参观。在自选游戏中，徐馨小朋友参加了娃娃家的游戏活动。她在游戏中当“妈妈”，王硕飞当“爸爸”，邱楚菲当“孩子”。“妈妈”和“爸爸”带着孩子上街买东西，走到书店门口时，“妈妈”问“孩子”：“咱们进去买一本你喜欢的书吧。”“孩子”高兴地拉着“妈妈”进了书店，“孩子”在众多的图书中，选了一本《金刚葫芦娃》，买了书3人回到家，“孩子”在房中看书，“妈妈”、“爸爸”一起做汤圆。然后喂给“孩子”吃，一会儿“妈妈”把汤圆放到了桌子上。我扮作客人到他家去做客，看到桌子上有几个“汤圆”，就问：“这是怎么回事？”“妈妈”告诉我：“孩子有点发烧，喂她的汤圆都吐了。”我建议他们去医院给孩子看病。“爸爸”赶快到外面叫了一辆“面的”，和“妈妈”一起带孩子上医院看病去了。参观的园长们对徐馨小朋友的游戏表现非常感兴趣，不由地与她交谈起来，徐馨小朋友天真、自然大方地回答着她们提出的问题。徐馨小朋友给客人们留下了深刻的印象。

（单银雪）

例10. 他不结巴了 （小班娃娃家）

高斯琦小朋友胆子小，平时很少讲话，一说话就结巴。他怕别人笑话就越来越不爱说话了。平时，他总是一个人默默地在一旁玩玩具。10月份的教育重点是“培养幼儿学习使用礼貌用语：请，谢谢，您好……”高斯琦小朋友自然就成了本月重点指导的幼儿。

在自选游戏时，我鼓励他去参加一些交往性较强的活动，如娃娃家、积木区等。开始时，他在游戏中语言交往很少，总处于被动的回答状态。于是，我请班上能力强的幼儿与他一起玩，主动与他交谈，使他尽快勇敢起来。

一次，在自选游戏中，他选择了娃娃家，他扮“孩子”，我扮“客人”到他家去做客。他热情地招呼我："阿姨好，请坐，请喝茶，请吃水果……"看着他高兴的样子，就像变了一个人。由于经常在这一类游戏中锻炼，他发生了变化，能主动跟小朋友和老师交谈了，并且能大胆、有礼貌地交谈，讲话也不结巴了。

（单银雪）

例11. 佳佳变了 （小班娃娃家）

顾云佳小朋友是新插班的一个女孩子，她不愿参加自选游戏。经过观察了解，原来，她不会玩游戏，而且对新环境有些生疏。

一天，自选游戏开始时，我有意引导顾云佳小朋友去参加娃娃家游戏，当我问她"你想不想玩娃娃家"时，她却摇摇头不愿意去（这时其他小朋友争着去娃娃家游戏）。于是，我请她自选喜爱的玩具去了。在全班幼儿进入到游戏角色中时，我走到顾云佳身旁，对她说："云佳，单老师带你去娃娃家做客吧？"云佳有点不敢，用她那双大眼睛看着我。我说："单老师带你去看看，一会儿，我还带你回来呢。"我们来到娃娃家门前，我鼓励她让她学习敲门，她的声音很小，只有我一个人能听见。我在一旁大声地说："家里有人吗？顾云佳小朋友来你家做客了。"这时，苗淼小朋友来开门，她热情地招待我们，为我们沏茶、拿水果，还给我们做了午饭。午饭有鱼、菠菜和米饭。苗淼的一切表现，使得云佳小朋友看呆了。当她招待我们吃饭时，云佳却不动手。我说："云佳，阿姨给你做了这么多好吃的饭菜，你吃点吧。"她摇摇头。我拿勺给她弄了一块'鱼'，说："你尝尝，好吃吗？"她还是摇摇头。我有点纳闷，怎么回事？我问她："你是不是认为这鱼、菜、饭没法吃。"（鱼是假的，饭、菜都是生的）她点点头，我扑哧一声笑了出来，"云佳呀，这是在玩游戏，这些饭菜是假装吃的，你看老师怎么吃。"我示范给她，她好像有点明白了，试着拿勺吃点菜。我问她："好吃吗？"她也学着说："好吃。"我们吃完饭后，便离开了。我问她："下次，你还想来吗？"她说："您还带我来。"

当我了解到云佳不能积极参加自选游戏的真正原因后，我们把鼓励云佳参加自选游戏、引导她向周围伙伴学习游戏技能作为近期指导的重点。经过一个月时间的引导、启发、鼓励和帮助，她学会玩娃娃家了。现在，每当我问起："今天，谁想玩娃娃家呀？"她总是争着举手要去。并且，在游戏中还逐渐担任了主要角色。

（单银雪）

例 12. 我想和奶奶一起去公园 （小班娃娃家）

今天，户外活动时，邱楚菲悄悄地扒在我耳边，对我说：“单老师，我想玩娃娃家。”我问她为什么，她说我就是想去，然后调皮地跑开了。

自选游戏时，全班幼儿的情绪很好，邱楚菲自然也不例外。当我问到谁想去玩娃娃家时，她手举得高高的，说“我去，我去”。我点了一下头，她高兴地搬着小椅子走开了。她来到娃娃家，取下“孩子”的头饰戴在头上，吴佳欣戴上了“妈妈”的头饰，李弛飞戴上了“爸爸”的头饰，3 个人成为娃娃家的主人，这时，“妈妈”对“爸爸”说：“咱们今天带着孩子去公园吧！”“爸爸”同意了。可是扮孩子的邱楚菲却有点不愿意，“妈妈”问她：“怎么了，你不是说好今天去公园的吗？”她低着头说：“我想跟奶奶一起去。”这就难为了“爸爸”、“妈妈”(因为娃娃家只有 3 顶头饰帽)。正在这时，我到了娃娃家，当我敲门的时候，我听到了邱楚菲的声音“单老师来了”。我进入娃娃家，“妈妈”给我讲了刚才发生的事。我说：“我当奶奶行吗？”邱楚菲高兴地说：“行。单老师当奶奶，我和爸爸、妈妈、奶奶一起去公园。”孩子拉着“奶奶”边走边说，“奶奶等 会儿上车的时候，我给您找一个座位。”我说“不用了”，“不行，那天，我妈带我去商场，我就看见一个小女孩给奶奶让座。”我说：“那好吧。”汽车来了，邱楚菲扶着我上了车，和“爸爸”、“妈妈”一起去公园了。

邱楚菲在家和奶奶关系最好，她今天的表现给了我一个启发，幼儿在游戏中能表现他们的真实的生活感受，教师不宜以固定的角色限制幼儿的表现。即使小班也是如此。于是，我们就对头饰的设置作了调整改进，使它更能激发幼儿的游戏。

（单银雪）

例 13. 她像个售货员 （小班角色游戏区）

刘晓蒙小朋友平时嘴巴能说会道的。这次自选游戏，她选择的是商店的售货员。

我跟着她来到商店。只见她站在柜台前，将柜台内的货物进行了分类整理。她先将挂历纸做的小草帽依次放好，然后将小书包、提包挂在身后的架子上，最后将一些小玩具如饮料瓶做的娃娃、纸折的飞机、纸绳做的小草鞋，依次摆放在柜台内。

她刚收拾完，在娃娃家游戏的赵怡小朋友来到柜台前。刘晓蒙见赵怡来了，就笑着说："您想买点什么？""我想给我的孩子买顶帽子。"赵怡忙回答。刘晓蒙赶快拿一顶白色带小红花的小草帽说："你看这顶好看吗？"赵怡看了看，说："就买这个。"接着戴上帽子就要走，刘晓蒙叫到："您还没给我钱呢！"赵怡转过身想了想，从口袋里拿出一张小纸片放到了刘晓蒙手里，说："给你钱！"刘晓蒙接过钱说："欢迎你下次再来。"

游戏结束时，我问几个到商店买东西的小朋友，让他们说说刘晓蒙当售货员像不像。赵怡说："刘晓蒙对我特别热情，像售货员。"陈晓冉说："她卖货时有礼貌，像个售货员。"杨远说："她摆的货很整齐，就像商店柜台里的东西。我觉得她像个售货员。"

（任晓燕）

例 14. 小镜子　（小班角色游戏区）

商店的游戏很多幼儿都喜欢。今天的售货员是殷乐。游戏一开始，商店就热闹起来。我见这儿的生意这么好，也参加到游戏中。

殷乐见我来到商店，热情地问到："您买什么？我们这儿商品很多，您先看看。""你们这儿没有我要的货，我想要面小镜子。"

这下难住了殷乐。只见他看了看柜台里的商品，然后转身走出商店，回头又说："您先别走。""他干什么去了？"我也搞不清楚。过了一会儿，殷乐回来了，手里拿着一面用插片插好的小镜子。殷乐走到我跟前说："这是您要的小镜子，5 元钱。"我接过小镜子，奇怪他从哪儿弄来的这面镜子。原来，这是从工厂定做的。

（任晓燕）

例 15. 他们为什么撕墙饰　（小班娃娃家）

小班入园初期，我们在班上娃娃家的墙壁上用吹塑纸和植绒纸等材料布置出3只小熊围坐在饭桌前自己吃饭的情境。但是就在幼儿入园后的第二天，我突然发现“3只小熊”身上的东西越来越少了，而且还有撕毁的痕迹。当时我没有马上去质问孩子们，而是进一步进行观察，想要找出真正原因。

今天游戏中，只见张雪、张曼又高高兴兴地来到娃娃家，先是抱起娃娃，然后放下娃娃去找小碗等。只见张雪走到“小熊”前，张曼也紧跟过来，她们一个抠小熊的嘴巴，一个抠小熊的眼睛，随后又回到桌子前，把取回来的东西撕成碎片，放在小碗里，他们边说边“吃”，而且还不停地去喂娃娃。

我想这或许是活动区的环境激发了幼儿急于要动手操作的兴趣。于是，从这天起，我天天为娃娃家准备充足的菜叶、桔子皮等，深受幼儿欢迎。而且从那以后，再也没有乱撕墙上画的现象了。

（李连荣）

例16. 让游戏打开幼儿的心灵　（小班娃娃家）

孔静小朋友个性很强，性格内向。她自从来园后两个月内竟没与班上任何老师、任何小朋友讲过一句话。每当老师与她讲话时，她总是面无表情地低着头，不吭声。老师用尽了各种办法来引导她，哄她玩，但都无济于事。大家都担心再这样下去会把孔静憋出病来。针对这种情况，我在自选游戏中对她进行仔细观察，发现她特别爱玩娃娃家，而且在娃娃家中不断地与怀中的娃娃说话，自己一个人能独自进行有情节的游戏。另外，我还发现她能力很强，边玩边把玩具放好。于是，我以角色身分来到孔静“家”。孔静正在“洗衣服”，我就主动帮她抱孩子，并试着与她交谈。“这是给谁洗衣服？”“给娃娃。”“你真是个好妈妈。”她笑了。我又说：“你家收拾得真干净，这是谁干的？”“是我。”“你真能干。”她的话回答得很简单，但是每句话回答得都是那样自然，这是因为我们都沉浸在游戏之中。

游戏结束时，我在全班细致地叙述了孔静在娃娃家中为娃娃洗衣服和收拾玩具的过程，我还请孔静亲自为大家操作表演。小朋友们都投来羡慕的目光。孔静第一次在大家面前露出了甜蜜的微笑。从此，她那封闭了两个月的心灵终于打开了。游戏真好像是一把钥匙。

（李连荣）

例 17. 给小兔家做桌子、椅子和床 （小班积木区）

本周我班积木区的游戏计划是培养幼儿游戏常规，为幼儿设置安全帽用来限制幼儿游戏人数。

我班幼儿对积木区的兴趣很大，尤其是叶家琪，他非常喜欢搭积木，但是由于有人数的限制，他不能每天都玩。今天他吃完早饭，来到积木区时，人已经够了。可他没有马上离开，而是站在那儿看了一会儿，然后才不情愿地去玩玩具了。但他一直在注意着积木区。这时，刘琪正好要上厕所，他刚把帽子摘下来，叶家琪放下手里的玩具，赶紧把帽子戴在头上。刘琪说："我还玩呢，这是我的。"叶家琪不理他，忙着脱鞋。刘琪急得哭了起来。我赶忙走过去，让刘琪先去小便。我对叶家琪说："家琪，你特别想当建筑师，为小动物们搭漂亮的房子是吗？"他点点头。我又对他说："刘琪也想当，你看，他正在为小兔子搭家，搭得多漂亮呀。可是还没搭完，小兔子正在等着刘琪给它搭一个好看的房顶。小朋友还没有搭完，你就把帽子拿走了。他没有了帽子，就不能为小兔子搭家了，刘琪很伤心，小兔子也不会喜欢你的。你说，应该怎么办？"叶家琪低头不说话了，我又对他说："季老师想了个好办法。刘琪为小兔子搭房子，可是房子里没有床和椅子。你用插片给小兔子插床和桌椅，好吗？"叶家琪想了想，顺从地摘下帽子，回位子玩插片去了。一会儿，他就给小兔子插好了小桌子、小椅子和床，送到积木区。刘琪也很高兴地接受了。

小班幼儿规则意识较差，有时，他并不理解规则的真正含义，只是从表面理解，而且对于自己感兴趣的玩具及游戏兴趣很高，想各种办法要达到目的。教师应给予正确指导，例如转移幼儿的注意力，激发幼儿对其他游戏的兴趣，这样，既不会打击幼儿的积极性，又满足了幼儿的游戏要求，还有益于丰富游戏的内容情节。

（季敏）

例 18. 动物园的灯 （小班积木区）

本周游戏计划是丰富幼儿游戏主题，为幼儿提供大量的废旧物，扩展游戏内容。

今天，到积木区活动的是4个男孩。刘琪是最后一个到积木区的。刘琪来积木区后，先用泡沫积木搭成个圆圈，然后就坐在地毯上看其他幼儿搭建。一会儿，他又拿起小筐，到玩具柜那儿拿了些小积木，把圆圈隔成好几个小方块，又从盒子里拿了些小动物，把他们放进方块里。然后，他高兴地对其他幼儿说："动物园，动物园。"其他幼儿都来看他搭的动物园，他很兴奋地给其他幼儿讲解。过了一会儿，他又想起了什么，他把粒粒橙的瓶子一个挨着一个摆了一圈，又把胶卷盒放到瓶子上。我问他："刘琪，这是什么呀？"他告诉我"这是灯。"我又问："动物园怎么有这么多的灯？"他说："等天黑了就得开灯，要不小动物找不到妈妈，就要让大老虎吃掉了。"说完，他又专心去搭建他的小动物园了。游戏结束后，我请他给小朋友讲讲他搭的灯，他很高兴。小朋友们也学会了一种新的灯的搭法。

（季敏）

例19. 火车——火车站与北京站前的大钟　（小班积木区）

本周游戏计划是学习延长、围拢和堆高，能搭建简单的物品。

赵曼是个不爱说的女孩子，她很少到积木区游戏，今天犹豫了半天才选择了积木区。别的幼儿都忙着搭建，她坐在地毯上看着．这时，李卓用小积木搭了个小火车，他很高兴地学着火车的叫声。赵曼看着很有意思，她也用小筐装了几块小积木，在地毯上搭了一个小火车。搭好后，她很兴奋，一边自言自语说着："小火车，呜呜。"一边绕着看。一会儿，她又用小筐装了好多小积木，搭成一个个的小火车，她玩得很专心也很有兴趣。她搭了一会儿，又坐在地毯上想了一会儿，然后走到箱子前拿出一个小纸盒，放在积木上。我问她："这是什么？"她告诉我说是火车头。她又从箱子里找出几个小盒放到了积木上，之后又去拿小积木，可是已经没有了。她站了一会儿，拿了许多椰汁瓶，把瓶子放倒了一个一个挨着摆了一圈。我问她："这是什么？"她告诉我说："这是火车站的围墙。"然后她又用雪碧瓶摆在围墙外面，上面再放上一个小盒。我问她："这又是什么？"她说是北京火车站前的大钟。我很奇怪，问："你怎么知道的？"她告诉我，前两天她爸爸出差，她妈妈带着她去送爸爸时，妈妈指给她看的。说完，她又忙着搭积木去了。

幼儿的想象力、创造力往往是日常一点一滴的观察激发起来的。幼儿在教师教的基础上能充分发挥自己的想象，并能用废旧物品替代自己需要的材料，来完成自己的搭建活动。小班幼儿的模仿行为较多，往往游戏前没有什么主题意识，而是在玩的过程中才会形成主题。教师给予适当的启发引导，帮助幼儿丰富主题内容，并能用语言把自己的想法说出来，这对培养幼儿的游戏兴趣、建立自信心及语言表达能力的增强都是极为有益的。

（季敏）

例 20. 带花园的医院 （小班积木区）

叶家琪小朋友的建筑能力较强，积木区是他最喜爱去的地方。他能够把他的生活经历反映在游戏中。

今天，在自选游戏时，我请叶家琪小朋友当了建筑师，与其他 3 名小朋友一起从事建筑游戏。他和其他 3 名幼儿先把鞋放在小脚印上摆好，然后分别带好安全帽。3 个孩子问叶家琪："咱们搭什么呀?"他说："咱们搭医院吧。"于是，他们 4 人一起搭医院。有的拿大积木搭房子，有的拿小积木搭门，搭台阶……搭完房子，又搭了花园。叶家琪用旧电池搭了花园中的路灯。这时，我问他："你们为什么想搭这样一座医院呀?"他告诉我说："我生病的时候，妈妈就带我去医院看病。看完病就从小花园那边出来。""噢，原来是这样。"我又问："你妈妈怎么带你去看病的呀?坐汽车还是骑自行车呀?""坐汽车。"他告诉我。"那好，你们能不能把你坐的汽车也搭上呢?"一会儿，他与同伴搭起了马路，马路上还有行驶的汽车。游戏结束后，叶家琪代表其他 3 名幼儿向全班幼儿介绍了他们的作品。叶家琪告诉我们：这是他搭的医院，那是她搭的花园，那是他们两人搭的马路……

（单银雪）

例 21. 占位子 （小班积木区）

今天，幼儿来得较多。吃完早饭的幼儿开始进行分组自选游戏了。刘琪今天来幼儿园较晚，他一边吃饭，眼睛一边看着积木区。积木区已经有两个小朋友了。这时，叶家琪赶紧把馒头放进嘴里，边嚼边去送碗，然后赶紧跑到积木区，拿了顶安全帽戴上，一下就坐在地毯上。但他没有马上去搭建，而是看着刘琪，对着他招手。见刘琪没有理他，就站起来，跑到刘琪身边说：

“快点，快点!”说完，他又回到积木区，坐在地毯上，把最后一顶帽子拿在手里。这时，于家骏来到积木区，要进去游戏。叶家琪不让他进，说：“不行，没帽子了。”于家骏说：“现在只有3个人，还能再上一个。”叶家琪赶紧说：“还有刘琪呢，这个帽子是刘琪的，你不能上，人够了!”于家骏不理他，非要上，叶家琪挡着不让他上。两个人正争执着，刘琪吃完饭来了，叶家琪赶紧把帽子给刘琪戴上，于家骏只好走开了。于是刘琪和叶家琪一起去搭积木了。

（季敏）

例22. 带电梯的购物中心 （小班积木区）

今天积木区建构了一个大型的购物中心，外形大而漂亮，旁边有花坛，不远处还建了一座小型立交桥，整体效果好。房子、桥和花都是以前积木区曾多次建构过的，只是某些地方有所改动。今天有一处比较独特，是以前从来未出现过的，就是在购物中心大楼中间用大积塑连接而成竖在那里的东西，由于积塑的颜色鲜艳，因而十分醒目。我好奇地问：“呀！这是什么呀?”俞洋说：“老师，这是电梯。”旁边正在搭建的陈达连忙过来说：“老师，这是我搭的，我来给您讲吧!”“这是电梯，可以运人，也可以运东西。”我说：“你真动脑筋。你为什么要设计一个电梯呢?”陈达说：“我妈带我去过华威大厦，里面就有电梯，光明楼商场也有，特方便。”我肯定地点点头，又对他说：“你们建的购物中心里都有什么东西?”陈达说：“告诉您吧，我们这儿什么都卖，有冰箱、彩电、衣服。对了，还有儿童玩具呢!”我说：“东西真全。”陈达说：“对，要是买冰箱就要用电梯，要不，人搬太累了。”我又一次赞许地点点头。

游戏结束了，我请全班小朋友参观积木区，并请陈达讲解了他建的电梯。我在全班幼儿面前表扬了他，夸他是个爱动脑筋的好孩子。小朋友都给他拍手，并投来羡慕的目光。我觉得教师要注意观察游戏中的点滴小事，善于发现幼儿的创造精神，并及时给予鼓励，这对于幼儿树立自信心大有帮助。

（邹萍）

例23. 圆环状的动物园、花园 （小班积木区）

本周我班建筑区的游戏计划是使幼儿学习围拢搭建，并继续进行游戏常规的培养，使幼儿能搭建较简单的物体。为此，除了积木，我们还为幼儿准备了花罐、可乐瓶、纸盒以及安全帽。

今天幼儿来得较多，王心然又来晚了，他在家已经吃完饭了。我让他去玩游戏，他在班里绕了一圈，选择了积木区。这时，小朋友都陆续吃完了，刘琪和叶家琪也来到了积木区。这两个孩子赶紧戴上安全帽，忙着一起搭建起来了。王心然看着他们，很想加入，但他们俩没有理会他。于是他坐了下来，拿着几块积木把它们堆在一起。一会儿赵曼也到了积木区，她戴好帽子后，发现多了一顶帽子。她看了看，发现王心然没戴帽子，就把帽子递给了王心然，并帮他戴在了头上。赵曼坐在王心然旁边，好像是想和他一起玩，但王心然只是一个人玩，于是赵曼就加入了叶家琪他们的游戏。他们用积木围成圆环状，说是动物园。叶家琪发现动物园没有大门，就说："动物园还有大门呢，咱们再搭个大门！"说完他转身去拿大积木，但大积木没有了。他看见王心然那儿有几块，就走过去搬了一块。王心然说："这是我的！"叶家琪说："我们要搭动物园。"刘琪和赵曼看见了，也跑过去一人抱了一块积木，他们3个人很快就把动物园的大门搭好了。王心然看了看他们搭的，他走到箱子那儿，拿了几个花罐和可乐瓶，他把可乐瓶倒着放，也搭成一个圆环。然后，他又把花罐放到里面去。我问他搭的是什么，他说是花园。

（季敏）

例24. 讲讲书里的故事　（小班图书区）

李弛飞非常活泼好动，平时他很少从事安静活动。今天，他选择了图书区游戏。

游戏开始时，他搬着小椅子放到桌前，从柜子上取下一个标记小牌带在了脖子上。而后，他从柜中取了一本书看了起来，没一会儿，就把这本书送了回去，好像不喜欢这本书。他又取了一本《拔萝卜》的书。这次他看得很认真，一边看一边说着书中的画，当他又要把书送回去的时候，我对他说："弛飞，这本书好看吗？"他说："好看。""你能给我和张楠讲讲里面的故事吗？"（这时张楠拿着一本书在一旁坐着，不会看书。）"好吧！"于是，他重新翻开了书给我们讲了起来，一边指着画面一边讲，还能够把每张图连起来讲。我对张楠说："你看弛飞讲得多好呀！"又建议弛飞，再给张楠讲一本书。弛飞高兴地又选了一本《防寒衣》给张楠讲了起来。他讲得认真，张楠听得也认真。游戏结束时，我当着全班的面表扬了他。

以后，他经常到图书区去活动了，有时小朋友还拿书请他讲呢。渐渐地，图书区从冷清变得热火起来，孩子们的口语表达能力也逐渐提高。

（单银雪）

例 25. 到“图书馆”借书　（小班图书区）

今天自选游戏时，娃娃家、积木区、美工区、益智区的幼儿各自进行着自己的“工作”，图书区的苗淼小朋友却与其他小朋友有着不尽相同的地方。游戏开始时，苗淼从图书区取了一个小牌戴在了脖子上，然后，悄悄地走到我面前，小声地对我说：“单老师，您能给我一张白纸吗？我有用！”我顺手从柜子上取了一张白纸给她。她又向益智区走去，来到王心然身旁停下来，有礼貌地对他说：“你给我插个大哥大好吗？”王心然说：“可以呀！”他插好后把大哥大交给了苗淼，苗淼有礼貌地道谢之后，回到了图书区。她坐到了图书区的门口，把大哥大放在桌子上，从兜里拿出那张白纸折了起来。然后，撕成一张张小纸条。接着，苗淼拿起大哥大，按着上面的键盘，“通了，喂！你是刘琪吗？”（娃娃家的一个孩子），“哎，我是，你是谁呀！”“我是苗淼，我在图书馆呢！你有空可以到我们这儿来借书呀！”“噢，我知道了，待会儿我就去。”“那好吧！再见。”一会儿，只见刘琪带着他的孩子来到图书馆，苗淼热情地招呼他们，为他们介绍图书。待他们选好书之后，苗淼递给了刘琪一张纸条，“这是借书证。你看完后，再把书还回来，别弄丢了。”然后苗淼把刘琪和孩子送走了。

以上这一段有趣、真实的对话，我看在眼里，感到非常惊喜，一个 4 岁的孩子对生活观察得如此细致！游戏结束后，我肯定了苗淼小朋友的做法，并鼓励全班幼儿向她学习爱动脑筋，想办法。之后，我在这周的游戏计划图书区这一栏中加了一条“引导幼儿根据自己的生活经验，创设主题，围绕主题进行游戏”。

（单银雪）

例 26. 看看墙上的小熊是怎么做的　（小班图书区）

图书角的墙壁上贴了一张两只小熊看书的图片，大熊在给小熊讲，十分友好。平常幼儿都会讲看书要爱护，不抢，团结友爱，而实际中却往往忘记了。今天图书区的陈云龙、王湛就发生了争执。陈带的书王想看，陈就是不给。王说："陈云龙给我看看吧。"陈："不行，我怕你看坏了。"王："看不坏。"陈："那也不行。"王不高兴了，找老师告状。我过来问陈："龙龙，你为什么不给她看？"陈："我妈说了，不能撕了，撕坏了，以后就不给我买了。"我说："王湛说了不撕。"陈还是不放心。我说："你能不能想个办法？抬头看看墙上的小熊是怎么做的。"陈抬起头看着两只小熊看书的图片，说："老师，我知道了。我们俩一起看吧！王湛，来，我给你讲。"王："行。"这个问题解决了。

图片贴在墙上不是摆样子，而是有一定的教育作用。游戏中教师要充分利用环境布置，达到与教育相一致的作用。

（邹萍）

例 27. 认识火车 （小班图书区）

自选游戏开始后，东东拿了一本《动物世界》。他翻了一页，自言自语道："这是什么，这个我认识，是小鸟，那个是鸭子，小蚂蚁，小蚂蚁。"他高高举起书让我看，还对我说："我的书里有好多小动物。这是小蚂蚁。我还会唱小蚂蚁的歌。"说完就唱起了"蚂蚁搬豆"的歌。这时另一个小朋友说："我的书里有火车。"他一听，问："火车什么样？"然后低头去看，并指着火车灯说："快看，这是它的鼻子。"我接过书，指着火车讲："这是车头，里面有叔叔开车，这个是车灯，晚上照明用的，不是鼻子。这是车厢，人们就坐这里。它有很多车轮，跑起来很快，它还会'呜呜'地叫。"东东听了也模仿着叫起来。一会儿，他把书合上，说："停了，火车停了。"

（刘克勤）

例 28. 换回自己的书 （小班图书区）

本周图书角的计划是培养幼儿正确的看书方法，学会一页一页翻着看书。我们为幼儿准备了图画书、故事书，供幼儿选择，并为幼儿准备图书阅览牌，限定幼儿人数。

崔立今天是被他妈妈送来的。今天他从家里带来了一本书《葫芦兄弟》，他把书小心地放在书架上，还放在最上面，然后就去洗手吃饭了。吃饭时他一直看着那本书。吃完饭的幼儿开始自由游戏了，他着急地大口吃了起来。图书角的人越来越多了，他赶紧把碗放到锅里，也没擦嘴漱口，就跑到图书角。这时图书角只剩最后一个牌子了，王羽正把牌子往头上挂，崔立一下子把牌子抢了过来，戴在脖子上。他开始找他的书。佳欣正在看他的书。他从架子上拿了一本《金刚葫芦娃》坐着看，又把书立在桌子上翻着看，一会儿正着看，一会儿又把书合上在桌子上磕。过了一会儿，他拿着书到吴佳欣旁边，对吴佳欣说："咱们换着看吧！"于是他从吴佳欣手里换回了自己的书。他来到自己座位上，把书平放在掌上，一页一页小心地翻看，一直到游戏结束。

（季敏）

例29. 让"小飞象"和我们做朋友 （小班图书区）

本周图书角的计划是培养幼儿正确看书，知道爱护图书，不争抢，不撕书，让幼儿知道互相谦让，一起分享图书。

这周为幼儿提供了几本新的图画书，幼儿很感兴趣，都想到图书角看图书。吴佳欣今天来晚了，游戏已经开始了，她妈妈才送她来。她对我说："季老师，我想看图书。"我对他说："你去看图书区还有牌子吗？如果有你就看吧！"吴佳欣来到图书角，图书角正好还有一个牌子，她赶紧戴上。图书架上有几本旧书，有小朋友带来的书，还有一本是新书《小飞象》，吴佳欣从书架上拿了这本书坐在位子上看。这时，刘琪也想看《小飞象》，他从书架上把自己带的《葫芦兄弟》拿下来，走到吴佳欣旁边说："吴佳欣，咱们换书看吧！老师说书可以互相换着看。"吴佳欣低着头边看书边说："我还没看完呢，不能跟你换。"刘琪着急了："你都看了半天了，该换着看了。"说着他伸手要抢，吴佳欣紧紧搂着书。这时，旁边的一个幼儿说："老师说了，不许抢书，要互相谦让。"他们俩互相看了看。我赶忙走过去，问他们是怎么回事，佳欣说刘琪抢他的书，刘琪说吴佳欣不谦让，不跟他换书看。我说："你们看，小飞象都不高兴了，他喜欢有礼貌、懂事的孩子和他做朋友，你们这样抢来抢去，会把小飞象弄疼的。你们俩个都喜欢小飞象，那你们能不能想个办法，让小飞象可以和你们两人做朋友！"吴佳欣想了想："季老师，我和刘琪一起看，就可以都和小飞象做朋友了！"我笑着点了点头，摸了摸他们的头，走开了。他们两个坐到一起，把书放在中间，津津有味地看了起来，边看还边比划着、说笑着。

（季敏）

例 30.“花”、“蝴蝶”和“小鸟”（小班美工区）

本周游戏计划是学习使用剪刀，继续进行涂色练习，培养幼儿的美工活动兴趣。

刘峥搬着小椅子来到美工区，他放下椅子，去拿剪子和小盒，又从盒子里拿了许多圆纸片。开始，他在那儿看别人剪小花，然后贴在纸上。看了一会儿，他也拿起剪子要剪，可他不会剪，剪出来的都是碎片，但他仍然很有兴致。他把碎片都涂上胶水粘在纸上。我问他：“刘峥，你剪的是什么呀？这么好看？”“是小花。”说完，他指着一个长形的碎纸片说：“这是小蝴蝶。”我鼓励他说：“你剪的花和小蝴蝶都很漂亮。你能告诉季老师这是什么吗？”我指着一个不规则形的纸片问，他想了想说：“这是小鸟呀！”之后，他又拿起一张纸专心致志地剪了起来。到游戏结束，他已经粘了好几张纸，游戏兴趣一直很高。他是最后一个离开美工区的。我发现他把自己的作品都放到了展示台最上面。

对于幼儿来说，他们最感兴趣的是游戏的过程，他们有自己的想象，因而教师不能粗暴、简单地对待幼儿的作品，而应从幼儿的角度看问题，了解幼儿的心理，了解周围事物对他们的意义。虽然技能的学习对于美工活动是必要的，然而，兴趣的培养更关键。

（季敏）

例 31. 小白兔看小姐姐跳舞（小班美工区）

朱婉佳虽然在我们班年龄较小，动手能力较差，但她对美工区游戏兴趣却很高。今天，她又来到了美工区，坐在苗淼旁边，她拿了一把剪刀，可是没有动手剪，而是看旁边的幼儿剪。很快，苗淼剪了一朵小花，粘在纸上。苗淼对自己的作品很满意，看着，笑了。看着人家剪花，朱婉佳也很高兴。一会儿，苗淼觉得剪纸没意思了，把剪刀送回去，拿了几张图画纸开始画画，她画得很有兴致，边画边兴奋地说着什么，朱婉佳一直在旁边看着，苗淼埋头画自己的。一会儿，朱婉佳也把剪刀送了回去，拿了几张图画纸，她伸头看苗淼画。苗淼画了一个小孩，说：“她正在跳舞呢！”接着又画了一只小兔，说：

"小兔和她是好朋友，在看她跳舞。"朱婉佳对苗淼说："你也给我画一个小孩跳舞，小白兔看。"苗淼说："你不会自己画呀！"朱婉佳小声说："我不会画！"苗淼看了看朱婉佳，拿过纸应付似地很快把小孩和小白兔画好了，但是画得很乱，没有她自己那张画得好，可朱婉佳拿过画却很高兴，简直爱不释手，摆在桌上左看右看，嘴里还说着："她在跳舞，小兔子在看，他们是朋友。"我走了过去，问："佳佳，你画的是什么，画得这么好！"听到我的表扬，她更兴奋了，"季老师，这是个小姐姐，她在跳舞，小兔子是他的好朋友，他在看她跳舞呢！"苗淼赶忙表示，"季老师，这是我画的。她不会画，我帮她画的。"朱婉佳一下子变得沉默了，刚才的兴奋全都没有了。于是，我对苗淼说："苗淼，我知道佳佳特别喜欢你和你的画，所以她请你帮她画了一张，是吗？""我想佳佳自己也一定会画的，对吗？佳佳。"佳佳低着头很勉强地轻轻点了点。我拿了一支笔，对佳佳说："来，佳佳，你来教季老师画好吗？"佳佳看了看我，拿起了笔，我握着她的手和她一起画。一会儿，一只可爱的小白兔跃然纸上。她很兴奋，"小白兔，小白兔！"我说："佳佳，你画的小白兔真好，我也学会了，谢谢你，小老师！"她高兴地笑了。

（季敏）

例32.“面条来了”　（小班美工区）

张依福今天是第一个来到美工区游戏的。他开始剪纸，把剪好的小花贴到了墙上的纸上。剪了一会儿，他觉得没有意思，就开始画画儿。他先画了几只小鸡，边画边学小鸡叫，又向旁边的赵曼显示："赵曼，我画了几只小鸡，你看，你看。"赵曼没有理他。他觉得没趣，不画画儿了，站起来在教室里遛达。一会儿，又回到了座位上。这时娃娃家的幼儿正在玩做饭的游戏，一个幼儿说："咱们做面条吃吧！"另一个说："今天没有卖的，咱们还是做鱼吃吧！"张依福好像受到启发，他找来一张白纸和一把剪刀，把白纸剪成一条条的，放成一堆，然后送到娃娃家，说自己是卖面条的，娃娃家的孩子们都很高兴，赶忙请他进屋，请他喝水。他又问娃娃家的幼儿还要什么，娃娃家幼儿说还要菜，张依福又回到座位上，在纸上画了起来，画了满满一张纸的菜，我问他画的是什么菜，他指着一个圆形的说是萝卜，长长的是白菜，还有黄瓜、西红柿等等，种类繁多。我这才知道原来他是给娃娃家画的，要给娃娃家送去，请娃娃家幼儿吃。我马上表扬了他。游戏结束时，张依褯对娃娃家的幼儿说："咱们下次还玩这个。"

小班幼儿坚持性差，注意集中时间短，极易被其他幼儿的活动所吸引，但是对于自己喜欢和感兴趣的活动，他的注意会集中的时间长些，而且幼儿都是有创造性的，他们能想办法与其他幼儿交往，参与到别人的活动中去，以满足自己的游戏要求，教师对于这种行为要及时给予表扬鼓励，激发幼儿的创造性、积极性。

（季敏）

例 33. 剪些长的绸带送给老师好吗？ （小班美工区）

岳玲在班上动手能力较差，别人能用剪刀按轮廓剪下旧图书上的小人、动物等图形，可她只能剪出宽窄不一的长条。

这次美工游戏时我坐到岳玲的身边，她见我来了，低头看了看自己剪的纸条，放下了小剪刀，不玩了。

"岳玲，这些彩色的绸带是你剪的吗？"岳玲点了点头："岳玲，剪些长的绸带送给我好吗？"岳玲低声说："我不会剪长的！"

我从纸筐中拿出一张圆纸片说："沿着纸的边剪弧线。"接着我用手把着她的手剪了起来，虽然她剪的弧线宽窄不一，但跟以前相比也有了一点进步。

在老师的鼓励下，又经过一段时间的练习，岳玲不光弧线、直线剪得好、剪得长，还能将废旧图书上的小动物和小人轮廓十分清楚地剪下来。

（任晓燕）

例 34. 旁观——加入——替代 （小班美工区）

美工区今天新为幼儿提供了涂色图画纸和剪纸粘贴，到了自选游戏的时间，孩子们一下子都拥向了美工区。苗淼很想在这里玩，可是，人已经够了，没有地方坐了。她只好来到离美工区最近的图书角活动，她的注意力并没有在看书上，而是边看书边看着美工区幼儿游戏。一会儿，她站了起来，来到美工区，挨着看每个幼儿游戏。然后，她来到朱婉佳身边。朱婉佳是年龄小、动手能力较差的幼儿，她正在玩剪纸，由于不大会剪，所以兴趣不是很大。苗淼对朱婉佳说："朱婉佳，我来帮你剪！"朱婉佳站了起来，苗淼坐下来，开始剪，她剪得很好，粘在纸上也很漂亮。苗淼玩得很高兴。一个一个地连着剪了好几个，一点儿没有要站起来的意思。朱婉佳就站在她身后看，边看边说：“真好！真好看！”苗淼又把自己剪贴好的图画给旁边的幼儿看，边看边与旁边的幼儿交谈了起来。美工区的其他几个幼儿由于苗淼的到来，也兴奋活跃起来。朱婉佳看着他们兴奋地说着，很感兴趣，但没有人注意到她的存在。过了一会儿，她只得走开了。她在教室里转了一圈，之后来到益智区，拿了一筐玩具，坐下来玩起来，玩得很专心也很高兴。看起来，有时对于游戏中发生的事情如幼儿之间关系，教师不宜急于过问，而是给孩子们机会由他们自己去处理，教师只需静观其变！这或许也可算作一种指导。这两个孩子不是很自然而又微妙地解决了他们的问题，而又皆大欢喜吗？

（季敏）

例35.“蝴蝶来到花园里” （小班美工区）

本周美工区的计划是培养幼儿的游戏常规，学习使用剪刀，练习正确的握笔姿势，结合季节特征使幼儿练习剪四瓣花。提供的材料有彩色圆纸片、剪刀、胶水等，供幼儿选择使用。

这几天，幼儿对美工区的活动非常感兴趣，特别是苗淼、吴佳欣、陈康、赵曼等几个女孩子对美工区剪花贴粘兴趣很大。今天她们几个人又来到了美工区，开始剪花。李卓开始选择了看图书。一会儿，他看到几个女孩子又说又笑，把剪好的花粘到纸上，很好看。可美工区人都满了，没有空地儿。他站在旁边看着。过了一会儿，有一个幼儿离开了美工区，李卓赶紧搬着椅子来到美工区，连脖子上的图书阅览牌都忘了摘。他也拿了把剪子，坐在那儿剪纸，可他不太会剪。他把纸平平地摆在桌上，然后用剪刀剪成两半，最后剪成了一块块碎纸。他的兴趣很高，玩得很投入。他从碎纸中拾起一块，涂了点胶水，要往大图画纸上贴。苗淼看见了，急忙说：“你剪的什么呀！不对，不对，一点儿也不像花，不好看，不许往上粘。”李卓被震住了，不敢粘了，他看看苗淼，又看看手里的纸片。我赶忙走过去问他：“李卓，你告诉我，你剪的是什么好吗？”他点了点头，又看看手里的纸片，小声说：“季老师，我剪的是蝴蝶！”说完把纸片举起来，我一看，呀！果然像一只花蝴蝶，于是我又说：“快看，李卓看见咱们的花园里光有花，他为咱们的花园带来了一位新朋友！咱们快欢迎小蝴蝶到咱们的花园做客！”苗淼他们几个也高兴地说：“欢迎你，小蝴蝶！”我赶紧请李卓把他剪的“蝴蝶”贴在了“花园”里，他非常高兴，站在那儿看了半天。游戏结束时，我请幼儿参观了“花园”，向幼儿介绍了李卓剪的花蝴蝶，他这一天的情绪都很高。

（季敏）

例36. 刀是切菜用的，小孩子不能拿着玩　（中班娃娃家）

自选游戏开始后，有几名幼儿来到娃娃家，经过商量决定，史迪文小朋友当“孩子”，白英杰小朋友当“爸爸”。“爸爸”在切菜准备包饺子，“孩子”史迪文也想切，“爸爸”对他说：“你是小孩，不能切菜，这是大人的事情。”过了一会儿，“爸爸”切完菜就到桌子前包起饺子来。当“孩子”的史迪文拿起刀挥舞着，耍着玩儿，“爸爸”阻止说：“放下！放下！”可他不听。我连忙来到娃娃家，问：“史迪文，你当什么呀？”他说“孩子”，“那么，孩子该干什么？”他想了想，说：“看娃娃，招待客人，看书，还有帮大人做事情。”我称赞地点点头，又问：“你知道刀有什么用？”他不加思索地说：“切菜呀！”我抓住他的话，紧接着问：“刀是切菜的，你怎么能拿它玩儿呢？爸爸说的话，你也不听，如果划破手或打着别的小朋友就要流血了，多危险呀！”这时，当“爸爸”的白英杰小朋友也说：“是呀！多危险呀！你真不听话。”我拉着史迪文的手说：“快放下刀，我们大家一起来包饺子吧！”于是史迪文还有其他几名小朋友一起包起饺子来。

史迪文小朋友非常想切菜，但是“爸爸”不让他切，他只好在“爸爸”切完菜后找机会拿刀，可又没有东西来切，于是就耍着玩儿，“爸爸”的话也没听。这时，老师要及时给予有目的的指导，帮助他明确角色身分和角色行为，了解刀的用途和危险性，并引导他做出适当的游戏行为。

（刘克勤）

例37. “小孩是不能喝酒的”　（中班娃娃家）

自选游戏活动开始不久，我听到从娃娃家传来了争吵声，只听刘瑞小朋友说：“小孩是不能喝酒的！”刘晓檬说：“那今天过节呀！过节就能喝。”刘瑞又说：“大人才能喝酒呢，小孩只能喝雪碧什么的。”刘晓檬问：“那为什么呀？你说说为什么。”刘瑞摸摸头，看见我走过来就说：“咱们问老师吧！”我把娃娃家的小朋友叫过来围坐在地毯上讲起来：“酒里面有一种叫酒精的东西，它能损伤人的大脑。小孩正是长身体学本领的时候，如果喝酒，就会变得不聪明。大人也只能少喝，喝多了，会引起酒精中毒，要到医院抢救，中毒厉害的还会死呢。”小朋友听了，叽叽喳喳地说：“酒这么坏呀，我们小孩可不喝了。”“我还要让爸爸、爷爷少喝呢！”我问刘晓檬：“檬檬，你明白了吗？”他点点头说：“我不喝了，我喝可乐、雪碧。”

幼儿知道小孩子不可以喝酒的道理，但不清楚为什么。老师讲明原因，达到解决争吵的目的，也增长了小朋友的生活知识。

（刘克勤）

例38. “爸爸”又是建筑区的工人　（中班娃娃家）

俞洋小朋友在一次娃娃家游戏中，自我推荐当“爸爸”，他取来面板和油面做面条。做完之后，又拿出可乐瓶、插片、笔管什么的搭着玩起来。我问他：“你干什么呢？”他头也不抬地说：“我在修桥。”“我明白了，你是建筑工人呀，那你怎么不去上班呀？”我边说边拉着他说：“快同妈妈说一声，上建筑区去上班。”我领他来到积木区，对那里的小朋友说：“这是娃娃家的爸爸，他来上班啦！”俞洋小朋友搭了一会儿积木之后我又把他领了回来，告诉他“下班了！”游戏结束之后，我请俞洋说一说他今天是怎么玩的，使幼儿明白人可以有双重角色身分。为此，我们还请家长配合向孩子介绍自己的工作，并把这一项内容纳入下一周的游戏计划之中，作为指导重点。

观察到俞洋的游戏行为之后，教师用语言和具体行为引导他，使其学习担任两个角色身分，丰富了游戏情节。游戏结束后让他讲述游戏过程，使全体幼儿有所了解，并借助家长工作，促进游戏开展。

（刘克勤）

例39. 刚洗过的被子能给孩子盖吗？　（中班娃娃家）

今天的娃娃家游戏中，陈达当“爸爸”，徐佐君和刘柏洋都当“哥哥”，钟卉小朋友当“姐姐”。我见没有“妈妈”，就问陈达：“妈妈去哪儿了？”他说：“去上班了，挣钱给孩子买吃的。”一会儿，我见到刘柏洋在打电话，徐佐君用盆给娃娃洗头，还倒了一些洗头水。洗干净之后，就把娃娃放在床上，又把小被子洗了，然后给娃娃盖上。我提醒他说："被子是湿的，给孩子盖上，他会生病的。"他拿起被子，摸了摸娃娃的头说："真病了，发烧了！"说完，拿了几个塑料泡沫粒说："吃药吧，吃完就好了！"我建议他说："也不知道娃娃得了什么病，还是先去看看病，然后再吃药吧！"他听了急忙抱起娃娃看病去了。

这次游戏中，老师及时抓住幼儿把刚洗过的被子给娃娃盖上这一行为，告诉他湿被子不能盖，应晾上，引导他行为的联系性和逻辑性，并使游戏更为深入，出现看病这一情节。

（刘克勤）

例40. 轮流当"爸爸"　（中班娃娃家）

今天，游戏已经开始一段时间了，可娃娃家的小朋友还在那里协商角色。孟丹跑来，拉着我说："老师，他们俩都想当'爸爸'，怎么办呀？"我刚走过去，白英杰说："我刚才对他说了，要互相谦让，他也不谦让，我都好几天没玩了。"俞洋也说："我也好几天没玩了。"白英杰说："那你就不能下午再玩儿吗？"俞洋小声说："爸爸中午来接我。"我打断他们的话说："一家只能有一个'爸爸'，互相谦让就是你让他，他也让你，是真心的让着别人，不是别人不玩要让着你。""可是，老师，他们都想当'爸爸'。"孟丹说。"那我们只好想一个办法，让他们都高兴。能不能轮流当呢？"白英杰高兴地说："对，我先当，他后当。"于是，他们都高兴地玩上自己想玩的游戏了。

教师要尊重幼儿的个人意愿，并指导幼儿学习轮流、协商的技能。

（刘克勤）

例41. 娃娃家的"哥哥"　（中班娃娃家）

中班幼儿喜欢玩娃娃家，这是由他们的年龄特点决定的。娃娃家最贴近于幼儿的生活，可以充分满足幼儿好奇、好模仿的特点，通过娃娃家游戏，可以把自己已有的生活经验在游戏中充分表现出来。

幼儿爱玩娃娃家游戏，并不等于盲目地开展，教师在观察了解幼儿的基础上有计划地指导，可以使幼儿在极有兴趣、毫不勉强之中自觉地学习，发展情感，培养能力。

我班有个新插班幼儿叫刘瑞，刚开始到本班时，游戏时间只到娃娃家去玩，其他区连看都不看。在娃娃家协商分配角色时，他自愿当“哥哥”，对其他幼儿担任的角色并不关心。游戏时又是给自己倒茶，又是忙着做饭，摆弄玩具，多次重复一定的动作和活动，游戏兴趣仍然很高，总是美滋滋的。但他与其他幼儿交往少，游戏情节简单。通过连续观察，我发现，他很喜欢招待客人，并且能够热情有礼貌地招待。于是，我以客人的身分来到娃娃家，及时肯定了他的长处，并提出希望：如果能听“爸爸”“妈妈”的话，帮“爸爸”“妈妈”做点事就更好了。他开始意识到其他家庭成员的存在，注意其他成员在做什么。当“爸爸”“妈妈”提出带他去看木偶表演时，他高高兴兴地去了。在不知不觉中，刘瑞逐渐学会了与人交往，关心他人，游戏水平明显提高。

（李荣伟）

例42. “猫、狗扰民” （中班娃娃家）

最近，我班娃娃家“汪汪”、“喵喵”声不断，张青、白英杰、王湛等小朋友当“狗”或“猫”，在娃娃家床上、桌子底下又叫又爬。经过观察，我发现，孩子们对狗和猫的角色意识还挺强，无论是在娃娃家，还是跟主人买东西，看木偶都一言不发，只是“喵喵”、“汪汪”地叫。我试图与张青谈话，问她在做什么，她只是“汪汪”地叫，做动作比划，就是不说话。当时，我没有马上制止他们，而是继续进行观察。她们可以用动作表示出小动物的行为，但与其他幼儿无言语交流，情节不能深入。由于教师没能及时予以引导，越来越多的小朋友开始对娃娃家当小动物着了迷，踊跃地到娃娃家当狗，又爬又叫。我进一步分析了原因：一个是社会上宠物热的影响，家家户户养狗的越来越多，幼儿头脑中对狗的印象越来越深；一个是中班幼儿年龄特点所决定的，他们好动，好模仿，模仿狗叫狗爬，狗随主人活动。根据发现的问题，我召集幼儿开展了“养狗好不好”的讨论。大家争先恐后地发言：养狗不好，养狗不卫生，狗会咬人，狗还会传播疾病，得狂犬病……考虑到在娃娃家长期当小动物，对幼儿身心发展弊多利少，因此在同幼儿协商后一致提出：我们的娃娃家不养狗。但小朋友当小动物的兴趣仍不能一下子降温，怎么办呢？于是，我就在活动室的一角，为幼儿准备了两块体操垫，设立了一个临时的

"小小动物角"，小朋友可以到那里去爬一爬，体会一下做小动物的滋味。从而使娃娃家游戏可以更好地深入开展，不必担忧"猫、狗扰民"了。

（李荣伟）

例43. 竞争当"爸爸"（中班娃娃家）

一天，我班个子小小的孙健与高高大大的徐佐君都想当"爸爸"。佐君说："你个子那么小，怎么当"爸爸"呀！"孙健理直气壮地说："那我今天还穿新皮鞋呢！"两人都想当"爸爸"，这可怎么办呀？我请其他小朋友帮忙想办法。有人说：今天你当，明天他当；有人提议：佐君个子高，像爸爸，佐君当。我给小朋友出了一个主意，请小朋友来选爸爸。先请两个想当爸爸的小朋友说一说自己的想法：你想在娃娃家做什么？你怎么当"爸爸"？让两个"爸爸"开展竞赛，小朋友觉得哪个"爸爸"好，就让哪个小朋友先当"爸爸"。佐君说："我先给孩子包饺子，等大家吃饱了，我们再一起去看木偶戏。"结果，小朋友推选了徐佐君。今天他先当"爸爸"。

（李荣伟）

例44. 自己承担娃娃的角色（中班娃娃家）

到了中班下半学期，娃娃家的娃娃逐渐受到冷落，小朋友们开始愿意自己当"孩子"。他们躺在娃娃的床上，叫着爸爸妈妈，拿着小绒毛玩具，享受着当宝宝的滋味。我想，也许这更贴近幼儿的生活，他们在家里被爸爸、妈妈宠惯了，在娃娃家，也希望享受到同家里一样的待遇。他们不再需要抱着玩具娃娃走来走去，而是希望自己亲自承担娃娃的角色，互相进行更多的情感交流，情绪体验。既然小朋友不再需要娃娃当孩子，我们就把小娃娃摆了起来，供给需要娃娃的小朋友随时取用。从此，娃娃家里经常可以看到"爸爸"、"妈妈"与孩子们亲亲热热高高兴兴一起游戏的情境了。有时，孩子们与"爸爸"、"妈妈"一起去买东西；有时孩子们会听话地同"爸爸"、"妈妈"一起去看戏；孩子病了，"爸爸"、"妈妈"会十分着急地带孩子去看病，喂孩子吃药，相互之间配合互补。"爸爸"、"妈妈"的责任感增强了，孩子们的角色意识加深了，更懂得听"爸爸"、"妈妈"的话，做个好孩子了。自从由小朋友自己当孩子之后，家庭成员的关系越来越亲密，现实生活的情境在娃娃家越来越多地表现出来。

（李荣伟）

例45. 如何祝贺生日 （中班娃娃家）

室内自选游戏开始了，按计划，我今天重点指导娃娃家的活动。于是，我到娃娃家做客。为了使游戏开展得更自然，我以“妈妈”的同事这一角色出现。刚进门，做“爸爸”的陈云龙很热情地招待我，又倒茶又忙着拿饮料，还兴奋地告诉我：“您来得真是时候，今天我们孩子过生日。”我连忙说：“太好了，我真高兴。”家里十分热闹，“妈妈”做饭，“爸爸”往桌上一盘盘摆好，孩子们可开心了。陈坐下来对大家说：“今天孩子过生日，我特高兴，咱们一起喝酒吧。”一句话把孩子们的兴趣都导向他，大哥白英杰也随声附和并举起杯，学着大人喝酒的样子说：“好，干了它……”陈随即举杯，好像是一饮而尽，嘴里还不时发出嗞嗞的声响。我坐在那儿心想怎样把孩子吸引过来呢？陈似乎发现了我的存在，对我说：“您也干一杯吧！可好喝了。”我连忙摆手说：“哎呀，不行不行，我可不会喝酒。我听说酒里含酒精，会伤害身体的，喝到肚子里还很不舒服。”旁边的“妈妈”蒋露露说：“对，我还见过人喝醉了，特别逗。”陈说：“我也见过，是特别逗。”我看有导向我的趋势，连忙说：“给孩子过生日，还不如唱首生日歌，再喝点饮料呢！”陈表示赞同说：“行。”大家也点头同意。陈又说：“这儿有饮料，喜乐、娃哈哈、乐百氏、北斗星，谁要？”“我要”，“我要”……不一会儿，大家每人拿到一个，大家一起唱起生日歌：“生日好，生日好，大家祝你生日好。生日好，生日好，心里乐陶陶。”在歌声和欢笑声中孩子们继续游戏着。

娃娃家是现实生活中家庭的一个缩影，孩子们会模仿家中发生的许多事，包括各种各样的行为表现，当然有好的，也有不太好的。比如学大人喝酒，一定是孩子看到过爸爸喝酒或其他人喝酒的样子，来模仿的。作为老师，发现游戏中的不良行为，就要及时加以纠正，导向正确的一面。今天我就是在没有破坏孩子游戏气氛的同时，进行了随机指导，使孩子们知道了喝酒会伤害人的身体。结果，效果很好。

（邹萍）

例 46. 邓辰姐姐　（中班娃娃家）

邓辰是班上有威信的小朋友，由于她年龄最大，所以大家都喜欢叫她“邓辰姐姐”。孩子们发生口角，或出现不友好现象时，有时就去找她。一天游戏中，娃娃家里的“姐姐”佟晓菲找到邓辰说：“邓辰姐姐，你到我们娃娃家看看吧，王湛是‘妈妈’，可她不会当，把家里弄得乱七八糟的。”邓说：“行，看看去。”她俩走过去，邓对王湛说：“当‘妈妈’不能老做饭。老师说了，‘妈妈’还要收拾屋子，扫地，给孩子讲故事也行，还可以出去买菜。你看你们家多脏呀！都没人来了。”王低下头不说话。邓又说：“别老做饭了啊！知道吗？”王点点头，“姐姐”佟说：“邓辰，我想让你当‘妈妈’。”王说：“我是‘妈妈’。”站在一旁的邓辰说：“佟晓菲，先让王湛试试吧！看她会不会当‘妈妈’。”佟说：“行。”“那我走了。”邓辰转身走出娃娃家。王按邓说的把屋子收拾得很干净，佟也满意了。这次游戏中，出现了问题，没有通过老师，而是孩子自行解决了。“小孩教小孩”也是自选游戏指导的好方法，因为孩子的能力有强有弱，知识经验有多有少，幼儿之间接触多，并且他们之间关系平等，有共同语言，有时更容易相互学习、影响。

（邹萍）

例 47. 我们刚结婚，还没有孩子呢　（中班娃娃家）

本周娃娃家的目标是：培养幼儿的角色意识，不随便更换角色，能互相协调角色之间的关系，达到发展游戏情节的目的。

今天，娃娃家同往常一样，有 3 个小朋友在玩游戏。有赵曼、徐馨和叶家琪，赵曼头上带着“妈妈”的头饰，徐馨带着“爸爸”的头饰，叶家琪头上没有带头饰。我到娃娃家去做客，“妈妈”给我开了门，并请我坐下，给我沏茶，拿糖果。这时，“爸爸”在做饭，叶家琪小朋友在一边看书。我以为叶家琪小朋友是娃娃家的孩子，忘了带头饰，就问叶家琪：“你是娃娃家的什么人呀？是‘孩子’吗？”他对我说：“不是，我是到她家来做客的客人。”我点点头，我又问“妈妈”：“你家的‘孩子’哪去了？是去幼儿园了吗？”她说：“不是，我们刚结婚，还没有‘孩子’呢。”听完“妈妈”的话，我不由得笑起来：“噢，原来是这样。”我又问“妈妈”：“你们今天想干什么？”她告诉我：

“我们先吃饭，然后到叶家琪的建筑工地去看看。他今天请我们去看他搭的大桥。”“那我就不耽误你们的时间了，以后我有空再来。”说完，我就离开了。

幼儿的观察能力很强，他们能够在娃娃家游戏中，反映出他们身边发生的事。前几天，我刚结完婚，我把喜糖发给孩子们吃了。孩子们回家都说，“我们单教师结婚了。”结果，今天他们就把这个情节反映在游戏中了。

（单银雪）

例 48. 检查卫生的来了　（中班娃娃家）

本周娃娃家的目标是：培养幼儿良好的游戏常规，把用完的物品放回原处。

今天，娃娃家真热闹。游戏开始时，邱楚菲、顾云佳、啜文博抢先来到了娃娃家。顾云佳作“妈妈”，邱楚菲当“孩子”，啜文博扮“爸爸”。一家三口人一早就拿着篮子出去买菜了。回来后，“妈妈”和“爸爸”去厨房做饭，孩子在一边看书。一会儿，娃娃家来客人了。“妈妈”、“爸爸”热情地招待客人。“妈妈”给客人倒水，拿水果，爸爸到厨房做饭。工夫不大，饭做好了，“爸爸”邀请客人在家吃饭，大家一边吃，一边聊天。吃完饭，一家人又同客人一起听音乐。桌子上碗、盘、剩菜在那放着，地上还有纸．面等。这时，我来到娃娃家，“妈妈”给我开了门，我说：“我今天不是来做客的，我是卫生监督员，我是来检查卫生的。噢，你看，你家的卫生真不好，吃完饭也不收拾，地上乱七八糟的，看着真不舒服。你们快点收拾好，我待一会儿再来检查你家的卫生。”说完，我就离开了。这时，“妈妈”让“爸爸”陪着客人呆着，她自己把碗、盘收拾好，把地扫干净了，屋里的东西都收拾好了。过了一会儿，我又来到他们家，看到他们家很干净也很整齐，就表扬了他们，并且给他们家发了一面卫生红旗，并告诉他们，以后要记住：用完的东西要放回原处，不要把屋子弄脏弄乱，要让家里干干净净。“妈妈”、“爸爸”点点头，高兴地接过了卫生红旗。

（单银雪）

例 49. 大马路　（中班积木区）

这阶段的教育目标是：在游戏中培养幼儿的合作性。

今天游戏前对此重点进行了强化。当我观察积木区时，发现张弛仍是独自游戏。只见他手拿玩具筐，来到积木柜前，有选择地取了几块长方积木、小胶卷盒、电池、小木人玩具等，然后就聚精会神地搭建起来。我在一旁观察着，没有马上干预。他先用4块木板和长方积木搭出汽车道（马路），板上放有“工”形积木，用来当汽车，从上往下滑。又在下方用两个电池和一块长方形积木分别当轮子和车身，在当车身的长方形积木上面站着玩具木头人。在路的一旁用胶卷盒当安全岛，上面站着警察。张弛越搭东西越多，占用的场地也越来越大，这自然会影响到周围的小朋友，眼看就要发生口角了，我说：“张弛，你要和小朋友合起来搭，这样地方就变宽大了，搭的东西会更多、更好。”他高兴地答应了，并自然地与同伴合作起来。游戏结束时，一个完整的“大街”场景出现了。我问张弛：“你们的大马路为什么一下变得这么大，这么好看了呢？”“因为这是我们大家一起搭的。”我又指着马路上一辆较长的车问：“这是什么车？”张弛说：“这是陈宁想出来的大公共汽车，能坐很多人呢。”

通过今天的游戏活动，使他体会到了合作的乐趣。

（李连荣）

例50. 小小建筑师　（中班积木区）

我班夏天翔最喜欢玩积木区游戏，他想象力丰富，富有创造性。

夏天翔的妈妈在商场工作，因此，他常常喜欢搭商场这类建筑大厦。一次游戏中，他与佟晓菲商量，是搭蓝岛大厦、购物中心呢，还是搭大厦呢？他总是主动与伙伴协商，而不是单独游戏，游戏开始前，他常会把自己的设想讲出来，向小伙伴们介绍，如：“咱们搭一座地铁站，一个地下通道吧，上面再搭个花园、饭店，让人看不出来地下秘密通道，好不好？”小朋友响应之后，他兴趣更高，边建筑边指挥，并充分发挥想象力，与伙伴共同创造。

一次游戏中，一些来积木区建造次数不太多的幼儿（中等水平的幼儿）在建造，如：王湛、白英杰、佟晓菲。佟晓菲和白英杰一起玩。夏天翔希望佟晓菲与自己共建，佟未响应，他就对白与佟说：“你们用大积木搭，我用小积木搭。”之后自己用小积木搭起地铁来。他发现王湛在旁边，就对王说：“瞧，这是地铁，咱们一起搭地铁怎么样……”王没理会他，他自己觉得没意思，又去找佟晓菲："咱们一起搭，搭一个宾馆吧！"可佟与白搭花园搭得正起劲，没人响应他。他一气之下，坐在大积木那儿，手托腮帮子生起气来。后来王湛走过来，他才高兴起来。

在游戏中，夏天翔愿意与小伙伴积极交往，希望别人从他的兴趣出发，采纳他的意见。如果幼儿不把他作为主要角色，他就会十分扫兴。

当他发现王湛搭的小门不好看时说："这是什么门呀！"他看到白英杰与佟晓菲用小积木搭的月儿摇零乱无序地放在花园中时，嘲讽地说："这是什么玩意儿呀！"当他提建议时，也是消极地讲，"这是什么花园呀？还没有喷水的呢！"

如果小朋友不小心碰坏了他的作品，在他游戏兴趣高时，他会自己再搭上。别人向他道歉，他也可以不予追究，继续再搭。但若是他的作品被接连不断地撞坏，他会大哭起来。我班从外地新来的一个小朋友，叫郑林，他对什么都觉得新鲜，这天来到积木区与夏一起搭建，夏建的是火车站，他在旁边学着建，可由于他游戏水平太低，建筑不稳，接连几次把夏的作品碰坏。开始，夏只是说："你看你！"但还是能再修上。可接连几次后，夏大哭起来，跳着说："讨厌！"经老师和旁边的小朋友们的劝解，他才擦着眼泪，又建造起来，没有因多次失败而放弃。

每次游戏结束讲评时，夏天翔总是十分积极地向大家介绍作品，充满自豪感，并且能够清楚地说出他是与谁共同建造的，而且，还可以详细地介绍建筑的过程和结果，脸上总是荡着满意的笑容。

（李荣伟）

例 51. 游戏场　（中班积木区）

今天，孩子们同往常一样，手举得高高地想到自己想去的游戏区去玩。坐在一旁的刘宾是新来的小朋友，他看着我，慢慢地把小手举到胸前，一会儿又缩了回去。当我请积木区的小朋友时，刘宾又悄悄地举起了手，还是那么低。我看到他的这些动作，心里很高兴，于是第一个请了他。他大步地走到积木区。一会儿，李弛飞、刘琪、杨宁小朋友也走了过来。开始，刘宾在一旁站着，看着他们 3 个人一边说一边还商量搭什么，他也想说，可又不敢。我走过去，对他们 3 个人说："刘宾小朋友是第一次来积木区玩，和他一起玩吧!”话音刚落，李弛飞就拉起刘宾的手，说：“你想搭什么呀?”刘宾说：“我想塔游乐场。”他们3个人都同意了，一起搭游乐场。4个人一边商量一边搭。刘宾说：“我昨天去了游乐场，那儿有电动飞机。”李弛飞说：“那我们也搭一个。”刘宾拿了两个电池，刘琪取了几块积木，在游乐场中央搭了一架电动飞机。飞机搭好后，刘宾笑了。他两手搭在李弛飞和杨宁的肩上说：“我坐的电动飞机就是这样的。”我走过去，看见他们4个人正高兴地说着，便问：“什么事这么高兴呀?”“我们搭了游乐场。”李弛飞说。“还有电动飞机呢。”刘宾又补充说。我说：“是吗?真不错，一会儿你们给我和小朋友说说好吗?”他们点点头。游戏结束了，小朋友们围在积木区的周围，看着他们搭的游乐场。我有意请刘宾给我们讲，开始，刘不好意思，我们给他鼓掌，鼓励他，他在李弛飞、刘琪和杨宁的帮助下，给小朋友们讲了游乐场的结构，里面有什么、用什么搭的等等。

在游戏结束后，我发给刘宾一朵小红花，他高兴极了。

（单银雪）

例52. 幼儿如何加入他人的游戏　（中班积木区）

本周积木区的目标是：培养幼儿的交往能力，使他们能进行简单的合作搭建，友好地玩，并能在游戏中进行一定的语言交往。

饭后自选游戏时，积木区的幼儿有尹亚聪、史伟平、董思思和林汉森。林汉森很喜欢玩积木，他今天吃饭很快，第一个到了积木区。他戴好安全帽，开始搭积木。他先用大积木搭了个圆，又用小积木在里面摆了些小方堆。这时史伟平、董思思也来到了积木区。尹亚聪快步跑到积木区，走到史伟平面前，高兴地说：“咱们搭大马路吧!”史伟平没有采纳他的意见，而是和董思思一起搭动物园，尹亚聪站在他们旁边看他们搭。过了一会儿，他又来到林汉森那儿，对林汉森说：“咱们搭动物园吧!”说完，他把林汉森搭的东西推倒了，然后用那堆积木搭起动物园。林汉森没做什么表示，而是走到了另一边，又拿了几块积木搭了起来。尹亚聪忙了一会儿，觉得没劲，就坐在地毯上，看史伟平他们搭。这时史伟平对董思思说，“咱们还少一块积木，长的。”尹亚聪赶紧拿了一块长的大积木递到了史伟平手里，这样就参与到了他们的游戏中了。他们3人边搭边说笑，可旁边的林汉森丝毫没有受到影响，依然是自己玩得津津有味，并且还自言自语。这样，一直到游戏结束。

（季敏）

例53. 当新玩具出现时　（中班益智操作区）

学期初，我班益智区新添了一些玩具材料，其中之一是“轨道滚球”。它是由若干个长轨道、短支柱组成的，长轨道一头有圆孔。经过拼插之后，可组成各种造型。把球放到上面，球会沿轨道滚下。幼儿对这件新玩具很感兴趣。自选游戏时，小朋友都想玩，有的抱盒子，有的拿球……

我请幼儿讨论：“这么多人想玩，应该怎么办？”小朋友们说：“应该互相谦让，今天你玩，明天他玩。”“谁有球谁玩。”虽然幼儿知道要互相谦让，可真正能够按照去做的却不多。一天，在自选游戏前的过渡环节，我把与幼儿共同建造的轨道摆在前边，请幼儿分小组轮流去滚滚球，“过过瘾”，使每个小朋友都有亲自动手玩新玩具的机会。玩时，我又同幼儿一起商量控制人数的规则：每次只可以 4 个人玩；每天每人可以玩一次；看到人够了就要玩其他游戏，下次再玩。分组活动时，请近日玩其他游戏的小朋友先选择。游戏评价时，积极鼓励互相谦让的幼儿，避免了争抢新玩具的现象。

（李荣伟）

例54. 因势利导　（中班益智操作区）

最近，我班有几名幼儿带来了“河马牛”的玩具。其实，这个玩具就是一个布袋木偶，由于设计巧妙，玩时手伸进去可以自如地表演出各种生动表情，很受孩子的喜爱。

自选游戏时，幼儿拿着自带的“河马牛”玩了起来。有的小朋友与“河马牛”对话，有的小朋友拿着“河马牛”追跑起来。为了不影响其他组幼儿游戏，我拿过一只大“河马牛”，对追跑的小朋友说：“‘河马牛’，真好玩。我这只‘河马牛’本领可大了，它还会讲故事呢！你们想不想听？”幼儿一听“河马牛”要讲故事都高兴起来。我用“河马牛”边表演，边说：“我想在舞台上给小朋友讲一个好听的故事。可是，哪有表演的地方呢？”经过商量，我与孩子们很快用桌子在活动室的一角搭了一个表演区，“河马牛”在舞台上表演起来。从此小朋友再玩“河马牛”时，就知道要到表演区去玩了。表演区的增设，使“河马牛”再也不会影响其他幼儿了。

（李荣伟）

例55.“心里高兴得笑不出来了” （中班益智操作区）

刘宾是个5岁男孩，这学期刚刚插入到我们中一班。他平时不爱说话，不善于与同伴交往。活动中，他总是躲在一旁，对任何事情都显得不那么感兴趣。

游戏的时间到了，别的幼儿都争着到各个游戏区去游戏，只有刘宾小朋友安静地坐在小椅子上。我走过去，问他：“你想到哪个区去玩？”他摇摇头说：“我哪儿都不想去。”“那你玩玩摇摇车吧。”（摇摇车是新买来的）。“我不玩，我一玩该出汗了，我一出汗就该瘦了。”这时班里的游戏气氛已经开始活跃起来，张祎璔小朋友拿着一顶刚插好的皇冠帽走过来给我看：“单老师，你看，这是我插的皇冠帽，好看吗？”“真好看，刘宾，你喜欢吗？”我对刘宾说。刘宾点点头。“那你也去插一顶好看的皇冠帽，好吗？”刘宾想了想说：“好吧。”他从玩具柜中拿了一筐球形积塑，一个个插起来，过了一会儿，一顶漂亮的皇冠帽插好了，放在了桌子的一角。这时，筐里的积塑不多了，再插一顶帽子显然是不够了。我对他说：“这帽子真漂亮，送给我好吗？”他说：“好吧。”我拿起帽子戴在头上，他的眼睛一直盯着我。“哎呀，帽子太小了。你再给我插个大的好吗？”他点点头。我走开在一边观察他。一会儿，筐中积塑用完了，帽子才插了一半，他用手摸摸头，小心地走到张祎璔那里，刚想说话又回来了。我走过去问：“刘宾，怎么啦？”“不够了。”“你看看别人那儿有吗？”他站在那里没动，好像是不敢。“来，我和你一起去。”我拉着他的手走到张祎璔那里借了几个球形积塑，他又插了起来。插好后，他小心翼翼地托着皇冠给我送来，我高高兴兴地将它戴在头上，他也笑了。

游戏结束，别的幼儿看见我头上戴着的皇冠很奇怪，纷纷走到我跟前问：“您头上戴的是什么呀？谁插的呀？”“好看吗？”我问。“好看！”孩子们齐声回答。“你们猜一猜？”孩子们互相猜着、问着。我请帽子的主人站出来。大家不说话了，东张西望地看着。只见刘宾不好意思地走出来了，大家都很惊讶，“原来是刘宾呀！”小朋友为他鼓起了掌，我也为他发了小红花。我问他：“高兴吗？”“高兴。”“那为什么没笑呀？”“我心里高兴，高兴得都笑不出来了。”

我和小朋友们听了，都笑了。

（单银雪）

例56. 找窍门 （中班益智操作区）

今天自选游戏时，王昊然小朋友自己一个人玩拼图。他看看这块，又看看那块，摸着自己的头，不一会儿，头上渗出一层汗珠儿。我问他："拼好了吗？"他一下把拼图推到一边，气呼呼地说："拼不上，我不拼了。"说完就要走。我拉住他说："我们俩一起拼，不就拼上了吗，来，试一试吧！"于是，我一边拼一边教他，"你看，这边有半个花儿，你去找找那半个。"他找到后，交给我，高兴地说："我找到了。"我引导他观察图形边上的图案，然后找出相对应的图案拼上，渐渐地，他掌握了拼图的"窍门"。过了大约10分钟，终于把图拼好了。

幼儿游戏中有时会遇到一些难以克服的困难，百思不得其解。这时教师要及时给予指导、点拨或具体帮助，特别在幼儿不了解游戏方法技能时，教师要教他观察图案，学习拼图的方法，困难就会迎刃而解。

（刘克勤）

例57. 染纸 （中班美工区）

我班美工区有剪纸、折纸、粘贴等材料。根据周工作日标，我们又为美工区增设了染纸和剪旧书拼故事的活动，一下子吸引了许多孩子，尤其是染纸，幼儿都想试一试。

今天，美工区聚集了十多个幼儿，我临时决定增加一张桌子，让这些孩子都能到自己喜欢的游戏区去玩。

苗淼是班上能力较强的幼儿，在染纸时，她告诉小朋友："小心点，别把彩色水弄洒了。"大家跟着苗淼一起染纸。我发现顾云佳小朋友坐在一边，拿起纸刚要染，又放下了，像是怕染不好，搬起椅子要走，可又恋恋不舍。我轻轻走过去，小声说："佳佳，你怎么了？你那么着急来到美工区，还没染纸怎么就要走啊？"她低下头，嘴里支支吾吾地说着什么。我问："是不是怕染不好呀？"她点点头，我又说："没关系，你要不试怎么知道自己染不好呢？这样吧，我跟你一起染，好吗？"她又点点头，把椅子放回原处。我教她拿起一张正方形纸先后三次对角折，然后小心地浸染。我说："染完打开看看。"她将纸打开，一看纸染得很漂亮，她就满意地笑了。我夸奖说："真不错。你再去试一张吧！"顾云佳欣然答应了，又开始染第二张纸。

（单银雪）

例 58. 小浙江 （中班美工区）

郑林是浙江人，新来北京，以前没进过幼儿园，也不会说普通话。他刚来时，几乎什么都不会。但他对班里的一切，都充满好奇，这就需要老师在游戏中对他进行个别指导。

这天自选游戏时，郑林来到美工组。他见佟晓菲拿了一张纸，他也拿了一张纸，看见别的小朋友画画，他也画起来。他画了几下，就又跑到其他的小朋友那里，看看这，看看那。我走过去看了看他的画，上面只有些小点点，好像是小草，其它什么也没有。我问郑林："林林，你想画画是吗？想好画什么了吗？"他想了一会儿说："小草。""别的呢？""没想好。"我拿起笔，几下就画出一只小鸡，我问："好看吗？"他带着口音说："好看。""我来教你好吗？""好的。"于是我一笔一笔地教他画起来，他学得很认真。

（刘克勤）

例 59. 小红旗 （中班美工区）

这天自选游戏中，我发现美工区桌面和地上有许多碎纸，原来，只有一部分小朋友把剪剩的碎纸放到小筐里，有的则很随意，想起来就放，桌子上的碎纸常常会被弄到地上。我走过去对美工组的小朋友说："你们这组的卫生太差了，碎纸桌上、地上都有，让人看着多不舒服呀？来，我们把它们捡起来。"我同孩子们一起把场地收拾干净之后，我剪了几面小红旗，对这组小朋友说："小红旗是发给爱清洁讲卫生的小朋友的，我看看哪组能得到这些小旗。"之后，小朋友又继续游戏。不过这次小朋友都很注意，把碎纸放进小筐中，尽管偶尔把碎纸掉在地上，但他们也会立即捡起来。

（刘克勤）

例 60. 染纸中的发现 （中班美工区）

今天，结合染纸活动的开展，美工区增添了一些新材料。当小朋友见到那些毛边纸时，就议论起来，“这是什么纸呀？”“这能画画吗？”我拿起那几张纸说：“这些纸叫宣纸又叫毛边纸，它是用来染纸的。你们看老师染一张。”于是，我拿起纸叠成一个小三角形，把三角形的边角浸在各色颜料中染上颜色，然后轻轻打开纸，它变成了一张漂亮的图案。小朋友见了都跃跃欲试，我一步步指导他们。染纸过程中，孩子们还有一些新的发现，如：有的小朋友发现，蓝、黄两种颜色相配变成了绿色。孩子们又陆续配出了紫色、深蓝色等，并用这些漂亮的颜色来染纸，他们兴奋极了。游戏结束时，小朋友们的染纸没有一张是重色、重样的。

（刘克勤）

例 61. 图书被抢撕了之后　（中班图书区）

听说图书区又添了几本新书，那几名爱看书的小朋友，在活动开始之后，就搬着小椅子来看书了。我看到李莎和王淇在抢一本书，谁也不愿松手，书皮被撕了一个大口子。他们看见我发现了，都争着说：“老师，不是我撕的。”我问其他小朋友：“你们说说，这书为什么会撕了？”有的说：“抢就会撕。”有的说：“轻轻地拿就没事了。”我看看手中的书说：“这本书是因为你们使劲抢才撕的，你们俩要是都想看，可以两人一起看，这样，问题不就解决了吗？对不对？”我请王湛去拿胶水，然后，同这两个幼儿将书修补好。于是这两人一起看起书来。

幼儿都想先看新书，这很自然。但如果不能互相谦让，就会造成损坏图书的后果。我想这事会使孩子们接受教训的，并引导他们，以后再遇上这类事，要想一想，找一个其他的办法来解决。

（刘克勤）

例 62. 改掉口吃的毛病　（中班图书区）

白英杰小朋友有点口吃，所以我常常找机会同他交谈。在自选游戏中，我有时专门引导他到图书区去游戏，以提高他口语表达能力，改掉口吃的毛病。有一次，我领他来到图书区，指着一本《金色的房子》的图书，对他说：“这个故事小朋友都会复述，你能不能讲给我听一听？”他点点头说：“行。”于是他边看边讲：“田野里有……有……有一座小……房子，后……后……后来，它们就玩……起来……”我边听边说：“慢点说，别着急。”然后又让他重复了几遍，他渐渐地放松了，说得也比较通顺了。

我又同他的家长进行了联系，请家长在家中多同他交谈，教他说一些绕口令、儿歌或同他一起复述故事等，争取家园配合，改掉他口吃的毛病。

（刘克勤）

例 63. 等别人看完了自己再看 （中班图书区）

本周图书区的目标是：培养幼儿良好的读书习惯，学会一页一页翻书，并能看懂简单的画面内容。

今天林汉森来幼儿园时很高兴，手中举了本大大的新书，笑着对我说：“爸爸给我买的，还有好几本呢！”他把书放到书架上，洗手去了。饭后，小朋友开始自选游戏，林汉森选择的是桌面玩具，他今天带来的书很受小朋友的欢迎，大家都争着看。他看小朋友都爱看他的书，他就把玩具送回去，搬了椅子也来到图书区。这时，郑佳萌正在看林汉森的书，他看得很有兴趣，林汉森没有打搅他，就坐在他旁边看他看书。郑佳萌看完后把书放回到书架上。林汉森站起来刚要拿书，崔同又把书拿走了，林汉森看了看崔同，又回到座位上。崔同看不懂书的内容，只是把书翻过来、掉过去地看了几遍，觉得没意思，就把书放回去了，去玩玩具了。林汉森赶紧拿了那本书坐在位子上，把书放在桌子上，念了一遍书的名字，就开始一页一页地看书，边看边念着什么。我走过去，让他给我讲讲每页都是什么内容，他很高兴地给我一页一页地讲，我发现他认识很多字，这本书的基本内容，他都已经掌握了。“很好，”我夸奖说，“你不但认识很多字，而且你今天能等别人看完了自己再看，说明你很谦让，也很有礼貌，希望你能坚持下去。”

（季敏）

例 64. 比较乌龟与甲鱼 （中班科学区）

自然科学区的游戏目标是：比较两个事物的差异，用金鱼与鱼苗、乌龟与甲鱼进行比较。

我班刘宜君带来一只小乌龟，小朋友都很喜欢，邹老师又给小朋友带来一只甲鱼。一次，自选游戏时，我请科学区小朋友看看，这两种小动物什么地方长得一样？小朋友说："它们都有盖子，有四条腿和小尾巴。"我又引导他们观察，它们有没有不一样的地方？大家踊跃地告诉我："老师，小乌龟的头是圆的，邹老师拿来的这只头是尖的，""这个小乌龟的盖子硬，那只盖软，它的腿缩不到盖里去，而且小乌龟（身子）上面的盖上还有花纹呢。"

小朋友观察的兴致很高，通过观摩和共同讨论，知道那只跟乌龟相似的小动物叫甲鱼，并能初步进行有目的的观察，了解了乌龟与甲鱼的异同及外形特征。

（李荣伟）

例65. 画观察记录　（中班科学区）

春季，我们常组织幼儿进行种植活动，这是幼儿观察春季植物生长的方法之一。最近在自然科学区，我带领班上幼儿种蒜、泡豆，开展种植活动，我发现小朋友对自己种的东西很感兴趣，可观察记录得不好，根据这一情况，我重点指导自然科学区的幼儿进行观察记录。

我发现徐佐君很喜欢自然科学区，一看就是半天，不说话，也不与人交往。他全神贯注地观察并作记录。他画了一盆蒜，盆上的花纹画得很细，可蒜苗画得齐刷刷的。我走过去，跟他一起看，同他交谈："这盆蒜苗都这么绿了，长得真好呀？你瞧，这根蒜苗都这么长了。"（我特意指着一根不是很长的）他说："老师你瞧，这儿还有比它更高的呢！"我引导他仔细观察，使他认识到，蒜苗长得有高有低，不能画成一样高。之后，他又拿起了笔，在观察记录本上，画出了一盆参差不齐、绿油油的蒜苗。看来，只有让小朋友们仔细观察，才能做好观察记录，才能使他们对见过的自然事物，对植物的生长有更深刻的印象。

（李荣伟）

例66. 天气日记　（中班科学区）

班上的"天气日记"是由每天来园早的幼儿绘画。如，晴天画上太阳、云朵；阴雨天画上乌云、雨点；刮风则画斜线，下雨用雪花（*）表示等。最近我给幼儿提出一个新的要求：除用绘画表现每天的天气外，还要记录每天的温度。这就要求幼儿每天回家后，要收听或收看天气预报，并记录下来。

一天早上，任成第一个来园，他高兴地告诉我："老师，今天是晴天，风力2～3级，最高气温18度。"我说："你怎么知道的？""昨天电视里预报的。"我说："那好，你给画上吧。"他迅速地拿起笔，在4月20日的格里画上太阳、云彩，还写了个18度。一会儿，小朋友们也陆续来园了，王瑞走到科学区看了看观察日记，问："谁写的18度？"任说："是我。"王说："今天是20度，不是18度。"任说："是。我昨天看电视了。"这时，有几个小朋友也说："就是18度。"王瑞说："昨天是报18度，可是今天早晨广播说是20度了。"我问："怎么回事？"他们把事情的经过讲了一遍。我说："那到底是画18度，还是画20度呢？"有的说18度，有的说20度，意见不统一。我说："你们先别争，咱们班有收音机，一会儿咱们听听好吗？"他们说："行。"刚一下课，小朋友就说："老师，开收音机。"大约10点钟左右，真的播放天气预报了，小朋友们都围过来，一点声音也没有地听着广播，"今天白天，晴，风力2～3级，最高气温20度。"听完，小朋友都说："噢，是20度。"我说："天气总是变化的，有时上午跟下午的温度也不同，那咱们的天气日记怎么写呢？"任成说："老师，把18改成20，按王瑞说的写。"说完就拿起笔，走到科学区，在天气日记上把18度轻轻划掉，又写上了20度。

（邹萍）

例67. 小蝌蚪长出了后腿　（中班科学区）

近期科学区的目标是：认识春天，学习运用多种感官，感知事物现象，发展观察力。

上周，我们组织幼儿到附近的龙潭湖公园观察春天，并用小玻璃瓶捉了一些小蝌蚪放到科学区。孩子们可喜欢它们了，每天都到科学区去观察，有的还问："老师，什么时候它才能变成小青蛙呀？"今天自选游戏时，有几个幼儿又来到科学区，他们是王鑫、张青、李璇和陈达，有的看鱼，有的玩磁铁游戏。只有王鑫在小蝌蚪那儿看来看去，突然他好像发现了什么，跑过来对我说："老师，有一只小蝌蚪长后腿了。我带您看看去。"我过去看了半天也没找到，他说："就那只。"我仔细一看，发现这只小蝌蚪确实长出了后腿，不过只是很小很小的一点，说明王鑫观察得很细致。游戏结束时，我在全体小朋友面前表扬了王鑫，并让大家观察长了后腿的小蝌蚪，然后让大家一起讨论：小蝌蚪怎样变成小青蛙。陈达说："老师，我知道，有一个故事里讲过。"我问是什么故事，陈说："是'小蝌蚪找妈妈'的故事，小蝌蚪先长后腿，再长前腿，尾巴慢慢没了，颜色变绿，哇哇叫的就变成青蛙了。"我建议："那好，从今天起，我们都来看看咱们的小蝌蚪是不是先长后腿再长前腿，尾巴慢慢不见了，好吗？"小朋友齐声说："好！"

中午进餐前，为了使小朋友进一步了解小蝌蚪变成青蛙的过程，我放了一盒故事磁带给小朋友听，其中一个故事就是"小蝌蚪找妈妈"。

（邹萍）

例68. 怎么办？（大班娃娃家）

幼儿在游戏的过程中会遇到许多大大小小的问题。

为了提高大班幼儿解决问题的能力，我在主题教育活动中进行了一次"怎么办？"的讨论活动，让幼儿自己讨论怎样解决平时常常遇到的小问题。主题活动后是自选游戏，我对娃娃家进行了观察，看看幼儿们是如何解决游戏过程中发生的问题的。

今天去娃娃家游戏的幼儿有：王祎、张一凡、孙维、曹德堃4位小朋友。游戏一开始，这4个小朋友就分起角色来。孙维说："今天我想当'爸爸'！"曹德堃说："我可不当'爸爸'，我要当'小舅'，小舅对我最好。"王祎说："我当'妈妈'！"张一凡说："我也当'妈妈'！"这下可麻烦了，出现了两个"妈妈"。孙维见我在旁边，就说："老师，她俩——"话还没说完，曹德堃就把他拉过去，小声说："老师不是说了吗？要自己解决，你忘了？"孙维听了忙闭上嘴不说话了。

这时王祎和张一凡站在一起也不讲话。曹德堃着急地说："你们快点，时间都过去了。"王祎看了看我，又看了看娃娃家的布娃娃，小声对张一凡说："张一凡，要不，你当——"王祎停了一下又说："你当'妈妈'，我当'大姨'来你家做客。"张一凡听到这，特别高兴，马上说："行。等下次游戏你再当妈妈，好吗？"问题解决了，虽然有点不情愿，但王祎还是做出了正确的选择。

游戏继续进行，娃娃家里只剩下"小舅"和"爸爸"了。我以客人的身份来到娃娃家做客，想知道这两位小朋友在做什么？"当、当、当"，"谁呀？""我是孙维的同事！""快请进！"孙维开门请我进来。曹德堃给我倒了一杯水说："您喝水，今天别走了，在这儿吃元宵吧！""今天是什么节？"我奇怪地问。曹德堃笑说："今天是什么节您都忘了，是元宵节！""噢，噢。"我忙点头说："我也得回家做元宵，过两天再来。"孙维说："您慢走啊！有空儿再来。"

我刚走出娃娃家，就见王祎和张一凡也来到了门口敲门。曹德堃问："谁呀？"张一凡忙说："我接大姨到咱家过元宵节。"曹德堃开门后马上说："快进来，我们要做元宵了。"

孙维把油面放在案板上，说："快点做吧。"于是大家一人拿了一点面做起来。王祎做了一个说："这个元宵怎么没馅呀？"孙维忙说："没有就没有吧！""没有就不叫元宵了，我不做了。"王祎不高兴地坐到了一边，张一凡也跟着坐到了一边。眼看玩得挺好的游戏就这么停滞了。

我看到这儿，就到美工区要了点皱纹纸团，放在一个小篮子里，来到娃娃家门口，说道："卖元宵馅！谁买？有水果馅、巧克力馅，谁买？"这下可好了，刚才还生气的王祎一下子站起身，来到门口，说："老奶奶，我买元宵馅！"我见她叫我老奶奶就放慢说话的速度说："你要什么馅的？"王祎回头问其他的人："要什么馅的？"孙维说："要巧克力馅的。"曹德堃说："水果馅。"张一凡说："都要了吧！"王祎也同意张一凡的意见，对我说："老奶奶，这几种我们都要了。"我把小篮递给了王祎。王祎从兜里掏出一张小纸片，说："给您钱。"我接过钱说："好吃再来买。"

孩子们又继续包元宵了，张一凡先拿了一小块面团捏成了一个小圆片，然后把"馅"放到面里团起来，又揉了揉。不一会儿他们就做好了一盘元宵。

通过这次观察，我觉得孩子在游戏中解决问题的能力有了进一步增强。作为老师，在观察幼儿游戏时，如果发现幼儿有了解决不了的困难时，可以通过巧妙的方式，及时给予帮助，使游戏顺利进行。

（任晓燕）

例69. 娃娃家的客人 （大班娃娃家）

本周的游戏目标是：学会自己解决问题或困难，因为幼儿已到了大班后期了。

一次游戏中，高淼小朋友想玩娃娃家的游戏，而这个区的人数已够，不能再添人了。她站在娃娃家旁看了一会儿，没有小朋友出来，只好到我身边求助，希望我能帮助她进入娃娃家。我说："娃娃家已经够人了，你谦让行不行呢？”她没出声。看着她渴求的目光，我不忍心破坏她的情绪。我说：“你可不可以想个办法呢？”其他的话我没多说，只是在一旁观察她。一会儿她来到娃娃家，对“妈妈”说：“我来当你的同事，到你家做客行吗？”“妈妈”欣然答应了。高淼很高兴，很快进入了角色，一会给“孩子”讲故事，一会儿又拉着“孩子”出去玩。游戏中，她自始至终没有离开娃娃家。

我想，大班幼儿已完全可以在游戏中自己解决问题，既不伤害伙伴也能满足自己的需要。所以老师应注意在自选游戏中允分发挥幼儿自主性，注意培养具自己解决问题的能力。

（邹萍）

例70. 爱助人的小警察　（大班角色游戏区）

王瑞聪明好动，在游戏活动中，他一般不稳定，游戏持续时间短，有时甚至在班里跑来跑去。近来，我观察他几乎每天都玩得十分高兴。今天早上，他穿一身警察服很神气地在老师和小朋友面前显示。游戏开始了，他没有选择活动区，而是一反常态地坐在那儿不出声。小朋友们玩起来了，他站起来走到娃娃家，说：“我是警察，你们都听我的。”娃娃家的小朋友，只顾选择玩具材料和协商角色分配，没有人注意到他说什么。王瑞觉得没趣又来到了美工区，说：“嘿！我是警察，听我的吧！”像是命令的口吻。崔晨正画画，抬起头看了看王瑞，笑着说：“你，不像警察。”他争辩道：“我像警察。”崔说：“就不像！警察叔叔可好了，爱帮助人，你呢？你不听老师的话，还想当警察？”王气得看看崔，又说：“我听老师的，你看我还穿警察服了呢！我妈新给我买的。”说也无济于事，后来他竟伤心地落起泪来。我走过去，对他说：“王瑞，谁给你买的警察服？”王说：“我妈妈。”我说：“真像警察，你想当警察吗？”王点头说：“想。崔晨说我不像。”说完他的眼泪又掉下来，看到他伤心的样子，我说：“今天游戏区加一个大马路，中间摆个（警察）安全岛，请你当警察，好吗？”他很高兴，说：“行。”我又说：“不过，你要先把马路摆好，然后再指挥。”他拿了几块积木搭起路来，还用积塑插了一个指挥棒。我告诉小朋友，咱们班多了一个爱帮助人的小警察，有事可以找他。这样满足了他的游戏愿望，同时也暗示他只有做出良好的行为，才能在伙伴中树立起威信。

（邹萍）

例 71. 开医院　（大班角色游戏区）

大班幼儿即将步入小学，所以，应该让他们学会自己克服困难和解决问题，这是十分重要的，也是我们计划之中的。这天，高盈盈在娃娃家当“妈妈”。孩子生病了她十分着急，向老师建议：“咱们开个医院吧，给孩子看病。”老师说：“好。”可怎么开呢？看来这点问题难不倒她，“找点东西代替。”于是她来到百宝箱前，翻呀翻，找到了药盒、药瓶等材料，又选择了一块距娃娃家不远的地方，确定了位置后，说：“就在这儿吧，娃娃看病离着近。”这样，简陋的小医院就建起来了。

这说明大班幼儿游戏水平已经提高了，社会经验也较丰富了，只要为他们提供机会，他们不但会自己解决问题，而且还解决得很好。

（邹萍）

例 72. 架子鼓　（大班表演区）

表演区有几种乐器：手铃、铃鼓、木鱼等。可今天游戏时，孙维却一样也没拿，他把阳台上不用的高低不等的积木按顺序放了一排，左边是一块长方形积木，正中间是两块半圆形积木，右边是两块小的正方形积木，我见他排得很有趣，所以想知道他到底要做什么。

辛媛是主持人，她走到表演区中间开始报目：“第一个节目新疆舞，表演者王祎、马瑞。”录音机里放出优美的音乐，同时伴随着一种奇怪的鼓点传来，原来是孙维在有节奏地用手敲着那几块积木。他左边敲一下，右边敲一下，然后又从左向右依次敲了一遍。样子有点像敲架子鼓。我忍不住去问孙维：“你这是什么乐器？”他兴奋地对我说：“任老师，这是我做的架子鼓！”我看着孩子有这么丰富的想象力，很高兴，所以就找来两块积木和他一起敲起来。

虽然这和真正的架子鼓有很大差别，可它显示了孩子们可贵的创造精神。作为老师，我们要不断激发孩子们的想象力，并为他们提供必要条件，对他们的创造性表现给予大力的支持。

（任晓燕）

例 73. 收票员　（大班表演区）

徐达是个很爱动的孩子，平时做事没有长性。今天游戏时，他对我说：“任老师，我想当表演区的收票员。”我问他：“收票员要坚守岗位，你能做到吗？”他很肯定地回答：“能。”“好，我同意你当收票员。”徐达高兴极了。一会他又来找我：“您能为我找个小东西，装收来的门票吗？我的手快拿不住了。”“你应该动脑筋想想，门票可以放在哪儿？”我想看看他有没有办法。徐达想了会儿，说：“放在小筐里行吗？”我见他能想出办法，很高兴，就说：“当然行。”

徐达一直站在表演区门口收票，没有乱走，我看在眼里高兴在心里。我用报纸折了一顶帽子送给徐达，徐达戴上帽子真神气，一个劲地谢我。“老师，你进去看节目吧，可好看了。”我装出很着急的样子：“我没买票怎么看呢？”徐达却说：“今天是教师节，老师免票！”听他一说，我也乐了。可不是，前几天刚过完教师节，这孩子记得真清楚，而且反映在游戏中了，真是值得表扬。

节目看完了，我走出来时说：“徐达再见。”他也说了一句：“欢迎您再来。”

每个孩子都有缺点，可每个孩子都有自己的闪光点。徐达好动、闲不住，可今天在这项游戏活动中，他坚持在自己的岗位上一步不离，而且能做出收票员应有的角色行为，还很认真负责。你能不说这孩子也很可爱吗？

（任晓燕）

例74 谁能把机会让给别人 （大班表演区）

孩子们都很喜欢木偶表演游戏，每次都为谁来表演争个不休。今天想去木偶区的小朋友围着我，伸着小手大声说：“我去！”“我也去！”谁也不让谁。

我压低了声音说：“都想去，我可没办法。”“那轮着去！”“老师挑。”“谁听话，谁去。”没等我问，办法都出来了。张雪、刘楠站在最前面，手都举到我鼻子尖了，两对眼睛像在说，任老师你请我吧！我见他们都很想去，就问了一句：“你们谁能把机会让给别的小朋友，下次你再玩？”举着的手都放下了。过了一会，张辰举起了小手，李冠男举起了小手，一个一个的小手又都举起来了。我看到孩子们虽然心里有点不情愿，但能把机会让给别人，把手举起来了，我真为孩子们的进步而高兴。

我选了几个能把机会让给别人的孩子去木偶区游戏，以示鼓励。从而告诉孩子们一个道理，小朋友之间无论什么事都要互相谦让，都不能只想自己。

（任晓燕）

例 75. 不当挑食的小猫　（大班表演区）

高媛的妈妈对我说，高媛在家挑食，什么都不吃，让我帮她想想办法。

为了教育高媛，今天游戏中，我和她一起表演了一个木偶戏“挑食的小猫”。我演小猫和猫妈妈，她演猫医生。一天，猫医生的诊所里来了一只又瘦又小的小白猫，瘦得连走路都没有劲，是别人把它抬来的……猫医生问：“你得了什么病？”小猫连说话的力气都没有，只见嘴动没有声，猫医生又问：“你怎么这么瘦？”小猫还是没回答。这时猫妈妈赶来说：“医生，我这孩子在家什么都不吃，现在成这样了，怎么办？”高媛听到这儿不说话了，半天才说：“不吃饭怎么行呢？饭菜有营养，不能挑食，不吃长不高，没有力气什么也做不了！”小猫听了点点头，又被抬回了家。过了几天小猫来看猫医生，他身体好多了，也有力气了。

表演完木偶戏，高媛跟我说：“任老师，我不想变成小猫那样，我回家一定听妈妈的话，再也不挑食了。”听了高媛的话，我很高兴。游戏不光是娱乐，而是要寓教于乐。

（任晓燕）

例 76. 麦克风和送给小象的生日礼物　（大班表演区）

表演木偶一般用布袋木偶或小的绒毛玩具。我用几个胡萝卜和草莓做道具，如果还需要别的东西就得幼儿自己想办法或是假装了。

有一次游戏，我发现道具中多了一筐小方形插片，我不知道孩子们拿它做什么用，就在一旁看着。游戏开始了，张曼用插片插了一个长长的东西，接着递给了主持人陈多，“第一个节目：木偶戏‘小象过生日’。”多有意思，原来那长长的是麦克风！接着张一凡又插了一个长方形像盒子似的东西，递给了表演木偶的马瑞：“这个行吗？”马瑞说：“再插一个帽子。”看完这个节目我才知道，孩子所插出的长方形的像盒子似的东西是小动物送给小象的生日礼物。

通过孩子们的游戏，我发现原来提供的几样道具已经满足不了孩子们游戏的需要。他们需要的是多变的、容易组合的道具，如正方形的挂历纸、各种小插片、布条或皱纹纸条等，所以老师一定要注意观察孩子的行为，才能为他们的游戏提供适当的材料。这件事也使我意识到，教师要指导好幼儿的游戏，还要注意向幼儿学习。

（任晓燕）

例 77. 比上次玩得更好 （大班积木区）

自选游戏前，我对马辰龙说："上次游戏时，你动脑筋插出了一个大炮车。今天，我相信你比上次玩得更好。"他高兴地点点头。我又问："你想好玩什么游戏了吗？""我想玩积木。"我和他一起来到积木区。只见陈宁和刘畅两个小朋友正在积极地搬运积木，准备一起搭建。马辰龙想加入进去，但是又插不进手。我就倡议："陈宁、刘畅，马辰龙想和你们一起玩，好吗？"他俩同时说："好！"于是，马辰龙蹲下来先是看他们搭，也准备帮助一起搭，但是总没有他插手的地方。以上这两个幼儿的游戏水平和能力基本接近，好像他们心中想的一样，只见手脚不停地共同搭建。而马辰龙则与这两个小朋友相比各方面水平都有一定距离。这时，只见马辰龙自己在旁边自取了一些积木，搭建了一个与他俩建筑物毫无关系的小桥。过了一会儿，自己觉得不满意又拆掉了。我引导他："你和孔静一起玩，好吗？"马辰龙高兴地点着头。由于他与孔静水平也悬殊，所以他以观看、辅助别人为主，自己目的性不强。孔静偶尔对他拿来的材料小声说一两句话，马辰龙的情绪很稳定，两人一直合作玩，直到游戏结束。

从游戏中，可以看出马辰龙的游戏水平较低，与能力强的幼儿合作建构是有一定困难的，这很自然。但是，通过近日老师的引导和鼓励，这个平时在班内各方面能力都较差的幼儿，对动手操作活动产生了浓厚的兴趣，坚持性也有所加强，并能安下心来在一个活动区游戏了，另外还知道遵守游戏常规和爱护别人的劳动结果了，初步有了与别人合作的意识，这对于他来讲是一个可喜的进步。

老师有意安排他与能力强的幼儿在一起游戏，这对于他的行为习惯和孤僻的个性的转变，有着积极的影响。

（李连荣）

例 78. 把楼房搭得更高更结实 （大班积木区）

曹德堃做事快，想象力也很丰富。但是做起事来总是毛手毛脚，不太细心，经常是刚刚搭好的物体，稍不注意就碰倒了。每当这个时候他都很恼火，怨这个怨那个。但是今天通过听老师讲“小猪盖房子”的故事后，他触动很大，好像找到了解决问题的办法。游戏开始了，他第一个来到积木区。在搭建过程中，他第一注意了选材，第二注意了结构方面的牢固性，同时还不断地提醒同伴张帅要注意把房子搭结实。游戏快要结束的时候，曹德堃高兴地叫我去看他们的成果：“李老师，您看，今天我们盖的楼房比哪天的都高，还特别结实。不信，您去摸摸试试。”为了满足孩子的心理，我真的走进了积木区，摸了摸那“高大的楼房”。那些小小的“建筑师”们在一旁得意地笑着。

从游戏中可以看出，幼儿已把所学到的知识迁移到游戏活动中去实践了。

（李连荣）

例79.“光明大街”（大班积木区）

在观察积木区中，我发现我班幼儿建构水平发展不平衡。于是，在今天的游戏中，我特意请能力强的王佳磊当组长，另外还有两个能力较强的幼儿，我请这3个能力较强的幼儿带两个能力较差的幼儿（徐达和马辰龙）。起初，王佳磊很不高兴，小声嘟哝：“他们尽捣乱。”话音未落，马辰龙立刻反驳：“我们不捣乱。”我接着说：“你要相信这两个小朋友，今天我特意请你当组长，来带着他们一起搭。”听了此话，他高兴地点头同意了。于是大家动手干起来，我引导他们先围坐在一起，商量搭什么，然后再分工合作。在我的建议下，几个人围坐一起商量。由于他们今天有了共同目标，并且又有具体分工，所以，在建构中注意力都非常集中。一会儿徐达叫起来了：“我的马路没地方搭了。”陈宁看了看说：“你不会拐弯啊！”徐达一摸头：“对，我怎么就没有想到啊。”游戏结束了，我看到徐达和马辰龙迟迟不出积木区，我以为他们还在里面玩，当我走近一看，原来他俩正在收拾“建筑物”旁边撒落的材料。从他们的行动中可以看出，他们对今天的成果非常欣赏和满意，并力求不断使它完美。徐达高兴地对我说：“李老师，这是我们搭的‘光明大街’。中间的光明立交桥是我们一起搭的，这条路是我建的，上面的汽车是马辰龙和陈宁搭的。”他尝到了合作的快乐，看到了合作所产生的效果，并在同伴身上受到了许多启发。

（李连荣）

例80. 原来是“武汉长江大桥” （大班积木区）

升入大班后的一段时间内，孩子们的游戏水平总是没有太大的长进，尽管老师采取了许多引导措施，但是效果并不大。一天，我突然发现王佳磊带着几名小朋友搭出了一个很大的大桥，只见桥下面有船只、码头、坐船的人等，形象逼真，这一组建筑的主题与造型非常新颖、别致，是以前从未玩过的。我不由地问：“你这搭的是什么地方？”王佳磊抢先说：“这是武汉长江大桥。下面旅游的人在码头上等船呢，河里还有轮船、汽船、小船，特别热闹。”他讲得津津有味，讲述着他前几天到外地旅游的所见所闻。大家都围拢过来，参观这北京所没有的景物。而我却找到了目前积木区存在的问题了。

积木区游戏是幼儿对现实生活的创造性反映，它源于生活，又高于生活，只有唤起幼儿的想象、拓宽幼儿的生活经验，积木建构才能有丰富的表现。于是我采取了以下方法：首先，引导幼儿观察周围的自然环境，如楼房、建筑群、立交桥、商场等，鼓励他们创造性地再现自己的生活经验。另外，结合爱国教育，我请幼儿从旧挂历和图片中寻找各类不同造型的建筑，扩展了幼儿眼界，又渗透了爱国教育。孩子们的搭建思路开扩了，水平明显有所提高，并且能把自己对周围事物的观察和认识创造性地表现出来。孩子们陆续地搭出了“赛特购物中心”、“天安门”、“游乐园”和“军事博物馆”等。

（李连荣）

例81. 讨论 （大班积木区）

积木区的主题经常是根据大班幼儿特点和阶段目标进行构建，游戏材料也随着幼儿发展水平和主题的变化不断进行调整。在确定游戏材料和引导幼儿正确使用积木时，我经常采用同幼儿讨论的方法，比如：“你最喜欢积木区中的什么材料？为什么？”“你还需要增加什么材料？”“哪些材料大家不需要，或者觉得太多了（指积木区中现有的材料）？”为了进一步启发幼儿的想象力，我常让幼儿讨论“××材料能做什么用？”在讨论中，幼儿能够互相受启发，效果很好。

比如：在搭动物园时，有的幼儿提出：“我们搭好房子以后，动物总搭不好。”刘硕说：“可以画动物，然后剪下来就行了。”高硕马上反对：“不好，画的动物站不住。”赵超然接着说：“可以用纸折动物。”“对，还可以用插片、积塑插动物。”……大家讨论得越来越激烈，而且提出的问题也有了一定深度，从而使游戏又向深一步发展了。

（李连荣）

例82. 钻头 （大班积木区）

王瑞、关蓓、高方亮在建筑区游戏。高说：“咱们建一座电视发射塔吧。”关、王点头同意，3个人很快合作起来。关运积木，高、王建构。王摆弄一会儿，坐在那好像在思索什么，之后，起身离开积木建构区，到益智区拿了一筐积塑插管拼插起来，插出了一把外型似枪的玩具。这时关、高已建出基本造型，王回到建筑区，用刚插好的玩具，摸摸这，动动那，只听“哗”地一声，即将建好的电视塔弄塌了。关、高都大声说：“王瑞你干吗呀？我们都快搭好了，真讨厌！”尽管这样，关、高没有找老师，只是有点生气。他们又重新建构起来，不一会儿就搭了几层，刚才的气似乎消了一些，脸上又有了笑容。王站在一旁想解释但又没说，自己还是摆弄手里的玩具，然后又试探着来到高、关身边，欲与他俩一起玩。高、关正建得起劲没有注意王，王见他们没有反对的意思，就蹲下和他们一起建，他依旧用自己插的玩具碰这一下，碰那一下，不好！“哗”一声电视塔又倒了。这下激怒了关和高，他们气得直瞪眼，怒气冲冲地来找老师，关冲着我说：“我们俩刚搭好的，王瑞就给碰倒了，又搭好又碰倒了，倒了两次。”关说：“对，是两次，他是故意的。”王说：“我不是故意的，是不小心。”看到王着急的样子，我说：“关蓓、高方亮，你们俩别生气，再搭一个，我问问王瑞到底怎么回事。”说着，我把王领到我身边，我说：“王瑞，你把小朋友辛辛苦苦搭好的给碰倒，他们该多么伤心呀。”他说：“我没想碰倒，我是不小心的，我插了一个钻头，我看见工地盖房子都要用钻头打眼，这样才结实呢？他们搭的电视塔不结实，我一碰就倒了。”我说：“你把钻头拿来我看看。”王拿来我一看，果真外形很像打眼的钻头，我心想，差一点就错怪他了，我说：“你插得挺像的，真动脑筋。不过你应该告诉关蓓和高方亮，你插的是什么，然后，一起把电视塔搭好。”他点点头说：“老师，我知道了，我再用时假装地轻轻一钻，盖好的就不会塌了。”说完，他回到建筑区，对关、高说：“我插了一个钻头，想帮你们盖电视塔，就是太使劲了，这次我轻轻地钻，行吗？”关、高还是有点生气，但看见老师正注视他们，就勉强点了点头。这回王瑞真的十分小心，再没有碰倒电视塔，直到游戏结束。尽管他们建的电视塔造型、结构都比较简单，但对我的教育却很大，我感到，教师在发现孩子的各种各样问题时，一定要注意调查研究，不要不问就横加指责或批评，倘若今天我不问就去批评王瑞，势必会抹杀王瑞的创造性和探索精神，我深深体会到：尊重儿童是十分重要的。

（郐萍）

例 83. 玩具怎样摆放更便于大家使用　（大班益智区）

升入大班后，班内转来 6 名插班生，使游戏常规受到很大影响。尽管每次游戏时老师都反复强调：要把玩具放整齐……但都无济于事。玩具总是弄得到处都是，每天收放玩具占去了很多时间。

根据目前状况并结合大班特点，我在益智区进行了一次这样的活动：让大家来讨论和制定游戏规则。我说："今天我又请来了几种玩具朋友，你们帮帮忙，看看新玩具朋友和原来的玩具朋友怎样摆放能才让大家取放方便，容易记又整齐。"有的说"一样的玩具放一起"，也有的说"塑料的放在一起"，"木板、纸板放一起"，"拼图放一起"。我首先肯定了大家的建议，又进一步提出："咱们把玩具分成两大类，分放在这两个玩具柜中，你们看怎么放比较好。"于是大家又讨论起来，"凡是塑料玩具都放在一号柜里(幼儿自编号)，木制的和拼图都放在第二号柜中"，"大积塑放一个柜，小积塑和插片放一个柜中"。在我的引导下，孩子们迅速地从局部分类，扩展到大范围地分，并能按玩具的性质、外形特点、玩法等进行归类。讨论后，我特意请新插班的幼儿来实际操作，效果很好。孩子们通过自己讨论和制定规则，强化了自主性和责任感。在这次活动后，收放玩具的常规渐渐形成了。

（李连荣）

例 84. 一个玩具多种玩法　（大班益智区）

我班孩子都很喜欢拼图游戏。最初，孩子们都盼望自己能把 200 多块拼片早点拼出一幅完整的图画。但是，当他们一旦拼出来了，对此玩具兴趣就减少了。近日来，这个活动区的人不像以往那样多了。能力较差的幼儿由于缺乏坚持性，所以总拼不好图，因此失去了信心。这一阶段孩子们正在学习认识钟表，于是我就建议能力较强的幼儿进行拼图计时比赛，孩子们的积极性被调动起来。

高硕第一个拼完，“老师，我才用了15分钟。”没拼完的幼儿都加快了速度。对于能力差的幼儿，我采取与他们一起拼的方法，从中引导他们去找拼图的规律，建立信心。后来，我又请能力强的两个幼儿分别带着两个能力较差的幼儿进行了双人拼图比赛，取得了较好的结果。

这样看来，同样一种玩具，在老师不同的引导下，能产生不同的教育效果。

（李连荣）

例85. 说句悄悄话 （大班益智区）

今天游戏时，张弛一会儿盯着拼插积塑，一会儿又看着其他小朋友，好像不知怎样才好。我走到他身边，轻声问道：“张弛，你想玩什么玩具，快去拿吧！”他答道：“我想玩的方块积塑让阎鹏拿走了。”我问他：“你是再取别的玩具，还是和阎鹏一起玩？”经我启发，张弛马上说：“我和他一起玩吧！”我担心他们两人会争吵起来，于是就在一旁观察。只见张弛在阎鹏耳边小声说了几句话（好像是在商量），然后两人有说有笑地玩起来。张以往经常与别人争抢玩具，今天在两人间却没有发生这种现象。为了鼓励和进一步了解他们的合作情况，我轻轻地走到他俩身边。没等我说话，张弛马上说：“李老师，您看，这是我俩插的机器人、飞机、坦克，像不像？”“太像了。”我问：“你们两人插出的东西比一个人插的怎么样？”“两人插的比一个人插的又多、又好。”

他们在实践中尝到了合作的快乐，游戏结束时，我把他俩的作品进行了展示和评价。

（李连荣）

例86. 那是挡风和挡雨用的 （大班益智区）

孔静一向不爱玩积塑，今天不知为什么主动选择了积塑玩具，我便注意观察她。一会儿，只见一个漂亮别致的塔楼出现了，我惊奇地问：“孔静，你搭的这是什么呀？这么漂亮。”她兴奋地告诉我：“这是前几天我妈妈带我到天津玩时看见的天津楼房。”我指着楼顶的小筐问：“你这小筐放在楼顶是什么意思？”她说：“那是挡风和挡雨用的。您看，现在外边还下雨呢。”

孔静的这座“天津楼房”，给了我很大的启示，我深深体会到：幼儿的游戏来源于现实生活，游戏水平来源于他们的生活经验。

（李连荣）

例87. 身旁的榜样 （大班益智操作区）

在前几天的游戏观察中，我发现马辰龙经常选择益智区和积木区，但是在玩的过程中他目的性很差，缺乏创造能力和坚持性。由于总也插不出个像样的东西，因此总去干扰别人。

今天在自选游戏中他仍在益智区，我有意让他与能力强的曹德堃同玩一种大积塑，他非常高兴。虽然他们同玩一种玩具，但是各插各的。曹德堃那熟练、迅速的拼插动作深深地吸引着他。尽管他们之间没什么语言，但在曹德堃的影响下，马辰龙也插出了一个与曹相似的大炮车。马辰龙高兴地叫我来看：“李老师，这是我插的大炮车。”他看着自己的“大炮车”，非常高兴，爱不释手。

从今天的情况来看，我感到，同伴之间的影响和周围环境的影响对个别幼儿的进步是很有帮助的。

（李连荣）

例88. 只有合作才能玩 （大班益智操作区）

本周益智区的发展目标是：培养幼儿合作交往能力，消除自己顾自己的现象。

根据目标，我为幼儿提供了一种新的玩具材料——组合玩具“高速公路轨道”。材料的出现激起了孩子们浓厚的兴趣。以前益智区幼儿合作交往较少，一般是自己玩自己的，这大约与材料有关，所以我有意识地提供了这种只有合作才能建构完整造型的组合玩具。第一次，我首先出示材料，介绍它的功能和一般性玩法。游戏开始后，我注意观察了这组幼儿。参加这组的幼儿有孙环、任成、石详和周憧。到了游戏区，这四名幼儿不由分说，你拿一个，我拿一个，一会儿就把一大盆玩具抢购一空。结果他们搭出的轨道之间都是隔着的，不能连接在一起。小汽车到上边一跑就翻了，他们你看我、我看你，谁也不肯放弃手中的玩具，都希望对方把玩具给自己。周憧说：“孙环，你把你手中的轨道给我，我给连上就能玩了。”孙环说：“不行，还是你给我吧。”周说：“那不行，我这儿多。”两人争论不休。我过去看了看，说：“你们两个人的轨道接上也不能玩，只有把4个人的轨道都连上才能组成完整的轨道，车才能顺利通行。来，你们看看图。”说着，我把纸盒上的图指给他们看。石详说：“呀，真好看！”大家也直点头。我说：“你们4个人好好商量商量，看看怎么办。”说完我离开了。任成说：“这样吧，把咱们4个人的轨道先连上看看，然后再玩，玩的时候排队，一个一个地玩，行吗？”“行！”其他3名幼儿齐说。于是4个人合作起来，不一会儿就连成了一个双层转道，大家高兴极了。可矛盾又出现了，都想先玩怎么办？任成的个子大，似乎在4人中有点权威，他说：“让孙环先玩吧，他最小(个子小)，行吗？”周、石都说：“好吧。”这样4个人轮流，你玩一次，我玩一次，玩得可开心了。

益智玩具幼儿自己可以拼插，合作交往的机会少，组合益智拼插正弥补了它的不足。因此，组合玩具很适合中大班幼儿玩。通过组合玩具可培养幼儿谦让、协商和相互合作的品质。

(邹萍)

例89. 插班生 (大班益智操作区)

刘瑞是插班生，经常与同伴争吵，升入大班后更为突出。近日来，每天都有几位幼儿来老师这里告状，什么“刘瑞打我了”、“刘瑞抢我玩具，还抓我手了”等等，针对这种情况，我首先在自选游戏中对他进行了细致观察。只见他总选择益智区游戏，而且拼命地去取自己喜欢的玩具，没有取到就去抢别人手中的玩具，不给就动手打人。在玩的过程中他不专心，总爱看别人拼出什么了，当看到别人插出新鲜玩具来，他就放下手中玩具，去抢别人的。

这天，他想与正在专心拼插积塑的夏天翔一起玩，可夏天翔苦苦请求：“刘瑞，你还是和别人玩吧，我不和你玩。”我觉得刘瑞的心里一定很不是滋味。于是，我主动请他一起玩，他非常高兴，他说：“我们搭什么呢？”“咱们也搭夏天翔那样的坦克和机器人。”我说，“咱们能不能比他搭得更好呢？”他情绪很高，说：“能”。果然，没过一会儿他就把积塑插好了，我让他与夏天翔一起玩，并且比较出哪儿插得不一样，哪个拼插得更好。

随后几天，我又采用了多种方式鼓励他拼出各种物体，然后在游戏结束时进行展示。果然，他情绪很高，再也没有发生抢玩具、打人等现象。他是不是真的改了呢？为了使他能更好地和小朋友合作，我进一步引导他，对小朋友应该使用礼貌用语，学会与别人商量。在积木区我有意让他负责，解决本组的问题。每天游戏结束时他说的第一句话总是："我们组没人打架，我们是一起搭出来的。"对刘瑞，虽然我没有对他进行面对面的说教、指责和批评，但通过教师的引导和他在游戏中的自身体验，他渐渐地改正了自己的毛病。

（李连荣）

例90. 编彩席 （大班美工区）

编彩席是件不容易的手工活动，为了能让幼儿多练习，我在美工区放置了活动用的材料。

游戏活动开始了，在美工区游戏的全是会编彩席的小朋友。他们低着头，一句话也不说，自己编自己的。这时，张辰走到我身边说："任老师，我也想编，可我还不会呢。"我看他挺认真，就让他坐在高硕身边，请高硕教他编彩席。高硕拿来一张正方形的电光纸和一张细纸条，示范给张辰看："这张电光纸上有许多小口。我用这张细纸条穿下去再穿上来，就这样一上一下就行了。"他把一张正方形的电光纸和一张细纸条递给了张辰。张辰拿过纸，一上一下地穿起了纸条。几分钟后他编好了，笑着对高硕说："你看，我也学会了，这是我编的。"

看到张辰那么高兴，我也很高兴。我觉得孩子与孩子之间也有一种默契，真的，在张辰练习穿纸条时，高硕的眼睛一直盯着那张正方形的电光纸，还不时地帮张辰的忙。在张辰编好了以后，高硕也为张辰高兴。

（任晓燕）

例91. 如何固定车灯 （大班美工区）

在一次美工区的制作活动中，孙维制作纸盒小汽车。他拿起一个汽水瓶盖放在车前做车灯，可不知怎么固定。只见他先拿起胶水往纸盒上抹了点，又在瓶盖上抹了点，然后使劲往纸盒上一贴，可他的手刚一松，瓶盖就掉在地上了。孙维捡起瓶盖，看看桌上能粘的材料还有什么。他看见胶条，顺手拿了起来，刚要粘又放到桌上。我问他："为什么不试试？"他说："粘上胶条，车灯就不漂亮了。”他看着桌上的材料，想了一会儿，又拿起了一块棕红色的橡皮泥，我问他：“为什么要用橡皮泥？”他说：“橡皮泥很粘，我想它一定能粘住瓶盖。”我见他那么自信，就鼓励他说：“那你就试试看。”结果，橡皮泥牢牢地将瓶盖粘在车身上了，他成功了。

由此可见，在活动制作中，如果老师给幼儿提供多样的材料，就可以激发幼儿的多种尝试探索，使他们自己寻找到解决问题的办法。

（任晓燕）

例 92. 集体创作连环画册 （大班美工区）

教育活动中，小朋友学了怎样创编连环画，而且，他们还进行了一次集体创作。

游戏一开始，5 个小朋友商量好，一起来到美工区，先是每人拿了一张纸、一支笔。曹德堃建议：“刚才老师讲的‘小蝌蚪找妈妈’，你们还记得吗？咱们一起画一个‘小蝌蚪找妈妈’的连环画册怎么样？”张帅马上说：“我画小蝌蚪。”李晶说：“我画小乌龟。”高怡说：“我画大白鹅。”陈宁说：“我画小金鱼。”曹德堃说：“我画大青蛙。”他们分工好了。

李晶闭着眼睛在想小乌龟的样子，大概乌龟较难画，需要仔细想想。张帅挺快，一会儿就画完了小蝌蚪，他看看李晶，又看看陈宁，就开始帮李晶画水草。20 分钟过去了，每个孩子面前都放着一幅画，他们坐成一圈，分别讲自己画的那段故事。我见他们讲得很认真，没过去打扰。过了一会儿，曹德堃拿着他们画的连环画来找我，说：“任老师，您帮我们订上好吗？”我表扬了他们，订好画册后，还为他们包了一个书皮，并建议曹德堃画上封面，分别写上这 5 位小朋友的名字。其他小朋友见这本书画得这么好，也想自己制作画册。

（任晓燕）

例 93. 会活动的电视机 （大班美工区）

用废旧物制作玩具是很有趣的，孩子们对自己制作的作品更是喜爱。

刘硕今天游戏时，来到美工区，她找到一个正方形的小药盒，坐在位子上翻来覆去地看。一会儿，她拿起彩笔在纸盒的正面画了一个正方形，然后用剪刀沿着盒上画的线认真地剪，好不容易才剪完，她又在纸盒的两边各剪了一个长方形的洞。接着，她找来一张白纸，对折撕成两半，在其中一张长条纸上画起画来。画好后，她把画从纸盒一边的长方形洞中穿过去，又从对面的长方形洞中穿出来。她拿着手中的玩具作品对我说："任老师，这是我做的电视机。""是吗？"我很惊奇地仔细看了看，果然是个电视机，最与众不同的是画片可以动。

我真为孩子的创造性活动而高兴。根据她做的电视的样式，我也做了一台画片可以转动的电视。

（任晓燕）

例94. 从看连环画片到看图书、画图书和讲图书 （大班语言区）

大班语言区的发展目标重点在于：培养幼儿的阅读兴趣和提高幼儿的讲述能力。大班幼儿虽能认几个字，但是远远满足不了他们想要阅读的需要。因此在语言区只投放图书是不行的，而要培养幼儿学会看图书和讲图书。最初引导幼儿掌握这一要求是比较困难的，因为幼儿往往容易失去信心。于是，我采取了三步措施。先让幼儿学会看连环图片，然后把知识迁移到看图书上。第二是请每个幼儿从家带一本自己会讲的图书，给他们提供讲故事的机会，从中锻炼了他们的讲述能力。第三就是带全班幼儿一起画图书。这样，语言区的材料越来越丰富，活动内容也多样化了，真成了小朋友的天地，在这里，都是他们所熟悉、喜爱和自己制作的图书。来这里的孩子越来越多，他们讲自己的图书，也讲别人的图书。从书中他们学会了许多故事，也尝到了看书的乐趣。

（李连荣）

例95. 这里变成了"小学校" （大班语言区）

参观小学之后，孩子们把语言区扩展为学校。这天，辛媛等几位小朋友向我提出要求："李老师，我想在图书区玩上课游戏。"我问："为什么？""因为这里安静，还有许多书。"原来孩子们要模仿上学。我同意了他们的要求。孩子们开始搬桌子、拿椅子，兴趣很高。"学生们"自觉坐好了，"老师"辛媛进入角色，开始发书，然后请大家安静地看书。10分钟后"学生们"有点乱，她有点着急，于是我小声地对她说："大家可能累了，你可以让他们下课休息一会儿，再换一节课。""上什么呢？"她问。我说："小学生每天上学校都学什么？""写字……

我有办法了。”她让“学生们”休息一会儿，然后从书架里取出了一套识字卡片。第二节课开始了，大家很认真地跟着“老师”念起字来。

游戏结束时，我重点对语言区进行了评价，鼓励了“老师”的认真负责精神，还肯定了小朋友认真学习的精神。为了在语言区更好地发展幼儿的语言讲述能力，我拿出了几种小图片（原语言区的），我问：“这些小图片能不能用来上课？”“能！”孩子们一齐说。我说：“对，可这些是大家原来讲过的图片，你们能不能把它们变成新的？”“我们可以自己做。”“我们可以画。”“我们可以剪图片。”大家讨论得非常热闹。第二天游戏前我把这些辅助材料准备后，就开始引导想玩“学校”游戏的小朋友商量要讲的内容，然后大家就各就各位，开始自己的制作了。

以往单调、冷静的语言区，一下子热闹起来了。孩子们在这有情节的活动中“上课”学习，并进行着各种能力的锻炼，感到既轻松，又自然。

（李连荣）

例96. 故事会 （大班语言区）

为了培养幼儿的阅读兴趣和讲述能力，我请家长配合，让小朋友在家里挑选一本自己最喜爱的图书，先由家长讲给幼儿听，然后让幼儿再讲给自己家里人听。因为，幼儿在家庭这个小范围内讲述，不会有太大的心理压力。然后，我请幼儿把故事书带到幼儿园，在语言区和日常活动中互相讲述、交流，提高讲述能力。这样做的结果很显明地提高了幼儿的阅读兴趣。从观察中我发现，孩子们在来园晨间活动时和晚上离园活动时，越来越喜欢几个人在一起看书了。那些能力较差的和平时不爱讲话的幼儿也有一定的看书兴趣，但是时间较短，而且不善讲述。为了提高这部分幼儿的能力，我就在游戏时把他们引导到语言区来，让他们把故事书拿给老师看。他们很高兴。我自然地引导他们讲给老师听，孩子们愿意这样做，这是向老师表现自己能力的机会。虽然有的幼儿讲的声音较小，语言也不太连贯，但是我总是给予他们积极的鼓励。为了提高全体幼儿的读讲兴趣，我还在语言区开展了“故事会”活动。逐渐地，我班出现了读书热，大家都争着当班上的故事大王。

（李连荣）

例 97. 共享与交流 （大班语言区）

大家都非常喜欢把图书带到幼儿园来，唯独阎鹏舍不得带书，而且还总抢别人的书。一天，他跑来告状："李老师，符帅不让我看书，还打我。"我找到符帅问原因，符帅委屈地说："阎鹏不带书，总是抢我的看，还把书弄撕了。"听了这话，阎鹏赶快解释："我不是故意撕的！"我问："阎鹏，你很喜欢符帅的书，是吗？"他点了点头。"你该怎么向他借书呢？"我问。"我和他商量了，可是他还是不给我看，"阎鹏不高兴地说。"两个人都想看这本书，怎么办呢？"我又问。旁边的然然搭话说："两人一起看。"我又继续问阎鹏："你这么喜欢看书，为什么不从家带书来？""我怕别人撕。"我说："是啊，大家都很爱护自己的书，如果我们大家都能友好地看书，都像保护自己的书一样爱护别人的书，就不会撕了。"他说："那明天我也带一本书来。"

第二天他果然带来了一本新书，并且特意让我看："李老师，这是我昨天新买的《黑猫警长》。"我高兴地说："这本书我真喜欢。"并特意向大家介绍这本书，还把其中一个部分讲给大家听。为了激发阎鹏的讲述兴趣，利用游戏时间让他把故事讲给大家听，并和大家一起看，他非常高兴。晚上离园时，他说："李老师，我把这本书带回家，明天再换一本。"从此，阎鹏经常到图书区来，他不仅在这里对书产生了浓厚的兴趣，更重要的是他懂得了怎样与同伴共享与交流，也改正了自己的一些不良行为。

（李连荣）

例 98. 模仿老师的样子 （大班语言区）

一次，我在观察幼儿语言区游戏中，发现孩子们不但能够看图讲述和续编故事，而且还自发地出现了"小学校"的主题。我就随机进行指导："高颂，你这小老师带你的学生进行活动，要注意让他们遵守纪律，认真听讲，多学本领呀。"高颂小朋友立即学着老师的样子组织活动："吕菲，请你举手回答问题。声音再大点……"见高颂这个小老师一直带着孩子们学习，我又提示："老师不能让学生总坐在那儿学习呀，他们的身体也很重要。""小老师"受到启发，于是转换了活动内容，带着她的"学生"去"户外"进行锻炼。他们做集体广播操，玩体育游戏，然后进行分散活动。"学生们"都玩得很开心，"老师"也特别认真。

此后，幼儿来到语言区都愿意玩“小学校”的游戏，并愿意当小老师，而且每次都有与上次不同的地方。“小学校”的主题是幼儿们自发出现的，是幼儿生活经验的反映，也是他们感兴趣的活动，所以教师要给予关注，并依幼儿的需要适当指导和帮助。

（单银雪）

例99. 摩擦生电　（大班科学区）

这天，我给小朋友们讲了静电是怎样产生的，并在自然科学区准备了一系列的实验材料，可以让幼儿直接动手操作和实验，感受静电的存在。

自选游戏一开始，爱动脑筋的符帅就抢先来到自然科学区。他拿起一把塑料尺子使劲在头发上蹭了两下，然后学我刚才做实验的样子，轻轻地将尺子挨近实验用的碎纸片，静静地等着奇迹出现，可小纸片们却一动也不动。符帅看了看尺子，又看了看碎片，他把纸片撕得更碎，又做起实验来。又拿尺子在头发上蹭了两下，这次挨近小纸片时，小纸片轻轻地动了动，可还是没被尺子吸住。符帅放下尺子，又看看尺子和碎纸片。过了一会儿，他好像想起什么，抓起尺子使劲地在头发上蹭了起来，然后又将尺子挨近碎纸片，这次桌子上的碎纸片都被吸到了尺子上。符帅高兴地跑到我面前，兴奋地说：“任老师，你看碎纸都被吸住了。”可他低头一看，尺子上已经没有碎纸片了，碎纸片都掉在了地上。这回他并不着急，使劲地用尺子蹭头发，大概十六七下，他弯下腰把尺子挨近地面的碎纸片，只见地面上的碎纸片，全被吸到尺子上了。我见符帅这么认真，鼓励他说：“符帅，你这个实验做得很成功。静电的产生可以有多种方式，我不是给你们准备了很多东西吗，你还可以用别的材料试一试，好不好？”符帅听了点点头，转身回到了科学区，又用玻璃棒和丝绸、尼龙布和塑料瓶摩擦，进行静电产生的实验。

一个实验的成功是要经过多次的实验与实践的。虽然符帅并不真正懂得“静电”是什么，但他通过自己的实验知道静电对小纸片能产生吸引作用，摩擦次数多产生静电也就多。这个小的游戏区可以为儿童提供动手实验探索科学奥秘的机会，使幼儿对自然科学产生浓厚的兴趣。

（任晓燕）

例101. 七色彩虹　（大班科学区）

自选游戏开始后，幼儿纷纷都到自己喜欢的游戏区去游戏。10分钟过后，自然科学区的小朋友都围在了鱼缸旁，不知他们在看什么。就听见张雪说："呀！这颜色真漂亮！"马望野也跟着说："咱们来数数有几种颜色。"接着他们就认真地数起来："1、2、3、4、5、6、7。"赵超然立刻说："一共7种颜色。"半大没说话的张辰说："它从哪里变出来的呢？"王佳磊赶紧说："是金鱼变的吧！"听他们说得这么热闹，我想知道他们到底在看什么。

走近他们，我看见鱼缸旁边有一条七彩的光带。我正看着，孩子们发现了我，马上围住我，让我进这到底是怎么回事。我告诉他们："这7种颜色是太阳光的颜色。我们平时只看见白光，只有在特殊情况下才能看到这种现象。"我的话刚说完，马望野就说："任老师，那彩虹也是太阳光的颜色，对吗？""对。"我肯定了他的判断。

孩子们在科学区的这个发现，并非什么新奇的事，大人们也许不会理会，但它激发了他们去探索有关光的更多的知识。为了满足孩子们的求知欲望，我上了一节有关光的常识课，同时还讲了一些奇特的和光有关的自然现象。

以后每次这条七彩光带出现，就有幼儿围在它周围，争先恐后讲他们知道的有关光的知识。

（任晓燕）

102. 保持桌面干净　（大班科学区）

六月里，天气一天比一天热，按计划自然科学区增加了一项游戏"水车游戏"。这项游戏大家都喜欢，可也出现了问题，每次游戏结束，玩水车的地方就被弄得到处是水。

有一次游戏后，这里却很干净。我一问，今天是周朝和陈月婷在那儿玩的游戏，为了看看他们怎样玩，我特别地对她们进行了观察。

自选游戏开始了，周朝拿来了一块桌布，放在水盆边，陈月婷拿着水瓶去打水。不一会儿水打来了，她们一个往水车上倒水，一个把盆边上的水擦干，然后她们互换位置，刚才倒水的人现在擦干桌上的水，刚才擦水的现在可以倒水玩游戏。玩了一会儿，她们放下水瓶和桌布，把桌布里的水拧干。陈月婷拿起一个小水杯，往水车上倒水，水一下子洒到桌上，周朝马上用布将水擦干。游戏结束时，这里的桌子、地面都很干净。我在全体幼儿面前表扬了周朝和陈月婷，并请他们把怎样保持桌面无水的办法讲给大家听。从那以后，凡是玩水的小朋友都注意在游戏的过程中，将桌面上的水擦干净。游戏规则的建立与巩固是一项长期的工作，需要教师不断提醒、督促。同时。幼儿在游戏中好的行为表现也可以向全体幼儿介绍，让大家学习，增强幼儿遵守游戏规则的意识和责任感。

（任晓燕）

例 103. 两只放大镜 （大班科学区）

科学区的陈列架上，放置着很多的昆虫标本，每次游戏都有幼儿到这里观察标本。

游戏开始了，吕晓和阎雷一人拿了一个放大镜观察昆虫标本。阎鹏走到他们身边，也想看看标本，可班上只有两只放大镜。吕晓和阎雷正看得认真，谁也没看见阎鹏在身边。阎鹏走到阎雷身旁拉了拉他的衣角，可阎雷没理他，接着他又拉了拉阎雷的胳膊，这回阎雷可急了："别拉我，我都没法看了！"阎鹏赶紧说："让我也看看好吗？"阎雷头也不抬地说："我还没看够呢！"阎鹏低着头没说话。只见吕晓走过来，把放大镜放到阎鹏手里说："你看吧，我过一会儿再看。"阎鹏高兴地说："谢谢吕晓。"接着就去看标本了。阎雷听了吕晓的话，挺不好意思，走到吕晓身边小声地说："吕晓，咱俩一起看吧！"

从这可以看出，在游戏活动中，孩子们不仅可以实践各项技能，学习相互谦让相互友爱，而且幼儿伙伴能够起到相互影响和教育作用。这比老师单纯说教更有教育效果。

（任晓燕）

例 104. 画观察画 （大班科学区）

梦梦平时最喜欢画画，今天她游戏时来到了自然科学区。看她有点不高兴，我就特别注意她想做什么。

她先拿放大镜看了看标本，又用木棰敲了敲水瓶琴，然后坐一旁看着画画的小朋友。我见她什么也不玩，就问她："梦梦怎么啦，不舒服吗？"她摇了摇头。我又问："是不喜欢在科学区玩，是吗？"她点了点头。"那你想去哪儿玩？"我问她。她用手指了指美工区，我见她想画画，就对她说："不光美工区可以画画，科学区也有东西可以画。来，我告诉你。"于是，我拿来观察本、放大镜、昆虫标本给梦梦，并说："梦梦，你可以把你看到的画下来，怎么样？"她点了点头。于是她坐在桌旁，观察起昆虫来。看一会儿，画一会儿，不高兴的样子不见了。她专心地画观察画，直到游戏结束。

游戏中，教师不仅要为幼儿提供游戏材料，而且要针对幼儿不同的特点，进行多种兴趣的培养。

（任晓燕）

四、自选游戏规则的建立

要使游戏顺利开展并做出成效，教师应注意引导幼儿在游戏过程中建立和执行规则。

（一）游戏规则的意义与作用

1. 关于自由、约束与放任

自选游戏为幼儿提供了较充分的自主行为的条件，幼儿可以在较大范围内自己做主，选择游戏类型，选择游戏材料与伙伴，进行自己喜爱的活动，从而促进自主性的发展。

应当明确，自主性并非任意自发的行为。自主性并不等于自发性，虽然二者有着一定的联系。自主性与自发性均是在无任何强制作用下所产生的，但后者往往是受主体的情绪与外界偶然因素的支配，无一定的行为定向，即自发性通常是在外界刺激下，由情绪冲动而引起的；而前者则是具有方向性的，主体能够对自己的行为及其结果负责任，能够支配自己的行为。自主性涉及对自身与周围事物的正确认识，是以社会规范为主的，做出积极的有意义的行为。一般地可认为，自发性是一种随意行为，是先天的，而自主性则是后天通过教育培养而形成的，是社会规范的内化，逐渐成为主体的一种较稳定的行为特征。

具有自主性的人，有责任意识，行为非盲目冲动，而是能够协调控制自身行为，在自由意志的支配下，自觉地去做该做的事，从而在活动中最大限度地发挥自身的发展潜力。前述，自发性是教育的前提，自主性是教育的目标与结果。有效的教育应当能够激发幼儿自身的能动性，并以此为基础，给予一定方向的引导，培养出具有高度自主性的人，如此才能主动适应社会发展的需要。

人是生活在社会环境之中的，生活在一定的人际关系中。人的自由是有条件的、相对的，绝对的自由是不存在的。就是说，个人的自由不能建立在损害他人自由的基础之上。人的意志自由意味着能认识事物发展的规律性，认识主客体相互关系，意识自己的责任，做自己的主人，自觉约束控制自身行为，为达一定的目标而付出积极的努力，使自己成为具有开拓进取、创新与合作精神的人，达到充分自由和谐发展。

很显然，要激发与培养幼儿的自主性，不能仅仅靠硬性的约束、外部的强制性控制、强硬指令幼儿做什么，不做什么，如此只能造就无任何自主性、独立创造性的木偶机器人，因为自主性是在无任何强制作用下产生的；然而也不能矫枉过正，采取放任的办法，因为幼儿的自主性不可能自发地产生，否则，只能是一种任意的盲目性冲动，使幼儿行为无目的，随心所欲。教师需注重在自选游戏中引导和逐步培养幼儿的自主性。引导幼儿在自选游戏中建立和执行规则是激发培养自主性的有效手段。如：首先建立“幼儿能自选游戏”的规则，通过此规则使幼儿能够意识到自己的行为，活动有目的性；进而通过规则引导幼儿意识到行为的质量与后果，如“不干扰别人”，“能拼插出多种造型”，“做完一种事再做一件事”，“做事有始有终”等。

在建立与执行自选游戏规则的同时，教师要注意使幼儿明了行为的正确与错误的界限，知道哪些是对的、应该做的，哪些是不对的、不该做的，为什么，及怎样做才能使游戏顺利进行，才能与伙伴玩得更好更愉快尽兴等。在此过程中，幼儿可学习约束克制自己的冲动，逐步学习调整相互间关系，在掌握游戏规则中，幼儿也形成了正确的对人对事物的态度与积极得体的行为方式。通过长期充分的实践活动与训练逐步养成习惯，使幼儿行为具有一定的方向，积极努力去做该做的事，逐步能够对自己的行为有明确的意识，形成初步的责任感，在开心快乐的游戏中，实现自我教育，激发起更大潜力，身心得到较充分的发展。

2. 游戏规则是管理手段，同时规则本身又具有教育功能

规则是行为与活动的准则。要使活动顺利进行并取得预期的效果，就需注意规则的建立。众所周知，班级教养工作的一部分重要内容就是建立幼儿生活和活动常规。常规的建立不仅是集体教养幼儿的需要，同时它有益于促进幼儿身心健康发展，可以起到培养良好情绪、形成一定的卫生、生活和行为习惯，促进生活和活动能力提高的作用。

自选游戏的开展同样也离不开游戏规则的建立与执行，其作用主要体现在以下几方面。

（1）规则作为一种管理手段是有效教育的条件

自选游戏需通过游戏规则规范约束幼儿的行为，从而建立起一定的活动秩序。自选游戏是一种自选活动，可以由幼儿自己作主，决定玩什么、怎么玩。然而幼儿并非一开始就具有选择能力，其行为随意性大，自主性需逐步培养，且幼儿园自选游戏毕竟是集体教养场合、情景下的自选，因此每个孩子不可能完全依个人情绪，随心所欲，任意妄为。教师应注意通过游戏规则的建立，使幼儿的行为有规范有条理，知道在什么时间做什么事，怎样做事，哪些是可以做的，哪些是不该做的等等。在这样的条件下，才可能使教师把注意力放在指导幼儿游戏水平的提高上，才可能使幼儿专心致力于探索环境、材料，从事操作尝试发现，与伙伴交往……从而通过游戏，认识周围事物，逐步提高身心发展水平，增

长能力。否则，如果不注意规则的建立，游戏很难取得促进发展的应有效果。我们常常看到一些班级教师，由于未能充分意识到这个问题，在幼儿自选自由的游戏中，一会儿这边的孩子为抢玩具打起来了，一会儿那边又有人告状，教师穷于应付，不断维持秩序，结果仍是“按倒葫芦起了瓢”。幼儿由于无任何约束限制，往往跑来跑去，行为混乱无序，情绪躁动，不能安心从事一项活动，游戏质量自然得不到提高。

（2）规则本身具有积极的教育功能

规则并非单纯的限制性、约束性要求，而应为幼儿游戏活动的开展服务。应当明确，不是为建立规则而建立，规则的建立一定要服从教育的目的需要，服从共同活动的需要。与此同时，还应认识到，规则本身也具有积极的教育功能，幼儿易在游戏中执行规则。教师要注重发挥规则作为教育手段的作用，引导幼儿自我管理教育，提高行为水平。

幼儿游戏并非任意行为，而是有其内部规则的，包含着积极的约束（见第一章）。游戏是幼儿最感兴趣的活动，幼儿主动自愿参加到游戏过程中，探索操作，与人交往，反映对社会生活的认识，充分表现自己。研究早已表明，在这样的活动中，幼儿为了玩得好，能够在活动中用规则自动控制自己的行为，幼儿游戏的内在规则，具有自然的约束力。例如，3岁的明明在角色游戏——娃娃家中当爸爸，他以爸爸这个角色应有的行为规范约束自己，不乱吃东西，“爸爸是在吃饭的时候才吃东西的”。又如，中、大班幼儿在玩积木游戏时，为了使活动顺利进行，腾出更大的空间，搭出更美观的造型，建立并认真执行“使用积木用多少拿多少，地面上不得有散乱的积木”的规则。可见，幼儿在游戏中愿意也较容易执行规则，不会感到是外在的强制性要求，不得不执行的。因而教师在指导上，应利用这一特点，引导幼儿建立规则，并坚持要求，逐步使之成为幼儿的较稳定行为习惯。

教师要注意分析发掘常规的教育功能，以有益于激发和培养自主性，促进幼儿多方面能力发展为基本的出发点，引导幼儿在活动中逐步建立并完善规则，认真执行规则。通过规则引导个体行为的目的方向，增强自控行为的能力，培养自理自治力，学习与人交往，协调行为和相互关系，提高活动质量等，发挥常规作为教育手段的作用。长此以往，幼儿在游戏中反复实践练习，逐渐地能把规则的建立与执行作为自身的需要，从依规则控制规范自身行为到形成动力定型，习惯成自然。如此才能够激发起主体个性发展的最大潜力，很好地发挥游戏促进幼儿发展的作用。

（二）自选游戏规则的类型

要开展好自选游戏，主要需建立和完善这样两大类规则：一是一般性游戏规则，即开展自选游戏的总的行为要求，从而建立良好的自选游戏活动的程序；二是各活动区游戏规则，各类游戏活动的特点、功能、活动条件有所不同，因而还需依活动区的不同性质，建立相应的各区游戏规则。

1. 一般性游戏规则。如：

△ 能自选游戏活动，积极愉快游戏；

△ 使用材料先来后到；

△ 爱护玩具，轻拿轻放不乱丢，随时将落地的玩具捡起来；

△ 正确使用玩具材料；

△ 用什么拿什么，不用放回原处；

△ 不拿玩具走动；

△ 游戏中与人交往注意礼貌言行；

△ 不干扰别人，不大声叫喊、随意跑动；

△ 不得有破坏性行为（如抢占东西、捣乱破坏他人游戏成果等）；

△ 能持续专心从事活动，一件事做完再做别的；

△ 预先确定主题内容，行为有目的；

△ 养成文明卫生习惯和安全意识；

△ 听到信号及时结束游戏；

△ 游戏后能收拾整理材料，(按类) 收放整齐。

以上规则主要涉及三方面教育功能：

(1) 培养个人良好行为习惯；

(2) 协调与人关系；

(3) 引导行为目的性，促进游戏质量的提高。

可按各游戏规则依以上三方面归类，见下表：

表 3.4-1 游戏规则的教育功能

个人良好行为习惯	协调相互行为关系	行为目的性游戏质量
1. 爱护玩具不乱丢扔、敲打，随时拾起； 2. 用什么拿什么； 3. 不拿玩具走动； 4. 随玩随整理； 5. 及时结束游戏； 6. 按类收放整理； 7. 不咬吃玩具； 8. 注意坐姿、用笔姿势和用眼卫生等。	1. 使用材料先来后到； 2. 选择活动先来后到；能自动调整人数； 3. 运用礼貌言行； 4. 不干扰别人； 5. 不得有破坏及攻击性行为等； 6. 能共享材料，能轮流交换等； 7. 能共同协商及合作； 8. 能自行处理矛盾、冲突等。	1. 按材料功能正确使用； 2. 一件事做完再做别的（每次玩一种，尽可能探索多种玩法）； 3. 预先确定主题内容，行为有目的，专心持续； 4. 学习解决问题能克服困难。

2. 各活动区（角）游戏规则

积木区游戏规则：

△ 友好地同伙伴一起建构；

△ 建构中用什么形状取什么形状，不用放回原处，地面上不得有散乱的积木；

△ 建构中尽量小心，不撞倒搭好的物体；

△ 学习叠高、延伸、围封、对称等基本建构技能，有主题

有目的地搭建，大胆使用替代物与辅材；

△ 不随便串别的组，学会认真做好一件事；

△ 按类（形状等）收放材料，收放整齐。

娃娃家游戏规则：

△ 能按角色要求做出相应行为，学习协调角色间的关系；

△ 知道柜中固定物品的摆放，能自己取放，不搞乱；

△ 能随玩随收拾整理打扫（可作为娃娃家角色的一个情节）；

△ 学习正确使用礼貌用语；

△ 学习与伙伴友好交往的技能，能协调相互行为和自己解决矛盾问题（如角色分配等）。

图书区游戏规则：

△ 看书要坐在椅子上，有一定排列顺序；

△ 能认真、专心阅读，保持安静；

△ 看什么，拿什么，一本一本进行；

△ 掌握正确阅读方法，一页一页翻着看；

△ 爱护图书，不抢书、撕书，能与伙伴一同看一本书，能相互讲述交谈，但声音要小；

△ 注意坐姿正确，知道用眼卫生；

△ 学习使用录音机，知道爱护；

△ 能进行多样化的语言活动（如看图、拼图讲述等）。

美工区游戏规则：

△ 进行美工活动要专心、认真，保持安静；

△ 学习使用各类工具和材料，注意爱护和节约物品；

△ 使用剪子要注意安全，注意坐姿与用眼卫生等；

△ 做到会拿会放，并随时清理（可自行准备废料盒）；

△ 能与伙伴相互交流讲述各自的活动与作品，相互学习促进。

益智区游戏规则：

△　用小筐自选玩具材料；

△　在指定地点游戏，不大声喧哗，不随便乱串；

△　伙伴间友好游戏，能共享同类玩具材料，学习谦让和自己解决问题；

△　玩具不能混在一起，收时要做到从什么地方取，放回什么地方；

△　看到地上有玩具，不管是谁掉的都要拾起来收好。

（三）如何建立与执行自选游戏规则

1. 使幼儿了解规则的作用，将游戏规则的建立作为其自身需要，引导幼儿在游戏过程中共同建立规则，并认真执行、遵守

游戏规则的建立不是外部强加的，不是教师为幼儿制订的限制其行为的手段。规则是指导行为使活动顺利进行的准则。刚刚开展自选游戏时，教师需帮助幼儿建立一些基本游戏规则，特别对小班幼儿，通过规则引导他们适宜的行为。然而，随游戏的开展，教师更应注意引导幼儿在游戏过程中，认识规则的作用，产生建立和执行规则的需要和动机。例如，教师通过观察，发现使游戏不能很好地开展的影响因素，引导幼儿共同讨论，探讨解决问题的办法。如一位教师在观察幼儿玩六面拼图中，发现几种不同的拼图混杂放置，幼儿无法操作，于是就引导幼儿讨论采取什么办法能够避免这种现象。通过讨论，孩子们认识到，为使拼图游戏顺利开展，必须建立“按类收放材料，从哪儿拿的还放回哪儿，不得混在一起，不乱放”的规则。幼儿知道规则的建立能有助于游戏的开展，也就愿意遵照规则的要求行事。

规则建立起来，就要引导幼儿认真执行。教师要注意坚持要求，使规则起到规范行为的作用并有一定的稳定性。教师可以在自选游戏活动前提出执行规则的要求，发挥成人语言提示和调节的作用，活动后引导幼儿对规则执行情况进行评议。由于规则是

幼儿参与制订的，因此在游戏中，教师可引导幼儿相互督促、提醒、逐步形成遵守规则的自觉性，使游戏得以很好的开展。我曾经历的一件事情在这里值得一提。一次，几个男孩在益智操作区游戏，我指导一男孩穿鞋带板，为巩固其操作技能，我建议他解开再穿一次。这时，提示收放玩具的音乐响了。男孩听到信号立刻停止手中的活动，边说“该收玩具了”，边将穿线板收入小篮中，旁边的孩子也互相督促：“该收玩具了！”刚刚升入中班的孩子能自动做到严格遵守游戏规则，实在令人感动。总之，教师应注意通过对游戏过程的指导，使规则所依据的社会规范真正成为幼儿自身需要，产生执行规则的内在动机，长此以往，逐步形成稳定的个性特征。

2. 从实际出发建立规则并随活动的开展逐步调整完善

由于各班游戏环境、条件等各方面的实际情况各不相同，各班幼儿能力特点也有差异，因此在建立规则时要依据实际需要进行，才具有可行性，而不宜完全照搬他人的游戏规则。例如，某中班教师发现本班幼儿有咬积木、啃咬积塑材料的现象，于是引导大家建立了“不咬玩具”的规则，使规则起到矫正幼儿不良行为习惯的作用。又如，初入园的小班幼儿玩积木常常在搭建位置上发生争执，孩子们往往拿到积木，就随处坐下搭建，不能协调相互关系，使后到的幼儿没有活动空间；有的孩子拿了积木就地坐在积木架前搭建，不仅影响他人取放材料，且易造成相互碰撞而发生冲突。于是，教师就引导大家增设了这样两条积木游戏的规则：“在有标记（地毯上的白色十字胶带）的地方搭建”；“在积木架前的白线后面搭建”。当教师发现图书区的一些幼儿常常拿了好几本书在手上，占住图书，于是引导大家建立“看一本取一本，不多占图书”的规则。

游戏规则一经建立就需有一定的稳定性，但这并不等于说，规则是一成不变的，而是需要依实际情况的变化加以调整或做出适当的改进修正，特别是应根据幼儿的能力、行为质量的提高而有所调整。如小班积木区，最初为避免幼儿相互干扰发生冲突，建立了固定位置搭建的规则,但后来小班幼儿随建构能力的增强,逐渐能够协调相互关系，甚至能几个孩子联合起来共同搭建，这时就可取消以上规则，引导幼儿增设有关共商主题联合或合作搭建的游戏规则，使游戏规则能不断促进幼儿能力的提高。又如，大班幼儿在玩娃娃家角色游戏的基础上，扩展了主题情节，出现了娱乐宫的游戏。一开始，无论是当演员或当观众的幼儿都有一哄而上的现象，教师就及时引导幼儿建立推选主持人和设检票员角色的规则，来协调人数与相互关系。

3. 在规则建立过程中，要注意将行为训练与道德认识统一起来

自主性属动力系统，可激励促进有方向的行为。自主性涉及对事物的认识。幼儿是在对周围事物做出正确认识的基础上，协调控制自身的行为，认真去做该做的事情。因此，教师应注意在引导幼儿建立游戏规则的过程中，使幼儿明了是非界限，明确行为规范，提高道德认识。使幼儿知道什么是好的应该做的，什么是不好的不该做的。如游戏中不能干扰别人，不能做损害他人的事，像抢东西、独占玩具材料、破坏别的小朋友的活动成果等都是不对的；而应与伙伴共享材料，互相帮助，学习协商合作和有礼貌的行为等。教师可结合树立榜样，鼓励表扬良好行为，并使幼儿体验执行规则游戏可顺利开展的愉快与不执行规则的危害等(如一幼儿堆积塑玩得兴起，边玩边叫，教师说：“是谁这么大声呀？图书区的小朋友都没法看书了！”)引导幼儿作出积极努力，控制行为，认真执行规则。教师要注意引导幼儿在游戏中提高认识反复实践，使之在自我选择自主活动的同时，意识到自己的行为及其结果，激发责任感，逐步增强自律行为的能力，幼儿的自主性就能在此过程中得到促进和发展。

4. 将游戏规则的建立与活动区环境创设结合，促进幼儿行为的自理自治（见前面章节）。

（四）依幼儿年龄增长不断调整完善规则、提高要求

规则作为教育手段，可以起到规范引导行为方向，促进幼儿活动质量，提高能力和身心发展水平的作用。因此，游戏规则的建立与执行，要依幼儿年龄的增长，不断提高要求，体现出层次性、发展性。在这个问题上，教师要考虑以下几点。

1. 随幼儿年龄的增长，规则规范约束的范围应逐渐扩大。幼儿随其年龄的增长，活动能力增强了，活动的范围也日益扩大，在建立规则时，要考虑对行为的规范与约束的范围。

2. 规则所指导规范行为的难度应逐渐加深加强。例如，对活动类型的选择和自主活动的行为，依幼儿的年龄而有不同规则：小班幼儿要能自选活动，玩完一种再玩另一种；中班幼儿则应能坚持做好一件事；大班则要求幼儿能够做事有始有终，提高质量（如插积塑要能插得不仅种类多而且建构逼真等）。以积木区游戏为例，3个年龄班的游戏规则在指导行为的要求上应呈现出一定的层次性，从而很好地发挥规则作为教育手段的作用，通过活动的开展，不断促进幼儿身心水平的提高（见下页表）。

表 3.4-2　积木区游戏规则层次表

小　班	中　班	大　班
1. 能在教师帮助下，调节人数 2. 脱鞋进入活动区，鞋放固定地点摆放整齐 3. 在固定位置搭建 4. 用小筐取放玩具材料，用多少取多少，不用放回原处 5. 使用材料先来后到，不争抢 6. 轻拿、轻放，不扔丢玩具 7. 学习正确使用材料，用积木等材料搭建简单物品 8. 不干扰别人，注意不碰坏别人的作品，不敲打等 9. 游戏后，好的建构成果可以保留、展示 10. 及时结束游戏，能按色收放，码整齐	1. 学习调节人数（用安全帽等） 2. 建构活动中用什么取什么，不用放回以得到较大空间面积 3. 友好地同伙伴一起搭建 4. 掌握基本建构技能，能有目的有主题地搭建 5. 学习使用辅助材料和替代物 6. 建构中尽量小心，不撞倒搭好的物体 7. 学习协调关系和自己想办法解决交往中的问题 8. 收放玩具材料方法正确，从上向下随取随收，不得推倒再收 9. 及时结束游戏，按形收放，码整齐 10. 保留建构作品，能讲述建构主题与过程	1. 能主动协商、调节人数 2. 推选组长，带领大家共商主题分工协作，共同建构 3. 用什么材料取什么，随时整理，场地上不得有散乱材料 4. 积木材料运用适当，能充分运用辅材进行综合搭建 5. 能有主题地搭建，注意在建构中反映个人生活经验，创造性地表现 6. 会交往合作，用语言交流、协调行为，共同完成搭建目的 7. 出现问题自己想办法解决，不告状，不依靠教师 8. 收放玩具方法正确，能协作收放，动作迅速并收放整齐 9. 能完整地讲述活动内容与过程 10. 先构思主题，再操作，有目的地进行造型活动，始终坚持主题，并不断丰富情节

3. 随幼儿年龄的增长，教师要注意引导幼儿自行建立适宜的规则，学习自己解决处理问题的办法，自主行为。如中班两个幼儿不约而同来到娃娃家要当客人，但此处的空间仅能容纳一人，于是，幼儿自己想出办法“划拳决定”去留；又如几个大班幼儿在搭建积木，为进一步扩展情节而发生了争执，大家“手心手背”以“少数服从多数”解决了问题；又如中大班幼儿到各区游戏前先推选出组长，由“组长作决策”，指挥协调本组幼儿的行为，从而使游戏能顺利愉快地开展。

（五）各年龄班自选游戏规则实例

小、中、大班开展自选游戏的总规则

△小班自选游戏总规则

1. 能自选个人喜欢的活动，积极游戏；

2. 玩什么取什么，不玩把材料放回原处；

3. 学习使用玩具材料的基本技能，认真操作；

4. 爱护玩具，不丢扔毁坏，不敲打玩具，不拿玩具到处走动，玩具掉落随时拾起；

5. 能与伙伴友好地玩，学习表达个人愿望，能使用礼貌语言与人交往；

6. 不干扰别人，不大声喊叫，不在室内跑动、打闹；

7. 注意卫生安全，如知道用眼卫生，坐姿正确和使用剪刀的安全等；

8. 及时结束游戏；

9. 游戏结束，能将玩具材料收放整齐。

（活动前幼儿要将小椅子轻轻搬到楼道依次摆好。能力强的与老师一起把自选游戏各区所需桌子摆放好。）

△中班自选游戏总规则

1. 自选游戏活动，自选玩具和伙伴；

2. 掌握玩具材料的基本玩法并能变换创新玩法；

3. 玩具材料随用随取，不用放回原处，随时保持现场整洁有序；

4. 爱护玩具，使用小心，随时拾起地上散落的玩具材料；

5. 能与伙伴友好交往，共同游戏，积极进行言语交流，能协调相互行为；

6. 专心游戏，一件事做完再做一件事；

7. 不大声喧哗、跑动，不影响别人，行为文明礼貌；

8. 注意游戏中的卫生安全；

9. 及时结束游戏，将玩具按类收放整齐。

（活动前把椅子搬出一部分，按活动的需要摆放桌子，布置好场地。）

△大班自选游戏总规则

1. 自创活动条件，安排空间场地；自选游戏，自定主题，积极参加各类游戏；

2. 根据需要选用玩具材料，能利用替代物和自制部分材料；

3. 熟练掌握各类活动的基本技能，能综合运用材料和探索材料的各种玩法；

4. 爱护玩具，使用小心并能及时整理，学习修补玩具材料；注意游戏的卫生和安全；

5. 各组幼儿能自动调整人数，共同商议主题和玩法；

6. 游戏中友好交往并能协调相互关系，自己想办法解决游戏中的问题；

7. 每次玩一种游戏，学习做事有始有终坚持活动主题，努力克服困难，达到活动目的；

8. 不大声喧哗跑动，不随便串组，行为文明有礼貌；

9. 及时结束游戏，迅速将玩具材料按一定规律摆放整齐。

小、中、大班各类游戏规则

小班

△积木区游戏规则

1. 戴帽子进入积木区，将鞋脱放在固定位置上，摆放整齐；

2. 用小筐取积木，用多少取多少，不用放回原处；

3. 按固定位置搭建（标记），不争地方；

4. 幼儿在游戏中能运用语言交往，但声音要小，避免干扰别人的游戏；

5. 不敲打积木，游戏中不打闹；

6. 游戏后收放玩具，按类（颜色）摆放整齐。

△语言区游戏规则

1. 坐在小椅子上看书，姿势要正确，椅子有一定排列顺序；

2. 能自己选择喜爱的图书，谁先拿谁先看，不争抢，爱护图书，不撕不扔；

3. 看完一本书应放回原处码整齐，再取另一本；

4. 看书方法正确，一页一页地看；

5. 幼儿可以相互讲述图书和交谈，但声音要小，不影响别人。

△美工区游戏规则

1. 会自己选取美工用具、材料，认真操作；

2. 学习正确使用美工工具（如剪刀、胶水）；

3. 注意安全，不拿剪刀走动，不用时将剪刀合好；

4. 活动中注意场地清洁，废料放小筐中；

5. 活动后能按类收放工具材料，将桌面、地面整埋清洁，废料倒入垃圾筒；

6. 可将自己的作品固定在绳上或展示板（台）上。

△娃娃家游戏规则

1. 进入游戏区先来后到；

2. 能自定角色，学习角色行为；

3. 不独占、不争抢玩具，能共享玩具材料；

4. 爱护玩具，不乱扔乱丢；

5. 会用语言表达个人情感愿望，用语言与伙伴交流，商量主题情节，能友好共处；

6. 活动中不大声吵嚷，会有礼貌地接持“客人”；

7. 游戏结束时能收放和整理玩具，按类放回原处。

△益智操作区游戏规则

1. 自己选取材料，在指定地点玩；

2. 爱护玩具，把不玩的玩具放回原处，将散落的玩具随时拾起；

3. 认真操作，学习一定拼插技能，掌握各类材料的基本玩法；

4. 玩完一种再玩另一种，将玩具材料按类整理，不混放。

中班

△积木区游戏规则

1. 按人数进入活动区，如果要游戏的人数较多，让当天未到过本区的幼儿先玩（每天只能玩一次）。幼儿应友好地与伙伴一起建构；

2. 搭建中用什么形状的取什么形状，不用的不要乱放，以便得到更大的空间面积；

3. 合理安排建筑造型的位置，做到位置适中，不影响取放材料和行走；

4. 学会基本的建构技能（延伸、叠高、平铺、围封和对称等），能有目的、有主题地进行建构；学习使用辅助材料，增强造型表现力；

5. 游戏中注意不用嘴咬积木，不喊叫；建构中尽量小心，不撞倒搭好的物体；不随便串别的组，学会认真做好一件事；

6. 游戏时可互相协商主题，共同建造；

7. 收玩具方法正确，从上一一取放回原处，按类码整齐。

△语言区游戏规则

1. 坐在椅子上阅读，注意身体姿势和用眼卫生；

2. 能专心阅读一本书，能看懂图书内容；

3. 看什么拿什么，一本一本进行，不多占书；

4. 能与伙伴一同看一本书，学习相互讲述书中内容；

5. 学习使用录音机，能认真听（播放的或别人讲的）故事；

6. 爱护图书，不撕、不扔、不抢书；

7. 结束时要把书柜上的书码放整齐，要封面向上，不可乱放。

△自然科学区游戏规则

1. 学习照顾和管理自然角，会给植物浇水，学习给金鱼换水；

2. 注意观察动植物的生长状态与变化，不断发现有趣的问题；

3. 在活动中认识不同材料，了解其性质特点，幼儿之间能相互交谈讨论；

4. 爱护实验操作材料，小心使用，轻拿轻放（如镜子、试管等）；

5. 随时整理活动现场，活动结束时，将材料按类摆放整齐。

△美工区游戏规则

1. 自己决定活动内容，并选取需要的工具、材料（部分工具、半成品材料可共用）；

2. 认真、细心地操作，做事要安静，不喧哗；

3. 能熟练使用主要工具材料，学习基本的美工活动技能，有创造性表现；

4. 爱惜物品，不浪费，能随时清理废料；

5. 注意安全使用剪子，注意正确握笔姿势和坐姿等，知道用眼卫生；

6. 伙伴之间可交流讲述各自活动内容与作品，相互学习促进。

△益智操作区游戏规则

1. 用小筐自选所需玩具材料，在指定地点游戏（积塑在一桌，拼图类在另一桌，小积木在靠墙位置）；玩完一种玩具，先收放好，再更换其他玩具；

2. 掌握多种材料的玩法，学习创造性地使用材料；

3. 能共享同类材料，想与小朋友共同玩玩具时，要与人协商，征得同意，友好地玩，发生问题时学习自己商量解决，能谦让；

4. 不用嘴咬玩具，不大声讲话，不乱串或在室内跑动；

5. 玩具按类收放，不得混在一起（特别是立方体拼图，要按图码整齐）；看到地上有玩具不管是谁的，都要随时拾起放好；

6. 爱护玩具材料，不丢、扔玩具或用玩具敲打；

7. 游戏结束时，把玩具材料尽快收放整齐，检查桌上、地上是否有散落的玩具。

△娃娃家等角色游戏规则

1. 自动协调人数，到娃娃家游戏的，先协商确定角色，再游戏；

2. 记住自己承担的角色，能按角色身分做出相应的行为，角色之间能相互协调；

3. 注意在游戏中反映家庭生活的主题，并逐步扩展情节；

4. 学习操作使用材料，能利用废旧材料以物代物，发挥创造力和想象力；

5. 随玩随收拾整理“房间”，知道“家”中固定物品的摆放（炊具与餐具、茶具、日用品等）位置；

6. 学习交往技能，发展交往能力，能与伙伴友好地玩，正确使用礼貌用语，注意做出文明行为；

7. 听到游戏结束信号后，要及时放下玩具材料，按要求收放整齐（衣被叠好，餐具放回原处）。

8. 从美工区借来的作品及从图书区拿来的图书等，游戏结束时，要送还原来的地方。

大班

△语言阅读区活动规则

1. 主动调节人数，一般每次不超过 6 人；

2. 自选图书阅读，看完一本再拿一本，注意理解图书内容；

3. 谁先拿到谁先看，不抢占图书材料；

4. 保持本区安静，不得大声讲话，不影响别人；

5. 注意用眼卫生，眼睛与书保持一定距离，坐姿正确；

6. 能与伙伴友好共处，主动用语言表达情感意愿，交流沟通；

7. 能相互讲述图书内容，交谈共同感兴趣的话题，注意倾听他人谈话与讲述；

8. 结束时及时把图书及其他材料一一摆放整齐，归还原位。

△美工区游戏规则

1. 主动调节人数；

2. 正确使用各种美术工具（如笔、剪刀、胶水、液体颜料等）；

3. 能共享工具、材料，学习运用交往技能，协调相互关系；

4. 坐姿正确，注意用眼卫生，使用工具时要注意安全；

5. 尝试多样化的造型材料，能根据材料的不同特性加以运用，学习一物多用，做到创造性地造型表现；

6. 幼儿自己准备抹布、废料筐等，随时清理工作现场，将废料放到指定位置；

7. 提供展示板或展台，幼儿完成作品后可加以展示，体验成功；幼儿之间可相互讲述交流各自的操作与作品，互相学习；

8. 结束时认真收拾、整理工具材料，归类摆放，做好清洁工作，养成良好习惯。

△积木区游戏规则

1. 依场地面积限定人数，幼儿带标记进区活动，能自动调整人数；

2. 积木和各种辅助材料按标记分类摆放，幼儿自行取放和整理；

3. 正确使用不同的建构材料，在掌握基本建构技能基础上，能依不同建构需要选用相应材料，综合搭建；

4. 共同推选组长，协商主题和建构方案，大家分工合作，完成搭建目的；

5. 场地上不得有散乱积木，随时清理现场，注意安全；

6. 注意在建构中创造性地反映自己的知识经验；活动后能完整地讲述活动过程和主题内容；

7. 收放材料方法正确，能分工协作，注意动作迅速，码放整齐。

△娃娃家等角色游戏规则

1. 按要求自动协调人数，会协商分配角色；

2. 正确运用各种玩具材料，会使用废旧材料等作代替物，学习创造性地运用材料；

3. 角色意识明确，能规范自身行为，做符合角色身分的事；

4. 能自我控制和协调与伙伴的关系，发生纠纷或争执，能学习自己解决问题；

5. 能有主题地开展游戏，注意平日丰富知识经验，不断扩展主题和表现更多更复杂的社会生活的主题和情节；

6. 随玩随整理，保持场地整洁有序；

7. 材料按标记归类摆放，结束时收复原位，并尽快做好收放整理工作。

△益智操作区游戏规则

1. 玩具材料按标记分类放置，幼儿自行取用所需材料。不用的材料要放回原处，不得混放；

2. 能专心操作，学习认真做好一件事；

3. 先构思再拼插，进行有目的的操作；

4. 正确运用材料，了解材料性能和基本玩法，并注意探索多样化的玩法，发挥创造性，一物多用；

5. 幼儿之间相互学习游戏技能。

6. 能分享玩具材料，不争抢或独占，学习轮流、交换、协商和协作等交往技能。

△自然科学区游戏规则

1. 学习在日常生活中照料动植物等；

2. 爱护自然科学区的各种动植物及操作材料；

3. 正确操作材料，认识各种实验材料，掌握其性质特点，尝试做各种实验；

4. 注意按程序操作，轻拿轻放实验物品；

5. 提供观察记录本，能将观察到的结果记录在册（天气记录、动植物生长记录等），注意了解事物的发展变化；

6. 随时清理现场（能将桌子擦干净），结束时做好清洁工作，把玩具材料归类摆放。

五、自选游戏的观察与评价

（一）对幼儿游戏行为的观察是实施有效指导的前提

1. 观察的目的和意义

观察幼儿游戏是为了了解幼儿的行为表现，了解其发展特点、能力与需要，了解其个别差异，使教育目标的确定更有针对性，更加具体化、对象化；同时，教师通过对幼儿游戏行为的观察，可作为自我检验教育效果的手段，为制订和调整教育计划，有的放矢地施加影响和指导提供客观依据。

观察是现代教师必备的能力和素质，如此也才能谈得上有效地发挥教育主导作用。

2. 几种适宜的观察方式

观察是教育科研的基本方法，观察方式多样。比较适合于教师运用的观察幼儿自选游戏行为的方法主要为以下三种。

（1）分析性观察　这是一种对幼儿在整个游戏中的行为表现作详尽的观察记录的观察方法。这种方法利于教师掌握幼儿行为心理特点和一般性游戏能力，如能否自选游戏、自定主题，如何运用材料，如何和伙伴交往，活动是否有持续性及创造性表现等等。这种观察方式适宜于学期初、末进行。在每次自选自由游戏时间，教师观察幼儿 5～6 人，并集中观察若干次，这样，既可掌握全班幼儿整体性水平，又能了解每个幼儿的具体特点。教师也可以依据计划，集中观察 1 周（每天 1 次）或 2 周（隔天 1 次），对全班每个幼儿观察一次。班上两位教师应每人各观察一轮，相互对照，避免有主观倾向，增强观察的一致性。教师可以从以上几方面线索对幼儿行为作出较客观的分析判断，为制订游戏的教育目标、选择适宜的指导方法和措施提供依据。

表 3.5-1　幼儿自选游戏活动观察表

班级____________

指导教师________当日幼儿来园人数______

观察日期____________

观察者________

幼儿姓名 观察内容线索提示	（详尽记录幼儿的具体行为表现）
1. 自选游戏前的表现 2. 能否发起活动 3. 主题目的性 4. 使用材料情况 5. 专注程度与兴趣表现 6. 与成人或伙伴关系 7. 言语表现 8. 持续状况 9. 常规 10. 评价（幼儿对己、对人的评价）	
当日游戏总体状况评析	

教师如每学期在学期初、末，分别作观察评定，然后加以对照，可以了解一学期以来幼儿行为的发展变化和实施教育的实际效果。

（2）扫描式观察　这是一种较简单、便利的观察方式。在自选游戏中，教师以 5 分钟或 10 分钟为一个时间单位，每次观察 10～15 人，教师只需在幼儿参与的活动类型一栏中打钩，并以简要文字记录一些简单的信息（如玩什么材料，是否与人发生交往）即可。这类观察主要用于了解幼儿对各类活动的兴趣及一般行为特点，适于粗线条地掌握全班游戏状况，可在学期中随时进行。根据观察，教师可对环境的创设、活动类型的提供作出适当调整，同时帮助幼儿改进行为。

表 3.5-2　幼儿参与游戏情况观察表

班级______

指导教师______在场幼儿人数______

观察日期__________

观察者__________

活动类型或区域 / 幼儿姓名									备注
1									
2									
3									
4									
5									
6									
7									
8									
9									
10									
11									
12									
⋮									
总　计									

说明：1. 每30秒记录一张表格：游戏开始的10秒记录画√，中间10秒记△；最后10秒记○。

2. 除符号记录外，还需作必要的简要文字说明，如独自玩或协作玩、主题情节是什么等。

3. 备注栏可记录教师或环境影响，以及幼儿的特殊行为等。

4. 在观察表背面绘出活动室场地安排及环境设置平面图。

（3）活动区游戏观察　这种观察方法是随各游戏区活动进行的，以幼儿个人或自然形成的小组为单位进行观察记录，着重描述幼儿各类游戏的行为特点。这是教师在组织日常游戏中经常性的观察方法。班上两位教师可以依个人分工负责的区域作为侧重观察区域，详尽了解幼儿在特定活动中的具体行为表现，以便有针对性地予以指导和提供适宜的活动条件，促进幼儿各类游戏的深入发展和游戏水平的不断提高。

表 3.5-3　游戏区幼儿游戏行为观察表

游戏区名称____________

班级______ 指导教师_______ 幼儿人数______ 观察日期____________

观察者________

幼儿姓名 / 观察线索提示	（尽可能详尽记录幼儿的具体行为表现）
1. 主题的确定 2. 材料的运用与游戏技能——该区典型游戏行为 3. 新颖性与创新性 4. 游戏常规的执行 5. 社会参与水平，与伙伴交往行为 6. 活动持续情况 7. 独立自主性表现	
备注：该区材料的提供，环境设计与教师的影响	
游戏效果的简要评析	

教师可以在幼儿游戏过程中，边指导幼儿游戏，边作现场观察记录。如果当时无暇记录，或是时间不允许来不及详尽描述，可以在事后凭记忆将观察到的情况追记下来，并加以整理完善。

3. 注重描述性观察和分析

观察是为了真实准确地了解幼儿在游戏中的行为表现，了解其发展特点和需要，并在此基础上作出分析，使教师能在指导幼儿游戏时，从客观实际出发，提高教育指导的效果。因此，教师对幼儿游戏的观察必须细致、深入，要注意了解幼儿在游戏中的具体行为表现，如说了什么，做了什么，有什么动作表情，对活动的兴趣态度如何，专注程度如何。特别要详尽了解幼儿是怎样做的，如怎样操作材料，怎样与人交往，游戏意图如何等等。对幼儿行为发生的场景、周围人和事物的影响等因素也不能忽略。一般地，应注重按行为或活动发生的自然进程，如实地、详尽地进行观察描述，不能以主观的判断代替幼儿具体的行为。或许有人认为这种方法过于繁琐，殊不知，这正是了解幼儿行为的必要而科学的手段。幼儿的行为是复杂的，我们不能以简单地画钩或数量化的方式代替具体详尽的描述。例如，同是一项争执的行为，有的是由于幼儿之间为抢占玩具而发生的争执，有的则是争论游戏的情节进展。如果仅凭简单地画钩，不能提供反映实质性内容的信息，无助于教师对幼儿行为性质特点的掌握，也无法提出有针对性的教育措施。因此，教师必须关注幼儿的游戏，认真观察并详尽记录幼儿的具体行为表现，在此基础上，作出客观的分析，提出有针对性的较为具体和适宜的教育措施，使幼儿的游戏能够在原有水平上得到发展。

通常，教师对各类游戏的观察的要求大致相同（见《游戏区幼儿行为观察表》），但由于不同类型游戏的特点各异，因而教师在观察中也应有所侧重，了解幼儿从事不同游戏的特殊表现。如，教师在对运用物体的游戏或操作性游戏进行观察时，应注意幼儿对玩具材料的选择是否准确，操作物体的动作是简单地甚至无意识地摆弄，还是能依物体的性能进行规范性操作，或是进行多方面的试验和探索，还要观察他们是否能从不同角度以不同于他人的方式尝试新的操作和创造；又如，对积木等结构游戏的观察，应着重了解幼儿的活动主题、选择材料的方法，建构技能如何，能否建成形象的造型，能否创造性地在活动中反映自己对生活的认识和印象等；再如，对幼儿象征性游戏行为与角色游戏的观察，需注意幼儿是否能象征性地运用替代物，如何扮演角色、模仿动作，游戏主题情节如何，幼儿能否依角色作出相应的行为，能否协调角色之间的相互关系等。

游戏中，教师还需注意幼儿的个别差异、个性特点，注意观察教师一般印象中的好孩子与能力差的或常发生行为问题的孩子在游戏中的行为表现，以及每个幼儿对不同类型活动所表现出来的不同兴趣、能力倾向等，从而更全面细致、更真实地了解教育对象，扬其长、补其短，通过游戏，更大限度地激发幼儿自身能动性、积极性，促进每个幼儿在原有基础上充分发展。

（二）幼儿游戏评价

教师应依据对幼儿游戏的观察，对幼儿的游戏行为作出客观的评价。

1. 幼儿游戏一般性发展评价

评价幼儿游戏的一般性发展，可以了解幼儿身心整体发展的一般状况，特别是了解幼儿个性和社会性的发展特点。通过评价幼儿游戏一般性发展，还可以检验教育者组织和指导游戏的效果。

教师可以利用以下量表，在对幼儿游戏全过程观察的基础上（即对“幼儿自选游戏活动”观察到的材料依以下方面作出分析评定），对其自选游戏情况（能否确定主题，如何使用材料，与人关系怎样，活动持续性等）作出评价，从而了解本班幼儿能力水平和特点的整体情况，掌握每个幼儿个体的具体特点。根据实际的观察和评价制订出的幼儿发展目标和计划，会更具针对性，更客观，更具体，因而也就更便于实施。

教师如在学期初、末各对本班幼儿进行一次幼儿游戏一般性发展评价，将材料加以汇总统计，前后两相对照，就可以判断本学期幼儿的发展一般状况，明了取得的教育效果和质量。同时也可以对一般评价量表中的各个方面加以分析，掌握本班幼儿各个方面的发展特点和取得的进步。

表 3.5-4　幼儿游戏一般性发展评价表

项　目	评　价　标　准	评分
1. 自选情况	不能自选 自选游戏玩具 自选活动并约伴	
2. 主题目的性	无意识行为 主题不确定，易受他人影响而变换 自定主题，能很快进入游戏情境 共商确定主题，主题稳定	
3. 材料使用	不会用或简单重复 正确熟练常规玩法 材料运用充分，玩法多样、复杂	
4. 常规	行为有序/基本遵守规则/行为混乱、不守规则 轻拿轻放爱护玩具/基本爱护/不爱护、乱丢玩具 及时收放，认真整理/部分做到/不能整理	
5. 社会参与性	独自玩 平行活动 联合游戏 协作游戏	
6. 伙伴交往	积极交往：互助谦让，轮流合作，协商解决问题 一般友好交往：交谈逗趣，请求询问，追随模仿 消极交往：独占、排斥、干扰、破坏、退缩、攻击、对抗	
7. 持续情况	变换频繁（记录次数） 有一定坚持性，完成一项活动后再变换 始终持续一项活动	
8. 其他	是否参与环境创设，与教师交往情况	
总体印象		

2. 幼儿参与各类游戏的观察评价（娃娃家游戏评价、积木区游戏评价、图书区、操作区、美工区等等活动评价）

对幼儿参与各类游戏的评价，应分别对幼儿从事的不同类型的游戏进行观察评价，亦即各活动区游戏评价。这是教师在班级教育实践和游戏开展与指导中，最经常运用的评价。通过观察评价，深入了解各类游戏的特殊功能与特点，为更好地指导不同类型的游戏提供依据。通过观察评价，教师也可以了解本班幼儿从事不同游戏的能力、水平，分析各区游戏活动条件创设存在的问题，以便加以调整改进和更加具体的指导，促进幼儿游戏的不断深入。

△娃娃家等角色游戏的评价

根据角色游戏的典型特点，我们可以从游戏主题的确定，幼儿以物代物及其扮演角色的行为方式以及游戏中的相互关系，社会性水平和主题情节及材料运用的创新性等方面，对幼儿角色游戏的能力作出评价。

一般地，随幼儿年龄的增长和他们知识经验的不断丰富，小、中、大班幼儿角色游戏中所反映的社会生活的内容和复杂程度有所不同。如小班幼儿的娃娃家通常出现以家庭生活为主的主题和情节，中、大班则逐渐扩展到社会生活领域，并可能出现双重的角色身分。因此教师在评价各类专门游戏活动时，对幼儿的年龄特点应有所考虑。

表 3.5-5　幼儿角色游戏能力评价表

项　目	评　价　标　准	评分
1. 主题的确定	听从教师建议或指定 看到别人玩什么，自己也玩什么 独立确定主题，并能很快进入游戏情景	
2. 材料的运用	用模拟实物的玩具 运用替代物游戏 运用替代物并能以言语动作替代	
3. 角色表现形式	重复个别动作 系列动作 行为态度符合角色要求 角色意识明确并有相应动作，能协调角色间关系	
4. 创新性	主题情节及材料运用有新颖性和独创性	
5. 社会性水平	独自游戏 平行游戏 联合游戏 合作游戏	
6. 伙伴交往	友好相处，积极交往	
7. 组织能力	在别人带领下游戏 会出主意使游戏玩下去 能带领别人玩或教别人玩	
8. 持续性	游戏呈间断性（时常离开主题或情景） 游戏呈分节型（仍为间断性，但每次持续游戏时间较长） 游戏呈连续性	
9. 常规	遵守游戏规则，行为有序	

△积木游戏的评价

积木游戏是结构游戏的一种，它不仅有益于幼儿建构能力的发展，在促进幼儿的空间想象力，丰富其表现创造力和运用材料真实反映现实生活能力等方面具有特殊功能。在共同使用积木材料进行建构时，幼儿的社会参与水平、相互协调能力也不断得到提高。教师可以通过观察，评价幼儿积木游戏的状况，了解幼儿这方面的发展。

积木游戏条件的创设对幼儿游戏行为有重要意义，教师可以依据对幼儿的积木游戏的观察评价，不断调整改进积木区的环境创设，促进幼儿积木游戏质量的提高。

表 3.5-6　幼儿积木游戏水平评价表

项　目	评　价　标　准	评分
1. 材料的运用	光拿着玩，不会搭 对积木形、色有选择，意识不强 有意识选用材料，反复尝试 迅速选定材料，并能综合运用材料，运用有特色	
2. 建构的形式	简单排列、堆高、铺平 能架空搭出门 能围封建构，造型比较复杂，能命名，但形象不逼真 按特定形象逼真建构，运用对称并能装饰	
3. 主题目的性	无目的，无主题 目的不明确，易附和他人 能确定建构主题，但不稳定 主题明确，能坚持并深化开掘	
4. 情绪专注力	注意水平低，情绪呆滞 一般情绪状态，注意力易分散 情绪良好，注意力较集中 情绪积极，能专注，持续时间长	
5. 社会性水平	独自搭建 平行搭建 联合搭建 合作搭建	
6. 常规	遵守积木规则 爱护玩具 能收放积木，整理动作迅速	
7. 创造表现力	建构主题与造型方式富于创造性	

对其他各类型游戏的评价，也需根据其各自特点及对幼儿发展的意义，同时结合不同年龄幼儿应达到的游戏目标，确立适宜的评价标准。以下所列各活动区评价内容项目仅提供参考。

△语言阅读区

——对书中图画有兴趣

——能一页一页翻阅图书

——与伙伴谈论图书

——能基本了解书中内容

——能小心爱护图书

——表演书中的故事

——会操作录音机

——能认真听录音机中的故事或听人讲

——会讲述听过的故事

——能用拼图形象地编故事

——愿意认字并能认得几个字

——愿意与伙伴交谈个人情况与知识经验

——谈话、讲述时口齿清楚，语言连贯，意思明白。

△益智操作区

——扣上和解开扣子

——用线绳穿珠子

——拉上和解开拉链

——会系鞋带

——拼图动作准确协调

——能迅速拼出复杂的图形

——沿物体边缘描出外形

——会编结带子

——能与伙伴配合玩翻绳

△美工区

——喜欢涂、画

——能把颜色涂在图案内，涂色均匀

——会恰当地使用糨糊或胶水

——会使用剪刀，动作熟练

——知道怎样调配颜色

——用纸笔绘出简单形象

——绘画形象较复杂

——绘画有一定情节，造型生动

——对多种美工活动类型感兴趣

——能以美工活动形式创造性地表现

——注意探索不同美工材料的性能

——活动后能清理物品

注：美工区的活动形式极为丰富多样，如泥塑、剪贴、立体造型、自然材料制作等等，可依据不同类型的特点，对评价项目内容加以调整或重新设计确立。

△科学区

——对一些生活中的科学现象感兴趣，常提问题

——运用多种感官感知物体特征

——能正确地将物体分类

——喜欢探究各种材料

——能照顾科学区的动植物

——模仿教师在科学区做小实验，尝试解决问题

——会记气象日记

——观察动植物生长情况，并用绘画作记录，了解其变化与时间的关系

——能持续较长时间观察、探究

△音乐区

——能操作录音机

——能随音乐唱歌

——喜欢做韵律活动

——玩打击乐器，能随音乐打节奏

——能与伙伴一起唱歌、跳舞或戏剧表演

——能感受不同韵律的特点，能做出相应的形体表演

教师对幼儿在各活动区游戏作观察，如出现了某项行为，就在相应的项目上画“√”，若是观察到与指标相反的行为则打“×”；如果某项行为没有出现，可以写“无”或不做记录。

教师可以在不同的时间做观察评价，然后加以对照，判断幼儿的发展变化。

3. 幼儿自选游戏中独立性发展的评价

除了对幼儿自选游戏做一般性观察评价外，还可以对幼儿在游戏中某一方面的行为表现进行观测，即进一步按特定目的，有针对性地深入了解幼儿某方面的发展水平。如可对大班幼儿室内自选游戏中独立性的发展作出评价。

评价幼儿游戏中独立性表现，可以从幼儿的自理能力、主动性、自律性和初步分析解决问题能力等方面进行。下面是北师大教育系八七级学生陈岩、胡松等设计的一份幼儿独立性评价量表。

表 3.5-7　幼儿室内自选游戏活动中独立性发展水平评价量表

内容	评定项目与标准 \ 幼儿姓名													
A 自理能力 50	A1	能自己取放玩具、图书												
	A2	能自己收玩具、图书												
	A3	自己能做的事情自己做(如玩具、图书掉了自己捡;自己系鞋带;自己知道冷了穿衣服和热了脱衣服等)												
	A4	能自己选择喜欢的活动内容												
	A5	自己选择游戏伙伴												
B 主动性 50	B1	能出主意、想办法												
	B2	与小朋友交往，会主动地表达、交流												
	B3	能充分利用玩具，有一定创造性或模仿性												
	B4	能独立操作思考，不依赖于别人												
	B5	完成自己选择的一项活动内容后，能较快选择其他活动内容												
C 自律性 50	C1	不需要更多提醒，能控制自己的行为												
	C2	不独占玩具、乱丢玩具和毁坏玩具												
	C3	不干扰、破坏其他小朋友的游戏												
	C4	能完成自己选择的活动内容												
	C5	听到信号能及时结束游戏												
D 初步分析解决问题能力 20	D1	能与同伴友好相处，能自己解决纠纷，不争吵，讲道理												
	D2	有初步评价自己和他人行为的能力												

评价方法说明：

1. 各项目评定等级分为3级：

5分为好，说明幼儿经常性的行为表现；

3分为中，说明幼儿的行为不很经常；

1分为差，说明幼儿无此行为表现。

2. 总分＝A＋B＋C＋D，评定项目共17项。

满分＝（5＋5＋5＋2）×10＝170

3. 计算观察信度：

计算数名观察者之间评定的一致性；

或计算观察者本人数次观察评定的一致性——计算平均分。

4. 关于“经常性”的说明：

行为表现次数/观察次数≥2/3为经常性。

另外，教师还可以根据幼儿的实际情况，结合不同阶段的教育重点，编制有关幼儿社会性发展、语言能力、创造性表现的观察评价量表，在游戏中有侧重地观察幼儿某一方面的行为表现，并有意识地通过自选游戏加强之。

4. 户外游戏评价

体育锻炼和户外活动对幼儿身体健康有重要作用。国家卫生部1985年颁布的《托儿所、幼儿园卫生保健制度》将体格锻炼特别作为一条制度，并规定出明确具体的要求。

《制度》中提出，幼儿园、托儿所要有组织地经常开展适合婴幼儿特点的游戏及体育活动；在正常天气下，要有充分的户外活动时间，每天坚持两小时以上户外活动；创造条件，充分利用日光、空气、水等自然因素，有计划地锻炼儿童体格；锻炼要经常和循序渐进，运动项目和运动量要适合各年龄组特点等。

幼儿园应以以上要求为依据，结合本园实际和具体教育对象的特点，确定户外游戏活动的评价内容和标准。可以考虑从以下几个方面作出评价。

（1）保证户外活动时间

——户外活动时间应保证每天 2 小时，半日活动中应不低于 1 小时。

（2）户外体育活动的形式

——有计划地安排各类型运动，使幼儿全面地锻炼身体，增进动作技能；

——早操与体育活动结合；

——有组织、有计划的体育活动与户外游戏结合；

——集体游戏与自由分散游戏结合。

（3）活动条件和游戏材料的提供

——充分利用活动场地；

——因地制宜创设活动条件（如攀登、向上跳、投掷、钻爬、平衡等方面）；

——提供多样化的自由游戏材料。

（4）教师积极参与幼儿活动，并注意适当指导

——教师积极参与幼儿活动，以自身规范性动作及积极情绪感染影响幼儿，激发幼儿兴趣，引导幼儿正确活动；

——引导幼儿充分运用材料探究多种玩法；

——在指导全体的同时照顾个别；

——利用各种时机，对幼儿进行教育。

（5）掌握幼儿活动量

——注意观察全班幼儿活动，考虑幼儿年龄特点，保证适当的活动量，避免活动量不足或过大。

（6）建立与执行户外活动常规

——教师引导幼儿在活动中建立各项必要常规；

——督促幼儿认真遵守常规；

——发挥常规的教育意义，注意培养幼儿自主性和独立性。

（7）注意卫生和安全

——注意避免不安全因素，及时消除事故隐患；

——活动前提醒幼儿小便，指导幼儿整理着装，如上衣放在裤子里、鞋带系好、增减衣服等；

——结合常规具体指导幼儿安全地活动；

——依幼儿年龄特点适当进行安全教育，培养安全意识（如不离开集体，不做危险动作等等）。

（8）幼儿活动情况

——幼儿情绪良好，积极参加各项活动；

——听从教师指导，遵守各项活动常规；

——能很好地进行适合本年龄特点的活动（以下各具体项目可依各年龄班实际调整改进）：

a. 能保持身体平衡；

b. 轻易地爬上爬下；

c. 跑步不跌倒；

d. 攀登动作协调；

e. 会双脚跳过障碍物；

f. 会单脚跳；

g. 会骑车子；

h. 喜欢同伙伴一起玩规则游戏，如抛接球等；

i. 不胆小，不害怕。

要客观地对游戏作出评价，就应注重对整个游戏过程的评价，既要对幼儿游戏行为进行评价，也应对教师如何指导游戏和创设游戏环境进行评价。

游戏活动过程特别是教师的工作状况，直接影响幼儿的游戏行为，影响活动的质量。就是说，教师通过日常生活中对游戏的指导，切实发挥游戏对幼儿身心发展的促进作用。教师对游戏的指导，实际上也反映出教师的素质、教育观念与技能，反映其工作质量，因而评价可以作为园所教养管理的手段。评价教师对自选游戏的指导应包括：是否注意创设良好的教育环境；能否依据对幼儿游戏行为的观察分析，制订出具体可行的游戏计划；是否积极参与幼儿游戏并给予及时适度和有针对性的指导；能否有效地激发幼儿与周围环境（物质材料、幼儿伙伴等）积极相互作用，促进幼儿游戏水平的不断提高等。

表 3.5-8　游戏环境创设的整体效果评价量表

肯定评价	5	4	3	2	1	否定评价
1. 活动区的设置有利于促进幼儿身心全面发展，类型与数量适宜						活动区的设置类型单一、不足或过多
2. 各活动区位置适宜						位置不当，如图书角设在楼道
3. 各活动区提供的材料、种类、数量适当						材料不足或过多，未体现教育意图
4. 活动区的设置与幼儿年龄特点和实际水平相适应						活动区的设置与幼儿年龄不符
5. 能依计划投放和更换材料，变换玩法，激发幼儿新需要						材料投放一次性，无变换
6. 各活动区之间关系协调						各活动区关系不当，相互干扰
7. 因地制宜充分利用场地						场地利用率低，未依需要加以调整
8. 幼儿有机会参与环境创设						环境创设由教师包办，幼儿无参与机会
9. 结合游戏规划的建立，增强环境中的自治因素						环境中无自治因素
10. 自选游戏与集体教学适当联系，相互配合促进						自选游戏孤立进行，未注意与正规教育教学的配合
11. 保证集中游戏时间，并充分利用零散时间						时间安排不足或游戏时间无保证

表 3.5-9 教师对游戏过程指导情况的评价表

项目	内容	评分
1. 引导游戏进程	依游戏计划引导游戏的整个过程（开始、中间、结束），使游戏顺利开展	
2. 教师与幼儿相互作用	教师积极参与游戏，增加与幼儿的接触交往，多运用肯定互动，减少否定性接触	
3. 指导的对象与范围	重点与一般结合，游戏过程中以面向个人的指导为主，逐渐增加对小组的指导，班级教师均参与指导	
4. 指导方法的运用	能结合幼儿年龄和各类游戏的特点，选择适宜指导方式，并注意综合，能运用多样化的指导方法（如及时提供材料/建议、提问/启发、提供范例/共同参与/行为示范/指导技能/利用幼儿之间相互影响等）	
5. 指导类型或方式	指导方式为激励式（非旁观或被动反应式，又非控制导演式），注意引导幼儿发现和学习，促进幼儿游戏的深入和活动质量的提高	
6. 游戏常规的建立	依幼儿不同年龄，引导幼儿在活动中建立必要的游戏常规，结合环境中的自治因素，引导和督促幼儿执行常规，逐渐培养幼儿在行为方面自律、自治	

（三）小、中、大班幼儿游戏行为观察记录 46 份

以下是光明幼儿园小、中、大班幼儿自选游戏观察记录表 22 份和活动区游戏观察记录表 24 份，可供参考。

表一　幼儿自选游戏观察记录表（1）

班级：小一班　　幼儿人数：27人　　幼儿年龄：3岁　　观察日期：1991.10.17

教师：李连荣　单金雪　　观察者：李连荣

观察内容线索提示 ＼ 幼儿姓名或次数	白宇	陈宁	惲斌	赵超然	符帅
1. 自选游戏前的表现 2. 能否发起活动 3. 主题目的性 4. 使用材料情况 5. 专注程度及兴趣 6. 伙伴交往及与人的关系 7. 语言表现 8. 游戏常规 9. 评价（评他人/评自己）	选择益智区玩具"空心积塑"，专心插出一辆汽车，上面有4个小人，"一个是开车的，3个人是坐车的。" 老师："你的车没轱辘？" 但他没反应。15分钟后拆汽车，把玩具给旁边幼儿，又拿起同桌其他幼儿的插管玩具。 游戏中无语言，始终独自游戏。游戏后主动收玩具。	选择益智区"魔圈"进行摆放。然后套着玩一会儿，把一个最细的长管斜放在大圈里，说是"大炮"，比较形象。 然后自己一直在变更"大炮"，专心致志，边想边玩。始终玩此玩具，动作也比较轻，收拾玩具很快。 游戏中不与别人交谈和发生任何关系（安静、独立性强）。	要求到积木区游戏，他想玩的东西被别人先拿走，他无争抢。过一会儿自己选择长方形积木搭火车，5分钟后把玩具毁掉与孔静合搭，过一会又走开，无目的去看别人玩，与别人一起搭，自己始终没专心地搭出一样东西。愿意与别人合作，边说边搭，边走动。	选择穿珠，自己专心穿，10分钟后穿成一个手镯，同桌的马瑞拿来玩，套在手上，赵说："这是我的。"马瑞在手上玩了一会儿，便给她带在胳膊上。 15分钟后玩"插管"玩具，穿珠没送回，又过5分钟把玩具主动送回，又继续玩插管，边摆弄边说，有时自言自语，多数是与别人小声谈。 游戏中变换两种玩具，能主动收拾玩具。	到娃娃家拿走菜刀、菜板，带好围裙，做饭，然后又给娃娃送饭。 别人拿来珠子当饭，他也跟着做，游戏中始终是做菜饭，然后送，并主动收拾玩具。 游戏中同游戏的高硕拿着勺做饭，他说"请你一会儿把勺给我玩一会儿"，过一会儿，高硕把勺给了他。
当日游戏整体状况	今天游戏中前4个人游戏水平有明显差异，虽然有的幼儿中途换玩具，但是别人基本没受影响（独自游戏多）。幼儿能友好地玩。在收放玩具上有了明显的进步。				

表二　幼儿自选游戏观察记录表（2）

班级：小一班　　幼儿人数：32 人　　幼儿年龄：3 岁　　观察日期：1991.10.23

教师：李连荣　单金雪　　观 察 者：李 连 荣

幼儿姓名或次数 / 观察内容线索提示	张　弛	张　窈	张　曼	张　雪	吕　晓
1. 自选游戏前的表现 2. 能否发起活动 3. 主题目的性 4. 使用材料情况 5. 专注程度及兴趣 6. 伙伴交往及与人的关系 7. 语言表现 8. 游戏常规 9. 评价（评他人/评自己）	选择操作区，玩“捡豆子”游戏。能按要求把豆按类分放在两个瓶子中，14 分钟装满两个瓶，然后离开。到益智区观看冯硕插的“积塑房子”。过一会儿也加入进去，但目的性不强，摆弄玩具和效仿别人较多，不专心，拼插出的物品较简单，不主动与同伴交流。	选择操作区，积极主动地玩“捡豆子”游戏。有目的地选择豆子的颜色，先挑红色豆，装满瓶后，又继续挑黄色豆，15 分钟后装满两个瓶。高兴地让老师看，我问：你还想玩吗？她说：“我还要挑豆，真好玩。”我又为她增加两种豆子，她非常专心地挑，直到游戏结束，虽然她与张弛同玩一种游戏，但是双方都是各玩各的。	参加娃娃家游戏，与张雪一同有情节地游戏，随从张雪在桌上摆饭碗，倒饮料，边说边玩。“做饭了”，“饭熟了”，“吃饭了”，语言不多，而是不停地摆放玩具。不注意收拾。 整个游戏中基本就是随从张雪，不与同区的其他人交往。	参加娃娃家，并与张曼同时有情节地游戏，嘴不停地说，动作忙个不停。她发起游戏情节，张曼随从，俩人相配合，但游戏中不注意整理玩具。当老师提醒她收拾玩具时，她说：“在家里是妈妈收拾玩具，我今天没当妈妈。”我又说：你都长大了，应该学着自己收拾了，今天你和“妈妈”一起收拾好不好。“好。”于是在收拾摆放玩具，我在一旁指导她们按标记收放。 （此幼儿要与家庭教育配合）	主动参加积木区，选择圆柱积木，先是叠高，后按积木颜色排列成— — — —，说是火车（黄积木排在前，绿积木排在后）。搭完后起身自我欣赏，然后又去观看别人搭建，这时又取三角形等积木，继续搭出小房子、小桥，她现在开始向围封方面发展。
当日游戏整体状况	今天这几名幼儿都是很主动地选择活动区，其中只有张弛换一次活动区，其他幼儿都是始终在一个活动区积极游戏，收放玩具常规还要加强，并且要与家长加强联系，取得配合。				

表三　幼儿自选游戏观察记录表（3）

班级：小一班　　幼儿人数：32 人　　幼儿年龄：3 岁　　观察日期：1991.10.24

教师：李连荣　单金雪　　观察者：李连荣

观察内容线索提示 ＼ 幼儿姓名或次数	刘　畅	刘　凯	李　晶	李　根	王　祎
1. 自选游戏前的表现 2. 能否发起活动 3. 主题目的性 4. 使用材料情况 5. 专注程度及兴趣 6. 伙伴交往及与人的关系 7. 语言表现 8. 游戏常规 9. 评价（评他人/评自己）	游戏前情绪平稳，游戏中主动选益智区，与李晶、冯硕同时选择“小房子积塑”，他先抢走里面的两个小车，然后自己摆弄，老师问：“你在玩什么游戏呢？”他摇摇头，同组的冯硕向他要一辆车，他马上把车藏在身后，表示不给，在老师劝说下，才把车让给冯硕一辆。后来在桌子上把车推来推去，有时也把车推到李晶插好的房子周围，偶尔与旁边人说一句话。 整个游戏中一直玩这辆车。	游戏前眼睛盯着益智区玩具，游戏开始时选择大插塑，没插出有形玩具，15 分钟后换小动物积塑。李根从别的区走来找他，刘主动说：“李根咱俩一起玩好吗？”李同意并插出一匹马就走开了，刘没受影响，又继续专心地插。连续插出了 4 只不同的小动物，游戏结束，主动收玩具放回原处。 （游戏中更换玩具一次，每种游戏玩的时间各占一半）	主动选择益智区，与刘畅同桌玩一种玩具。但是不与他人合作，只是自己有主题地插“房子”、“公园”，当老师问他在插什么时，他都能马上说出自己插的是什么。插出多种玩具，几乎把所有的积塑都用上了，并主动把自己的作品介绍给同伴，如：这是公园，里面有房子、有动物、有转椅。 （游戏中曾有 1 个幼儿来抢他的玩具，他用假哭来威吓别人）	到语言区看书，10 分钟后离开，无目的来到益智区，看别人玩，刘凯主动说：“李根咱俩一起玩好吗？”他插出一匹小马就又走开了。又来到一个幼儿面前，用插管积塑插出简单手枪，自己玩打枪游戏，过一会儿拿着枪来到积木区，与这里的小朋友逗着玩。 （共换四次玩具，但都是自取的，是凭兴趣加入别人游戏中，没有目的性，看见什么玩什么，能力较差）	她很喜欢玩娃娃家，但今天当她来到娃娃家时，此区人数已够了，老师引导她去玩别的游戏，她表示不去。过一会儿她发现另一个娃娃家人数较少，立刻参加进去，并主动为娃娃家切菜、做饭（系列动作），游戏中能与同伴简单交往，但是不能触及到物品，一个幼儿拿起她用过的“切菜刀”，她立即抢回（平时类似这种现象在她身上经常出现）。
当日游戏整体状况	幼儿游戏兴趣较高，善于动手操作玩具，不善于语言表达，游戏水平有明显差异。虽然李根变换了数次玩具，但是与他接触过的幼儿并没受到太大影响。				

表四　幼儿自选游戏观察记录表（4）

班级：小一班　　幼儿人数：32 人　　幼儿年龄：3 岁　　观察日期：1991.10.26

教师：李连荣　单金雪　　观 察 者：李 连 荣

幼儿姓名或次数 / 观察内容线索提示	王　晨	王佳磊	马　瑞	马望野	马辰龙
1. 自选游戏前的表现 2. 能否发起活动 3. 主题目的性 4. 使用材料情况 5. 专注程度及兴趣 6. 伙伴交往及与人的关系 7. 语言表现 8. 游戏常规 9. 评价（评他人/评自己）	选择益智区“插管玩具”，摆弄 5 分钟又放回，呆坐。老师引导他去玩游戏。于是来到积木区，与符帅同搭一样的汽车，“叠高”。后来俩人又搭出 5 个“小桥”，搭完后俩人高兴地说话，欣赏自己的样品。	到娃娃家与大家一起游戏，主动做饭、切菜、送饭（找炊具、用具等），与同伴有情节地游戏（但言语很少），并且能主动收拾玩具。	到益智区选择插管玩片，专心地插出一个小枪，然后张望。15 分钟后换玩具“魔圈”，5 分钟后又换陀螺玩具，7 分钟后把玩具与旁边幼儿更换，又换回插片。与同伴偶尔简单交流，多数时间是自己游戏。	自己选择“大插子”玩具，看到旁边的惮斌小朋友玩陀螺，就马上把玩具放回，与惮斌一起边说边玩，动作熟练。15 分钟后换“插管”玩具，插出一只枪，高兴地玩，直到游戏结束。	选择“万能积塑”插汽车，10 分钟后玩“插管”，5 分钟后把玩具收好。到“小房子积塑”与别人一起玩。由于他是插入这个组的，玩具不够，他用商量的口吻与别人要玩具，旁边的小朋友把玩具给他。整个游戏他没插出成品，多数是与别人摆弄玩具。
当日游戏整体状况	今天游戏中换玩具现象较多，幼儿有些浮，但角色游戏区幼儿较好。如“娃娃家”游戏基本没有中途换活动区现象。				

表五　幼儿自选游戏观察记录表（5）

班级：小一班　　幼儿人数：31 人　　幼儿年龄：3～4 岁　　观察日期：1992.3.27

教师：单金雪　　观 察 者：单 金 雪

幼儿姓名或次数 / 观察内容线索提示	王嘉磊（娃娃家）	王　晨（玩积木）	孔　静（益智区）	马辰龙（益智区）	马望野（益智区）	马　瑞（益智区）
1. 自选游戏前的表现 2. 能否发起活动 3. 主题目的性 4. 使用材料情况 5. 专注程度及兴趣 6. 伙伴交往及与人的关系 7. 语言表现 8. 游戏常规 9. 评价（评他人/评自己）	王嘉磊在自选游戏时，特别主动地要求去娃娃家游戏。王嘉磊和李晶一起将娃娃家的音箱、可乐瓶、椰汁瓶、各种水具摆在桌子上。然后去打电话："奶奶，饭已经做好了，快点回来吃饭吧！"嘉磊打完电话，回到家里同徐达、李晶说话。过了一会儿，嘉磊用盆给孩子洗衣服，将洗好的衣服一件一件地晾在小椅子背上。	游戏时选择积木区。王晨与刘畅一起进行构建活动。他们俩一起搭小房子。过了一会将小汽车放回柜中。15 分钟后，他们将自己的建筑物小房子搭好了。王晨在游戏中能与周围幼儿进行言语交往。王晨对高硕说："你用完那个玩具给我玩玩好吗？我都没有小动物了。"高硕没有答应他。王晨只好看着高硕然后又观看别人。一会又重新改建房子。	孔静游戏时，选择益智区，她从柜中取出一筐插粒。用五颜六色的插粒，连接成一根长长的链，她拿起链在空中甩。17 分钟后将玩具拆掉。过了一会儿，又继续插并连成了环状，带在手上。然后，用手抓粒玩（随意性强），一会儿又观望。	选择益智区游戏。他取了一筐积塑，在地毯上玩。他用正方形积塑插了一支枪。一会儿，又和辛媛玩打仗的游戏，嘴还不时发出"嗒嗒"的声音。15 分钟后，将玩具小桶放回玩具柜中，又和李根一起玩陀螺。	选择益智区游戏。他玩的是小房子积塑。开始只是自己摆弄。后来马望野将房子的门和窗安装在适合的地方（试验了几次）。然后又将门和窗放回到小筐里。而后，又拿起小汽车要装车轨。15 分钟后又重新拿起小房子积塑。	游戏中选择益智区，她取了一筐积塑在地毯上玩。马瑞用少量积塑排了一个"电动机器人"（外形不像）。马瑞在活动中多是观看别人。
当日游戏整体状况	从今天的游戏情况看，幼儿活动比较踏实，都能以一定的角色参与到活动中。美工区成为幼儿所喜爱的活动场所。各个游戏的活动时间持续长达 15 分钟，由于个别幼儿年龄、能力的差异，活动中的表现各不相同，如积塑区中马瑞构建的成品十分简单，注意力特别容易分散，活动中常常是观望他人的活动。她需要教师的提醒，然后再进入活动。益智区中孔静是比较内向的女孩，自选游戏时经常玩娃娃家。今天她选择的却是插粒，玩的过程中，只是简单地插，没有什么新意。如何使幼儿的游戏兴趣充分调动起来需要教师开动脑筋。					

表六　幼儿自选游戏观察记录表（6）

班级：小一班　　幼儿人数：32 人　　幼儿年龄：3～4 岁　　观察日期：1992.3.30

教师：单金雪　　观 察 者：单 金 雪

幼儿姓名或次数 / 观察内容线索提示	李根（美工组）	刘凯（益智区）	王祎（医院组）	火樱子（娃娃家）
1. 自选游戏前的表现 2. 能否发起活动 3. 主题目的性 4. 使用材料情况 5. 专注程度及兴趣 6. 伙伴交往及与人的关系 7. 语言表现 8. 游戏常规 9. 评价（评他人/评自己）	李根游戏时选择的是美工组进行画画。他起先只是乱画，然后把纸翻过来画曲线，最后又在纸上点上了许多绿点。一会儿，观看别人，一会儿又画自己的画。李根用蓝色的笔画了许多斜点，又用红笔画了一些小圆圈，涂上了颜色。15 分钟后收了彩笔，拿剪刀剪纸。他剪了一个粉色的四瓣花，拿过来让我看看。回去后又折纸又剪，剪得十分认真，一会儿直着剪一会儿拐弯剪，嘴里还唠叨着什么。李根说："单老师，您看我剪得好看吗?"我发现他剪的方法很正确，但没有剪完，于是就鼓励他继续剪，剪完后一定会更好看。李根高兴地回到座位上去剪花了。	刘凯选择益智区。他开始拿积塑在地毯上玩。一会插出一把枪。15 分钟后，我请刘凯为我搭一座小房子，刘凯答应了。插了一会儿，他又观望他人。5 分钟后，我又提醒他："刘凯你快点替我盖房子呀!"他又答应了。5 分钟后，刘凯把房子插好了，主动叫我看。我连连说："你搭得很好，但以后要注意集中精力做好自己的事，再看别人。"他点了点头。刘凯搭的房子外形十分简单。	游戏时，王祎选择的是医院组，担任医生。她和张帅一起给娃娃看病。王祎带着听诊器，把娃娃平放在小床上，让娃娃躺在枕头上，将衣服打开，给娃娃听了听。然后说："你的孩子，有点感冒，没关系，吃点药就好了。"她从药品柜上取出了一个白色塑料小瓶，在手上晃了晃，没有药了。于是她赶快用橡皮泥给娃娃做药。一会装好一瓶，把药交给了赵超然，还不时地嘱咐她不要忘了给娃娃吃药。	玩娃娃家。火樱子和张雪一起游戏。开始火樱子先抱娃娃。然后从柜里将玩具等材料，依次摆在桌子上。15 分钟后，去另外一个娃娃家进行游戏。火樱子拿菜刀在"菜板"上切菜。她用橡皮泥当菜，一会儿切切，一会儿揉揉，一会儿捏捏。
当日游戏整体状况	从幼儿游戏的情况来看，李根比较喜爱美工活动，并能考虑材料的应用，如用剪刀剪花，他是拿了一个圆形彩纸片剪的。一会儿变成了一朵美丽的花，他能正确运用教师教的方法。 王祎小朋友之所以喜欢玩"医院"的游戏，是因为她妈妈是一名医护人员，受其影响，她也愿意去医院组游戏，模仿妈妈的言语行为，在游戏过程中操作熟练、准确。以后游戏时，可以让她带一个小朋友游戏，使其相互影响，共同进步。			

表七　幼儿自选游戏观察记录表（7）

班级：小一班　　幼儿人数：25 人　　幼儿年龄：3～4 岁　　观察日期：1993.10.4

教师：单银雪　　观察者：单银雪

幼儿姓名或次数／观察内容线索提示	杨　宁	王硕飞	邱楚菲	高斯琦	刘　琪
1. 自选游戏前的表现 2. 能否发起活动 3. 主题目的性 4. 使用材料情况 5. 专注程度及兴趣 6. 伙伴交往及与人的关系 7. 语言表现 8. 游戏常规 9. 评价（评他人/评自己）	杨宁到益智区游戏，他自己到玩具柜中取了一大筐宝石积塑到地毯上玩。他自己插了一座全封闭的大楼房（插高）。玩了一会儿，就拆了，又插了一把宝剑（练习插高），在游戏中的情绪较稳定，自始至终都玩这种宝石积塑。在游戏中没有与同伴交往。老师问他，他能说出自己的想法，游戏结束时，能够把玩具收好放回原处。	他主动要求去积木区游戏，到积木区取下小帽子戴到头上，而后用小筐去取积木，进行游戏。开始时，无目的、无意识地摆弄。在老师引导下，自取了一些大积木进行搭高。后来又在老师提醒下用小积木进行装饰。游戏中，没有与同伴交往，不会解决一些简单问题。玩完不能主动收回放好。	迫切地要求去娃娃家游戏，在家中，她担任了孩子的角色，很快进入了角色，与同伴“妈妈”一起洗衣服、沏茶等。她还能给客人打电话，在游戏中会使用一些简单的礼貌用语，会招呼客人。游戏中积极性、主动性较高。持续游戏时间也较长。游戏后，玩具物品收放得不太好，在教师引导下，能够把物品收放整齐。	对老师的引导不够注意，听了老师的建议后，他选择了图书区。选择的都是小动物画册，他能够一页一页地翻着看，注意力较集中，看完 3 本画册后，把小牌送了回去，又选择了益智区的彩色套碗。游戏中，他始终不与别人交往。但在游戏中知道爱护图书和玩具，并且能够按照标记送回原处。	刘主动地选择了益智游戏，他取了一筐插片。到地毯上玩，他插的是墙和手枪（练习延长）。游戏中，他一边玩一边自言自语，但与同伴没有任何交往。游戏中他的积极性较高、持续性较长。游戏结束时，能够把玩具收放回原处。
当日游戏整体状况	今日，大多数幼儿游戏积极性较高，且游戏持续时间较长。游戏中幼儿没有出现争抢现象，基本上能遵守游戏常规。但游戏中，幼儿缺乏相互交往。				

表八　幼儿自选游戏观察记录表（8）

班级：小一班　　幼儿人数：26 人　　幼儿年龄：3～4 岁　　观察日期：1993.10.5

教师：单银雪　　观 察 者：单 银 雪

幼儿姓名或次数 / 观察内容线索提示	韩娇悦	叶家琪	吴佳欣	邵晚晴	王　羽
1. 自选游戏前的表现 2. 能否发起活动 3. 主题目的性 4. 使用材料情况 5. 专注程度及兴趣 6. 伙伴交往及与人的关系 7. 语言表现 8. 游戏常规 9. 评价（评他人/评自己）	主动要求到动物家游戏，很快地进入了游戏，主要以操作为主，给孩子做糖豆（用油面练习团搓），边做边与同伴交谈，并能告诉不会做的伙伴怎样做糖豆。对游戏物品感兴趣，并能与同伴合做一盘彩色糖豆。游戏中，她积极性很高，游戏时间较长。游戏后，能够把物品收好放回原处。	自己到玩具柜中取来小动物插具到地毯上玩，很快地就插了一个小滑梯。之后，又插了一个秋千，他能够正确、较熟练地使用玩具，并且对这种玩具很感兴趣，所以游戏持续时间较长。在游戏中只是自己玩，不与他人交往。玩后，能够把玩具收放整齐。	她主动向老师要求去动物家游戏，选定之后，很快地投入到游戏中，她给孩子做面条（用油面搓成长条）。还用小勺子一根一根地喂孩子吃。嘴里还说着："好吃吗？……吃饱了。"游戏中情绪很好，积极性较高，整个时间都在动物家游戏。游戏结束后，能够主动将物品收放整齐，还能主动表达个人的情绪说："老师，今天我们玩得可好了！"	听从老师建议，到美工区游戏。她用印章作画，在练习过程中与同伴交谈，能够补充画面的不足，并能较好地完成作品。玩后，没有把物品收放整齐就到图书区去了。在图书区看书时，她很认真，并能讲图中的小故事，游戏结束时，没有再更换其他游戏区。	主动向老师提出要玩积木，而后取了一顶"小帽子"戴在头上，很快地进入到游戏中。游戏中与刘琪小朋友一起商量，共同进行搭高练习。一会儿他不小心把搭好的楼房碰倒了，在老师的引导下，他自己又把碰倒的积木搭好了。他告诉老师他搭的是座大楼房。能够遵守游戏规则，玩后能把积木等物品收放整齐。
当日游戏整体状况	今日游戏中，幼儿之间有了一些简单的交往。幼儿游戏常规较好，不要老师过多提醒，收放玩具也较好。整个游戏中幼儿更换游戏和角色较少。				

表九　幼儿自选游戏观察记录表（9）

班级：小一班　　幼儿人数：27 人　　幼儿年龄：3～4 岁　　观察日期：1993.10.6

教师：单银雪　　观 察 者：单 银 雪

观察内容线索提示 \ 幼儿姓名或次数	李弛飞	尹　行	于家骏	王心然	李冰玉
1. 自选游戏前的表现 2. 能否发起活动 3. 主题目的性 4. 使用材料情况 5. 专注程度及兴趣 6. 伙伴交往及与人的关系 7. 语言表现 8. 游戏常规 9. 评价（评他人/评自己）	主动要求到积木区游戏。不会使用材料，只是无意识地摆弄和呆坐。老师提醒后，能够取一些小积木进行搭高练习（图略）。然后又取了一些小积木。在原有基础上进行延长练习，他是用小积木无意识进行延长的。游戏中他没有与别人交往。游戏常规较差，玩后的玩具材料不能主动收放整齐。	自选娃娃家进行游戏，她能够与同伴一起玩，还能帮助邱楚菲切菜。在游戏中，能用较完整的话进行交谈。与其他同伴一起做汤圆（用油面），能与同伴友好相处，遵守游戏常规，游戏的积极性较高。游戏结束时，能与同伴一起收放玩具。	主动要求到动物家去玩，他担任小主人，主动做饭给客人吃。一会儿，又给妈妈打了电话，告诉妈妈家里来了客人，他给客人做方便面吃，告诉客人面条有点烫，慢点吃。等客人吃完后，他又去洗碗。在游戏中能够主动招呼客人，同客人聊天，有一定角色意识。游戏结束后，主动把玩具物品收好放回原处。	主动要求到益智区玩玩具，到地毯上玩，他取了宝石积塑。插了一座大楼房（练习延长、叠高），之后又插了两个，玩后把玩具送回原处，又取了手指偶玩了起来。她一边玩一边说，吸引了旁边的小朋友听他讲，他兴趣很高，持续时间较长。游戏中能较好地遵守游戏常规，游戏后能把玩具放回原处。	主动要求去图书区看图书，看书时能够一页一页小心地翻书，并且简单地说出书中的图画内容。看书时不与同伴交往，只是自己取书看。游戏常规较好，看完书能够摆好放回原处。
当日游戏整体状况	今日游戏中，幼儿的情节发展有所丰富（做汤圆、打电话、做方便面），有了简单的语言交往，大多数幼儿能够遵守游戏常规，游戏中没有争抢、告状现象，但还要发展幼儿交往能力。				

表十　幼儿自选游戏观察记录表（10）

班级：小一班　　幼儿人数：28 人　　幼儿年龄：3～4 岁　　观察日期：1993.10.8

教师：单银雪　　观 察 者：单 银 雪

幼儿姓名或次数 / 观察内容线索提示	张祎璠	张雅菲	啜文博	刘笑吾	苗　森
1. 自选游戏前的表现 2. 能否发起活动 3. 主题目的性 4. 使用材料情况 5. 专注程度及兴趣 6. 伙伴交往及与人的关系 7. 语言表现 8. 游戏常规 9. 评价（评他人/评自己）	游戏前她对老师的引导特别注意，我刚说完请积木区的小朋友，她就举起手说："老师我想玩积木。"她开始在积木区观望徘徊，后在老师的提醒下，用小筐取了积木与刘琪小朋友一起玩。刘琪教她练习延长，之后又练习堆高，她很感兴趣，并与刘琪互相商量。游戏结束时能够把玩具材料收好放回原处。	在老师的引导下去了美工区练习画画，她画了一个长气球，又印了两朵小红花。之后，她又去娃娃家做客，她能够有礼貌地与主人交谈，会使用礼貌用语，与主人关系较融洽。对客人这个角色较为感兴趣，游戏持续时间较长。游戏常规也较好。	在教师的引导下去图书区游戏。他取了一本书，一页一页地看，看了两本书后，就到一边去蹓跶，我问："你想玩什么？"他告诉我："我什么也不想玩"，尽管老师多次引导，他也不肯动，只是在一边呆坐，直到游戏结束。	游戏前他告诉我要看图书，于是，我就请他参加了看图书活动。他拿了图书坐在小椅子上看，一本书翻了几页，不耐烦地送了回去。他又要求去娃娃家，做了娃娃家的爸爸，但不会招待客人。在老师的引导下，能够给客人沏茶喝，给别人打电话等，兴趣很高，游戏结束前，没再更换其他游戏区。游戏中有争抢物品现象，游戏常规较缺乏。	主动要求到娃娃家去玩，他打电话邀请客人到他家看动画片，打完电话后，又来到另一娃娃家，那里的主人热情招待。她能够随其呼应，使用"不客气、谢谢、再见"等礼貌用语。并能同主人聊一些家中的事。走后，又到益智区买玩具。回到自己家玩。整个游戏中知道自己的角色，而且较专心。游戏常规也较好。
当日游戏整体状况	今日游戏中，幼儿有了简单合作，能够使用礼貌用语，游戏常规较好，游戏中幼儿更换角色次数相应减少。但游戏的目的性应该加强，对文博，老师还要多启发引导他参与游戏活动。				

表十一 幼儿自选游戏观察记录表（11）

班级：小一班　　幼儿人数：28 人　　幼儿年龄：3～4 岁　　观察日期：1993.10.11

教师：单银雪　　观 察 者：单 银 雪

幼儿姓名或次数 / 观察内容线索提示	邹思思	陈　康	武　珊	李　卓	吴佳欣
1. 自选游戏前的表现 2. 能否发起活动 3. 主题目的性 4. 使用材料情况 5. 专注程度及兴趣 6. 伙伴交往及与人的关系 7. 语言表现 8. 游戏常规 9. 评价（评他人/评自己）	主动要求去美工区活动，到美工区后，不知做什么。我引导她：“思思，咱们练习剪纸吧。”“好吧。”于是我们折好圆形纸，用小剪刀剪了几下，打开了看，是一朵美丽的喇叭形花瓣。思思把花贴在了白纸上。之后又剪了5张彩纸。剪完后，贴在了白纸上。在老师的引导下，她又用油画棒画了花茎、花叶，一张五颜六色的喇叭花图做好了，她非常高兴，剪下的纸屑能够放到小盒里。	主动要求到娃娃家，选定之后就与同伴苗淼、刘琪玩了起来，他与同伴一起交谈，做饭菜。但在游戏中分不清自己的角色，物品摆放也不整齐。在老师引导下能够慢慢分清自己与同伴的角色，并能把物品摆放整齐，用什么取什么。直到游戏结束，他一直比较稳定，兴趣较高。	在老师引导下到益智区，她选了穿珠玩具，拿到地毯上玩。她一个一个地穿了起来，每穿一个珠子都非常认真。穿好一个再穿一个，一会儿，就穿好了一条项链。之后，又穿了第二条、第三条。游戏的持续时间长，兴趣较高，没有再更换其他游戏，游戏常规较好。	在老师引导下到图书区去看书。他选了一本《动物世界》看了起来。他看得很认真，一边看一边说：“这是孔雀、小猴子……”还不时地指给周围的同伴看，看完后，又换了一本，专心地看了起来。在看书的过程中常规较好，兴趣较高。	自选游戏前能主动表达自己的意愿，注意听老师的引导。游戏开始时，主动到益智区。她的目的性较强，知道玩什么。她取了一筐手指偶，很快地进入了游戏。她一边玩一边讲着《谢谢小猴子》的故事，她有声有色地讲故事，吸引了周围的小朋友，邱楚菲放下手里的玩具也跟她一起表演。两人玩得很高兴，游戏常规较好。
当日游戏整体状况	今日游戏中，幼儿游戏常规较好。幼儿基本稳定，美工区和图书区幼儿表现较好，收放材料也较整齐。				

表十二　活动区游戏观察记录表（1）

游戏区名称：积木区　　班级：小一班　　幼儿人数：32 人　　幼儿年龄：3 岁　　观察日期：1991.10.15

教师：李连荣　　观察者：李连荣

幼儿姓名或次数 / 观察内容线索提示	高　硕	马望野	张　辰	吕　晓	赵　庚
1. 主题的确定 2. 材料的运用与游戏技能——该区典型游戏行为 3. 新颖性与创新性 4. 游戏常规的执行 5. 社会参与水平，与伙伴交往行为 6. 持续时间 7. 独立自主性（自定主题，自选伙伴，主动交流，协调关系等）	第一个来到积木区，选择一盒积木，摆弄。10 分钟后搭出一个高楼，是单个物体叠高，底座对称，下面的积木大、厚，上面的积木小、薄，细心设计，不断加高。搭建中不断地叫老师看他的物体，并主动与同伴交流，边玩边搭，注意力不是很集中。整个游戏中前半部分较散，后半部分稳定，当陈达走到此区故意把他玩具踢倒时，他无反抗，自己又重新搭好。(游戏持续时间 30 分钟)	主动选择积木区，自取各种形状积木搭出一辆汽车，好长时间舍不得拆掉，观赏一会儿后，又在汽车旁搭出简单的小物体。偶尔与同伴说几句话，但多数时间是自己有目的搭建。他主动让老师看他的建构物。游戏结束前 5 分钟自己把玩具收放好。不再取新玩具。来到高硕身旁边说边看，当教师问他还想继续玩吗，他摇摇头。(持续时间 25 分钟)	主动选择积木区，很快地挑选 3 块绿长方形积木和一块红长方形在地毯上搭出火车，然后推着玩。5 分钟后把积木放回原处，又取一块蓝积木，没搭出物体。12 分钟后把积木放回。又取 18 块小黑三角和 3 块大黑三角积木，大三角在前小三角在后排列成一大排说是汽车。然后又选择许多圆柱积木，排列放，说是“喷水池”，继续用三角形积木排列。特点：选择同色，同种形状进行排列，自定主题独自玩，不与别人交流，整个游戏中没讲一句话。（游戏持续时间 30 分钟）	主动选择积木区，很快选择 20 块各色圆柱积木，叠高（图略）。说是枪，不太形象，但很像用积塑玩具插出的枪，她是在迁移(图略)，20 分钟后又搭出一座楼房和小桥（全绿色）。是采用大小不同的长方形，很形象。 整个游戏中能有目的地选择积木。搭好的东西主动介绍给老师，并能与同伴友好相处。主动把玩具收放整齐。(游戏持续时间 30 分钟)	主动选择积木区，自取玩具，马上搭出一列长火车（图略)。火车头是 3 块小长方形的积木，车身是一块大圆柱积木，虽简单，但自己很满意，高兴推着走，倒了。又继续搭“汽车”，比刚才搭得稍复杂些。主动让同伴观看自己搭的汽车。20 分钟后收玩具去小便。回来后边说边看别人搭建。当教师问他：“你还想玩积木吗?”回答：“还想玩。”此时已到收玩具的时间了。
备注：该活动区材料的提供，教师的指导或影响	由于在地毯上增添了每个幼儿活动的标记。因此幼儿可自然分散在地毯上游戏。幼儿之间互不干扰，合理地占用空间环境，效果很好。				
该区游戏效果的简要评析	今天来此区游戏的幼儿，能力较均衡，目的性都较强，但是都是独自游戏，即便有时搭建物碰在一起了，但是仍在玩自己的（没有合作意识）。				

表十三　活动区游戏观察记录表（2）

游戏区名称：益智区　　班级：小一班　　幼儿人数：32 人　　幼儿年龄：3 岁　　观察日期：1991.10.31

教师：李连荣　　观察者：李连荣

幼儿姓名或次数 / 观察内容线索提示	马辰龙	李　晶	赵　庚	母玉霞	高　硕
1. 主题的确定 2. 材料的运用与游戏技能——该区典型游戏行为 3. 新颖性与创新性 4. 游戏常规的执行 5. 社会参与水平，与伙伴交往行为 6. 持续时间 7. 独立自主性（自定主题，自选伙伴，主动交流，协调关系等）	最后一个离开座位，来到益智区选择“魔圈”玩具，按顺序一个一个套。13 分钟后把玩具放回，又选“接龙”玩具，刚取出此玩具又立即放了回去，回到椅子上呆坐。2 分钟后又取“小圆插片”，没插出成品，5 分钟后走开去到别人那里玩摇“小房子”玩具，直到结束。（此幼儿平时做事也不专心，能力较差）	积极选择“空心积塑”，独自有目的插出“飞机”、“坦克”，比较形象，操作得较熟练。10 分钟就插完了。然后就是摆弄飞机、坦克，自言自语。直到游戏结束。（此幼儿能力较强，有想象力，游戏中愿与别人说笑和摆弄玩具，玩一种玩具的时间较长。收玩具较快）	游戏开始高硕主动提出与他同玩“圆插片”，他高兴地答应了，并专心插车，比较简单。18 分钟后把插好的撤掉，无目的插，速度较慢，当看到高硕插出火车后也学着插。（此幼儿能与同伴友好相处，共享玩具，能与别人交流，但缺乏激情和创造性）	游戏开始半天了还在玩具柜前徘徊。选择了“方块积塑”，但无目的一个一个地插（选择同样大的），插得很长。15 分钟后又换“插子”玩具，这次有目的插“小梯子”（很简单）。插完后，送到旁边的小朋友桌子上，然后又继续独自插。无言语，直到结束。（30 分钟内换过一次玩具，游戏之中比较爱护玩具，此幼儿年龄较小）	主动选择“圆插片”积塑，并主动邀请赵庚与他同玩此玩具，赵同意了。高硕提出：咱们插车吧，俩人同意，并分别各插各的。10 分钟后插出一辆“警车”。这时离开座位到别的区观看。经老师引导，又回到此区，继续插出了“机器人”。游戏中动作较大，玩具有时掉地上，但不主动捡。游戏结束时知道收玩具。
备注：该活动区材料的提供，教师的指导或影响	幼儿很喜欢插塑，尤其是方形的，幼儿易拼插出效果。				
该区游戏效果的简要评析	来此区游戏的幼儿多数是能力强或能力差的幼儿，这是因为拼插玩具可以满足幼儿的不同需要。可以使幼儿不断创造。能力差的也能插出简单物体（便于操作）。今后可利用这一特点，进行以强带弱。				

表十四　活动区游戏观察记录表（3）

游戏区名称：娃娃家　　班级：小一班　　幼儿人数：32 人　　幼儿年龄：3 岁　　观察日期：1991.11.2

教师：单金雪　　观察者：李连荣

观察内容线索提示 ＼ 幼儿姓名或次数	马　瑞	王　祎	张　曼	白　宇	火樱子
1. 主题的确定 2. 材料的运用与游戏技能——该区典型游戏行为 3. 新颖性与创新性 4. 游戏常规的执行 5. 社会参与水平，与伙伴交往行为 6. 持续时间 7. 独立自主性（自定主题，自选伙伴，主动交流，协调关系等）	主动选择娃娃家。首先找炊具，摆好后为娃娃做饭。用橡皮泥做烙饼，在百宝箱中选择一个冰棍棍当铲子，又用“木珠”当米饭，放在锅里，做炒饭。饭、菜做好后摆在桌上“吃饭”。在整个活动中常是她发起游戏，有时指挥别人，说话声音小，主动与别人合作。	主动选择娃娃家，看见马瑞做饭，主动与她合作，10 分钟后离开。拿起盆和娃娃的小被子，用喷壶假装倒水，洗衣服，动作很形象。独自地有情节地游戏，基本不与同伴合作，也不讲话，玩具独占，不给别人（操作和模仿性较强）。	来到娃娃家，独自照看娃娃，无言语，无情节。15 分钟后摆餐具，“吃饭”，又过 5 分钟，给娃娃脱衣服，然后盖上被子。 游戏中只有两个系列动作，然后就是看见别人干什么随从，语言很少，知道简单地收玩具。（平时她只有和张雪在一起玩时，话比较多，基本是随从张雪，除此与别人无话）	主动选择娃娃家，然后与马瑞合作，基本是与马瑞做同类动作，用橡皮泥做“羊肉串”，把做好的饭随时摆放在桌子上，最后与马瑞一起“吃饭”。发现她把“饭”（木珠）真吃到嘴里，然后再吐出来，我马上引导她这样做很不卫生。 此幼儿能与同伴友好相处，有一定想象力，但胆子小。	在娃娃家主动做饭（切菜动作），与同伴做同样的动作，然后把盘子摆好，准备吃饭。不与别人交往。20 分钟后，扔下玩具离开此区，来到益智区取积塑。我问：“你为什么不玩娃娃家了？”她说：“菜切完了，没事干了。”我引导她回娃娃家把玩具收好再走，她回去收，然后又回到益智区。
备注：该活动区材料的提供，教师的指导或影响	今天游戏前老师重点引导了橡皮泥的使用，因此大家都积极动脑操作，制作出与以往不同的“饭菜”。				
该区游戏效果的简要评析	整个游戏中幼儿都是积极主动地有情节游戏（这几个幼儿都是非常爱玩娃娃家游戏的），但是对于其中的角色扮演并不关心，当我问起她们的角色关系时，其中有 3 个人都说自己是妈妈。				

表十五　活动区游戏观察记录表（4）

游戏区名称：语言区　　班级：小一班　　幼儿人数：32人　　幼儿年龄：3岁　　观察日期：1991.11.4

教师：单金雪　　观察者：李连荣

幼儿姓名或次数 / 观察内容线索提示	李根	王辰	陈宁	阎雷	陈多
1. 主题的确定 2. 材料的运用与游戏技能——该区典型游戏行为 3. 新颖性与创新性 4. 游戏常规的执行 5. 社会参与水平，与伙伴交往行为 6. 持续时间 7. 独立自主性（自定主题，自选伙伴，主动交流，协调关系等）	首先选择“猫和老虎”图书。 边翻书，边自言自语地讲（别人听不清楚）。过一会儿又换一本书，15分钟后离开，到娃娃家打电话。10分钟后，又到益智区，先观看别人插玩具，然后随从一起玩。	选择“大苹果”图书，专心地看（很快）。2分钟后换书。11分钟后走开。放下书到益智区玩积塑。	选择“大苹果”图书独自看书，是从后向前翻阅。10分钟后走开，到益智区选择插片，很专心，直到游戏结束（没与别人交往）。	选择“大苹果”图书，手里还拿着两本其他书，各翻阅一遍。8分钟后放下图书走开，到益智区玩插塑。	选择“大苹果”等3本图书。先看“大苹果”书，一页一页翻得很快，然后又从后往前继续看，5分钟后放下书。又拿起另两本图书翻看，不讲话，也不太关心旁边幼儿的活动。10分钟后把书扔下，去到娃娃家游戏，看看人员标记已满，于是到益智区拼图。整个游戏中她都是独自活动，没讲话。
备注：该活动区材料的提供，教师的指导或影响	本周提供同类图书3套，其中“猫和老虎”是上周讲的，“大苹果”是本周讲的。 （该区还应增加图书、图片或其他材料）				
该区游戏效果的简要评析	幼儿一般都是先选择老师讲过的故事书，并知道一页一页地翻看，他们看时常常自言自语，有时也互相说几句，但看书的时间都不长，15分钟后这个区幼儿基本都去益智区去玩，因为此区不受人数限制。				

表十六　活动区游戏观察记录表（5）

游戏区名称：语言区　　班级：小一班　　幼儿人数：27 人　　幼儿年龄：3～4 岁　　观察日期：1992. 3. 16

指导教师：　　观 察 者：单 金 雪

幼儿姓名或次数 / 观察内容线索提示	王　晨	火樱子	王　祎
1. 主题的确定 2. 材料的运用与游戏技能——该区典型游戏行为 3. 新颖性与创新性 4. 游戏常规的执行 5. 社会参与水平，与伙伴交往行为 6. 持续时间 7. 独立自主性（自定主题，自选伙伴，主动交流，协调关系等）	游戏开始时，王晨拿了一本婴儿画报书，翻了翻就放回了原处，又换了一本，他只翻而不认真看。一会儿他又拿了一个陀螺，一本识字卡片。王晨把陀螺放在一边，看识字卡片。之后，又去积木区观望。10 分钟以后，火樱子把王晨叫了回来，王晨问火樱子："你叫我干什么？"火说："我们回去一起看书吧！"	游戏开始时，火樱子到语言区游戏。她拿了一本《识字图画》书，火樱子一篇一篇地翻阅这本书，她边看边讲书中的故事情节。一会儿，她发现王晨不见了，就去找王晨，嘴里还说到："王晨哪儿去了？"这时，火樱子发现王祎跟王晨抢书，忙走过去说："别抢，别抢，书该被你们抢坏了。"于是她就给王晨她们又拿了一本书说："你们别争，这里还有呢？"王晨和王祎拿了书。火樱子又和王晨一起看书，并用"有，有，还有"的语式讲出书上动物的名称。一会儿，看完了把书放回了原处。这时，火樱子看见陈多在玩陀螺就跟她玩了一会儿。而后，火樱子又去取书，看见王晨不见了去把王找回。火樱子把小椅子排成了一排说："咱们把小椅子当火车，做在那里看书该多好啊。"王晨答应了。	游戏开始时，王祎到语言区取了一本婴儿画报的书看，看完后，放回原处，又取一本《娃娃理发》的书。王祎无意识地翻阅着这本书。10 分钟后，王祎请火樱子帮她看书。一会儿，王祎又去娃娃家观望，并且参与了娃娃家的游戏。王祎叫张帅与她一起来看书，张帅没有来，王祎就又去玩插片。
备注：该活动区材料的提供，教师的指导或影响	预先要求幼儿看书要互相谦让，看完书后要放回原处。陀螺放在图书区附近不妥，易分散幼儿注意力，要移开。		
该区游戏效果的简要评析	就幼儿的游戏情况看，幼儿看书兴趣不浓，注意力易分散，不能认真看完一本书。火樱子边看书边讲解很好；王晨和王祎看书没有言语讲解，注意力易分散，下次玩游戏中，应注意让幼儿会看书，会讲解，而且还要丰富语言区的内容。		

表十七　活动区游戏观察记录表（6）

游戏区名称：积木区　　班级：小一班　　幼儿人数：27 人　　幼儿年龄：3～4 岁　　观察日期：1992.3.24

指导教师：　　观 察 者：单 金 雪

幼儿姓名或次数 / 观察内容线索提示	高　硕	刘　畅	王佳磊　李晶	冯　硕
1. 主题的确定 2. 材料的运用与游戏技能——该区典型游戏行为 3. 新颖性与创新性 4. 游戏常规的执行 5. 社会参与水平，与伙伴交往行为 6. 持续时间 7. 独立自主性（自定主题，自选伙伴，主动交流，协调关系等）	游戏开始时，高硕选择了积木区，高硕拿小筐取了一些各色积木，开始独自构建。主要是搭“小房子”。建构技巧主要以排列为主。房子有顶，用三角形积木搭出。高硕把柱形积木放在小车上，依次的运积木进行构建。游戏过程中高硕只跟刘畅说了几句话。 （游戏持续时间 30 分钟）	刘畅用小筐取各种积木进行构建。突然，王佳磊把他的积木碰倒了。刘畅十分生气，所以后来只观看别人而不再进行游戏。15 分钟后，刘畅才又回到自己构建的地方，开始摆弄那些被碰倒的积木（无目的）。7 分钟过后，刘畅又重新进行构建活动。在构建活动中，他需要拱形积木，于是就找冯硕借，冯硕没有借他。这时，高硕叫刘畅与他一起搭积木，刘畅说：“不，我还是自己搭吧！你能借我一只小动物吗？”高硕给了刘畅。刘畅说：“谢谢。”高硕说：“不用谢！”	游戏时，王佳磊、李晶选择了积木区，两人在一起进行搭建活动。王佳磊和李晶一会儿功夫搭好了一座小房子还主动让我看。我发现，他们搭的小房子，有堆砌现象。就对他们说：“你们搭好一座小房子，真有进步。能说说你们是给谁搭的小房子吗？”他俩回答说：“给小动物呀！”并向我展示手中的小动物。我又说：“你们搭的小房子怎么住不进去小动物呀！这里都是死的，没有空间，小动物们都住在哪儿呢？”他俩听了以后进行改进，最后王佳磊又重新搭了一座小房子。	冯硕游戏中主要以独自构建为主。他用小筐取完积木后，自己找了块空地，开始搭建小桥。他搭的小桥很有特点（图略）：有交叉的架子。冯硕在小桥的一端，搭了一座小房子，构建技能主要是叠高。（游戏持续时间约 30 分钟）
备注：该活动区材料的提供，教师的指导或影响	事先参观了中一班的构建活动。积木区墙面布置建筑物的图片。 教师在游戏中，提醒幼儿遵守游戏常规，鼓励幼儿有目的的构建，游戏结束后，保存作品，把剩下的物品收放好。			
该区游戏效果的简要评析	这次构建活动是参观中一班构建活动之后第一次活动，观察幼儿游戏情况，发现幼儿水平有所改进。但要真正提高幼儿构建水平，还需要幼儿长期实践。			

表十八　活动区游戏观察记录表（7）

游戏区名称：美工区　　班级：小一班　　幼儿人数：30 人　　幼儿年龄：3～4 岁　　观察日期：1992.3.25

指导教师：　　观 察 者：单 金 雪

观察内容线索提示 \ 幼儿姓名或次数	阎　朋	徐　达	赵超然　赵赓　火樱子　马望野
1. 主题的确定 2. 材料的运用与游戏技能——该区典型游戏行为 3. 新颖性与创新性 4. 游戏常规的执行 5. 社会参与水平，与伙伴交往行为 6. 持续时间 7. 独立自主性（自定主题，自选伙伴，主动交流，协调关系等）	这两个小朋友，开始时静坐在一边，没有自选游戏。我把阎朋请到美工区，建议他进行涂色练习。阎朋告诉我说："单老师，我不会画。"眼里似乎还要淌泪。我说："没关系，我来教你画。"我手把着他的手，在五角星顶点处涂了一些红色。然后，我又请他自己涂。他的五角星只涂完两个角就拿来让我给他写名字。看到阎朋有了一点进步，我高兴地给他写上名字。随后，阎朋又拿了一张白纸，上面画了几个小点和 3 个近似于长方形的图形，但不十分规范。过了一会儿，阎朋又搬椅子去娃娃家了。	徐达被请到了美工组游戏。游戏中，他始终在进行五角星的涂色练习。15 分钟后，徐达拿几支彩笔立在桌子上来回摆弄。	游戏开始时，这几个小朋友选择的是美工组。他们进行剪花练习。一会儿姜老师问："桃花是谁剪的？"火樱子回答说："这是我们大家剪的。"然后，大家又各自拿纸和剪刀剪桃花。有的剪四瓣花，有的剪六瓣花。剪完后，幼儿把桌上的废纸收拾好，把剪好的花互相赠送。李老师教他们涂糨糊。幼儿用小棒将糨糊涂在小花上，贴在了作业板上。
备注：该活动区材料的提供，教师的指导或影响	美工组是为幼儿新开设的活动区域，是配合主题活动进行的游戏，游戏中幼儿表现比较踏实。但由于活动区域的地方有点小，所以幼儿在布置作业板时，有拥挤现象。剪桃花和涂色练习这类活动形式，可以配合主题活动，巩固学习内容，可帮助能力差的幼儿进行练习。		
该区游戏效果的简要评析	对于比较好动的幼儿，这类活动可以培养其安静作业的常规和活动的持久性。徐达和阎朋就是这样。他俩十分好动，游戏中常常有乱跑现象，不会确定游戏内容。这样做效果较好。		

表十九 活动区游戏观察记录表(8)

游戏名称:益智区　　班级:小一班　　幼儿人数:30 人　　幼儿年龄:3.5～4 岁　　观察日期:1992.4.7

指导教师:　　观 察 者:单金雪

幼儿姓名或次数 / 观察内容线索提示	王晨	陈宁	孔静	刘凯	高硕	王祎 符帅
1. 主题的确定 2. 材料的运用与游戏技能——该区典型游戏行为 3. 新颖性与创新性 4. 游戏常规的执行 5. 社会参与水平,与伙伴交往行为 6. 持续时间 7. 独立自主性(自定主题,自选伙伴,主动交流,协调关系等)	游戏开始时,拿了两块柱形的塑料"木头",将它们粘在一起。然后,又拿了一个小锤子,来回敲击。	开始时,同王晨一起游戏。取了两块"木头"粘在一起,然后用螺丝钉给它们固定在一起。一会儿,陈宁又把固定好的螺丝钉一个一个地拧了下来。10 分钟以后,陈宁又去插小车。20 分钟后,陈宁、王晨又回来拿螺丝,固定刚才玩的"木头"。然后,两人用小锤子一起敲"木头",5 分钟后王晨又去插小车了。	孔静用新玩具搭小房子。然后用小锯子把"木头"锯开。15 分钟后孔静把一个类似于一个长方形的架子搭好。这时徐达过来拿孔静的玩具。孔静赶快要了回来。徐达又来拿,孔静说:"别着急,这些木头还没油漆呢!"徐达把"木头"一块一块地拿了回来,孔静就给木头油漆。这时,高硕走过来问孔静:"你们干什么呢?"孔静说:"我们造房子呢!这是我们的工具。"	主题"火箭车"。游戏开始时,刘凯主动为高硕提供玩具材料。15 分钟后,刘凯拿着自己插好的车说:"我的车马上就要爆炸了!""轰"的一声车被弄坏,刘凯继续改装。改装后出现了两个小人面对面坐在小车上的造型。	主题"克赛号"。游戏开始时,高硕选取积塑操作,刘凯给他拿玩具,高硕插了一个"克赛号"。他边插边冲我显示,说:"单老师,您看这小人还在这儿躺着呢!"说完他又将"克赛号"在空中摆来摆去。之后,观看别人,还不时地拿别人的玩具。一会儿,高硕又将小轮子摆在一起,一会儿不小心碰倒了。	王祎、符帅选择插片一起插着玩。插了 15 分钟后,又将插片按颜色、形状排列起来。
备注:该活动区材料的提供,教师的指导或影响	这个区提供了盖房子用的工具,包括锤子、木头、锯、螺丝钉等,各色插片、积塑。 要求幼儿会正确使用玩具,能和别人一起友好地玩。					
该区游戏效果的简要评析	该活动区幼儿能主动参与到活动中来,并且幼儿间能做到友好地游戏,有合作的现象出现。但个别幼儿有观望、干扰别人游戏的现象。教师还应注意引导幼儿增强游戏的目的性,鼓励幼儿多动脑筋、想办法。					

表二十　幼儿自选游戏观察记录表（12）

班级：中一班　　幼儿人数：30 人　　幼儿年龄：4～5 岁　　观察日期：1992.4.25

教师：李　爽　　观 察 者：陈 荣 花

幼儿姓名或次数 / 观察内容线索提示	于　娜	井岩岩	张茹贝	王砚辉
1. 自选游戏前的表现 2. 能否发起活动 3. 主题目的性 4. 使用材料情况 5. 专注程度及兴趣 6. 伙伴交往及与人的关系 7. 语言表现 8. 游戏常规 9. 评价（评他人/评自己）	于娜和 4 个小朋友（女孩）在看书。她拿了一本书名字叫《你认识吗》给几个人讲，并以老师的角色换着提问幼儿，让她们每人讲一个小故事。之后，做了一个游戏。接着又发书来看，边看边讲。一会儿又换高硕来当老师，拿几本书让小朋友看。语言交往很好。	在益智区玩插珠先插了一串大项链，后又插了手镯、耳环，然后自己戴在耳朵上。一会儿，他把玩具收好，去看玩制作糕点的小朋友怎么做的，然后又去玩翻绳，直到游戏结束。	在益智区插宝塔（用宝石插塑），独自玩。玩得很高兴，插好一样又接着插另一样。游戏中一直玩这种玩具，很专心。	在语言图书区看书。他和其他两人一起看。边看边讲。看完一本又换了一本《品德心灵美》。然后，自己站在大家前面，大声音给小朋友讲，并问小朋友“这是干什么的？”又问，“你说说 3＋6＝？”“8＋8＝？”“快说啊！”一直到游戏结束。
当日游戏整体状况				

表二十一　幼儿自选游戏观察记录表（13）

班级：中一班　　幼儿人数：30 人　　幼儿年龄：4～5 岁　　观察日期：1992.5.4

教师：李　爽　　观察者：陈荣花

幼儿姓名或次数 / 观察内容线索提示	孙　伟	于　娜	高　雅	刘依依
1. 自选游戏前的表现 2. 能否发起活动 3. 主题目的性 4. 使用材料情况 5. 专注程度及兴趣 6. 伙伴交往及与人的关系 7. 语言表现 8. 游戏常规 9. 评价（评他人/评自己）	在图书角看书，自己看。一遍遍翻着看，这是一本《波兰童话故事选》。5 分钟后，又换了一本书。图书区其他小朋友走了，可是他还在那里看。边看边讲，很专心，比以前有了很大进步。	在食品店里做虾条，涂颜色。她和刘森一起做，做得很认真，配的颜色比较好看。一会儿，有人来到这儿定货，他问："你看我做得好吗？"于晨鹏说："不错。""我给你多做点。"定货的走了，他继续做虾条。	在益智区玩"雪花"插具。她先把蓝颜色的摆成一排，之后，又把粉颜色的摆一排。老师："你比比，看看哪种颜色的多。"他又增加了一排绿色的，然后数一数有多少个。后来，他又把不同颜色分成 3 堆，4 堆，一直是自己玩。	在美工区绘画。画了房子和柳树，还有鸟。他能和小朋友一起交谈。画了 10 分钟，又到商店去买东西，并说："我休息一下。"回来后又接着画画，画得比较认真。共画了两张画。
当日游戏整体状况				

表二十二　幼儿自选游戏观察记录表（14）

班级：中一班　　幼儿人数：34 人　　幼儿年龄：4～5 岁　　观察日期：1992.5.11

教师：李　爽　　观 察 者：陈 荣 花

幼儿姓名或次数 / 观察内容线索提示	王　昊	高　颂	高　雅	于　红	王思伟
1. 自选游戏前的表现 2. 能否发起活动 3. 主题目的性 4. 使用材料情况 5. 专注程度及兴趣 6. 伙伴交往及与人的关系 7. 语言表现 8. 游戏常规 9. 评价（评他人/评自己）	自选益智区玩插片。先插出了飞机、坦克、机关枪，又插了茶碗、茶壶、报话机、小桌椅……。从他插的玩具中，说明他能用一种玩具进行多种插法，动脑筋。在整个游戏中，始终玩这种玩具，兴趣较高。	在食品店当工人，制作糕点，先做了生日蛋糕。她是和小朋友一起做的。后来，又做了饼干、麻花，一直在专心制作。	在积木区搭积木，能和小朋友一起玩。搭的是动物园，有大门，有停车的地方。与伙伴相互协作比较好，主要是帮助小朋友搭，给别人拿积木，自己的创作性不太强。	在食品店当售货员，能主动售货，当别人买东西时，能主动问："您买点什么？" "我买一斤糖。"秤完后，他能说出多少钱，还用纸给包上说："同志，您拿好，下次您再来买。"收玩具时能主动整理，把食品等东西摆在原处，放整齐。	在益智操作区玩。游戏中，一直和另一位小朋友玩翻绳，一人翻一次。一会儿翻"面条"，一会儿翻"大年糕"，不会的能向对方认真学习。
当日游戏整体状况					

表二十三　幼儿自选游戏观察记录表（15）

班级：中一班　　幼儿人数：32 人　　幼儿年龄：4～5 岁　　观察日期：1992.5.26

教师：陈荣花　　观 察 者：陈 荣 花

幼儿姓名或次数 / 观察内容线索提示	雷　明	江　放	刘　淼	张　锐
1. 自选游戏前的表现 2. 能否发起活动 3. 主题目的性 4. 使用材料情况 5. 专注程度及兴趣 6. 伙伴交往及与人的关系 7. 语言表现 8. 游戏常规 9. 评价（评他人/评自己）	在积木区搭积木。他和小朋友一起搭，利用大积木、易拉罐。搭的是‘长城宾馆”。中间有座位和桌子。使用材料用一个拿一个。他用两个半圆放在一起当上边的灯。当拿错了别人的积木，立刻说：“王卓对不起，我用一下。”又说：“你来帮我一下。”三卓帮助他一起想办法搭建。玩得很好。	在自然角观察小蝌蚪的生长。然后和张健为一起说：“青蛙都长出腿来了。长出了两条后腿，又长出来两条前腿。”然后他们分别画在观察本上。之后，老师又指导他画渐变形象。	在娃娃家当妈妈。她很耐心而且有礼貌地招待客人。当客人来时，显得很热情。她说：“今天您怎么有工夫呀？”“对呀，我休息。”然后做饭，一起吃饭。客人走了，送客人说“我不远送了，您慢走。”接着游戏，一直很明确自己的角色。	在益智区玩宝石插塑。用各种颜色的插具插了一个围墙，还有大门。他开始自己插，后来和小朋友一起合作插。协作得比较好。他插出一个较复杂的建筑。里边还插了座位、小人和滑梯。直到游戏结束。
当日游戏整体状况				

表二十四　幼儿自选游戏观察记录表（16）

班级：中一班　　幼儿人数：32 人　　幼儿年龄：4～5 岁　　观察日期：1992.6.2

教师：陈荣花　　观 察 者：李　爽

幼儿姓名或次数 / 观察内容线索提示	陈新玲	高伟忱	江　放	张沛然
1. 自选游戏前的表现 2. 能否发起活动 3. 主题目的性 4. 使用材料情况 5. 专注程度及兴趣 6. 伙伴交往及与人的关系 7. 语言表现 8. 游戏常规 9. 评价（评他人/评自己）	自选美工组练习绘画，在绘画过程中体现的是这几天学的内容“小人”。在用色上注意鲜艳，而且能够做到用什么颜色的就取什么颜色的笔（图略）。活动持续了 25 分钟。之后，收好用品，又去玩插塑玩具，直到结束。	在语言组，高组织几名幼儿玩“上学”的游戏。他当老师，自己找来一根筷子当教鞭，拿一本书，指着上面的图片，向大家提问，有个别回答，也有集体回答。大家玩得很高兴，但玩着玩着就脱离了角色意识，有乱说的现象。在教师提醒下改正（“你当老师就要像老师的样子，你要乱说，你的学生怎么能上好课呢？”）。	对自然角的鱼和蝌蚪很感兴趣。带着一个小朋友，一会说：“小蝌蚪先长的是后腿，你知道吗？”“鱼的嘴一张一张是在呼吸。”然后，又去语言组看图书，看了一本又走了，始终没固定下来。最后还是在语言组拿本书给别人讲。	玩娃娃家，当家里的爸爸，有系列性动作，而且还有条有理。只是和同伴的言语交流较少，但始终能够与同伴友好相处。他在家里哄孩子，收拾房间。（这个幼儿平时话就少，很内向，在进行娃娃家游戏还显得活跃一些呢！）持续了 30 分钟。
当日游戏整体状况				

表二十五　幼儿自选游戏观察记录表（17）

班级：中一班　　幼儿人数：30 人　　幼儿年龄：4～5 岁　　观察日期：1992.6.32

教师：李　爽　　观 察 者：陈荣花

幼儿姓名或次数 / 观察内容线索提示	张茹蓓	陈欣玲	高　雅	白羽峰
1. 自选游戏前的表现 2. 能否发起活动 3. 主题目的性 4. 使用材料情况 5. 专注程度及兴趣 6. 伙伴交往及与人的关系 7. 语言表现 8. 游戏常规 9. 评价（评他人/评自己）	在娃娃家中当妈妈。她做饭，洗衣服。后来，孩子病了，她又打电话，对王卓说，“王卓，你来当医生吧！我们家孩子病了。”王卓说：“好吧。”王卓到娃娃家给孩子看病拿药，量体温，他用照相机当听诊器。看完病，妈妈给孩子喂药。	在美工区绘画。是照小人书上的装饰画的。她和贾唯一小朋友在一起画，颜色运用鲜艳，装饰了花布。一直认真绘画。她的绘画能力明显比以前提高了。	自选益智区玩计算拼图。她先把数字从 1～10 摆开，然后又用圆点来摆。找出 1～10，练习计算。老师建议他试着练习加法算式：1+1=？她说等于 2。然后，又和别的小朋友一起玩计算游戏。	在益智区玩雪花插片。先把不同颜色的分类摆开，然后数数看每种颜色的是多少个。他平时脑子较慢，今天通过游戏拼摆，有目的地练习，增强了数数的能力。
当日游戏整体状况				

表二十六　幼儿自选游戏观察记录表（18）

班级：中一班　　幼儿人数：35 人　　幼儿年龄：4～5 岁　　观察日期：1992.10.13

教师：单金雪　　观察者：李连荣

幼儿姓名或次数 / 观察内容线索提示	高　硕	赵超然	白　宇	冯　硕	张　雪
1. 自选游戏前的表现 2. 能否发起活动 3. 主题目的性 4. 使用材料情况 5. 专注程度及兴趣 6. 伙伴交往及与人的关系 7. 语言表现 8. 游戏常规 9. 评价（评他人/评自己）	主动选择积木区，并很快进入游戏。有目的地选择了 4 个一样大小、颜色相同的易拉罐（2 套）和木板儿，独自叠高。别人不小心把他的碰倒了，他不高兴地嚷了一声，然后就重新修好，并与符帅小朋友到另一个地方继续搭，直到结束。	主动选择医院，当医生，白宇当护士，白宇以做药为主。游戏开始时许多人来看病，于是，她为白宇“装药”，当有人看病或与白宇交谈时，都是低声的并用商量的语言讲话。	主动选择医院当护士，并马上拿起操作药片的材料，聚精会神地制作药片，别人来看病，她没受干扰。娃娃家的幼儿来看病，把小被子丢在医院了，赵超然对白宇说：“你给娃娃的小被子洗洗好吗？”白宇头没抬，干脆地说“我不管。”于是仍做药，赵也没洗，而是直接把被子送到娃娃家去。	主动选择娃娃家，但无目的地摆弄材料，把做饭的用具摆上来说给娃娃做饭；3 分钟后把手里东西放下，跟随娃娃家其他人到医院给娃娃看病，由于娃娃在别人手里，他主要拿药，回到家无系列活动，往返医院数次，主要是自己来取药。此幼儿在娃娃家，水平明显低，缺乏角色意识（表面看上去很浮）。	主要选择娃娃家，并马上抱起娃娃，看娃娃睡觉，盖被，10 分钟后到医院给娃娃看病，“我的孩子生病了，咳嗽，打一针吧。”（目前她总咳嗽须吃药）医生给孩子看病后，她取药。回家后把娃娃放好，放下药，到图书角串门，并带回一个小朋友（阎朋）送他到医院看病，回到家又开始给娃娃喂药，梳头。 ～～～～～～～ 动作形象，在爱护玩具方面比在小班有明显进步。
当日游戏整体状况	今天游戏中孩子们情绪都很高，尤其是玩角色游戏的幼儿，能以游戏情节自然交往，并发展游戏情节。医院的小朋友对做“药”很感兴趣。				

表二十七 幼儿自选游戏观察记录表（19）

班级：中一班　　幼儿人数：35 人　　幼儿年龄：4～5 岁　　观察日期：1992.11.15

教师：李连荣　　观 察 者：李 连 荣

幼儿姓名或次数 / 观察内容线索提示	刘　畅	李　晶	马望野	张　弛
1. 自选游戏前的表现 2. 能否发起活动 3. 主题目的性 4. 使用材料情况 5. 专注程度及兴趣 6. 伙伴交往及与人的关系 7. 语言表现 8. 游戏常规 9. 评价（评他人/评自己）	主动选择娃娃家做娃娃的爸爸，不与别人交谈。很快地找出做饭用具与曹德望一起合作，为娃娃做饭，把黄绿色的橡皮泥切成块，动作很熟练。老师问他做的是什么，他没有讲，曹抢先说：是包子和菜，他点点头，20 分钟时间饭做好，把饭放在盘、锅里，收拾用具（干净、快），把菜摆到娃娃桌上，准备吃饭。	选择积木区，进入活动区后有目的选择 4 块大板盖起四层楼房，每层的 4 个柱子选用的是同类型的易拉罐，每层中间放一只小动物（没有与他周围人交流独自搭）。20 分钟后马望野的作品在他楼房下盖好，两个人合作，马与他一同来装饰第三、四层楼房。 ～～～～～～～～～～～～ 今天他的作品没有创新，话也不多（周围没有合适的伙伴）。	选择积木区，自己去拿小筐选积木，挑 5 块拱形积木放在李晶的楼房下，摆成一排，然后在上面搭出 3 辆“汽车”（图略）。用半圆形积木当车身，每辆车上有一个小人，很形象，选用半圆当车轮是创新。他搭的东西不多，速度很慢。以上这些搭好后与李晶合作装饰楼房，他选用黑白小三角形，有规律的摆▲△▲△▲，可以看出此幼儿是边思考边搭。	选择医院当医生说：“我来给娃娃看病。” 他手边既有听诊器，又有印章、显微镜（因为是他第一个到此区所以感兴趣的东西都放在他身边）。 他很专门地给小熊看病，但看病的顺序不太清楚，水平较低，他突出的进步是没有与同伴发生争吵，而且很认真地在此区“工作”（30 分钟），收玩具很快，有明显进步。
当日游戏整体状况	今天活动区有积木区、娃娃家（及医院）、益智操作区和美工 区，幼儿能主动选择自己喜欢的区域，伙伴之间也有了一定的交往，如李晶和马望野共同建构楼房。游戏常规较好，特别是收放玩具从哪儿拿的放哪儿去。			

表二十八　活动区游戏观察记录表（9）

游戏区名称：美工区　　班级：中一班　　幼儿人数：29 人　　幼儿年龄：4～5 岁　　观察日期：1992.4.7

指导教师：李　爽　　观 察 者：李　爽

幼儿姓名或人次 / 观察内容线索提示	闻梦楠	王思伟	王砚辉	吴艳铃　霍启萌　于　娜
1. 主题的确定 2. 材料的运用与游戏技能——该区典型游戏行为 3. 新颖性与创新性 4. 游戏常规的执行 5. 社会参与水平，与伙伴交往行为 6. 持续时间 7. 独立自主性（自定主题，自选伙伴，主动交流，协调关系等）	在画装饰画。很认真，没有与别人说话，老师问他画什么？说："是蝴蝶。"然后又继续画起来。能够注意用哪支笔取哪支，不用的就放入笔筒里（是自定主题，没有与同伴交流）。	用纸剪花，然后剪废旧图书上的人物、动物，很认真。我问："你剪的是什么？"她说："小白兔。""为什么剪它？""因为可爱。""干什么用呀？""给杨老师看（实习老师）。"持续 25 分钟。	在绘画。"画春天"，能把春天的特征画出来，又利用魔板来画飞机，把画面布置好。做事很认真，一直没有讲话。后来缺了一种颜色，自己去别人那儿找，用完后又放回原处。持续 25 分钟。	3 位幼儿用棉签涂色。用小纸块擦手。吴艳玲说："要把颜色涂均匀了。"用小纸擦，方法不好。老师问："纸不容易把桌子上、手上的颜色擦干净。用什么好呢？"霍启萌说"用手绢"，"用手绢不卫生"，于娜说"用擦布"。于是他们找来了擦布，并把布弄湿了。活动中吴艳玲与霍启萌发生争吵，在教师帮助下解决。3 个孩子有言语交流、聊天。霍启萌边干边说："星期六，我爸病了。我们都没吃上饭。"另一个小朋友说："你们家怎么挨着病呀？"然后，继续涂色。持续 25 分钟。于娜后来又去绘画。
备注：该活动区材料的提供，教师的指导或影响				
该区游戏效果的简要评析	涂色组的材料不合适，颜色太稀，导致幼儿满手都是，而且纸张材料不吸湿，应调换。			

表二十九　活动区游戏观察记录表（10）

游戏区名称：娃娃家　　班级：中一班　　幼儿人数：33 人　　幼儿年龄：4～5 岁　　观察日期：1992.5.4

指导教师：李　爽　　观 察 者：李　爽

幼儿姓名或人次 / 观察内容线索提示	贾唯一（“姐姐”）　高雅（“妈妈”）　刘伟伟（“爸爸”）
1. 主题的确定 2. 材料的运用与游戏技能——该区典型游戏行为 3. 新颖性与创新性 4. 游戏常规的执行 5. 社会参与水平，与伙伴交往行为 6. 持续时间　25 分钟 7. 独立自主性（自定主题，自选伙伴，主动交流，协调关系等）	3 个人自己选择的角色，“姐姐”给家里人做饭。“妈妈”给孩子喂饭。“妈妈”抱着孩子，“爸爸”给孩子用奶瓶装水，找不着糖，“姐姐”说：“糖在这儿呢（假装用一个盆子代替，其实里面什么都没有）。”“爸爸”也假装做放糖的动作。然后“姐姐”给孩子穿衣服，“妈妈”说：“别让他着凉。”于是，“姐姐”给孩子戴上帽子。又和“妈妈”一起带孩子出了娃娃家。“姐姐”抱着孩子在班里走了一圈，没说话，又回家了。“爸爸”在家弄这弄那，和“妈妈”一同洗水果，切水果；“姐姐”一直在弄孩子，让孩子躺在床上。一会“妈妈”打电话：“喂，要外线。”然后拨号码，不通，又拨了一次。“爸爸”一直在摆弄做饭的东西，“姐姐”靠在小床上和孩子玩，“妈妈”说：“老要不着外线！”“爸爸”说：“今天我们单位的人要我去看电影。”“妈妈”说：“那你就去吧。”“妈妈”继续打电话，后来说：“你的电话。”让“爸爸”接，“爸爸”说了一句就挂上了，大家笑了。3 个小朋友很和谐地玩着，水平不很高，但家里的气氛很好，各有各自的事，有时有些联系。“爸爸”给孩子吃糖，“姐姐”说：“牙都坏了，还给他吃糖呀！”后来他们又商量换角色：“姐姐”去当“妈妈”，“妈妈”去当“姐姐”，玩了一会儿。共 25 分钟。
备注：该活动区材料的提供，教师的指导或影响	
该区游戏效果的简要评析	教师在对幼儿引导上，还应注意东西的收放。

表三十　活动区游戏观察记录表（11）

游戏区名称：自然科学区　　班级：中一班　　幼儿人数：34 人　　幼儿年龄：4～5 岁　　观察日期：1992.5.27

指导教师：李　爽　　观 察 者：陈荣花

幼儿姓名或人次 / 观察内容线索提示	江　放　　王　卓　　张健为
1. 主题的确定 2. 材料的运用与游戏技能——该区典型游戏行为 3. 新颖性与创新性 4. 游戏常规的执行 5. 社会参与水平，与伙伴交往行为 6. 持续时间 7. 独立自主性（自定主题，自选伙伴，主动交流，协调关系等）	在自然科学区看蝌蚪的变化，江放说，“这蝌蚪都长出两条后腿了，还在水里游呢！”王卓和张健为在里边找小蝌蚪，边找边数有几只。从石头的边上、底下，到处寻找和计数（老师是有意放在里边让幼儿观察和数的）。这时，他们看见水少了，马上拿自己的小水碗来浇水。江放一直在看，说：“小蝌蚪变小青蛙时长出前后腿又长出来眼睛，这时，它的尾巴慢慢地缩回去了。”他问：“这石头是叫花岗石吗？”旁边几个小朋友也来了，都来看，吸引了许多小朋友。教师引导他们画观察记录。一会儿，3 人又看蜗牛松土。他们把泥冲掉，3 人一直在观察，兴趣很高。
备注：该活动区材料的提供，教师的指导时或影响	
该区游戏效果的简单评析	

表三十一　活动区游戏观察记录表（12）

游戏区名称：语言区　班级：中一班　幼儿人数：30 人　幼儿年龄：4～5 岁　观察日期：1992.6.12

指导教师：陈荣花　观察者：李　爽

幼儿姓名或人次 / 观察内容线索提示	于　娜	崔思文	王砚辉	王　昊
1. 主题的确定 2. 材料的运用与游戏技能——该区典型游戏行为 3. 新颖性与创新性 4. 游戏常规的执行 5. 社会参与水平，与伙伴交往行为 6. 持续时间 7. 独立自主性（自定主题，自选伙伴，主动交流，协调关系等）	在拼图讲述组先当教师，自己找来大头针，将一张张的图片根据自己的需要拼贴在板上。之后，又进行剪的活动，剪后贴上去，剪的技能比较好，而且很认真，能说出自己剪的是什么。	在讲述组当学生。很守纪律，坐在椅子上等着。时间可能太长了，他站起来在屋内走动，参加美工组的活动去了。之后，又拿来废旧书，开始剪上面的形象。	他在语言区当学生。有时站起来，但听到别人说："坐下！"又马上坐好，安静等着。但眼睛紧盯着板子上的图片。后来也和思思一起剪。	辅助于娜进行拼图。图拼好了，不进行讲述。在教师的提示下，还是不去讲，最后才讲了点什么，但没有故事情节。在教师的启发下，静下心思，还是没想出来。后来教师请来江放给他们讲，才明白一点。
备注：该活动区材料的提供，教师的指导或影响				
该区游戏效果的简要评析	看来幼儿对这一活动的目的性还不明确，拼图后不能进行讲述。教师的指导应加强，真正教会幼儿拼图讲述的方法，让幼儿不只限于剪、贴，而应能连成故事，并讲述出来。			

表三十二　活动区游戏观察记录表（13）

游戏区名称：益智区　　班级：中一班　　幼儿人数：30 人　　幼儿年龄：4～5 岁　　观察日期：1992.6.13

指导教师：陈荣花　　观 察 者：李　爽

幼儿姓名或人次 / 观察内容线索提示	王　昊　　李　彬　　金　获	崔斯文　　蒲雪莹　　雷　鸣
1. 主题的确定 2. 材料的运用与游戏技能——该区典型游戏行为 3. 新颖性与创新性 4. 游戏常规的执行 5. 社会参与水平，与伙伴交往行为 6. 持续时间 7. 独立自主性（自定主题，自选伙伴，主动交流，协调关系等）	3 位小朋友自选在一起玩宝石积塑。他们取来一筐玩具，然后各自进行插接。王昊插了“变形金刚”，李彬插“曼斯特”飞船，并多次进行改变和变形。金获自己干自己的，老师问也不说。他把玩具插成一个平面说：“这是地板革。”李彬一边插还一边哼着歌。这 3 位幼儿很安静，交流很少，常出现自言自语。但对玩具的爱护很好，不争抢，也不乱扔，自己玩得很专心，持续了 30 分钟。	3 个幼儿在一起玩“农场插塑”。他们建成房子，围成栅栏，把小动物放进去，一起玩。“小牛喝水”，他们一边说一边玩，“小羊不会飞，只能走进来。”“小人吃完午饭了，我带小人出去走走。”“快到晚上了，小人该睡觉了……”3 个人边说边有情节地进行动动改改的游戏，玩得很开心，也很专一，进入了角色，玩得也很有意思。3 人能友好相处，玩时积极进行语言思维。持续 30 分钟。
备注：该活动区材料的提供，教师的指导或影响		
该区游戏效果的简要评析		

表三十三 活动区游戏观察记录表（14）

游戏区名称：美工区　班级：中一班　幼儿人数：30 人　幼儿年龄：4～5 岁　观察日期：1992.6.17

指导教师：李 爽　观察者：陈荣花

幼儿姓名或人次 观察内容线索提示	王 卓	蒲雪莹	吴艳玲	贾唯一 思思
1. 主题的确定 2. 材料的运用与游戏技能——该区典型游戏行为 3. 新颖性与创新性 4. 游戏常规的执行 5. 社会参与水平，与伙伴交往行为 6. 持续时间 7. 独立自主性（自定主题，自选伙伴，主动交流，协调关系等）	在美工区装饰扇子，在老师剪好的各种形状上进行装饰。画了荷花、青蛙，并装饰花边。然后，自己贴上小棍。很认真。做成后自己扇凉。	在做泥工，用橡皮泥制作豆糕。10 分钟后，到语言角和小朋友一起拼图，讲述图画的内容，他的声音比较小，教师鼓励她最后终于讲出来了。	在美工区绘画装饰制作扇子。在扇子的一面画了一只狮子的头，另一面是装饰画，自己粘上棍。做完了一把扇子，又接着做另一种形状的，直到游戏结束。	两人都是制作扇子。画的是小老鼠，还有装饰画，很感兴趣，画得很认真。做完后两人又到外面去“买东西”。回来后，老师建议他们把制作的扇子送到礼品店去，这样两人的兴趣更高了。
备注：该活动区材料的提供，教师的指导或影响	因上午的教育活动是制作扇子，所以在游戏时幼儿的兴趣仍很高。			
该区游戏效果的简要评析				

表三十四　活动区游戏观察记录表（15）

游戏区名称：积木区　　班级：中一班　　幼儿人数：33 人　　幼儿年龄：4～5 岁　　观察日期：1992.10.17

指导教师：李连荣　单金雪　　观 察 者：李 连 荣

幼儿姓名或人次 / 观察内容线索提示	马　瑞	孔　静	张　曼	刘畅　陈宁	马辰龙
1. 主题的确定 2. 材料的运用与游戏技能——该区典型游戏行为 3. 新颖性与创新性 4. 游戏常规的执行 5. 社会参与水平，与伙伴交往行为 6. 持续时间 7. 独立自主性（自定主题，自选伙伴，主动交流，协调关系等）	与张曼合作。用 4 个易拉罐当底托，然后木板上面放 4 只小鹿（分类放）下面是 2 只小猫，并在每只小动物前放一个小瓶，（胶卷盒）让小动物喝水(有新意)，游戏后半部分与张曼时而站起来说说、玩玩，不够专心。 收玩具不彻底。	独自搭高速公路，非常有目的，专心致志，虽然老师引导她与马辰龙合作，她毫无反应，马辰龙为她提供材料。她不怎么说话，搭搭、摆摆有时还更换积木，看出她是在琢磨，观察自己的建筑，有目的地挑选材料。 （最近此幼儿总爱到积木区来，水平也明显提高）	与马瑞合作，边选材料边说边搭，她与马瑞是同时在搭。她先想出小动物分开放，并给小动物喝水（她倡议的）游戏 15 分钟内积极搭建，与马瑞边说边找材料。当初步搭出二层动物房后，用小筐当房顶，把小动物摆进去，然后就与马瑞说得多，动手搭得少了，有些浮。直到游戏结束。	与陈宁合作搭“桥”，让小动物在里面走来走去。以刘畅为主搭，俩人合作得很好。给小猪搭好了一座房子，然后又搭一座很宽大的两层房子，用板（两层），下面底柱用两个小筐反扣着（有创新）。 两人小声商量，没发生争执。从开始直到结束，两人一直专心致志搭，并且有主题，知道自己要搭什么。用圆柱积木当“人”，摆在了二层板儿的积木上面，共 3 排。	开始想与陈宁一起搭，刘畅说我们人够了，你找别人玩吧。他无目地找积木，搭一个简单的“桥”。老师引导他和孔静一起玩，他高兴地去了。但他搭建水平差，以观看、辅助别人为主，自己无目的。 但他进步之处，就是能安心地玩，知道要遵守常规。并能爱护别人的成品。
备注：该活动区材料的提供，教师的指导或影响	由于增添了小动物玩具，幼儿较喜欢，并能有目的地搭建，在老师的引导下幼儿的合作意识有了很大加强。				
该区游戏效果的简要评析	环境对幼儿影响很大，由于今天活动区的幼儿都在积极动脑构建，所以使马辰龙受到了极大的影响，有了可喜的变化。				

表三十五　活动区游戏观察记录表（16）

游戏区名称：积木区　　班级：中一班　　幼儿人数：30 人　　幼儿年龄：4～5 岁　　观察日期：1992.11.6

指导教师：　李连荣　单金雪　　观 察 者：李 连 荣

幼儿姓名或人次 / 观察内容线索提示	高　硕　　张　辰　　刘　畅	冯　硕	白　宇	曹德堃
1. 主题的确定 2. 材料的运用与游戏技能——该区典型游戏行为 3. 新颖性与创新性 4. 游戏常规的执行 5. 社会参与水平，与伙伴交往行为 6. 持续时间 7. 独立自主性（自定主题，自选伙伴，主动交流，协调关系等）	高、张、刘 3 人合作，给小动物盖“动物园”，搭了一个很严实的房子。我提示：“你们的房子怎么住动物？”他们从上打开口，我说：“没窗户，小动物多闷呀！”他立即改装天窗，然后继续把小房子延伸。刘畅、张辰，以摆旁边小动物为主，高硕以搭积木为主，并把房子不断延伸。刘畅、张辰在房子周围添放动物、小人及装饰一些积木等，3 人合作得较好，基本是随取随摆玩具，因此收玩具时（游戏结束）没什么可收拾的。 高主动收放玩具，并帮助别人把地毯上的瓶子等材料收放好。	用易拉罐、木板搭一个三层楼房，用积木和易拉罐中间放一只小动物（图略）。两边的板当滑梯，并与曹、白的建筑连接，10 分钟就搭好了。然后就是把积木易拉罐等放上滑来滑去，20 分钟后看旁边搭的东西，没再继续搭。	选择柱形积木和三块木板，搭一个很低的房子，并与冯硕的连接。她玩得很高兴，对小房子很感兴趣。但从外观来看，房子低，没有什么新异性，她所感兴趣的是与冯的连接。	在冯硕的积木旁搭一个较简单的房子，用瓶子和板。小房子右边用电池和积木搭了一个“弹药库”。我说太危险了，他说：“假装的，不让它爆炸”。 20 分钟后先往冯硕的滑梯上放瓶子玩，然后又来到高硕的积木组，高告状：“曹捣乱。”曹从始至终边说边玩。根据他的能力，今天他搭建水平没有很好的发挥，说得多，做得少，较浮，没收拾玩具就离开了。
备注：该活动区材料的提供，教师的指导或影响	今天基本是他们自己分成了两大组，前 3 个人合作很好，也很明显，后 3 个人搭时都自己搭配，相邻较近，以冯硕为中心，搭后都与冯相连，大家很开心，但这组幼儿发挥得一般。 幼儿很喜欢老师参与他们的活动，并且能从老师的建议中受到启发（中型积木不要增加）。			
该区游戏效果的简要评析				

表三十六　活动区游戏观察记录表（17）

游戏区名称：积木区　　班级：中一班　　幼儿人数：35 人　　幼儿年龄：4～5 岁　　观察日期：1992.11.10

指导教师：李连荣　单金雪　　观 察 者：李 连 荣

观察内容线索提示 ＼ 幼儿姓名或人次	白　宇	张　曼	孔　静	张　帅	曹德堃（新）	赵超然
1. 主题的确定 2. 材料的运用与游戏技能——该区典型游戏行为 3. 新颖性与创新性 4. 游戏常规的执行 5. 社会参与水平，与伙伴交往行为 6. 持续时间 7. 独立自主性（自定主题，自选伙伴，主动交流，协调关系等）	主要是随从张曼和孔静一同边搭边说，她主要选择积木来搭，有时补充别人的物品，能与另外两个幼儿合作。(持续时间30分钟）	主动选择“小动物”，然后取积木，给小动物造房子，看出她的目的性很强，在孔静的倡议下与白宇、孔静一起玩，她主要是给小动物盖房子，并且知道给小动物房子盖一个门。(30分钟）	有目的，而且动作很快地找材料易拉罐，小动物平板等，并主动联合白宇、张曼一起来搭。搭时注意力集中，她的特点是以辅助材料为主。	独自选用长方柱形积木，有目的搭“隧道”，但他说不明白。他用积木当车，表示能在上面走。继续延长自己的隧道，并与曹的自然相连，两人很开心，并继续合作。他话少，手中操作不停，与曹合作较协调，知道轻拿轻放玩具。	在积木柜旁边搭建（独自地）。选择拱形、长方形积木为主，很快地搭出一个“城堡”，较形象。将自己的建筑与张帅的连接，并自然地合作，把两人的成品联合一体，继续向上叠高。此时，他较兴奋，说得多(此幼儿在玩时很有创造力，也能主动与别人交谈，但由于是新入园幼儿，所以在一些细小常规和能力上较差）。	（老师建议她带新小朋友张一凡一起玩，她非常高兴） 她主动取平板、圆柱积木等有目的地与张一凡一起搭，并选用Ⅰ形积木当小人（创新）她小声音地与张一凡商量，俩人合作得很融洽。能主动收拾玩具。
备注：该活动区材料的提供，教师的指导或影响	本周增添了辅助材料，幼儿都积极选用，而且使幼儿的搭建水平有了较大提高。					
该区游戏效果的简要评析	由于游戏老师引导幼儿最好是俩人一组玩，比比哪两个小朋友搭建得最好，因此今天幼儿都合作得很好，整个区都显得很和谐。					

表三十七　幼儿自选游戏观察记录表（20）

班级：大一班　　幼儿人数：32 人　　幼儿年龄：5～6 岁　　观察日期：1991.10.15

教师：邹萍、刘克勤　　观 察 者：刘克勤　邹萍

幼儿姓名或次数 / 观察内容线索提示	陈　忱	任　威	王　瑞	邓　辰	高　淼	尹　丹
1. 自选游戏前的表现 2. 能否发起活动 3. 主题目的性 4. 使用材料情况 5. 专注程度及兴趣 6. 伙伴交往及与人的关系 7. 语言表现 8. 游戏常规 9. 评价（评他人/评自己）	到科学区游戏，能够主动邀请李露萍一起游戏进行配色，她自己选了 2 个瓶子给李露萍 3 个。懂得谦让小朋友，每次她都是让李露萍先用，她后用，还告诉其他小朋友，她配的颜色选用哪几种颜色水配出的，并帮助别的小朋友配颜色。当她打不开瓶子盖时，请我帮她打开。	任选益智区游戏。在进行拼图玩具的过程中，他一直是独自玩，也拼出了 4 辆公共汽车，一边玩一边自言自语。他告诉我，他在驾驶车辆，为小朋友开班车，并且加上了动作，还模仿汽车声音。	王来到积木区，将小积木拿到桌子上玩。他只插出了一架小飞机，然后就开始乱跑。他的注意力不集中，易被其他新鲜事物所转移。他先把高淼搭的房子推倒，然后去看小鸡，又到娃娃家，人家问他，你干什么来了？说他给娃娃的饭里放了毒药，然后他又回来搭了一架电话，他说，喂，我是王瑞，你别忘了再见。说完就挂了，我请他给我打电话，他说他没做事的时间。他对自己游戏的好坏不能评价。	开始时，他进行绘画，后选择了插片游戏，过了一会儿，他又去了积木区，然后一直在积木区搭积木。他今天是一个人搭的。搭了火箭发射中心 。在搭的时候，他一直没说话，他告诉我，等他搭完了再告诉小朋友。	高到积木区活动。高今天选择的活动项目很多，如益智区、娃娃家，最后和王瑞一起搭小积木。在玩具使用上两人没发生什么纠纷，但他一直不和王瑞说话。我问她：“你怎么不和她一起搭？你怎么不和他说话？”她告诉我：“王瑞太淘气，我不爱理他。”她搭的是一幢小房子。	在美工区（自选）进行剪纸活动。活动之前她邀了张司棋一起活动。在活动之中她看到张司琪剪了一个漂亮的剪纸，就主动要求张司琪教她剪，然后她又教另外一个小朋友。最后她选出了一个最好看的，拿到娃娃家，送给他们做礼物。
当日游戏整体状况	今天游戏区开放了科学区、积木区、美工区、积木区、益智区和娃娃家。游戏开始，幼儿基本能自主选择活动区，然后协商角色，有的幼儿还能主动谦让小朋友，如陈忱。个别幼儿游戏常规不好，如王瑞，教师应加强指导，引导其行为的方向性。					

表三十八　幼儿自选游戏观察记录表（21）

班级：大一班　　幼儿人数：32 人　　幼儿年龄：5～6 岁　　观察日期：1991.10.19

教师：邹萍　刘克勤　　观 察 者：刘 克 勤

幼儿姓名或次数 / 观察内容线索提示	李尚瑶	易　雯	陆　浩	高方亮	孙　环	李露萍
1. 自选游戏前的表现 2. 能否发起活动 3. 主题目的性 4. 使用材料情况 5. 专注程度及兴趣 6. 伙伴交往及与人的关系 7. 语言表现 8. 游戏常规 9. 评价（评他人/评自己）	主动告诉老师要去娃娃家当“大姐”。到娃娃家后，她就抱娃娃先去了医院，又回来给娃娃吃药、喂水，把娃娃哄着了。之后，开始帮“妹妹”洗菜。洗完菜，又去抱娃娃，跟“妈妈”打过招呼后，又带娃娃去医院了，回家后开始吃饭。吃过饭给娃娃洗衣服。游戏中说的话很少。到医院后对医生说：“娃娃老哭，还发烧，不吃东西。”收玩具时能又快又好地收拾干净。	主动告诉教师要去娃娃家当“二姐”。她先拿书包和钱包去买菜，走之前对“妈妈”说：“妈妈我去买菜了。”并向“妈妈”要了一点钱，回来后就开始洗菜。她找了一个小棒，好像小刀削土豆皮，并对“妈妈”说：“假装这个盆里有水。”随后又象征性地洗菜，帮“妈妈”做饭。她一直是和“妈妈”在一起的，没有发生什么争吵。	主动表达自己的游戏意愿，并自选了伙伴王瑞和他坐在一起玩。他选用的材料是有色插片，先拿了一块正方形的插板，再选用各种大小不同、形状不同的小插块，拼到上面。看到别人拼的飞船，赞扬道：“真好看。”接着，又拼自己的。游戏结束，他刚好拼成一个组合大机器。收玩具时他很负责任。玩具爱护得较好。	他主动到娃娃家当“爸爸”，进去之后，先帮“妈妈”收拾房间，之后开始烤面包，用废旧小方盒当面包。然后，把冰箱擦干净并修理好。看到娃娃住院了，又到医院看娃娃，回来后抱了另一个娃娃，开始吃饭。他先喂娃娃，然后自己吃饭，用两个小棒做筷子。喂娃娃时先把饭吹吹，又对娃娃说：“等一等，别着急。”	他和夏川、果伟光一起游戏。他们合搭了“人民大会堂”，他一直附和夏川游戏，帮他拿积木，还不时对夏川说这应放什么，那应放什么形状的积木。他对夏说“再搭一层”，夏说不行，怕倒。他说：“人家搭四层也没倒，咱们才搭了两层。”不过，商量之后，还是搭了两层。收玩具时，他负责打扫地毯很认真。	在关蓓的邀请下李来到美工区，她选择了剪刀和圆形纸片进行剪窗花活动。关不停地和她说话，她有时抬头看一眼，有时就不理睬。当她看到关蓓常显示她的作品时，她也显示自己作品说：“你们看，我剪的窗花多好看！”“你们看，我用纸片贴成的小松树。”游戏结束时，她把剪下的碎纸放在一个小筐里倒在厕所纸筐。
当日游戏整体状况	当日开始活动区有娃娃区、医院、美工区、积木区、益智区和自然科学区，幼儿基本能按自己的意愿选择，并能确定主题，有的幼儿还发挥了一定的创造性。娃娃家情节较丰富，有言语、动作替代，幼儿有角色意识并相互协调角色间关系。					

表三十九　幼儿自选游戏观察记录表（22）

班级：大一班　　幼儿人数：29 人　　幼儿年龄：5～6 岁　　观察日期：1991.10.24

教师：邹萍　刘克勤　　观察者：刘克勤

幼儿姓名或次数 观察内容线索提示	韩宇	关蓓	杨硕	石洋	梁涵	王宗尧
1. 自选游戏前的表现 2. 能否发起活动 3. 主题目的性 4. 使用材料情况 5. 专注程度及兴趣 6. 伙伴交往及与人的关系 7. 语言表现 8. 游戏常规 9. 评价（评他人/评自己）	玩益智游戏跳棋。刚开始时，他到自然角为植物浇水，并观察树叶标本，7 分钟过后，他告诉我说，他想玩跳棋，但跳棋只有 3 副。他只好在人家身边看。看着看着，就把东东的棋抢过来玩，易雯向老师告状。他边回头看老师，边赶紧玩一会儿。他把跳棋还给东东，并和东东商量好，“东东玩两次，他玩一次”，然后他就自取图书在旁边守候。	关蓓来到学校做学生，她又是娃娃家的姐姐。她先帮“妈妈”整理房间，然后吃饭，“妈妈”送她到学校。她主动问老师好并学写字。她问我写的这个“军”字对不对，我说对了，就是一横太长。之后“妈妈”把她接回家，她照顾娃娃并帮“妈妈”做饭，还给“妈妈”试表，吃药等（“妈妈”病了）。这孩子的游戏常规较好。	游戏开始，杨硕来到娃娃家当“妈妈”，她几乎次次到娃娃家来玩。我建议她去别的组玩一玩，她没理睬我的建议。她当“妈妈”先整理家，做饭。吃完早饭，送孩子到学校，让孩子主动问“老师好”，事后回家带娃娃去医院。在今天的游戏环节中，她创出了“妈妈”得病这一情节。她躺在床上，由孩子做饭，给她端水拿药。就是她摆放物品太乱了。	游戏开始，石洋选择了科学区进行磁铁游戏，他用磁铁吸碎纸，然后吸塑料插片，再去吸曲别针、大头针，并吸门锁，他告诉我，吸铁石只能吸铁的东西。他还告诉我，吸铁石之间也能吸上。他在玩的过程中发现，磁铁的这一边和另一块磁铁的这边吸不上，好像中间隔着什么，就来问我“怎么吸不上”?我告诉幼儿，磁铁有正负极。正与正吸不上，负与负也吸不上。他和邓原玩得很友好，游戏常规也很好。	梁涵去积木区游戏，他先和夏川一起搭，他主动说：“咱们搭火箭发射场吧！”然后他就拿了一块长方形积木，当火箭，到一边玩火箭上天的游戏。之后，他手中的积木把亮亮搭的积木推倒，当我看他时，他又开始辅助夏川搭；我不看他时，他又用脚去踢周憧，然后为夏川拿积木。他拿的积木是别人搭好的建筑上的，我当时就找他谈话。	他自选了有色形状插片，他和任成、果伟光共同分享一种玩具，但都是自己插。他在插的过程中，没有说话，他插的是“人间大炮车”，当他插完了之后，也没有同其他幼儿一起玩，还是一个人玩的。
当日游戏整体状况	今天活动区开放了娃娃家、益智区、科学区、小学校，幼儿游戏的目的性较强，充分使用材料，并伴随有语言交流，但个别幼儿常规不够好，如新来的小朋友梁涵，就出现了一些攻击性行为，老师马上找他谈话了。					

表四十 活动区游戏观察记录表（18）

游戏区名称：娃娃家　　班级：大一班　　幼儿人数：31 人　　幼儿年龄：5～6 岁　　观察日期：1991.10.15

指导教师：刘克勤　　观 察 者：刘 克 勤

幼儿姓名或人次 / 观察内容线索提示	马黛姿	杨硕	裴寅清	李尚瑶
1. 主题的确定 2. 材料的运用与游戏技能——该区典型游戏行为 3. 新颖性与创新性 4. 游戏常规的执行 5. 社会参与水平，与伙伴交往行为 6. 持续时间 7. 独立自主性（自定主题，自选伙伴，主动交流，协调关系等）	这 4 个小朋友都是自选的角色，马黛姿当“妈妈”，杨硕当“奶奶”，裴寅清当“妹妹”，李尚瑶当“姐姐”。杨硕和马黛姿曾因角色的选择发生了争吵，因为杨硕发现“妈妈”可以做饭，“奶奶”老了，不能老做饭，但最后两人商量下一次交换角色。这几个小朋友的活动基本符合所扮演的角色，“妹妹”逗娃娃玩画画，“姐姐”写作业看书，“奶奶”带小孙女去公园买奶，“妈妈”上班、做饭。幼儿之间的称呼是“奶奶”和“妈妈”、“姐姐”。“妈妈”看到孩子写作业时说：“把头抬起来，不然眼睛要坏了。”此外她还送孩子去幼儿园。“奶奶”看到查水表的来了，就带他去看水表，并去交费。“奶奶”带小孙女出去时，带着她慢慢走，还对“妈妈”说：“你快去上班吧，不然要晚了。”幼儿之间相处得很好。使用了一些辅助材料，如：插片、纸、书等，还有一些真的蔬菜，如土豆、黄瓜，幼儿还找来了一圆形板做煤气灶。当杨硕发现查水表的人老来时，她问我：“怎么老查水表？”我告诉她：“应当一个月查一次。”她听后就对查水表的高淼说了。我发现这个家中没男孩，就问“妈妈”，“妈妈”告诉我：“‘爸爸’出国了。”我又问了孩子，孩子也说：“爸爸出国了。”			
备注：该活动区材料的提供，教师的指导或影响	在今天娃娃家中，幼儿在爱护玩具方面，做得比较好，几个孩子之间交往很多，大多能主动交往，在情节上有了一个创新，“查水表”。再有一点做得好，家里的每个人都知“爸爸”出国了。			
该区游戏效果的简要评析	游戏中，幼儿能反映自己的知识经验，知道用眼卫生等。幼儿之间的行为符合角色身份。			

表四十一　活动区游戏观察记录表（19）

游戏区名称：积木区　　班级：大一班　　幼儿人数：33 人　　幼儿年龄：5～6 岁　　观察日期：1991.10.18

指导教师：邹萍　　观 察 者：刘 克 勤

幼儿姓名或人次 / 观察内容线索提示	李　楠　　高　淼	陈　忱　　李　昂
1. 主题的确定 2. 材料的运用与游戏技能——该区典型游戏行为 3. 新颖性与创新性 4. 游戏常规的执行 5. 社会参与水平，与伙伴交往行为 6. 持续时间 7. 独立自主性（自定主题，自选伙伴，主动交流，协调关系等）	2 人共同搭建电影院。开始时，李楠决定搭烤鸭店，搭了一点之后又决定搭旅馆。这时，高淼又要搭宫殿，李楠就说："你怎么老变？怎么搭呀？"最后两人决定搭高淼所说的电影院。李楠选用一块木板作为屏幕，高淼说屏幕应竖放，但李楠非把它按在房顶上，俩人争吵不停。于是找我下结论：高淼说电影院就是这样的，但李楠说：我去过天文馆，就是天上有电影，在电影院看电影时，边上的人太多，我老看不见，放在天上，谁也不挡谁。她们俩人共同搭的电影院，在积木的选择、使用上基本都是互相商量之后才搭的，巩固对称和叠高的技能。	2 人一起搭建烤鸭店。开始游戏之后，陈忱就确定了搭烤鸭店，李昂和陈忱商量："咱们一起玩吧？"这时，李昂说："咱们把它搭得高高的，老师什么时候让收玩具，咱们什么时候就不搭了。"于是他们就开始叠高。共同搭建了五层。李昂告诉我，第三层是做饭的，第四层是吃饭的。陈忱问李昂："搭几把椅子，几张桌子？"李昂说："四张桌子，每张桌子放四把椅子。"桌子为两个半圆拼成，椅子用的三角形。李昂找来了三个长方形木块，放到桌子上。陈忱问："这是什么？"李昂说："当菜谱。"陈忱把冰棍棍放在房顶上，当我问她时，她说不出有什么用，有一个小朋友过来说："你搭的怎么没楼梯呀？"于是李昂听了之后开始搭楼梯。
备注：该活动区材料的提供，教师的指导或影响	在这组游戏中最突出的是幼儿之间的友好相处和问题的解决，这几个幼儿在协商方面做得较好，建筑有一定创造性，在材料使用上，李昂在没有辅助材料之下，能动脑筋；此外，幼儿运用了间隔一样的方法，第一层的四角用长方形，第二层的四角用圆柱形，第三层与第一层一样。积木区的主要材料为积木，下周可以再增设一些辅助材料。	
该区游戏效果的简要评析		

表四十二　活动区游戏观察记录表（20）

游戏区名称：益智区　　班级：大一班　　幼儿人数：32 人　　幼儿年龄：5～6 岁　　观察日期：1991.10.21

指导教师：邹萍　　观 察 者：刘 克 勤

幼儿姓名或人次 / 观察内容线索提示	陈忱　夏川　果伟光	王瑞　李昂　梁涵　豆豆　王宗尧	裴寅清
1. 主题的确定 2. 材料的运用与游戏技能——该区典型游戏行为 3. 新颖性与创新性 4. 游戏常规的执行 5. 社会参与水平，与伙伴交往行为 6. 持续时间 7. 独立自主性（自定主题，自选伙伴，主动交流，协调关系等）	陈忱和夏川下象棋，果伟光担任裁判。陈忱先出当头炮，然后打卒，接着出车，夏川也玩得比较熟练。陈忱下棋下得较好，她常帮夏川下棋，果伟光就说："下棋要安静，不能说话。现在是比赛。"结果陈忱获胜之后就去玩娃娃家。夏川和果伟光只好拿小型积木拼插活动，没玩一会就收玩具了。他们还没来得及插出成型的玩具。	这些小朋友进行有色玩具游戏，李昂先拿的玩具，其他幼儿随后一起加入游戏，并没有商量，这几个小朋友共同使用材料，但都是自己组建自己的玩具。李昂搭的是"霞光一号"，王瑞搭的是机器人，梁涵搭的是飞船，豆豆搭的也是宇宙飞船，王宗尧搭的是"变形金刚"。他们插的都是未来世界的武器。幼儿的语言多是跟战斗有关，如王瑞说："我的机器人驾驶你的飞船去打梁涵的，给他打到那头去。"在活动中，豆豆、王宗尧的话说得很少，也能谦让其他幼儿，如豆豆把他的玩具让给王瑞。豆豆还能主动告诉我：他插了一个转换器。王瑞、梁涵、李昂说的多是没用的、与游戏无关的话，如：管李昂叫李三，王瑞说梁涵是大肉馅，嘴上长胡子。过了 25 分钟，王宗尧和豆豆又联合拼了一个楼房。	一人进行空心的小桶玩具。她先插了一架小型超级飞船，一个人自言自语地活动，"这是船身，这是头。"然后，她把飞船拆了，重新组建了一个小城堡，她告诉我说："城堡是公主住的。"她搭的城堡不是很形象。活动中常规较好，对玩具很爱护，轻拿轻放，也没掉地上。
备注：该活动区材料的提供，教师的指导或影响	豆豆、梁涵、李昂、王瑞、裴寅清、夏川、果伟光这几个小朋友玩益智玩具游戏，玩得较好，豆豆、裴寅清、夏川、果伟光常规较好，王瑞、梁涵比较活跃，常规较差。		
该区游戏效果的简要评析	幼儿喜欢相互逗趣，说无聊话，教师还要给予适当引导。		

表四十三　活动区游戏观察记录表（21）

游戏区名称：娃娃家　　班级：大一班　　幼儿人数：34 人　　幼儿年龄：5～6 岁　　观察日期：1991.10.28

指导教师：刘克勤　　观 察 者：刘 克 勤

幼儿姓名或人次 / 观察内容线索提示	杨　硕　　李　楠　　律之玉　　崔　晨　　李尚瑶
1. 主题的确定 2. 材料的运用与游戏技能——该区典型游戏行为 3. 新颖性与创新性 4. 游戏常规的执行 5. 社会参与水平，与伙伴交往行为 6. 持续时间 7. 独立自主性（自定主题，自选伙伴，主动交流，协调关系等）	开始时，5 个人一起商量分工角色，基本确定下来，幼儿每人自己选的都是和别人不一样的角色。杨硕选择“妈妈”，李楠选择“奶奶”，律之玉选择“姑姑”，崔晨选择“姐姐”，李尚瑶选择孩子。“妈妈”先送孩子去幼儿园，然后去药店买药；“奶奶”和“姑姑”在家收拾整理；“姐姐”照顾孩子。这时，“姐姐”开始为娃娃洗衣服，“妈妈”回来了，瞪了她一眼说：“谁叫你洗衣服？写作业了吗？没写完作业，你别吃饭！”“姐姐”赶紧把衣服晾好，大声喊：“桌子上净是东西，我在哪儿写？”奶奶赶紧挪出一块地方，让她写作业。这时杨硕说：“假装今天是我生日！”“姐姐”就说：“你老出去买东西，家里你也不收拾！我出去玩会儿去！”妈妈说：“行了，行了，晚上我带你去看电影，成不成？现在你去把孩子接回来，吃饭！”“姐姐”到学校接孩子去了。 “姐姐”对“妈妈”说：“‘奶奶’牙不成了，给她买肉饼吃吧！”“妈妈”不同意，“姐姐”又说：“你不如‘爸爸’好，我不给你买蛋糕了！”她到一边哄孩子去玩。“姑姑”开始为娃娃洗床单，她说：“娃娃尿床了！”这时，“奶奶”和“妈妈”一起出去买东西，“姐姐”去找老师询问孩子在幼儿园的情况去了。东西买回来后，大家开始做饭。这时，客人（关蓓）敲门进来，“奶奶”说：“杨硕快来，客人为你祝贺生日来了！”于是“奶奶”和“妈妈”赶紧招待客人。
备注：该活动区材料的提供，教师的指导或影响	今天的游戏，主要围绕一个主题开展，“妈妈过生日”，在游戏中，崔晨和杨硕语言交流很多，李楠和律之玉一直在一起料理家务，大一班娃娃家家庭生活情节更丰富了，幼儿能相互协调角色关系，作出符合角色身分的行为。在游戏结束时，材料收拾得干净、整齐。
该区游戏效果的简要评析	

表四十四　活动区游戏观察记录表（22）

游戏区名称：积木区　　班级：大一班　　幼儿人数：32 人　　幼儿年龄：5～6 岁　　观察日期：1991.10.31

指导教师：刘克勤　　观 察 者：刘 克 勤

幼儿姓名或人次 / 观察内容线索提示	高　淼（女）　李　楠（女）　周　憧（男）　高方亮（男）
1. 主题的确定 2. 材料的运用与游戏技能——该区典型游戏行为 3. 新颖性与创新性 4. 游戏常规的执行 5. 社会参与水平，与伙伴交往行为 6. 持续时间 7. 独立自主性（自定主题，自选伙伴，主动交流，协调关系等）	游戏开始了。4 名幼儿来到积木区，轻轻地把已搭好的建筑拆掉，并把积木推向一边，留出一块空地。然后开始分工（幼儿行为秩序很好）。高方亮说："女孩子先把积木收拾干净，男孩子搭。"周憧和高方亮商量之后，决定搭建游乐场（主题的确定）。这是周想出来的。周搭了大门，高方亮先搭围墙，大门上方是用半圆形积木搭的，用了蓝色、红色、黄色、蓝红黄相间搭成的，很有规律。亮亮搭了一座桥，周提意见："这桥不像。"于是，他们开始改建，加了护栏、梯子等。亮亮说："周憧你怎么把大门弄倒了？"周辩解："我不是故意的。"他把大门搭到了地毯上边再也没有撞倒。高淼和李楠还在收拾，周幢想搭观览车，因材料不适合，与高方亮出现争执："咱们别搭观览车吧！（搭不像）"周说："不行，没有观览车不像游乐场。"李楠说："'激流勇进'也行呀！"周："那行，搭'激流勇进'。"李楠和高淼也参加进来。他们又搭了"快乐杯"：用两个大的半圆对在一起，上面放小半圆对在一起的小圆，并摆成花形，很好看。这时，李楠不小心把"激流勇进"碰倒了，又搭不上。高和周帮助她。在游戏过程中 4 个幼儿合作友好，没有发生争执。当李楠和高淼发现还没有树林时，她俩用玩具当小树（绿色积木）；用皱纹纸做水，并将半圆形反过来做小船。幼儿常规较好。
备注：该活动区材料的提供，教师的指导或影响	大、中型积木、板材，及一些辅助物。
该区游戏效果的简要评析	这次积木区的游戏幼儿表现出很高的创造性，而且是大家合作集体进行的。积木区场地不够宽敞，教师应注意引导幼儿创设活动条件：活动前预先将原有建筑物拆掉，积木按类收放在柜中，腾出较大空间，便于搭建。

表四十五　活动区游戏观察记录表（23）

游戏区名称：积木区　　班级：大一班　　幼儿人数：34 人　　幼儿年龄：5～6 岁　　观察日期：1991.12.6

指导教师：邹萍　　观 察 者：刘 克 勤

幼儿姓名或人次 / 观察内容线索提示	夏　川　　任　成　　崔　晨	孙　环　　高盈盈
1. 主题的确定 2. 材料的运用与游戏技能——该区典型游戏行为 3. 新颖性与创新性 4. 游戏常规的执行 5. 社会参与水平，与伙伴交往行为 6. 持续时间 7. 独立自主性（自定主题，自选伙伴，主动交流，协调关系等）	天坛饭店 搭天坛饭店是崔晨出的主意，夏川和任成赞成，于是他们 3 人组成一组，共同搭积木。这一组主要以崔晨为主，夏川和任成都要和她商量。夏川常常给崔晨提出建议，如：“咱们用长方形搭四角，结实些。”“楼梯应该这么搭，不是用三角形，三角形可以做四周的栏杆。”任成主要是帮助他们拿玩具。后来他主要搭饭店的台阶。搭了一会儿，他躺在了地毯上。崔晨说他：“你要是再不搭，我就开除你。”任成听了之后，不大愿意地爬了起来。当他们刚刚搭好之后，高淼把他们的建筑碰倒了。他们 3 个人一起向邹老师告状。游戏结束时，夏川、崔晨都在收拾玩具，任成不收还说话，被老师先叫了出来。夏川说他收三角形的，崔晨说他收圆形的，玩具收得又快又干净。	台湾饭店 游戏开始时，孙环不同意搭天坛饭店，高盈盈也不同意，于是他们两个人协商后，一同来搭台湾饭店。他们是选用板子叠高。高盈盈往上摆积木，孙环搭板子，他们俩人谁也没有注意是否放正了，搭完之后才发现，是歪的。孙环想用那块大一点的积木，可旁边的崔晨也想用。于是，他们两个人使用了猜拳的方法，结果孙环胜了，他拿了那块积木。游戏结束时，高盈盈和其他幼儿一起收玩具，夏川让她收圆柱形，她们和别的幼儿一起收玩具了。
备注：该活动区材料的提供，教师的指导影响		
该区游戏效果的简要评析	游戏中幼儿自己提出解决问题的方法很有效。大班幼儿在搭建时，能注意选择适当的材料。幼儿之间能相互影响。	

表四十六　活动区游戏观察记录表（24）

游戏区名称：积木区　　班级：大一班　　幼儿人数：24 人　　幼儿年龄：6 岁　　观察日期：1992.5.5

指导教师：邹萍　　观 察 者：邹　萍

幼儿姓名或人次 观察内容线索提示	崔　晨　　李尚瑶	高　森　　周　憧
1. 主题的确定 2. 材料的运用与游戏技能——该区典型游戏行为 3. 新颖性与创新性 4. 游戏常规的执行 5. 社会参与水平，与伙伴交往行为 6. 持续时间 7. 独立自主性（自定主题，自选伙伴，主动交流，协调关系等）	崔、李两人协商要建一个服装店，他们用积木建构叠高，每一层地面以红色长方形小积木铺垫，当成地毯，出现替代物并伴有言语动作。崔晨的主动性强，李的积极性不够，以传递积木随从崔来玩。崔对隔壁的周憧和高森说："我们过马路就到你们那儿吃饭，你们也可以来我们这儿买衣服行吗？"周、高说："行。"我走过去问："你们这儿经营什么？"两人商量一下说："有毛衣、背心、夹克、裤子、裙子，好多呢！"崔补充说："三层卖鞋，一层卖黄金首饰，二层卖毛衣，四层是玩具，五层袜子。"俩人无纠纷（因平时就是较安静型的孩子），建构技能不是很高，但角色意识浓。我观察到他们只建了二层，但说时却出现四五层，说明是想象出来的。共持续 30 分钟，伙伴关系始终保持协调友好关系。	高先到积木区对周说："周憧，咱俩玩行吗？"周："好吧！"俩人合作建构，主题是"航天大楼"。他们没有把上次小朋友建的拆掉，而是在此基础上改建的，保留一部分继续完成，把"黄金饭店"改建为"航天大楼"。周说："咱们盖一个高高的楼吧！"高说："好。"我问："为什么叫航天大楼呢？"俩人争着说："因为我们盖的楼特别高，快和天那么高。"我又问："里面有什么？"有歌厅、饭厅、厕所、洗手间，一共 500 层呢！"主楼建成后，在前面又设了个停车场。没有小汽车就利用废旧物，以物代物，用电池和积木搭成小汽车（图略）。在大楼门口有两个小木头人，我问："他们在干什么？"周："他们是警卫。"说完，周又说："我出去一趟。"他拿回几个小插管和一块橡皮泥，用橡皮泥将圆柱管粘贴在小人上说："警卫都应该有枪。"他们共持续 30 分钟无纠纷，能主动交流，并有一定新颖性。
备注：该活动区材料的提供，教师的指导或影响	大中型积木、辅助物小人、板材、旧电池等。	圆柱状易拉罐及废旧物品等。
该区游戏效果的简要评析	由于今天下雨，幼儿来园较少，游戏中常规较好。4 名幼儿游戏中能协商合作，有语言交流，并能互相谦让，如两边都需要圆柱积木时，崔晨主动说："我们谦让你吧。"	

第四部分 实验人员的培训与研究的初步效果

一、教师培训与研究的组织工作

(一)以科研带队伍,提高教师素质

教改的关健在于教师,科研更离不开教师。教师是重要的科研力量,是实施实验研究的主体,研究能否取得预期效果很大程度上取决于教师对研究意图的了解和研究方法的掌握。同时,科研本身是动态的,是一个实践的过程。因而,研究过程也是培训教师,提高其研究意识、能力和业务素质的过程。本课题汁重通过研究过程,改变教师的教育观念与行为,培训锻炼教师,从而促进教育质量的提高,保证科研的效果。

在游戏科研中,培训教师的工作主要从以下几个方面进行。

1. 引导教师学习幼教理论,明确研究意义

自选游戏的科研课题一经确立,我们首先与教师一起分析幼教实践中存在的问题,引导教师结合幼教理论和《幼儿园工作规程》的学习,明确研究意图,如:有关游戏对幼儿发展的作用,游戏活动在幼儿园教育活动中的地位,教师的主导与幼儿主体的关系,环境对幼儿行为和活动的影响等等,使教师从思想上提高对自选游戏研究课题与贯彻《规程》关系的认识,清楚这项课题的社会价值和自身所承担的职责,积极参与工作,努力探索。当然,正确的教育思想和观念不是在短时期内掌握和转变的,还需通过

不断研究，反复学习，并对照分析自身教育行为，逐步提高认识。

2．引导教师在参与科研过程中掌握研究方法

本研究向教师提供了一整套理论向实际转换的操作化工具和技术策略手段，如：一日教育活动的计划安排，游戏环境条件的创设，自选游戏计划的制订，幼儿游戏行为的观察等等。教师可在实施实验过程中，加以掌握。同时，随着研究进程的不断深入，引导教师分析自身教育行为，加强对正确幼教观念的理解。例如，使教师在实践操作中，明确游戏在幼儿园一日生活中的地位，搞清游戏与其他教育活动和生活活动的关系，知道开展游戏不是另搞一套花架子，而能逐步将游戏的开展纳入整个教育过程，注意加强游戏与其他活动的联系和渗透，达到以游戏为主、保教结合、整体优化的效果。再有，教师通过对幼儿游戏行为的观察分析，能了解其年龄特点和实际需要，从而在制订计划、组织活动时，能更切合幼儿实际，给予更具有针对性的引导，而不是包办导演或盲目放任，能较好地发挥教师在教育过程中的主导作用，真正激发起幼儿——发展主体的积极能动作用。

3．注重现场指导，促使教师在实践中不断调整行为、转变观念

对教师的培训，我们注重现场指导这个环节：每周一次由研究人员下到实验班，看班里活动，及时对教师的实施操作给予点评反馈，使他们知道哪些方面做得好，为什么，哪些方面仍需调整和改进。教师经常与研究人员就实施过程进行共同探讨分析，这样，教师可以进一步明确研究意图，端正认识和切实掌握操作方法，同时有助于增强教师依据教育规律实施教育过程的自觉性。另外，每学期专题总结过程中，研究人员也注重引导教师对感性的东西即实际实施教育的作法进行提炼、概括，将经验上升到理论，帮助教师反复修改（从观点到文字、文章结构等），使教师把总结的过程作为提高自身研究能力的过程。

4. 压任务，边学边做边提高

根据研究目的和各阶段研究重点，我们每学期向教师布置专题研讨课题，激发教师即实施教育实验研究主体的自身积极能动性，促使和激励教师在教育实践中努力探索，不断提高科研意识与能力。例如，第一学年侧重对游戏环境创设和教师在游戏中作用的探讨，第二学年着重研究如何在自选游戏中对幼儿进行个别化、个性化教育，又要求每班教师都要就本班幼儿年龄特点研究和探讨问题。学期初，我们向教师进行布置，要求他们针对这个专题，结合本班游戏的开展，有意识地探讨。学期末要写出专题总结或小的研究报告。再有，随实验进程，注重引导教师逐步深入探讨。如第一学期，我们要求教师一般地了解各年龄班游戏特点，据以进行各活动区设置与材料的提供，以后则要求教师进一步具体分析和深入考察各区不同游戏材料的功能特点与多样化的玩法，将玩具材料的研究系统化；又如，从侧重室内自选游戏的开展，进而扩展到室内、室外的结合，要求教师探索室外活动性游戏的多种类型、所需材料……等，从而促进教师积极主动地参与整个研究过程，而不是仅仅作为被动的接受指令的对象。教师通过积极投身科研实践，能够不断地探讨规律，改进自身的教育行为，研究意识和能力都得到改进，有了明显提高。实验班的教师能够有意识地分析幼儿游戏活动，采取适当措施指导和促进游戏，同时注重对自身教育行为作出分析，将经验进行归纳并做理论上的上升，写出有观点、有事实例证、有一定水平的文章。文字能力也有所提高。例如，实验班李连荣老师在观察记录幼儿游戏行为基础上，对小班幼儿喜爱的活动类型、玩具材料进行了分析归纳，作为调整环境和材料投放的依据。开展自选游戏研究课题的几年中，实验班教师共有10余篇小论文陆续在各学前专业刊物上发表，一些专题总结还在市和区幼教研组织获奖。

教师自己也深切体会到参加科研活动对自身素质的提高是很

有帮助的。一次，实验班一位从幼师毕业时间不长的年青教师成功地组织了半日观摩，这是一次全市性观摩活动。事后，这位教师说，以往观摩总是很紧张，因为心里没底，特别是对游戏活动，现在不感到紧张了，因为自己明白自己是怎么做的，为什么这样做。这表明，教师已逐渐地由盲目探索状态进入到能够“知其然”，甚至达“知其所以然”的状态，指导游戏有了主动权，比较得心应手了。实验3年，实验班教师每人都对3个年龄段的幼儿进行了完整的一轮自选游戏探讨，积累了丰富的经验。

开展游戏科研的直接效果是保教质量有所提高。通过游戏，促进了幼儿积极主动、健康和谐的发展，同时也促进了教师素质及其教育技能的提高：教师有了观察记录幼儿行为的能力，有了制订计划、创设良好游戏环境和研究分析游戏材料教育特点的能力；教师进行专题总结及文字能力也有了提高，能够有意识地在教育实践中探索规律。科研是艰苦的创造性劳动，然而，有一份耕耘就会得到一份收获。实验班教师的成功是其3年来付出艰苦努力的结果。教师也由此体会到成功与自信，他们在献身事业的积极探索中，自身的价值得到了充分的实现。

总之，游戏科研带出了一支有较高素质、能进行科研的师资队伍。这对教改的不断深入和教育事业的蓬勃发展是非常重要的。

（二）三结合的科研组织形式

“自选游戏”实验研究是一项教育应用性研究，研究效果的取得取决于适宜的组织结构及其职能作用的发挥。本研究是在三结合科研小组指导下进行的。实践证明，由研究人员、教师和教育行政人员共同组成的三结合科研小组，是实现科研为实践服务、迅速产生效益的良好途径与组织保证。它有益于理论与实践结合，发挥各方面的优势，将三方积极性有机结合，配合一致，共同达到科研目标：研究人员可以密切接触幼教实践，使选题及其方案的设计更切合社会需求，切合幼儿园实际，研究过程中充分发挥理论的指导作用，促进理论向实践的转换，并注意将实践中的感性认识上升到理论水平；教师通过参与研究过程，转变教育观念与行为，增强依规律育儿的自觉性，使整个教师队伍的素质得到锻炼和提高；园所管理人员和教育行政工作者则能够从多方面组织调动积极因素，协调配合，创造良好的科研环境条件，保证研究顺利进展，取得较好效果。同时，还可以通过研究推动多方面的工作，及时推广研究成果，促进整个园所甚至带动地区幼教质量的提高。

1. 园所从管理上配合、支持科研，并提供良好服务，保证科研顺利进行

本研究课题的初步成功特别与来自园所管理方面的配合、支持及所提供的适宜的内外环境、条件分不开。从开始确立课题到研究实施的整个过程，园所第一把手和保教负责人均作为科研小组成员参加科研的组织，并注重从管理上配合支持，将这项科研纳入整个园所管理体系和管理运行过程，学期初结合科研任务和侧重的内容向教师及所有参加或涉及实验的有关人员如保育员、行政后勤人员、资料员等布置工作，明确要求；学期中结合园所各项工作，检查实验实施情况，与研究人员配合，对教师的教育活动给予指导，督促其认真执行研究方案；学期末要求实验班教师除了总结班务工作外，还要特别侧重科研工作的总结。随研究课题的进展及各阶段各步骤的任务要求，园领导加强组织执行和督促落实。例如，自选游戏要很好地开展并取得切实效果，需要班中3个保教人员积极参与、相互配合，园所领导要从行政上予以支持，两个教养员要相互配合、安排上下午的游戏，自选游戏中，保育员也要参与指导，并配合环境的设置与材料的准备工作，从而形成教育与影响的合力，给幼儿以整体的更充分的指导。又如，课题组依课题进展要求各实验班的每位教师观察全班每个幼儿游戏行为，限定两周完成一轮观察，又要求每位教师结合各自

的分工情况，创设自选游戏的每个活动区，有计划地投放材料，并观察指导该区幼儿的游戏行为等，均通过园所行政的干预，得以切实实施和落实。研究所需的计划和观察表格等园所行政方面也及时想方法打印好，分发给教师。再有各班自选游戏的开展所需的物质材料玩具、地毯等由资料室与后勤及时提供，从而保证了研究的顺利进行。

2. 以游戏科研推动全园工作，大面积提高保教质量，创出办园特色

园所管理人员通过参与研究和指导，发现科研班的好做法好经验，及时在全园交流推广。如实验开展的第一学期，小班教师李连荣好学好问积极探索，领会研究意图，较快进入角色，组织自选游戏效果较好，同时能够注意自选游戏与其他教育活动的联系与渗透，注意环节的转换，整个半日活动中，幼儿积极参与。保教主任及时在园中组织半日观摩，要求全园各班教师到李老师所在的小一班看活动，直接感知，前后楼各班教师相互交流学习；实验中，一些效果较好的教育措施、方法被及时纳入园所管理的制度体系中，规范化，使园所日常的保教工作更符合规律，更科学。如：实验班实施的游戏环境评价方法用于评价全园各班环境的创设与利用，从而推动了整个园所保教质量的提高。园所管理上充分发挥导向作用，并运用激励与约束结合的手段，创造竞争机制使全园教师受到鼓舞，向科研班学习，结合本班实际和自身教育实践，努力探索规律，写出了一篇篇带有一定研究性质的小论文。

在开展科研的过程中，园所管理者和全园保教人员进一步强化了对“游戏是幼儿园的基本活动”的认识。光明幼儿园开展游戏科研 3 年来，由于管理导向作用的发挥，全园上下一致努力，以科研促进保教质量和各方面工作，创出以游戏为主的办园特色，多次接受北京市或崇文区的观摩任务，得到了较普遍的认可。

二、自选游戏部分研究成果与经验总结

自选游戏是促进幼儿自主性发展的有效途径

张燕　姜维静

一、问题的提出

随着我国幼教改革的深入和《幼儿园工作规程》的颁布执行，学前教育界对幼儿作为一个发展着的有积极能动性的主体的意识增强了，同时也越来越充分地认识到了游戏对幼儿身心发展的重要意义。然而，由于对一些涉及基本理论的问题如游戏与教育、教师主导与幼儿主体、教与学、管与放、自由与约束等存在着认识上的混乱，目前在幼儿园教育实践中，游戏的开展不尽如人意，存在导演与放任并存的问题，同时还有一种仅注重游戏的创设材料的提供，而忽视其实际效果的倾向，对游戏缺乏切实必要的指导。我们认为，有必要对游戏如何开展、如何通过游戏促进幼儿自主性的发展及教师在游戏中的作用，进行实验研究，从而真正落实幼儿园规程提出的“以游戏作为幼儿的基本活动形式”的要求，提高教育质量，推动幼教改革的深入。

首先需要搞清什么是自主性。自主性即个体对自身行为的意识与调控的能力。个体知道自己要做什么，能依据个人对事物的信心行事，主动去做该做的事情，通过自身活动获得发展。自主性涉及行为的目的意识，需掌握一定的知识经验，并以此为基础形成认识判断力，以及对行为的自我协调控制能力。

如何激发幼儿自主性？心理和教育理论认为，活动是幼儿心理发展的源泉与动力。在活动中外界环境与教育要求才能成为幼儿心理反映的对象，进而转化为主体的内在心理成分；通过活动，能不断激发主体发展的新需要。同时，幼儿在活动中还能以自己的方式对客观世界产生影响。

游戏是幼儿的主要活动形式。游戏因其适合幼儿年龄特点，能激发幼儿内在活动动机，使幼儿积极参与活动过程，并与周围环境、事物发生相互联系，所以能促使幼儿身心得到全面和谐发展。

幼儿园游戏并非完全自然状态下的幼儿自发游戏，而系作为幼儿园教育活动的一种形式。幼儿园教育可利用游戏作为有效的教育手段，并通过游戏，达到一定的教育目的。

为改变目前幼儿园开展游戏的状况，我们在对游戏与教育、教师主导与幼儿主体等关系进行理论性探讨的基础上，提出了自选游戏的概念并设计了自选游戏的教育实验方案。

自选游戏系指人为创造的自然情景下的幼儿游戏，它既可为幼儿自发自愿的活动提供良好条件，同时又渗透教育的目的要求。由于幼儿的一切活动均具有游戏性，同时幼儿的游戏也是其学习与生活，因而宜将内容广泛、形式多样的幼儿活动如角色游戏、建构活动、语言阅读、操作、探究观察等囊括在自选游戏中，使自选游戏有助于丰富幼儿经验，促进其身心多方面的和谐发展。教师要将自选游戏纳入有目的、有计划的教育影响过程，与集体教育教学、生活活动等共同作为实现幼儿园教育目标的教育形式与手段。研究力图在理论与实践的转换上为教师提供一整套教育技术策略和方法，即具体可操作的指导游戏的方法，从而发挥游戏在幼儿身心发展中的作用。

自选游戏可为幼儿提供充分的自主活动表现的机会。在此过程中，幼儿自己决定活动内容和选择材料，与伙伴认真去做该做的事。通过活动与周围事物发生积极的相互作用，丰富知识经验，激发探索欲望，不断实践与内化社会要求，从而使自身得到发展。由于以上原因，我们研究确立了“自选游戏能促进幼儿自主性发展”的假设。

二、教育实验方案及效果检验方法

（一）自选游戏的教育实验方案

1. 研究场所与对象

我们以北京市崇文区光明幼儿园为主要实验场所，实验班为小一、中一、大一。研究自 1991 年 8 月开始，预计进行 3 年。

2. 实验实施途径

本方案在理论与实践的转换上为教师提供了一整套指导游戏的教育技术和方法，主要包括五个方面：Ⅰ. 研究发掘并合理组织环境中多方面的教育因素；Ⅱ. 将活动区游戏环境作为一动态系统发挥其促进幼儿活动，促进幼儿身心全面和谐发展的整体优化作用；Ⅲ. 依学期教育总目标及月、周重点制订游戏计划，增强指导的目的意识，切实发挥游戏的教育功能；Ⅳ.注重游戏过程，依计划指导游戏并随时抓住教育契机，探索对不同类型游戏的多样化的指导方式，注意将共性要求与因材施教结合，提高活动质量；Ⅴ.观察幼儿的游戏行为，了解其能力特点，使教育目标的确定更加具体化、对象化，并检验教育效果等。要求教师在自选游戏中，注重实施这样几项教育原则：活动性原则、整体性原则、因人施教原则和发展性原则。通过这一整套操作性的教育技术手段和工具，指导并改进教师的教育行为，切实实现以游戏为幼儿基本活动形式，发挥其在幼儿身心发展中的作用，特别是促进自主性的发展。具体措施如：

△根据幼儿年龄特点和各类游戏活动的教育功能，合理设置活动区。

△注意激发兴趣，有计划地投放材料，丰富内容，加大活动难度。

△随着活动的进行，引导幼儿逐步建立和完善活动区游戏规则，增强环境中的自治因素。

△幼儿参与环境创设和活动过程，成为环境的主人和自身活动的主人。

△教师分工负责，观察并参与幼儿的游戏，按计划重点指导，并在实践中探索多样化的指导方式。

（二）效果检验方法

在自选游戏实验历时一年之际，根据研究“自选游戏能促进幼儿自主性的发展”假设，我们以幼儿游戏中自主性的表现检验实验效果。

对幼儿自主性的测查主要依其游戏中表现出来的行为常规、行为目的性（能否自选材料与活动、能否确定主题、活动持续性）、幼儿在与人相互关系中对自身行为的意识与调节控制，以及游戏的创造性表现等作为观测指标。

测查对象为光明幼儿园小一、中一、大一3个实验班与另一所市立幼儿园的3个年龄班（作为对照班）。每班随机选择18名幼儿为被试对象。测查采用观察评定的方法，测查于1992年6月中旬进行，共测查10天。

三、结果

1. 幼儿自理能力的发展

表 1　幼儿自理自治行为比较

班别＼行为项目		自选			行为秩序			对待玩具			收拾整理		
		不能自选	自选游戏材料	自选并约伴	行为混乱	基本守序	行为有序	不爱护有扔丢毁坏	基本爱护落地未检	轻拿轻放、爱护	不能整理	部分能	及时认真整理
小班(N=18)	对比班	1	53	0	17	29	8	2	47	5	14	27	13
	实验班	0	28	26	1	12	41	0	9	45	0	9	45
	X^2 检验	X=30.42 P<.001			X=43.49 P<.001			X=59.78 P<.001			X=40.66 P<.001		
中班(N=18)	对比班	1	53	0	4	41	9	0	19	35	0	12	42
	实验班	0	35	19	4	9	41	0	10	44	1	17	36
	X^2 检验	X=23.68 P<.001			X=40.96 P<.001			X=3.82 P>.05			X=2.32P>.05		
大班(N=18)	对比班	1	52	1	5	35	14	1	32	21	2	23	29
	实验班	1	23	30	1	17	36	3	15	36	1	15	38
	X^2 检验	X=38.33 P<.001			X=18.58 P<.001			X=11.10 P<.01			X=3.22 P>.05		

表 2　幼儿行为目的性比较

班别	行为 项目	目的性				材料使用				社会参与					行为持续		
		无意识行为	主题不确定	自定主题	共商确定主题	不会用	简单重复	正确熟练运用	方法多样充分运用	独自游戏	旁观	平行活动	联合游戏	协作游戏	变换频繁	完成再变换一项活动	始终持续活动
小班（N=18）	对比班	12	11	31	0	8	31	14	1	13	10	15	10	3	15	8	31
	实验班	0	6	36	12	0	8	43	3	4	0	9	23	17	1	5	48
	X^2 检验	X=25.84 P<.001				X=46.32 P<.001				X=34.26 P<.001					X=16.60 P<.001		
中班（N=18）	对比班	2	11	41	0	1	26	26	1	14	13	9	12	6	2	7	45
	实验班	0	8	37	9	0	10	41	3	7	0	8	14	25	3	10	41
	X^2 检验	X=11.68 P<.01				X=12.47 P<.01				X=27.19 P<.001					X=0.91 P>.05		
大班（N=18）	对比班	1	15	38	0	0	27	26	1	9	9	15	16	5	3	14	37
	实验班	0	4	26	24	1	9	37	7	4	0	6	11	33	1	15	38
	X^2 检验	X=33.62 P<.001				X=16.42 P<.001				X=36.33 P<.001					X=1.046 P>.05		

由表1可见，实验班幼儿较之对照班有更明显的主动选择游戏活动、自选材料并主动约伴倾向，而对照班无论哪个年龄的幼儿，则几乎均未出现自选并主动约伴的行为；

在游戏常规方面实验班也优于对照班，主要表现在爱护玩具、及时收拾整理及行为秩序性上，小班尤为明显；中大班在行为秩序性上实验班优于对照班；

实验班幼儿自理自律能力的增强也表现在与人交往中较少干扰他人的现象（见表3B）。

2. 幼儿行为意识目的性的增强

观测结果表明，实验班幼儿能自选活动并自定主题，活动持续时间也较长；使用材料目的较明确，能正确充分运用；交往也表现出一定的目的性，较少无所事事、旁观他人的行为，在与同伴交往中，相互追随模仿行为少，而能够主动交往协调行为，出现了较多合作游戏、共同达到特定目的的行为。对照班幼儿在这些具体行为表现上则明显不如实验班。

3. 幼儿游戏的社会性水平与社交能力有明显提高

表3A　幼儿游戏中社会性参与水平比较

班别 \ 行为项目		自选游戏并约伴	语言活动				社会参与				
			无言语	自语	有交流	主动交流协调	独自	旁观	平行	联合	协作
小班	对比班	0	6	19	25	4	16	10	15	10	3
	实验班	26	7	7	21	19	4	0	9	24	17
	X^2 检验	P<.0.5	X=15.74 P<0.01				X=34.26 P<.001				
中班	对比班	0	3	22	25	4	14	13	9	12	6
	实验班	19	9	5	23	17	7	0	8	14	25
	X^2 检验	P<.0.5	X=21.83 P<.001				X=27.19 P<.001				
大班	对比班	1	5	9	35	5	9	9	15	16	5
	实验班	30	5	3	33	13	4	0	6	11	33
	X^2 检验	P<.0.5	X=6.61 P>.05				X=36.33 P<.001				

表 3B 幼儿游戏社会交往能力比较

		交往频率	交往行为模式							交往持续时间		
			积极				中性		消极	短时（20秒以下）	较长（30秒左右）	长时（1分钟以上）
			合作	协商	教	评价	共戏	请求问询等	干扰攻击争执等			
小班	对比班	113	18	6	3	1	35	28	22	92	12	9
	实验班	110	40	8	5	4	14	37	2	79	14	17
X^2			X=27.79 P<.001							X=12.73 P<.01		
中班	对比班	94	20	5	5	0	22	30	12	78	9	7
	实验班	106	48	3	8	1	15	30	1	69	16	21
X^2 检验			X=19.17 P<.001							X=10.088 P<.05		
大班	对比班	109	18	14	7	4	25	29	12	77	16	16
	实验班	122	48	15	14	6	11	26	2	83	20	19
X^2			X=22.35 P<.001							X=2.49 P>.05		

自表 3 可见，实验班幼儿多主动交往：游戏前主动约伴，游戏中多言语交流并能积极协调相互关系。幼儿游戏的社会参与水平实验班明显高于对照班，表现为联合、协作游戏多，平行活动及无所事事、旁观等少。

实验班幼儿积极交往明显高于对比班，且交往质量较高，表现为多合作协商行为。如实验班幼儿常共商玩法、分配角色，并能分工协作为完成共同活动目的，主动协调互相关系（例略），游戏中较少出现相互追随模仿行为；实验班 3 个年龄的幼儿与对照班相比，持续交往显著提高；与此同时，实验班幼儿的消极交往行为少，表明他们能认识社会行为规范，特别是中、大班的幼儿还能正确评价相互及各自的行为。实地观察发现，当出现争执时，幼儿自己想出办法解决，如划拳决定角色等。

4. 幼儿创造性游戏行为的增长

表 4（见下页）表明，历时一年的自选游戏实验，实验班幼儿行为的创造水平有所增长，与对照班相比，实验班幼儿在材料使用上表现为使用充分、方式多样、能别出心裁，游戏主题、情节丰富新颖。例如小班幼儿在积木游戏中出现将积木搭成梯状，有规律地选用一定形状的积木装饰马路，搭出宝

表 4　幼儿游戏创造性表现比较

班别	行为项目	材料使用				游戏创造性		
		不会用无意识摆弄	简单重复	正确熟练	丰富多样	行为混乱无创造性	使用材料有一定新意	主题情节创新材料运用丰富多彩
小　班 (N=18)	对比班	8	31	14	1	49	5	0
	实验班	0	8	43	3	14	25	15
	显著性	X=37.318 P<.001				X=47.76 P<.001		
中　班 (X=18)	对比班	1	26	26	1	45	8	1
	实验班	0	10	41	3	12	27	15
	显著性	X=12.47 P<.01				X=41.66 P<.001		
大　班 (X=18)	对比班	0	27	26	1	40	10	4
	实验班	1	9	37	7	12	25	17
	显著性	X=16.42 P<.001				X=29.55 P<.001		

塔、天桥、复杂样式的房子且房前有路；娃娃家游戏出现揉面、做菜，用刀切面，用积塑压花做点心、生日蛋糕，给娃娃洗澡等情节。中班角色游戏出现开食品店、整理货架、到食品厂定货采购等情节；积木游戏出现了相互联系的建筑群，如将天安门、动物园、天坛饭店连成一片……。大班积塑打破各自单独进行的局面，出现大家联合，合作插出一组组造型，且各活动区联系增强，积木区幼儿搭出了军博，积塑组就插出各种兵器提供展品；观察中常常看到各活动区游戏自动联系起来，幼儿承担双重角色身分；积木区的建构主题丰富多彩，如龙潭湖游乐场、飞机场、电视发射塔、展览馆、银行、金朗大酒家、方庄购物中心、黄金饭店、麦当劳等，均为全组幼儿共同确定主题分工协作完成的。

与实验班相比，对照班幼儿游戏行为创造性则明显低下，多重复行为且主题情节单调。

四、讨论与结论

自选游戏实验为什么能够激发幼儿自主性，促进幼儿游戏水平的提高？试从以下三方面分析讨论。

1. 组织合理的游戏情景，能满足幼儿充分自主活动的需要，并最大限度地发挥各类游戏多方面的教育功能

幼儿园活动室是幼儿生活的主要场所，是特定的教育环境。只有为幼儿创造自选游戏条件，组织合理的游戏情景才能有效地促进幼儿自主性的发展。

首先要从有利于幼儿身心全面发展的角度设置各个活动区，考虑材料与活动的搭配。如不仅设益智区、美工区以发展操作能力，又设娃娃家、角色游戏区以促进社会性发展，积木区则有助于数、形、结构能力的增强及社交能力的发展，还有语言阅读区、自然科学区等。活动区的创设要考虑幼儿实际经验与兴趣，依其年龄与身心发展水平提供环境材料，并有计划地投放或变换适宜材料。同时注意环境创设、自选游戏的开展与其他环节和活动的相互配合联系，共同实现教育目标。

自选游戏的开展将空间设置、材料提供、活动时间、环境的开放性及其动态效能的发挥等各方面教育因素有机联系，合理结构，满足了幼儿积极活动的需要，成为激发幼儿自主性的有效途径。

例如，通过合理组织积木区游戏情景，进一步强化了积木游戏在促进幼儿空间想象力、丰富其表现创造力和使用结构材料真实反映现实生活能力的特殊功能，因而，实验班幼儿搭建出了结构复杂、多样化的建筑造型，甚至搭出了一组组相互联系的建筑群。幼儿在积木区自选游戏中通过共同使用材料建构，促进了相互交往、协调关系的能力。行为目的性与自理自治能力也不断得到增强。如幼儿能依需要选择适宜材料并主动收放整理，能预先确定主题、有目的地搭建，甚至以组为单位共同确定主题并坚持始终，直到实现全组共同活动的目的。

自选游戏课题突破了以往游戏类型的划分及对其教育功能的单一性限定，更好地发掘并有效地发挥了各类游戏对促进幼儿多方面发展的作用。

2. 注重活动过程，充分发挥幼儿主体对自身发展的积极能动作用及幼儿伙伴相互社会化这一不可忽视的教育因素的作用

活动是幼儿心理发展的源泉与动力。在活动中，外界环境和教育要求才能成为心理反映对象进而转化为主体内在心理成分；同时，通过活动，又能不断激发主体发展的新需要。幼儿在活动中还能以自己的方式对周围事物产生积极影响。

自选游戏为幼儿提供了充分活动的机会，提供了丰富的玩具材料、多样化的活动类型。幼儿在活动中与外界客观环境与多种材料、教师及伙伴发生积极的相互作用，使发展的可能性转变为现实性。

在自选游戏中，幼儿是活动的主人，能自己决定活动内容，选择材料与伙伴，认真去做该做的事。如，为自选游戏的开展，他们积极参与环境条件的创设，活动前安排场地准备材料，在活动中自己解决问题，在充分的活动实践中，幼儿的生活经验得到了丰富，激发了探索外界各种事物的兴趣欲望。从而在积极作用于外界环境的同时，认识了自身的力量，培养了自信，增长了能力才干，同时创造的潜力也不断得到激发。

在自选活动中，幼儿依各自愿望选择活动类型，来到各个活动区，事实上成为一种依幼儿兴趣而自然组合的分组活动形式，为幼儿游戏伙伴的积极相互影响提供了良好的条件，从而促进了幼儿相互社会化。例如，选择积木游戏的幼儿在一定空间范围内共同进行建构活动，无论在材料的运用、主题的确定及其他行为方式等方面均能自然地作用与影响，并发生积极的相互关系。

3. 教师注意将适度的自由与控制约束有机统一起来，发挥教师的主导作用，是影响幼儿游戏活动质量的关键

自选游戏并非自然状态下幼儿自发的游戏。自选游戏一方面为幼儿提供了最大限度的选择活动的自由，有利于激发幼儿主体活动的需要和动机；同时渗透着一定的教育要求和适当控制与约束，作为教育活动被纳入有目的、有计划的教育过程。在自选游戏中，教师首先要将游戏环境的创设与教育培养目标及具体教育对象能力特点结合，通过制订游戏计划有目的地指导游戏，促进游戏不断深入。教师以指导者和游戏伙伴的双重身分参与活动过程，将直接指导与间接指导结合，注重隐性教育作用，在自选游戏前引导幼儿选择，活动中与幼儿共同建立和执行规则，提要求交任务，具体指导游戏过程，并依游戏的开展探索多样化的指导方式，积极影响幼儿游戏行为。同时，教师作为游戏伙伴参与活动过程，以积极的情感感染、促进幼儿与周围事物的相互作用，引导幼儿目中有物并有所用心，激发幼儿伙伴之间相互联系和相互影响。在教师参与带动下，幼儿爱玩会玩，游戏质量不断提高，教师特别注重引导幼儿共同建立和执行活动区游戏规则（如使用材料、行为自治及协调相互关系的规则），使幼儿在形成正确认识判断之同时，反复实践，内化社会行为规范，增强自理自治能力，形成初步的责任意识。教师始终把握教育

的主动权，注意将适度的自由与控制结合，使自选游戏成为教育方向性与发展可能性，外部激励影响与内在需要动机的最佳契合点，从而很好地发挥教育的主导作用，这是影响幼儿游戏质量，促进其身心水平提高的关键。

总之，自选游戏促进了小、中、大班幼儿自主性的发展，主要表现为：幼儿行为自理自律能力的提高，行为目的性的增强，幼儿游戏社会性水平的提高与社交能力的发展。幼儿创造潜力也在游戏中得到激发。

实验证明，自选游戏确可作为促进幼儿自主性发展的有效教育途径，同时也证明了本课题为教师所提供的一整套教育技术手段的实际功效。

（注：本课题以北京市崇文区光明幼儿园作为主要实验场所，实验班为光明幼儿园小一、中一、大一3个年龄班，参加本课题的实验班教师有李连荣、单金雪、陈荣花、单银雪、邹萍、刘克勤、梁淑敏、傅文满等。）

从幼儿积木游戏行为看自选游戏实验的效果

姜维静　张燕

一、课题提出的背景与研究的指导思想

随着《幼儿园工作规程》的颁布执行，广大幼教工作者越来越认识到游戏对幼儿发展的重要意义，并努力在实践中尽可能为幼儿的游戏创造条件。然而，目前幼儿园游戏开展的现状仍然不能令人满意，教师虽有一定指导意向，但苦于教育技术方法不足，存在着导演与放任并存现象；另外，园所教养管理上还存在问题，缺乏游戏评价手段，仅注重游戏开展的时间与环境条件的提供，对游戏的实际效果却不甚了解。幼教实践的进展迫切需要科研工作者在理论与实践的转换上提供桥梁和教育技术策略。为此，我们确定了“自选游戏的开展与教师指导”的研究课题。

研究首先需要在理论与实践结合的层面上搞清几个重要的问题或关系，从而确立起实验的指导思想。它们是：关于幼儿园游戏与教育活动及自选游戏的确立；关于游戏的教育目标之确立；教师在游戏过程中如何处理好教与学、管与放、自由与约束控制的关系等。

“自选游戏”研究旨在真正实现“游戏作为幼儿基本活动形式”，发挥其对幼儿身心全面发展的作用，使《规程》的教育思想切实得到贯彻，以具体

的正确的教育理论、教育技术策略培训教师，促进教育改革和教育质量的提高，实现科研为实践服务之目的。

二、实验实施途径（略）

三、研究进展与初步研究结果

研究自1991年8月开始，预计进行3年。迄今已历时两年又半个学期，研究已取得初步成果。研究曾对自选游戏中幼儿自主性表现进行测查分析，结果证明，自选游戏是促进幼儿自主性发展的有效途径。

“自选游戏”实验，涉及各类游戏的开展与指导，包括积木游戏，如创设适宜积木游戏的环境条件，建立和逐步完善规则，有计划地提高幼儿的建构技能，丰富其经验，引导行为目的性等。教师组织积木游戏的开展，使之成为实现幼儿发展目标的有效手段。这里，我们再从另一角度，即通过对幼儿积木游戏行为的考察，窥见“自选游戏”课题效果之一斑。同时进一步深入探讨如何更好地发挥积木游戏的多种教育功能，实现通过游戏促进幼儿身心全面发展之目的。

（一）测查方法的设计

被试对象（简称“被试”）的选择　被试选自光明幼儿园中一、大一两个已进行了为期3个学期实验的班级，和刚刚开展自选游戏尚不够深入的中三、大二及大三班为对照班。分为两个年龄班，总计54人。

观察场景的限定　在自选游戏时间观察积木区游戏活动。积木区为较宽敞场地，铺有地毯，提供大型积木一套，中型积木约4套，以及其他板材、柱状物及辅助材料若干。幼儿在自选游戏时间可依个人兴趣，自愿来此区进行建构活动。

观测标准及工具　根据幼儿积木游戏特点，主要从材料运用、结构形式、主题目的性、情绪专注力以及建构中的社会参与性等方面进行测查，预先设计编制“幼儿积木游戏观察记录表”。

观察方法与时间安排　在幼儿自选游戏时间内，以自然形成的幼儿积木游戏小组为观察对象，对每个幼儿每次观察5分钟（一个时间单位），观察者注意其游戏行为并尽可能详尽记录。对每个幼儿观察3个时间单位，计15分钟，最后依据积木游戏行为类型项目，对该幼儿各方面的整体水平作出评定。采用时间取样与事件取样结合及实地观察描述与评定相结合的方法。观测时间为 1992 年 12 月中旬，即自选游戏实验进行 3 个学期后，在一周的时间内进行。

（二）结果

1. 中、大班幼儿积木游戏水平的比较

表 1　幼儿积木游戏行为分布表

行为类型 \ 人次 \ 班级		中班		大班	
		实验班	对照班	实验班	对照班
材料运用	1. 光拿着玩，不会搭	1	3	0	3
	2. 对积木形、色有选择，意识不强	2	6	3	9
	3. 有意识选用材料，反复尝试	6	3	5	7
	4. 迅速选定材料，并能利用辅助材料，运用有特色	3	0	11	0
结构形式	1. 简单排列、铺平、堆高	1	1	0	0
	2. 能架空搭出门	3	10	3	9
	3. 能围封建构、形象较复杂	8	1	11	10
	4. 按特定形象逼真建构，对称并能装饰	0	0	5	0
主题目的性	1. 无目的、无主题	0	3	0	2
	2. 目的不明确，易附和他人主题	3	7	2	10
	3. 有建构主题，且会出现变化	5	2	3	7
	4. 主题明确并坚持始终	4	0	14	0
情绪专注力	1. 注意水平低，情绪呆滞	0	2	0	2
	2. 一般情绪状态，注意力易分散	3	7	3	9
	3. 情绪良好，注意力较集中	7	3	10	8
	4. 情绪积极，能专注，持续时间长	2	0	6	0
社会性水平	1. 无所事事，一会旁观，　会独自玩	0	2	0	1
	2. 平行游戏	2	8	0	10
	3. 联合游戏	7	2	8	8
	4. 合作游戏	3	0	11	0

2. 中班幼儿积木游戏水平比较

表 2　中班幼儿积木游戏水平比较

项目	等级	班别	实验班	对照班	X^2	P
材料运用	中等以下	光拿着玩，不会搭 对积木形、色有选择，意识不强	3	9	9.776	<.05
	中等以上	有意识选用材料反复尝试 迅速选定材料，并能利用辅助材料，运用有特色	9	3		
结构形式	中等以下	简单排列、铺平、堆高 能架空搭出门	4	11	9.212	<.05
	中等以上	能围封建构、形象较复杂 按特定形象逼真建构，对称并能装饰	8	1		
主题目的性	中等以下	无目的、无主题 目的不明确，易附和他人主题	3	10	9.884	<.05
	中等以上	有建构主题，但会出现变化 主题明确并坚持始终	9	2		
情绪专注力	中等以下	注意水平低，情绪呆滞 一般情绪状态，注意力易分散	3	9	7.2	<.05
	中等以上	情绪良好，注意力较集中 情绪积极，能专注，持续时间长	9	3		
社会性水平	中等以下	无所事事，一会旁观，一会独自玩 平行游戏	2	10	11.376	<.01
	中等以上	联合游戏 合作游戏	10	2		

3. 大班幼儿积木游戏水平比较

表 3　大班幼儿积木游戏水平比较

项目	等级	班别	实验班	对照班	X^2	P
材料运用	中等以下	光拿着玩，不会搭	3	12	8.666	<.05
		对积木形、色有选择、意识不强				
	中等以上	有意识选用材料反复尝试	16	7		
		迅速选定材料，并能利用辅助材料，运用有特色				
结构形式	中等以下	简单排列、铺平、堆高	3	9	8.048	<.05
		能架空搭出门				
	中等以上	能围封建构、形象较复杂	16	10		
		按特定形象逼真建构，对称并能装饰				
主题目的性	中等以下	无目的、无主题	2	12	22.932	<.001
		目的不明确，易附和他人主题				
	中等以上	有建构主题，但会出现变化	17	7		
		主题明确并坚持始终				
情绪专注力	中等以下	注意水平低，情绪呆滞	3	11	11.222	<.05
		一般情绪状态，注意力易分散				
	中等以上	情绪良好，注意力较集中	16	8		
		情绪积极，能专注，持续时间长				
社会性水平	中等以下	无所事事,一会旁观,一会独自玩	0	11	22.0	<.001
		平行游戏				
	中等以上	联合游戏	19	8		
		合作游戏				

(1) 实验班幼儿的积木游戏在材料运用、结构形式与情绪专注力方面与对照班有显著差异，达 $P<.05$ 水平。

如表所示，实验班幼儿中等以上行为比例占大多数，能按特定形象建构，材料运用富于特色并能合理运用辅助材料，游戏情绪积极专注；而对照班在材料运用与情绪专注力方面则中等以下行为居多，在建构结构形式上，无一例为最高水平的行为，即按特定形象逼真造型、能运用对称并能装饰美观的。

(2) 实验班幼儿与对照班相比，在主题目的性和社会参与性方面的行为均达极为显著性水平，即 $P<.01$。

实验班幼儿在这两方面的行为几乎全部为中等以上水平，最高水平的占绝大多数，主题明确并坚持始终的有 14 人次，合作游戏的为 11 人次；而对照班这两项未出现一例最高水平的游戏行为。

(三) 讨论

1. 教师有效的指导是影响幼儿积木游戏水平的最重要因素

自选游戏为幼儿提供了最大限度的自由，可激发幼儿主体内在活动需要与动机，在愉快充分的活动中，身心得到发展。但自选游戏并非完全自然状态下幼儿自发的游戏，而系被纳入有目的、有计划的教育过程，教师应充分发挥主导作用，积极有效地促进幼儿活动质量的提高。

教师对幼儿自选游戏的指导并非外在的强制干涉、导演或包办替代，而是在充分了解幼儿游戏能力特点的基础上，增强教育行为的目的意识。教师通过制订适宜的游戏计划、目标，并通过适时创设环境条件，提供变换活动材料，引导并参与幼儿活动过程，以提问题、建议、出示仿效的范例、承担角色、与幼儿共同活动以及因人而异的多种指导方式，促进幼儿游戏的深入，以达促进发展之目的。

为使游戏目标的确定更具针对性和发展性，实验班教师需认真观察幼儿游戏行为，并据以作为制订计划、调整目标和不断改进指导方式的依据。积木区游戏计划系作为整个游戏计划之一部分，与其他游戏活动形式相互联系，纳入有目的的教育过程。实验班开展自选游戏历时 3 个学期，通过教师有目的、有计划的长期指导，其效果已在幼儿积木游戏行为上得到明显体现。

对照班幼儿与实验班相比，则无论在材料运用、结构形式、主题丰富性、行为目的性及游戏中社会参与水平等方面，均表现出明显差距。这说明，幼儿游戏能力并非仅通过幼儿自发的活动过程或随其年龄增长而自然发展，教师适宜有效的指导是促使其游戏水平提高的关键。此结果也同时证明了本课题为教师所提供的教育技术手段之实际功效。

2. 自选游戏充分发挥了幼儿伙伴之间相互社会化这一不可忽视的教育因素的作用

幼儿阶段独立活动能力增强，对成人依恋逐渐减弱，而对伙伴的兴趣渐增，此早已为有关研究所证实。自选游戏的开展有效地发挥了幼儿与伙伴之间的相互影响作用，成为一种积极的不可忽视的教育途径与手段，因而促进了幼儿游戏中多方面能力的发展。

在自选活动中，班级幼儿依各自愿望选择活动类型，来到各个活动区，自选游戏事实上是一种依幼儿兴趣而组合的很好的分组活动形式，为幼儿游戏伙伴的相互影响教育提供了良好的条件，这是与师生之间作用不同的一种以平等方式在共同活动过程中自然产生的相互作用形式。

积木区游戏材料是共同使用的，选择这项活动的幼儿在一定空间范围内进行建构活动，无论在材料的选择运用、主题的确定及其他行为方式等方面均能自然地相互作用与影响，并发生积极的相互关系。

例如，小班幼儿积木游戏中常表现出相互显示好感与互助等行为："我这是小房子，你搭什么？""给你这块长积木。""咱们一块儿搭好吗？"……

中、大班幼儿出现了更积极的相互影响。他们常常需要合作来完成结构复杂、形象逼真的建构。幼儿常共同确定主题："今天咱们搭立交桥吧？""搭地铁怎么样？"……观察中见到中、大班幼儿玩积木游戏往往有一个"总建筑师"或组长，发挥指挥协调作用，如分配角色布置任务，其他幼儿则积极配合。大班幼儿往往游戏一开始便在组长统一"调度"下，大刀阔斧地在地毯上搭出建筑物的整体构架，安排出"大门"、"桥"等空间位置，游戏中各个参与者均能围绕总的主题进行，搭建出"桥上的汽车"、"桥下的商场"、"桥旁的交通岗楼"等，在大家共同参与下，积木游戏的内容情节不断丰富。又如大班幼儿一起搭出军博主体大厦之后，又各自分别搭出售票厅、围墙、大炮和火箭等。积木区幼儿的共同建构活动对各个参与者的主题确定产生制约作用，有助于幼儿彼此相互帮助，克服困难，坚持主题，完成活动任务。幼儿行为的目的性在互相影响中逐步得到增强。

相对地，对照班幼儿则多呈现一人占一小块地盘各玩各的现象，偶尔三两人凑到一起交往也仅为互相凑趣，游戏水平低，未出现真正合作行为。

实验班幼儿在相互影响中，建构水平、空间相象力、表现创造力均明显提高，同时也相互启发丰富了生活经验，提高了认识能力。全部观察中，实验班幼儿积木游戏未出现重复主题。幼儿又通过建立和遵守共同活动规则相互约束评价各自行为，并尝试在共同活动中自己解决交往问题，因而促进了良好行为习惯与交往协调能力的形成。

测查结果，实验班幼儿积木游戏行为的各项指标均明显高于对照班，说明自选游戏很好地发挥了幼儿伙伴这种积极有效的教育因素对其自身发展的影响作用。

3. 自选游戏最大限度地发挥了积木游戏多方面的教育功能

积木游戏作为结构游戏的一种，对幼儿建构能力发展的作用是无庸置疑的，如幼儿通过建构操作，在认识形、色，增强空间概念的同时，也学习了平铺、延伸、叠高、架空及围封等建构技能。

自选游戏的开展进一步强化了积木游戏在促进幼儿空间想象力、丰富其表现创造力和用结构材料真实反映现实生活能力的特殊功能。如实验班幼儿搭建出有高台和蘑菇池的游泳池、四环路及双层立交桥，汽车可在上层开动并经上下坡转弯实现方向调转；在搭建五洲大酒店的过程中，幼儿用积木搭建出大厦内设施，如用两块半圆状积木合并平置为圆桌，四周围以4块扇形侧立的积木为坐椅；大班幼儿在“十一”活动后用积木搭建出天安门、天坛公园和天坛饭店一组相互联系的建筑群。在这些建构活动中，幼儿认识了事物间的相对概念，学习了数的知识，增强了探索发现的兴趣，并使他们潜在的创造欲望与能力得以充分的展现。

积木区自选游戏的开展往往占用场地大，需幼儿共同使用材料建构，因而促进了相互交往协调的行为，提高了社会参与水平。在共同建构活动中，幼儿在教师引导下，行为自理自律能力也不断得到增强，促进了独立自主性的发展。如幼儿能依需要选择适宜材料并主动收放整理，能预先确定主题，有目的地搭建，甚至以组为单位共同确定主题并坚持始终，直到实现全组共同活动目的。如搭成“方庄购物中心”、“电视发射塔”等，幼儿的意志力也在活动中得到锻炼。

自选游戏课题突破了以往游戏类型的划分及对其教育功能的单一性限定，更好地发掘并有效地发挥了各类游戏——特别是积木游戏对促进幼儿多方面发展的作用。对幼儿积木游戏水平的测查结果证实了自选游戏在这方面的成效。

4. 适宜的积木游戏条件的创设对游戏深入开展及其质量的提高有重要意义

游戏活动的开展及深入与游戏条件的创设密切相关，不同的游戏环境体现不同的教育观念，必然会对幼儿游戏行为及其活动水平产生重要影响。自选游戏中实验班教师注重通过创设适宜的游戏环境条件，达到有目的、有计划地教育影响幼儿之目的。

根据对积木游戏特点及其教育功能的分析，在环境创设上，我们改变了以往仅使用小型积木、桌面进行及分盒收放的方式，提供了较宽敞的积木活动场地——积木区，以便幼儿充分表现造型欲望，并在地面上铺上了地毯（既作为区域界限亦可减少活动中的噪声）；主要提供中型积木及适量的大型积木；将积木按色、形等分别摆放在积木架中，其他材料亦分类放置；随游戏的开展，增加投放建构材料，如板材、各种规格的柱状物（废旧瓶罐等），同时依幼儿活动需要及时呈现其他辅助材料，如小动物玩具、小人偶、手工制品（盆花、小车）、小汽车以及插成型的积塑玩具等。

在开展积木活动中，注意加强积木区环境中的自治因素，并引导幼儿逐步建立和完善适合他们年龄特点的积木游戏规则，从而培养幼儿行为的秩序性，增强自理自律和相互协调行为的能力。

例如，小班在游戏开展之初，教师在积木架前用胶带贴出隔离标志线，以避免幼儿取放材料与建构活动的相互干扰；积木架各格中贴有不同色块的标记引导幼儿依类归放；增设小篮便于幼儿取放所需材料；依小班初期幼儿协调能力差、活动多单独进行的特点，在地毯上用胶带标出十字标记作为建构点。

中班幼儿则可按形状标记积木架。

对不同年龄幼儿应采用不同方式，控制参与活动的人数，并引导幼儿有序的行为。如小班在地毯一边贴出5双纸型小脚印，中班可标出1～5的数字，在大班幼儿可以自行调整。

中、大班幼儿随积木游戏的深入，相互联系加强，需较多合作搭建。为此，教师引导幼儿建立选组长、服从组长分配角色任务的规则和划拳分工承担不同建构任务的规则，这样，参与活动的幼儿通过相互积极影响、尝试并实践社交技能，能够很好地达到共同活动的目的。如大班幼儿在完全无教师干预的情况下，建筑出各具特色的积木造型，如“四环立交桥”、“正在施工中的大厦”等。

测查结果显示出实验班幼儿积木游戏条件对发挥积木游戏多方面教育功能的作用。

四、结论

自选游戏的开展有效地促进了中、大班幼儿积木游戏水平的提高，表现为：幼儿积木游戏在材料的运用和建构形式上水平明显提高；同时积木游戏的主题目的性、幼儿游戏中情绪专注力方面明显增强；幼儿积木游戏中的社会参与性水平也有明显提高。表明“自选游戏”实验有利于更好地发掘并有效地发挥积木游戏对促进幼儿多方面发展的独特作用。

自由游戏过程中教师对幼儿的指导及其对幼儿游戏水平的影响

焦 艳

一、问题的提出

游戏是学前儿童主要的活动形式，可以促进幼儿的全面发展。陈鹤琴先生曾这样论述过游戏的作用：“游戏从教育方面说是儿童的优良教师，他们从游戏中认识环境，了解物性；他们从游戏中强健身体，活泼动作，他从游戏中锻炼思想学习做人，游戏实是儿童的良师。”游戏的教育作用，已被越来越多的人们所重视，反映在我国的幼儿教育改革上，是确立了游戏在幼儿教育中的重要地位，1990 年 2 月起开始试行的《幼儿园工作规程》明确提出：“游戏是对幼儿进行全面发展教育的重要形式。”

在幼儿园中怎样才能充分发挥游戏的教育作用，促进幼儿的全面发展呢？加强教师的指导，发挥教师在游戏中的主导作用是关键。教师在幼儿教育中的主导作用体现在：一方面，教师是教育实践活动的主体，应选择、组织适合幼儿身心发展规律的活动，对幼儿的发展起导向、控制作用；另一方面，幼儿是自身认识活动的主体，其心理需要、兴趣和发展水平决定了在教育影响中的吸收程度，教师的主导与幼儿的主体是辩证统一的，教师主导作用的出发点和归宿应是幼儿主体作用的充分发挥，那么，在游戏——这一对幼儿发展有着重大作用的活动形式中，教师应如何发挥其主导作用以促进幼儿的全面发展呢？这是对所有幼教工作者提出的重大课题。研究游戏中教师对游戏的指导，考察其主导作用发挥的程度，具有十分重要的理论意义和实践价值。

对于教师在幼儿游戏中的指导作用，国内、国外都不乏研究。美国宾西法尼亚州立大学教授认为，教师在游戏中所起的作用应是：准备者，即游戏前对时间、地点、材料和经验的准备；通过观察这一中介，在游戏过程中以平行游戏、合作游戏、指导游戏和真实发言人的身分介入游戏进行指导，成为指导者。我国的一些教育工作者也对游戏过程中教师的作用及指导原则进行了论述，认为教师的指导应体现在游戏的全过程，包括游戏前的准备、游戏中的指导和游戏后的总结、评价等，这些研究都是从游戏组织的全过程来探讨教师所应起的作用，而且都局限于一般性的议论和叙述，缺乏科学的、定量化的研究，尤其是对游戏过程中教师指导游戏时所采取的具体技术策略，即教师采取何种方式对幼儿游戏哪些方面进行指导，这些具体的技术策略对幼儿游戏将产生什么影响等等，缺乏专门的、定量化的研究。因此，我们此次研究的目的，就在于通过对两所幼儿园自由游戏中教师与幼儿交往行为的观察，分析教师在指导游戏时所采用的技术策略的差异，及其对幼儿游戏水平的影响，为加强幼儿游戏过程中教师的指导、发挥教师的主导作用提供科学依据，同时进一步探讨游戏过程中教师指导水平的评估指标，为幼儿园检查、教师自查指导水平提供参考。

二、研究方法与步骤

（一）对象的选择

我们选取两所游戏水平不同的幼儿园，崇文区光明幼儿园和另一所市立园。光明园已在北师大教育系学前专业张燕老师指导下开展自选游戏实验一年多，在自由游戏的组织与指导、促进幼儿和谐发展等方面做了有效的探索；另一所幼儿园也为市立园，物质条件与光明园大体相似，为该所在小区配套园。从两所幼儿园中抽取大、中、小班各一个，以便分析、对照。

（二）方法与步骤

研究共分两阶段：

1. 自由游戏过程中教师与幼儿交往行为的观察

方法：(1) 事件取样观察法，以游戏中师生交往行为的发生作为一次事件。所谓游戏中的师生交往是指在自由游戏中，为使游戏顺利进行，教师与幼儿通过各种信息传递手段，如言语、表情动作等进行相互作用，以期对对方行为发生影响。

记录内容：

a. 交往发生的背景：交往前教师与幼儿的活动；

b. 交往过程：交往中，教师与幼儿各说什么，做什么；

c. 交往对象：教师面向幼儿的交往，是面向个人还是小组集体；

d. 交往结果：即交往结束对幼儿行为产生的影响。

(2) 谈话法：每次观察结束和本班教师交谈，了解教师对幼儿游戏的认识，对本班幼儿游戏水平的了解程度，对游戏的组织是否有计划、有目的等。

观察时间：每班5次，分两周半时间，光明园为每周三、五，对比园为每周二、六实行观察，每次观察一个单元的游戏活动，约30分钟，包括这个游戏活动的全过程。

2. 游戏水平的测查

在交往行为观察结束后，紧接着进行游戏水平的测查，每班随机抽取2组幼儿，每组6人，共2×6=12人。每组观察3次，每次30分钟，使用“幼儿自选游戏观察记录”表，将每个观察项目的不同等级赋予分值，各项得分相加即为该幼儿游戏水平得分。观察时间：一周半。

按上述方法，我们先在两所幼儿园和棉花胡同幼儿园做了预备性观察，可信度达85%以上。正式观察于4月3日至29日进行。

(三) 操作定义

在对教师指导时所采取的技术策略进行分析时，我们主要从指导方式、指导内容两方面来进行。

1. 指导方式：教师在交往中指导幼儿游戏所运用的技能、方法，按照教师主动性、参与程度、深入程度的不同，我们将其划分为：

(1) 被动反应：教师处于旁观状态，幼儿发起交往，请求教师欣赏作品、解决争执、请求帮助等，教师只简单表示注意“嗯”、“知道了”，没有进一步的反应。

(2) 导演控制：教师在对幼儿进行指导时，处于权威地位，幼儿处于服从地位。其中又分为三类：

a．分配角色：教师指令幼儿玩何种游戏，在游戏中充当什么角色；

b．规定主题与内容：对幼儿游戏的方法、内容进行规定，如教师对美工角一名幼儿提出“你捏一只蜗牛”；

c．制止限制：教师对幼儿行为进行限制的语言和行为，如“不许乱动玩具”等。

（3）一般指导：教师对游戏的内容、规则进行讲解和说明，不带强制性。

a．询问：注意幼儿游戏进程，表示关注的一种方法，如“你在干什么呢？”

b．提要求：用平和的口气提醒幼儿做什么，注意什么；

c．讲解：讲解游戏规范、玩法等。

（4）参与深入：教师将幼儿摆在与自己平等的位置上，采用启发诱导、合作游戏等方式帮助幼儿深入游戏，又分为两类：

a．提问启发：采用启发性提问，激发幼儿头脑中已有的经验和表象，积极思考，动脑筋想办法深入游戏；

b．协商建议：以商量口吻，与幼儿共同探讨游戏主题、规则玩法等，提出建议。

2．指导内容：教师在对幼儿游戏进行指导时，着重发展幼儿某方面的水平，如：常规，交往合作，目的性、坚持性和创造性等。

三、结果与分析

（一）教师通过与幼儿的交往对幼儿进行指导所采取的方式

表1　自由游戏过程中教师的指导方式比较表

	被动反应		导演控制					一般指导					参与深入				合计	
	次数	%	分配角色	规定主题与内容	制止限制	合计		询问	提要求	讲解	合计		协商建议	提问启发	合计		次数	%
						次数	%				次数	%			次数	%		
光明	7	1.7	11	24	36	71	16.9	46	36	34	116	27.6	111	105	226	53.9	420	100
另一市立园	57	11.8	35	59	95	18.9	39.0	78	57	42	177	36.5	32	30	62	12.8	485	100

$X^2=261.44$　　　$df=3$　　　差异十分显著

两园的教师在指导幼儿游戏时，采取了被动反应、导演控制、一般指导、参与深入四种方式，但对这四种方式的使用，经 X^2 检验，两园有显著差异。光明园的教师在进行游戏的指导时，以参与深入式为主，占 53.9%，其次为一般指导，占 27.6%，导演控制式的指导少，只占 17.9%，而被动反应极少，仅有 1.7%。这说明光明园的教师在幼儿的自由游戏中，指导的主动性、积极性高，参与性强，比较深入，发挥了教师指导游戏的灵活性、创造性，把幼儿主体性摆到了正确地位。另一市立园则以控制导演式的指导方式最多，达 39%，一般指导居第三，占 36.5%，参与深入的指导少，只占 12.8%，被动反应达到 311.8%，说明教师在指导过程中，指导不积极不主动，指导时以控制幼儿的活动为目的，不考虑幼儿需要，指导只停留在表面的指令、要求，没有深入游戏。

（二）教师在自由游戏过程中的指导内容

表 2　教师在自由游戏中指导内容比较表

内容 园所	常规		社会交往		知识技能		目的性坚持性		创造性		其他		合计	
	次数	%	次数	%	次数	%	次数	%	次数	%	次数	%	次数	%
光明幼儿园	97	23	46	11.0	117	24	65	15.5	62	14.8	13	3	420	100
另一市立园	249	51.3	33	6.8	112	23	70	14	11	2.3	14	2.9	485	100

在自由游戏过程中，两园教师对幼儿游戏的指导，从内容上来说，主要有常规、社会交往、知识技能、目的性、坚持性、创造性等方面，但就教师对各项内容指导的分配频率上，两园存在着十分显著的差异。光明幼儿园的教师在指导中，注重对各项内容的全面指导，其中以知识技能和常规指导最多，两者合占 47%，其他各项分别占 15%左右。教师在指导时，注意了在游戏中进行多方面的教育；另一园的教师在指导幼儿游戏时，精力集中在常规方面，占 51.3%，而对社会交往、知识技能、目的性、坚持性、创造性的指导，都大大低于对常规的指导，也低于光明园相应内容的指导，尤其是在创造性方面缺乏指导，只占 2.3%。教师在指导过程中，没有全方位地进行指导并从各方面提高幼儿的游戏水平。

（三）教师的指导对象

表 3　自由游戏中教师指导对象表

	小班				中班				大班				合计	
	光明		另一园		光明		另一园		光明		另一园			
	次数	%	次数	%	次数	%	次数	%	次数	%	次数	%	次数	%
小组	31	23.8	16	15.8	38	30.9	33	22	49	49.9	40	27.4	187	24%
个人	98	75.4	64	63.3	82	67.5	103	68.7	97	57.2	84	67.5	509	68%
集体	1	0.8	21	20.8	2	1.6	14	9.3	1	0.9	22	15.1	61	8%

表 4　对小组指导的小、中、大三个年龄班比较表

	小班		中班		大班		合计	
	次数	%	次数	%	次数	%	次数	%
小组指导	47	22.7	71	34.3	89	43	207	100
$X^2=11.51>9.21$　　df=2　　$P<0.01$								

在自由游戏中，教师指导对象呈现出集体到小组到个人递增的趋势。面向全班的集体指导最少，只占8%；小组指导较多，占24%，而面向个人的个别指导最多，占68%。自由游戏提供了幼儿充分发挥自主性和表现自己的机会，也为教师提供了个别教育的机会。在游戏过程中，面向个人的指导，两园无明显差别；小组指导，光明园多于对比园，说明光明园的教师注意发挥小组的教育作用，促进了小组间幼儿的相互影响；而游戏过程中的集体指导（不含游戏开始时集体指导和游戏结束后的总结、评价），对比园高于光明园，这种集体指导表现为：为提起幼儿注意，中断全班幼儿游戏，这对幼儿的影响是：对比园的幼儿在游戏过程中经常会被教师喝令暂停游戏，从游戏情况回到现实中来，游戏不得不中断；而光明园的幼儿都基本能完整、顺利地进行游戏，不会受教师外来干预；在小、中、大三班，小组指导有差异，小班最少，只有22.7%；中班较多，约占34.3%；大班最多，占43%。经X^2检验，差异十分显著。

（四）幼儿游戏水平测查结果

表 5　两园幼儿游戏水平分组比较表

	$\overline{X}_{光}$	$\overline{X}_{另}$	$X_{光}$	$X_{另}$	t	P
小班	40.25	25.3	5.79	6.97	5.476**	$P<0.01$
中班	41.3	29.25	10.78	6.79	3.145**	$P<0.01$
大班	43.25	34.9	10.01	8.87	2.231*	$P<0.05$

表 6　两园幼儿游戏水平分项比较表

	$\overline{X}_{光}$	$\overline{X}_{另}$	$X_{光}$	$X_{另}$	t	P
常规	13.75	11.9	2.63	3.69	2.45*	$P<0.05$
社会交往	10.56	8.61	3.07	2.2	3.06**	$P<0.01$
知识技能	4.19	3	0.58	1.13	5.62**	$P<0.01$
目的性 坚持性	12.2	9.06	2.19	2.96	5.06**	$P<0.01$
创造性	6.45	4.13	1.57	1.92	4.63**	$P<0.01$

两园幼儿游戏水平差异十分显著，光明园游戏水平高于对比园。各年龄班对应比较结果，光明园 3 个年龄班得分均高于对比园对应班，经 t 检验：中、小班差异十分显著，大班差异显著。对常规、知识技能、社会交往、目的性、坚持性、创造性各项做比较，光明园均高于对比园，经 t 检验，差异十分显著。

（五）常规水平与幼儿整体游戏水平的关系

为考察常规与幼儿游戏水平的关系，我们将两者进行相关分析，$\overline{X}_{常}=12.83$，$\overline{X}_{总}=35.73$，$n=72$，$r=0.51$，$Z=1272.58$。检验有效，说明常规水平与幼儿游戏水平存在着十分密切的相关。

四、讨论

（一）注重游戏过程，积极参与幼儿游戏，进行有针对性的深入指导，是游戏中发挥教师主导作用的重要一环

幼儿在游戏中需要教师的帮助和指导。那么教师应该采取什么样的方式进行指导呢？马卡连柯曾这样谈到过：如果我只是教导、要求和限制，那我就会成为一种外部力量，而不能成为一种儿童的力量。我必须和儿童们一起

游戏。也就是要求教师在指导幼儿游戏时，应参与到游戏中去，机智地引导游戏进程和协调幼儿之间的相互关系，而不抑制游戏者的独创精神，像“你必须这样做”、“你必须那样做”这种命令、控制的指导方式，只能使幼儿成为服从者，从而压抑其创造性和积极性。教师的主导作用应以幼儿主体性的发挥为出发点和归宿，所以消极被动的指导和导演或控制式的指导只能是一种控制，而不是主导。游戏过程中一般指导是必要的，能使幼儿有一个有序的环境，掌握基本的游戏方法；而参与深入式的指导则把幼儿摆到了平等、民主的地位，与幼儿一起进行协商，提出建议或进行启发性提问，激发幼儿想象、思考，深入游戏。所以运用参与深入式的指导方式，能有效发挥教师主导作用，使幼儿有了发挥自己积极性、主动性的机会，游戏水平迅速提高，幼儿对游戏的兴趣也大为增强。例如，在光明幼儿园，大班娃娃家没有“床”，老师便抱一个娃娃以客人身份进入，说：“我累了，想让娃娃睡一会。”“娃娃家”的主人便迅速行动起来，商量用椅子搭床，很快便摆好了小床，又忙着去准备被褥。老师总是不断观察，抓住时机以这种间接、启发的方式给幼儿提出一些新问题，使游戏不断深入。而在对比园老师总是以权威的身分出现，指令幼儿该干什么或者不该干什么，整个游戏就像老师在导演、操纵，幼儿很多时候就是简单摆弄材料，根本没有深入游戏的意愿。在这种控制式的指导下，幼儿的创造性、积极性受到压抑，游戏水平很难提高，教师的主导作用也就不可能很好发挥。

（二）发挥教师在游戏中的主导作用，还应对幼儿游戏进行全面指导，发挥游戏全方位的教育功能

在游戏中，教师主导作用的一个重要体现就是根据教育任务，设计和组织游戏，赋予各类常规游戏以教育的含义和要求，用教育者的眼光来观察游戏，只有这样，教师才有可能充分利用游戏，发挥游戏的教育潜能。所以，在指导游戏的过程中，教师不能只做幼儿游戏的旁观者或“服务员”，而应抓住一切教育时机。在我们的观察中就发现，光明幼儿园的教师在指导幼儿游戏时，注重了常规、社会交往、知识技能、创造性和坚持性的全方位的指导，使幼儿在游戏中体现的上述素质，都有较高水平。而幼儿在游戏中获得的这些品质，是可以迁移到其他活动中来的，所以，光明园充分发挥了游戏全方位的教育功能。而对比园教师指导只集中于常规，没有看到游戏的教育作用，所以不可能利用游戏来促进幼儿全面发展。大班的一位老师告诉我：“大班的游

戏时间应该很短,那么多时间用来玩,浪费了。”教师将游戏与学习对立起来,只以幼儿在游戏区安静地玩为满足,指导时也就只忙于解决纠纷,所以幼儿在游戏中表现出的创造性、坚持性等方面的水平都明显低于光明园。因此,要发挥教师的主导作用,必须注重游戏全方位的教育功能,对游戏进行全面深入的指导。

(三)加强游戏的指导,应把游戏纳入有计划、有目的的教育过程的范围

教师对于游戏的指导,不仅包含游戏过程中教师通过各种方式引导幼儿游戏顺利进行,还应包括游戏前教师的准备、游戏后教师对游戏活动的评价等,只有这几个方面并重,才能使游戏成为有计划、有目的的教育过程。

1. 游戏前教师的准备,首先应强调的是教师自身组织游戏活动的目的性、计划性,这将有助于确立教师在游戏中的指导重点。如光明幼儿园,教师都有游戏活动的月计划、周计划。我们观察的那一段时间,大班游戏活动的指导重点之一就是提高幼儿游戏效率。所以教师在指导游戏时,总是突出这一点,看哪位小朋友在最短的时间里搭出想搭的东西来,要又快又好。她们将大目标分成许多小目标,有重点有计划地一个个实现,从而保证了整个游戏活动的目的性和教师指导的计划性。另一所园没有游戏活动的目标和计划,所以在指导幼儿游戏时,随意性很大,哪里出问题就管哪里,导致了整个游戏活动的盲目性,教师的主导难以体现。

游戏前教师的准备还包括为幼儿创设良好的游戏环境、提供充足的物质材料,这对于幼儿的游戏也有很大影响。光明园的教师在游戏活动开展前,让幼儿一起参加环境的创设、游戏材料的投放。材料丰富、充足并且富于变化,保持幼儿对游戏材料的兴趣,没有出现因为材料不足而阻碍游戏顺利进行的情况;对比园则经常在游戏开始后,老师匆匆忙忙发放玩具,经常出现幼儿因材料不足而向教师请求帮助的情况,教师根本抽不出时间来对幼儿游戏进行细致深入的指导。

2. 丰富幼儿经验是游戏准备的另一个重要方面,对丰富幼儿游戏主题与内容起了很大作用。光明园教师十分重视这一点,为提高建筑游戏水平,教师经常带幼儿出去参观,教会他们观察周围事物,所以在幼儿游戏中,出现了游乐园、光明楼商场、北新桥等等,而且主题很少重复;在对比园情况就不一样了,如在“印染厂”的游戏中,幼儿做的全都是蝴蝶,而且一连几次都不变,这与教师平常不注意丰富幼儿知识经验有很大关系。主题内容的重

复，导致幼儿对游戏失去兴趣，游戏水平难以提高。

3．游戏后教师开展的评价活动，是教师指导游戏的一个重要方面，评价活动的形式和内容反映了教师是否促进幼儿主体性的发挥。光明园的游戏评价很有特色，采用了多种形式结合。如：带领幼儿参观大型积木区，欣赏某一幼儿的绘画作品等；幼儿同伴小组汇报和老师评价总结相结合，在评价过程中总是以幼儿评价为主，给他们提供了评价自己的游戏行为和游戏成果的能力，教师只是加以引导，突出本次游戏的优点，并对下次游戏提出更高要求，幼儿在评价活动中表现出很高的积极性。对比园的评价则以老师叙述为主，而且笼统、空泛，总是"今天娃娃家玩得很好"、"××小朋友今天玩得不好"之类的语言，并且教训、批评多，没有充分利用评价作为进一步总结提高幼儿游戏水平的有效手段的作用。

由此我们认为，教师的指导不只体现在游戏活动过程中的指导方式和内容上，只有将游戏前的准备、游戏活动后的评价综合考虑，才能使游戏纳入有目的、有计划的教育过程的范围，充分发挥教师的主导作用。

（四）游戏常规的培养，对于幼儿游戏有着十分重要的意义

游戏常规是为保证游戏顺利进行，要求幼儿所遵守的规则。如：游戏活动开展的顺序、游戏中的行为规范、材料的使用要求等，良好的游戏常规使幼儿在游戏中行为有序，形成良好的行为习惯，进一步使幼儿自主性得到培养，形成幼儿自我协调能力，而且使幼儿加强了与同伴的友好合作，有能力深入游戏。因此，常规的培养是幼儿游戏水平提高的必要条件。同时，幼儿具有良好的常规，将使幼儿减少许多行为问题，教师因此解放了自己的精力，为充分观察幼儿游戏，提供深入指导创造了条件。在光明园，由于幼儿有了良好的游戏常规，幼儿游戏时各游戏区互不干扰，幼儿专心于自己或小组的游戏中，教师巡回观察，进行有目的的指导。而在对比园，游戏常规根本没有很好建立，教室里一片混乱，约有三分之一的幼儿在活动室内跑来跑去，教师管住了这个，又喝斥另外一个，无暇他顾，所以指导中花在常规方面的精力超过一半，这也是教师无法对游戏进行全面、深入指导的原因。所以，常规的培养，是开展游戏活动极为重要的一环。

（五）随着年龄的增长，教师对小组游戏的指导有增多的趋势。其中的主要原因，是幼儿游戏水平随着年龄的增加而发展，小班以平行游戏为主，联合或协作的游戏少，所以教师面向小组的指导少；中班合作游戏开始发展起

来，游戏中幼儿间交往增多，教师面向小组的游戏指导逐渐增多；大班合作游戏进一步发展，小组间幼儿相互影响力增强，并且有组织、分工，小组游戏从数量上和幼儿间的合作程度上都比中班要高，所以教师对小组的指导相应增加，这与幼儿游戏协作水平发展是一致的。

五、结论

(一)在自由游戏过程中，教师对幼儿进行指导的具体技术策略可从指导方式和指导内容两个方面来分析。指导方式是否合理，指导是否全面，对幼儿游戏水平有很大影响。

(二)在自由游戏中教师的主导作用体现在：教师应注意游戏过程，积极参与幼儿游戏，进行有针对性的深入指导；对幼儿游戏进行全面指导，发挥游戏全方位的教育功能；将游戏前的准备、游戏过程的指导、游戏后的评价三者结合，将游戏纳入有目的、有计划的教育过程。

(三)对教师指导游戏水平进行评估，要着重考虑游戏过程中指导游戏的方式是否深入，内容是否考虑了幼儿的全面发展，是否将游戏纳入有目的、有计划的教育过程，并综合幼儿游戏水平提高程度进行考察。

六、观察中存在的问题及教育建议

(一) 存在的问题及改进建议

1. 观察记录中，教师的交往范围（教师指导是否考虑到所有幼儿）没有统计到，不利于考虑、分析教师的指导面和个别教育，只有一些实例，难做量化统计；

2. 交往持续的时间没有记录下来，缺少了反映教师指导深度的一个指标；

上述两个问题都因为记录技术上的一些失误造成，若加强训练可以改正，若有两个人分工合作可能更好。

3. 光明园经常有两个老师同时进班进行指导的情况，但由于每班只有一人观察，只记录了主班老师对幼儿的指导，对结果势必造成影响，若有两人观察综合分析，结果更为客观。

(二) 教育建议

1. 要加强教师对游戏的指导，首先应提高教师对游戏的教育作用的认识。幼儿在游戏中各种能力得到发展，游戏是幼儿学习的重要形式，只有认识到这一点，才能激发教师对游戏的指导热情，对比园的教师认为游戏影响幼儿的学习，因此，经常占用游戏时间上英语课，游戏得不到保证。由于思想上不重视，在指导上水平偏低。因此，加强教师对游戏作用的认识十分重要。

2. 对不同年龄班的幼儿进行指导，应考虑该年龄阶段幼儿游戏的特点，确定指导重点，如：小班幼儿刚入幼儿园，则应加强游戏常规的培养，教会他们各种游戏的玩法；中班幼儿联合协作游戏增多，则应注重幼儿交往、合作能力的培养；大班幼儿思维能力、独立性水平进一步提高，则应在全面提高幼儿游戏水平的基础上，加强创造性的培养等。

以上建议，都是我们通过观察加以思考提出的，仅供参考。

（注：本文为八九级学前专业学生焦艳的学位论文，指导教师：张燕。）

环境创设与自选游戏的开展

李连荣

《幼儿园工作规程》明确地把“创设与教育相适应的良好环境，为幼儿提供活动和表现能力的机会与条件”作为幼儿园教育原则之一，还指出幼儿园的教育要“以游戏为基本活动，寓教育于各项活动之中”。根据以上教育原则，我们在创设室内环境中注意与自选游戏相配合，为幼儿创设适宜的游戏环境，使游戏真正成为幼儿的基本活动形式，发挥游戏对幼儿全面发展的教育作用。但是在创设游戏环境中，应从哪些方面考虑和入手呢？在北师大幼儿和谐发展教育实验课题组指导下，我们进行了以下尝试。

一、观察游戏活动，为幼儿提供合理的游戏场地和物质材料

有目的的观察是指导游戏、创设环境、提供游戏材料的依据。比如：在小班第一学期初，我们根据班上幼儿年龄特点，在一块大地毯上设立了两个娃娃家，两家之间用一排大积木隔开，虽然老师在游戏规则中强调这是“两个家”，中间的积木是“墙”，不能从中间来回穿过，但由于小班幼儿思维具体形象，他看到的“两个家”之间就是一排积木，所以整个游戏中翻墙而过的幼儿大有人在。不一会儿，两个家就变成了“一个家”。由于空间很大，幼儿又不会玩，所以东西满处扔，甚至在里面滚闹起来。于是我们把两个家中间放了一个玩具柜隔开，另外把地毯撤掉，这样效果就好多了。在观察中发现玩积木的幼儿越来越多，因此，我们把娃娃家的地毯送给了积木区，深受孩子们的欢迎。由于孩子们不会合理地占用空间，虽然场地很大，但是他们仍是堆挤在积木柜子周围，边取积木边搭，这样不仅影响了取玩具，而且还影响了搭建物体的效果。于是我在地毯上贴上标记，孩子们按老师贴的标记分散开玩，这样效果很好。由于幼儿手小，每次到积木柜只能取放一两块积木，频繁地取放玩具（来回走动）又带来了新的问题，于是积木区中取放玩具的小筐从此就出现了。由于我们不断地观察孩子游戏情况，做到有目的地投放游戏材料和根据幼儿游戏的需要来调整场地，使自选游戏很快地开展起来。

自选游戏中最易开展的游戏是积塑玩具，即使老师不去指导，幼儿也能玩起来。但是哪些玩具最适合小班幼儿玩呢？经过观察，发现小的插片、插子等幼儿不喜欢，原因是小班幼儿手的小肌肉尚未发育好，摆弄吃力，不易插出效果。于是我们有计划地更换了大插塑。随着大插塑的增多，新的问题又出现了，由于桌面面积有限，大插塑一摆就是一大堆，难免往地上掉，于是我们把桌子撤掉，改换在临时地毯上玩。这样不但解决了掉玩具问题，同时增大了幼儿活动的空间，还促进了幼儿之间交往能力的发展。

由于老师注意观察幼儿的游戏环境、游戏材料的运用情况，做到不断改进和调整，所以促进了幼儿游戏水平的提高和室内自选游戏的积极开展。

二、环境与自选游戏的教育作用

在自选游戏中我们注意配合班上的主题教育，有目的地创设环境和设置活动区。比如本学期我们的工作重点是：建立游戏常规，培养良好的行为习惯。建立游戏常规的第一步，就是教育幼儿要爱护玩具，学会正确地收放玩具。我们根据小班幼儿思维具体形象的特点，在所有的玩具柜上都贴了相应的标记，表示玩具摆放的位置，效果很好。在幼儿刚入园的第一个月中就形成了正确收放玩具的常规。随着常规的不断建立，我们注意配合主题活动，在游戏中培养幼儿友好行为和促进幼儿各方面能力的发展。比如：在图书角我们设立了两个小动物坐在一起友好地看书的情境；在“医院”游戏区的墙壁上布置出几个小孩抱着娃娃或小动物排队看病的情境。

为了培养幼儿之间的友爱，增进感情，我们在娃娃家中设立了一个“生日蛋糕房子”，每当某个幼儿过生日，孩子们都要围在蛋糕房子周围，为过生日的幼儿唱歌、祝贺。通过这一活动增进了同伴之间的友情，还促进了游戏的发展。比如在娃娃家游戏中经常看到一些幼儿为娃娃、为××小朋友过生日。

另外在积木区中我们根据幼儿游戏水平的发展情况，在积木区周围布置出了有情境的建筑物，比如：幼儿刚入园时，为了培养他们的搭建兴趣，在墙面上出现了一只小花猫手拿积木在搭建的情境。随着游戏水平的不断提高，为了培养幼儿之间的友好、合作行为，我们在活动区的墙面上又出现了两个小朋友在一起共同搭建房子的情境，同时还出现了一些带有垒高特点的建筑群。这样使无声的环境起到了与老师的教育目标互为一体的教育作用。

一学期的摸索和实践，使我体会到创设环境与开展自选游戏在整个教育活动中的重要作用，环境的创设和游戏的开展要与其他教育活动、生活环境等相联系，从而使各种教育内容、形式、手段在教育过程中有机地结合起来，更好地为实现教育目标服务。

保教结合促进游戏的开展

孙玉芝

我是一名保育员，游戏是我们班的科研项目。本班教师对游戏的开展以及指导过程对我的启发很大，使我对游戏的开展提高了认识，克服了“抹布拖把不离手，洗洗涮涮缝纽扣，按部就班不缺勤，教师上课我转悠”的单纯清洁工思想，而参加到教育活动中，根据问题配合教育，并在游戏中进行指导。

例如：在游戏时幼儿常常大声喊叫，桌椅被碰得乱响，针对这个问题，我就配合老师给幼儿讲噪音的害处，通过给幼儿讲道理和说悄悄话相结合，使幼儿大声喊叫的现象有所好转。

一次游戏时，我发现一个小朋友来回走动，不知干什么好，我就对他说：

“你看，那边服装店来了一批新服装，你还不去看看？”听了我的话，他点点头说：“行，我去买一件。”我说：“路上人多，可要注意。”这样简单的几句话，就使他进入角色，开始了正常游戏。在观察记录积木组的活动时，我看到两位小朋友在搭完运动场后就要走，就用提示口吻问：“如果晚上比赛怎么办？”他俩从万宝箱里拿来玻璃丝线当电线，再拿一块三角形积木当开关，然后用小号电池当灯泡，嘀，还挺像那么回事的。通过在游戏中幼儿接触使我增加了对他们的了解，能有针对性地对幼儿进行个别教育。如我班有个小姑娘，胆小不爱说话，做事总说：“我不会。”针对这种情况，我在游戏时多找她，和她一起玩，并邀请她到语言角共同游戏，用生动有趣的故事吸引她，用活动或小舞台鼓励她大胆表演。渐渐的，她能和其他小朋友一起玩了，性格也开朗了。

通过一年的尝试，我体验到游戏的顺利开展，离不开教育，也离不开保育，只有针对幼儿年龄特点，采取适宜的教育，保教结合，才能促使幼儿健康顺利地成长。

教师如何在游戏中发挥主导作用

陈荣花

游戏是促进幼儿健康发展的重要手段。在一年多由专家指导的游戏实验中，我们重点探索了教师在游戏中发挥主导作用的机制，获得了一些经验。

为了加强指导，提高幼儿的游戏水平，我首先注意了计划的制定，做到有目的有重点：①根据孩子们的发展水平来制定游戏的发展目标；②注意认真观察和记录幼儿的游戏行为；③在游戏中注意教师的指导，通过游戏了解幼儿的个性倾向，合理地组织游戏，引导幼儿个性向良好的方向发展。

一、加强个别指导，促进全面提高

本着《规程》中“因材施教，循循善诱”的精神，在游戏中对于胆小怕事、与小朋友玩时也是怯怯的小朋友，有意让他们在游戏中多和小朋友交往；让绘画能力较差的幼儿多参加美工游戏区域活动。如：白雪峰小朋友的智力发展较差，他的绘画还不如小班幼儿画的水平，我就有意识指导他参加绘画活动，并且对他不断鼓励，提高他的兴趣。通过培养，他的绘画能力有了明显的提高，家长也反映他进步很大，他还大胆地到自然区域画观察日记。又如对说话不清楚和那些胆小的幼儿，鼓励他们交往，老师同他们一起游戏，深入角色之中，与他们进行语言方面的交流，在有意识指导下，他们都敢大胆在集体面前讲话了，性格也起了变化；对于好动的幼儿，则注意培养他们专心做事的稳定性格，知道做完一件事再去做另一件事。通过教师的指导，这些幼儿都有了很大转变，全班水平也有了很大提高。

二、深入游戏，加强指导

只有认真观察幼儿在游戏中的一言一行、一举一动，深入到幼儿的游戏中才会有新的发现，跟上幼儿新的感觉。认真观察给我们提供了指导的素材。比如一个幼儿玩益智插具时，我参与进去，同他合作，并问他插的是什么、用几块玩具能插成、都有什么颜色、还能插出什么、一共插了几种。这一系列的问题包括了许多教育内容——有数、有颜色、有语言的沟通，并激发了幼儿的想象创造。如果只是让幼儿随便玩，老师不参与指导，其教育作用是截然不同的。为提高幼儿的游戏水平，教师在指导中还要注意深入到游戏中充当角色，提供一定的知识经验，了解幼儿的游戏行为，并促进幼儿之间的学习交往，不断使游戏水平提高。

三、发挥幼儿主体作用，促进幼儿全面发展

在游戏中，幼儿的交往能力、意志品德、性格、情感、兴趣爱好等都会集中反映出来，而这些方面也只有通过幼儿自身的活动才能够锻炼提高，老师不能够代替。因此，在指导幼儿游戏时要正确处理好关系，让幼儿发挥主体作用。要让每个幼儿都充当一定的角色，调动他们的积极性，出现了什么问题，也要鼓励幼儿自己去解决。这样，才能使幼儿的各个方面都得到锻炼，真正促进其全面发展。

我们的游戏实施已开展了1年，目前也看到了一些成果，但我们还要不断努力，朝着更深的方向发展，争取走出一条成功之路。

小班自选游戏的开展

单银雪

小班幼儿刚从家庭进入幼儿园，彼此不认识，游戏时总是自己玩自己的，极易产生孤独感，影响游戏活动的开展。因此，使幼儿间尽快熟悉，适应幼儿园的集体生活，是开展游戏的必要前提。我们鼓励幼儿从家带玩具，带图书互相换着玩，换着看。幼儿从家带来的玩具丰富多采，每个幼儿都想玩别人的玩具。这样，他们就想办法去借，增加了交往的机会，幼儿之间也较快地熟悉起来。

与此同时，我们根据小班幼儿的年龄特点，为幼儿自选游戏创造适宜条件，设了2个娃娃家、1个积木区、1个美工区、1个图书角和1个益智区，让幼儿在一定的游戏活动中积极交往，进一步熟悉了解，很快淡忘了与家长分离的忧虑。例如：在开展“小娃娃家”的活动中，孩子不由自主地做起了妈妈，扮起了爸爸，一起玩，一起交谈，玩得饶有兴致，从中体验了与同伴交往合作的快乐。

要开展好自选游戏，就要建立与其相适应的游戏规则，引导幼儿学习遵守规则，逐步适应集体生活。由于游戏场地和空间有限，我们在每个游戏区都设有明显的标记来限制本活动区的人数。例如：积木区，幼儿是在地毯上进行搭建，在地毯旁教师贴了4双小脚印，说明这里只有4个人可以玩，如果小脚印上的鞋放满了，其他幼儿就只能从事别的游戏；图书区的小牌，娃娃家的头饰帽（爸爸、妈妈、孩子）等都是限制幼儿游戏人数的标记。这样，可以引导幼儿按照一定的规则调整自己的行为，逐渐协调与同伴的关系。

在幼儿游戏中，游戏材料是必不可少的。众多不同种类的游戏材料放在哪儿、怎样放，也需游戏规则来调整。例如，娃娃家的餐具、茶具及一些日常物品比较多，而且杂，这就需要教师根据用途分类并作上明显的标记。比如，教师画好一张小茶杯的标记贴在柜中，这样幼儿就知道应把小茶杯放到哪儿了。积木区、图书区、美工区、益智区也是这样。幼儿在游戏中学会了整理、收放物品的技能，同时，也巩固了游戏常规。

由于幼儿所处的家庭环境、社会环境、遗传等方面因素的不同，同一年龄幼儿，能力的发展也有所不同，因此，在自选游戏中，那些能力较强的幼儿若只担任简单的角色，是不能满足其身心发展需要的。为此，我们根据幼儿实际能力水平，在自选角色的基础上，让能力较强幼儿担任一些较重要的角色，提高幼儿游戏的兴趣。在积木区的游戏中，我请叶家琪小朋友当了建筑师，其他 3 名幼儿就问他："咱们搭什么呀?"他说："咱们搭医院房吧。"于是他们 4 人一起搭了医院房、花园和通往医院的马路，马路上还有行驶的汽车。叶家琪告诉我，这是他搭的医院，那是她搭的花园，那是他和她搭的马路……

在娃娃家的游戏中，徐馨小朋友当"妈妈"，王硕飞当"爸爸"。"妈妈"和"爸爸"一起做汤圆，做好后，"妈妈"喂给孩子吃，喂了几个又放到桌子上。这时，我正好到她家去做客，看到桌子上的汤圆，问："这是怎么回事?"妈妈告诉我："孩子有点发烧，喂他汤圆都吐了。"这时，我赶快引导他们往下发展情节，给孩子看病。"爸爸"到外面叫了一辆"面的"，和妈妈一起带孩子上医院看病去了。游戏一步步地深入，孩子的兴趣高涨，因此，教师在游戏中不仅是一个组织者，而且应是一个参与者，教师参与本身就能够提高孩子的游戏兴趣。

教师的因材施教，不仅提高了幼儿的游戏水平，还促进了幼儿其他方面的发展。高斯琦小朋友原来胆子小，平时很少说话，一说话就结巴，因怕别人笑话就越来越不爱说话了，只是一个人默默地在一旁玩玩具。我注意引导他多参加娃娃家等交往活动较多的游戏。一次，在玩娃娃家时，他扮孩子，我扮客人到他家去做客，他热情地招呼我："阿姨好，请坐，请喝茶，请吃水果……"看着他高兴的样子，就像变了一个人。由于经常受这一类游戏的锻炼，他发生了变化，能跟小朋友和老师交谈了，上课时还大胆地回答问题，也不结巴了。

当然，促进幼儿发展的方法有很多，但开展自选游戏，让幼儿在人为创设的"自然"情景下自由、自主地活动不仅是可行的，而且是有效的。

美工区的设置与指导

任晓燕

为了更好地发挥教师在游戏中的作用，这学期我重点对美工区进行了指导和研究。

一、空间和位置

足够的空间是开展美工区游戏的必要条件之一。以往，每当幼儿在游戏中发生纠纷，我们总认为是幼儿不对，而忽略了纠纷的原因。因为有一些原因是由于老师提供的游戏空间太小，幼儿身体互相接触过多，使幼儿之间的攻击性行为也增多。还有游戏设备放置、材料摆放是否合理，也会影响幼儿游戏的开展。为此，我在设置美工区时就注意了这些问题。我先用一个玩具柜将棋类区和美工区分开。空间的大小根据美工区的多变性、活动性来设置。幼儿在绘画和做手工时，动的机会比棋类的活动要多，所以棋类区占少半，美工区占多半。

依据美工区活动的分类，我将工具、材料分层放置。玩具柜的上层放绘画的纸张和彩笔；中层放粘贴用的材料彩色纸、开心果核、糖纸、电光纸以及编织用的电光纸条和皱纹纸条；下层主要放工具，如：剪刀、糨糊、糨糊盘及糨糊棍。通过分类安排放置美工区的材料和工具，减少了幼儿身体的互相摩擦，从而减少了幼儿之间的冲突。

游戏空间安排既相对固定，但也要根据活动内容变化，进行适当的调整。如：幼儿在制作纸盒汽车时，我就在美工区增设一个三角架，用于陈列幼儿的作品。幼儿对此很感兴趣，都积极认真地做汽车，并希望三角架上能有自己的汽车进行展示，从而激发了幼儿制作美工作品的积极性。

二、材料

游戏材料的提供与幼儿游戏行为有着密切的关系。给幼儿提供多种多样的游戏材料，幼儿在解决问题时就会表现出更多的发散思维。例如，一次，孙维小朋友在制作小汽车时，想用瓶盖作车灯，可不知怎样固定。以往，我们只给幼儿准备胶水或糨糊，这种做法无形中就给幼儿的制作过程套上了框架。这次我在提供胶水、糨糊的同时，还给幼儿准备了胶条、橡皮泥和大头针，让幼儿自己找出哪种方法更能将他制作的玩具粘牢，固定好。孙维看了看这些材料，先拿他所熟悉的胶水，将瓶盖粘上，可他的手刚一离开，瓶盖就掉了下来。接着，他又试了一次，还是没粘住。他看了看其他材料，想了一会儿，拿起了胶条，刚要贴又放下了。我问他："为什么不试试？"他说："贴上胶条车灯就不亮了。"接着他又拿起了一块橡皮泥，我问他："为什么用橡皮泥呢?”他说:“橡皮泥放在手里很粘手,我想它一定可以粘住瓶盖。”我见他那么自信就鼓励他试试。结果就像孙维想的,瓶盖粘住了,这也算是一种创意吧!

为了更有效地发挥材料的作用,我根据教育计划和主题活动,定期更换美工区活动内容,有计划地投放游戏材料。

9月～10月,以绘画和落叶粘贴为主。我为幼儿提供了纸张、糨糊、剪刀和压平的落叶,并在美工区展示3幅落叶粘贴画,既丰富了幼儿的感知,也有利于幼儿的想象力和创造力的发挥。这段时间最有特点的是符帅小朋友贴的划船小人,他用半片柿子树叶做小船,长条的柳叶做胳膊,还用杨树叶子剪了一顶小草帽。这说明适当地提供材料,有利于游戏的开展。

11月～12月,是以环保教育为主题的活动,开展利用废旧物制作玩具的活动,使它们变废为宝。这些游戏用的材料基本上是幼儿从家带来的:有旧挂历、可乐瓶、药瓶、纸盒等。在这段时间里,幼儿制作了很多漂亮的作品。孙维小朋友做了一个大坦克,中间是一个长药盒,下面是卫生纸心做的履带,上面还有个纸卷的炮筒。刘硕做的小电视可真漂亮,片子还可以动。她在一个正方形的纸盒中间剪了一个正方形的洞作为屏幕,再把两边各剪一个长方形的洞,用来放她自己画的电视节目,只轻轻一拉画片,画面就移动起来,小朋友都抢着看。孩子根据自己的想象与思考,创造了属于他们自己的作品。这不仅培养了幼儿的创造力、想象力,还培养了幼儿的钻研能力。

对游戏观察记录的分析

邹　萍

游戏在幼儿教育中占重要地位,为此我们开展了“室内自选游戏的开展与教师的指导”课题的研究。特别是采用观察记录的方法,为我们了解孩子的游戏情况提供了第一手资料。本学期我在指导大班游戏时详细记录22篇,现将记录情况简要分析如下。

一、本班幼儿状况分析

本班幼儿38人,男孩18人,女孩20人,37人为独生子女。中班时幼儿游戏水平较低，自我为中心现象比较严重，存在如下问题：不能充分使用玩具材料；幼儿之间交往少，不会一起玩，不懂谦让；教师不会指导，幼儿主体作用发挥不够。经过短短一学期的研究实验，幼儿的游戏水平有了明显提高，体现了游戏对幼儿身心发展的促进作用。

二、游戏观察记录情况及分析

我们对幼儿进行观察记录，包括区域性观察和一般性观察两类。区域性观察主要是对某一活动区里幼儿的游戏情况进行观察；一般性观察是对每个幼儿在游戏中的表现进行系统观察。这之中包括幼儿对游戏所持的态度、游戏之前的表现、目的性是否明确、持续时间、幼儿的言语表现和社会交往能力等等。我们根据大班幼儿特点，活动区开设了娃娃区、积木区、益智区、美工操作区、自然科学区、语言区等。之后，幼儿还自发地创设了医院、商店和学校。在累积的 22 篇记录中，区域性观察 15 篇，一般性观察 7 篇。这种观察记录于我是第一次尝试，开始有些不适应，但还是坚持下来，进行了详细的分析，收益很大。现从如下几点阐述。

第一，大班儿童在选择活动区时，男、女孩子所持态度不同，男孩子更喜欢积木建构区，女孩子更倾向于娃娃家和美工区，益智区男女孩子区别不大。

表 1　四个活动区中男女幼儿所去次数及比例

性别 / 次数、比例 / 区域	男		女	
	次数	比例	次数	比例
积木区	17 次	74%	6 次	26%
娃娃家	4 次	27%	11 次	73%
美工区	2 次	12%	15 次	88%
益智区	8 次	53%	7 次	47%

表 1 中数字表明了男、女幼儿选择活动区的倾向性不同，这与幼儿所处的环境、社会及家庭有一定关系。比如娃娃家是模仿家庭中的情况进行游戏，家庭中家务往往是妈妈做，在家庭中起主导作用；而建筑业一般是男性居多，所以男孩更喜欢积木区。

第二，从观察记录中可以看出幼儿游戏水平在不断提高，已由开始的不会交往合作到能协调伙伴关系，分享合作的快乐。

表 2　积木区 5 次观察记录情况

时　　间	建　构　内　容	合作情况
10月4日	龙庆峡、公园、地下通道	无合作
10月14日	天宁寺、生日蛋糕、动物园	无合作
10月28日	自然博物馆(集体参观之后)	多人合作
11月3日	大饭店及人类博物馆	多人合作
11月12日	电视发射塔及动物园	多人合作，出现评价，并与益智区合作

由此可见，幼儿在建构上由零散的、以自我为中心过渡到合作完成，说明他们的交往意识增加了，不但在游戏中学会了合作还出现了评价，并能与其他区域沟通。

第三，游戏中幼儿的创造性和解决问题的能力增加了。在观察游戏活动中，我更重视幼儿游戏的过程，而不仅仅是游戏的结果，及时了解幼儿的需要，为他们的活动创设条件。比如，我们在设立游戏区时没有医院这个活动区。一段时间后，娃娃家的“妈妈”高盈和“姐姐”关蓓对我说：“老师，咱们搭个医院吧，好给娃娃看病。”我忙表示赞许：“这个建议太好了，请你们想想怎么搭呢?”得到老师认可，孩子们很兴奋。他们马上一起筹备材料、选择地点，一个简陋的小医院出现了。随着时间的推移，师生配合，不断充实玩具材料，又出现了挂号室、内科、注射室和药房5个小窗口，最后出现了手术室。现在，这个医院不只是接待娃娃家孩子，还向其他活动区开放。

幼儿遇到困难或问题不会解决时，往往依赖于老师，长此以往会使孩子独立性减弱，依赖性增加。我觉得大班幼儿有能力而且应该学会自己解决问题，老师应尽量放手。比如，一次高淼小朋友想玩娃娃家的游戏，而这个区域的幼儿已满，不能再加人了。这时她走到我身边求助，希望我能帮她进入娃娃家。我说：“娃娃家已经够人了，你谦让行不行?”看着她渴求的目光，我不忍心破坏她的情绪，又说：“你自己能不能想个办法?”其他话我没说，只是注意观察她。过了一会儿，只见她又到娃娃家，对“妈妈”说：“我当你的同事行吗？我上你家做客，跟孩子一块儿玩吧!”“妈妈”欣然答应了。于是她很快进入角色，一会给孩子讲故事，一会又拉着孩子逛街，游戏自始至终没离开娃娃家。她的愿望满足了，也增强了她解决问题的能力。

自选游戏与促进幼儿良好个性的发展

李连荣

活动是幼儿实现身心和谐发展的桥梁。自选游戏为幼儿提供了活动的机会与条件。

一、自由、自主的活动给幼儿带来极大的快乐

在过去传统的教育模式下，一些幼儿不愿上幼儿园，其主要原因是幼儿园的环境和活动对幼儿限制过多、过死。活动室内就像小学一样摆满了桌椅，留给孩子的空间很少，幼儿每天玩什么游戏、玩什么玩具要由老师指定、分配，幼儿没有选择的自由，只能服从。为了扭转这一状况，我们进行了以下尝试：①为幼儿创设较宽敞的空间。我们把室内的桌子搬到活动区一部分，平时根据活动的需要由幼儿摆放桌椅位置，多数是分组坐的形式，以便于幼儿间自由、广泛的交往；②合理安排活动区的位置，充分利用周围原有空间环境，如阳台、楼道、睡眠室等；③活动区内玩具材料的摆放，便于幼儿取放和整理。如：我们把玩具柜分放到各活动区，玩具柜内贴有标记，每次游戏后，幼儿自己将玩具、材料按类收放好。到了大班，师生共同商议玩具摆放及活动区的规则。这样可以促进幼儿学会自我管理，增强自主性。

每天，幼儿来园后，除集体活动和户外活动外，其余时间就可以在活动室内自由选择自己喜爱的活动。由于活动区的材料是老师根据教育目标和不同水平的幼儿发展需要投放的，所以每个孩子都能感到满足和获得成功感，情绪是轻松愉快的。3年来，我班幼儿的出勤率始终居全园榜首。孩子们向家长提出的要求是：“早点送，晚点接。”

二、在自选游戏中，培养幼儿良好的自我形象

树立良好的自我形象，是幼儿自信心的源泉。心理学家认为：“自我形象的认识，大多数是从别人的态度中体会到的。”在幼儿园，老师对每个幼儿的态度和关怀至关重要，这就好比一面镜子。如果老师对某个幼儿感到可有可无，这个幼儿就会产生自卑感，缺乏自信心。因为每个幼儿都需要老师和周围的伙伴来注意他。活动区的自选游戏恰为老师提供了与每个幼儿交往、了解和关怀的机会。

李×小朋友个性较强，不善于用语言表达自己的心理，总是以一些不良的行动来发泄自己的情绪。这样的幼儿更需要老师的关心和引导。我观察到他喜欢玩棋，但又不会玩，所以无端地与别人发脾气。于是我主动教他下棋，随着棋艺的进步，他情绪也逐渐转变过来了。每天游戏时，他总来约我和他一起玩。小朋友们也转变了对他的看法，许多小朋友也约他一起下棋。李×对自己产生了自信，再也不发脾气了，而且在其他方面也有了很大进步。

大班时，我班转来一个女孩。她是一个较特殊的幼儿。由于她心脏做过大手术，大脑受到一定的影响，因此说话语无伦次，精神易兴奋，情绪不稳定，手眼不协调。她总是带着一种不服气的眼光、神态，去挑逗别人，给别人捣乱，经常把玩具扔一地，或乱摆乱放，使正常的游戏活动受到干扰。对于这样一个幼儿，我注重在活动区中与她自然接触和亲切地交谈来转变她的情绪。最初她带着怀疑的口气问我："老师，您干吗老和我玩呀?""老师喜欢你呀!"她突然捂脸大笑起来，嘴里叨唠着："喜欢我？喜欢我？真逗!"孩子的话道出了她的自卑心理，"在原来的幼儿园老师不喜欢我，小朋友也不喜欢我，嗯！我还不喜欢他们呢!"从这些话中我理解了她对大家不服气、无故发脾气的原因了，她的心理已失去了平衡。这时多么需要老师、小朋友的关怀和爱护啊！为了消除她心中的自卑，我主动与她交朋友，以爱心来待她。在游戏中我带她看小朋友们怎么玩，怎么收放玩具。由于她控制能力差，所以对老师讲过的要求，一会儿就忘光了。于是在每天的游戏中，我总是以角色的身分向她提出一个或两个要求。比如，在玩"幼儿园"游戏中，我扮演她的"妈妈"，并利用"接""送"她上"幼儿园"这一情节，强化她使用礼貌用语，并引导她与周围的老师、小朋友都要有礼貌，由于她的情绪处在积极状态，所以很容易接受老师提出的要求，她的情绪逐渐稳定了，而且也能心平气和地与别人说话了，走起路来也显得平稳了。这个小朋友的小肌肉发展不好，于是我引导她多参加手工操作、绘画等活动，并根据她自身的水平提供一些易掌握的材料，她感到了老师确实很爱她，因此对自己产生了自信心，并在自选游戏中逐渐克服自己的一些不良习惯，尤其是她的绘画能力提高很快。

总之，自选游戏不仅促进了个别幼儿自信心的形成，而且增加了老师对幼儿个性方面的了解，进而有针对性地进行指导，促进每个幼儿个性的发展。

在游戏中培养幼儿的协作行为

刘克勤

幼儿之所以喜欢游戏，是因为它的形式适合幼儿的心理特点，能够满足幼儿参与社会活动的愿望。幼儿通过模仿成人的劳动和与伙伴交往，进行创造性想象，反映和认识社会生活。

在游戏中，幼儿是活动的主体，他们自己提出游戏主题，自定角色，自选材料和伙伴，自己构思活动。在老师创设的良好的游戏环境中愉快地游戏。老师在活动中要注意观察了解幼儿的行为和心理表现，并进行有目的的指导，使他们在游戏中得到教育、知识和启迪。

幼儿在游戏中，经常发生这样或那样的问题，并为此争吵不休。对一个大班的孩子，不仅仅要进行品德教育，使他们懂得互相谦让，还要引导他们学习协调相互之间的行为，达到解决问题的目的。就是说，教师要注意对幼儿协作行为的培养。大班幼儿即将升入小学，这是幼儿生活中的大事。小学的生活环境和条件与幼儿园有许多不同，同学们之间要彼此认识，礼貌交往，要团结、不打架、互相帮助，这些都要求幼儿有一定的协作能力，以适应新的环境。因此，协作行为的培养，也应该作为幼儿入学准备之重要内容。

在游戏中，我们有目的地通过多种方法指导幼儿游戏，培养他们的协作行为。

第一，利用游戏规则诱发幼儿的协作行为。

规则的提出，不仅是为幼儿的活动提出要求，也是对幼儿行为及其游戏开展的一种暗示。如，在娃娃家，我们这样引导幼儿确立规则："小朋友在游戏开始前，要先商量，确定各自扮演什么角色，然后再游戏。爸爸和妈妈、孩子是一家人，每人都要关心家里的事情和家里的人，不能想怎么做就怎么做。"要求幼儿能提出自己想要担任的角色，并相互协商，用"一家人"将他们间的关系明确，暗示他们在行为上要有协作。

第二，教师主动加入幼儿的游戏，以自己的行为影响幼儿。

老师加入幼儿的活动中，可以激发幼儿的游戏兴趣，也为幼儿做出良好的榜样。如：一次，我在娃娃家当“妈妈”，邓辰当“爸爸”。早晨起来，我对邓辰小朋友说：“我给孩子穿衣服，你去买早点吧。”他回来后对我说：“我买了油条和豆腐脑儿，你们快来吃！”吃过早点，我看了一眼手表说：“哎呀，我要迟到了，来不及送孩子了！”邓辰说：“你快走吧，我去送他。你晚上一定要去接他！”……开始时，邓辰是被动的与我交往，后来就变被动为主动，协调我们之间的行为。

第三，在材料的提供上设置难题。

有一次在玩服装加工厂的游戏时，我出示了一种新裙子，吸引了许多幼儿，他们都跃跃欲试。我刚讲完制作过程，幼儿就争先恐后地做了起来。先钉扣子，然后装饰裙摆，到了最后要将裙布钉在拉直的松紧带上时，幼儿发现一个人是完不成的。这时，孙环小朋友对旁边的高盈盈说：“你先帮我抽一下松紧带，我一会儿再帮你。”经孙环一提醒，大家都互相协作起来，做成了一件件漂亮的裙子。渐渐地，他们发现一个人做太慢了，于是3个人一起做，一人钉扣子，两个人装饰，最后一步3个人一起完成。这样，每次游戏他们都可以做出好几条漂亮裙子。

第四，在游戏结束时进行评议。

不是每次游戏都是成功的，对于不成功的游戏，就需在小结时找出原因。如：在一次建筑活动中，由于几名幼儿没有统一意见，没商量好搭什么，游戏开始后很长时间，总也搭不出来。他们自己搭自己的，而且由于位置协调不好，搭的东西常被别人碰倒，于是就发生了争吵。我请大家一起找原因。“孩子”说：“应该先商量搭什么，才能开始，还要商量好位置。”“不能吵架，吵架不解决问题。”这样，在每个幼儿的头脑中增强了协作意识。在以后的游戏中，幼儿都是先商量搭什么建筑，然后选定位置并分工，吵架的现象不见了。

老师的指导并不限于以上几种，有时也是随机的。如：一次在娃娃家，张圆和周憧扮孩子，“妈妈”正在洗菜准备做饭，他们两个“孩子”却在地上打滚翻跟头，把布娃娃往天上扔。“妈妈”见了大声说：“你们哪像当孩子的，哪能把娃娃往天上扔，都吓着她了。回头告诉你们幼儿园的老师。”可是“妈妈”的话并没起到多大的作用，他们依旧那么玩。看到这种情况，我以幼儿园老师家访的形式来做客了。两个孩子见老师来做客，顿时坐在椅子上。我说：“今天我来看看你们在家里是不是像在幼儿园一样好，在幼儿园是老师的好孩子，在家里是妈妈的好帮手。”听了我的话，他们连忙说：“妈妈，我来帮您洗菜。”“妈妈，我来哄妹妹。”当“妈妈”提出的要求不起作用时，我巧妙地以老师身分家访，帮助幼儿明确身分，约束自己的行为，再加上积极引导，孩子与妈妈之间的角色行为趋于协调，能良好地协作，从而达到了老师指导的目的。

孩子的游戏是从重复模仿成人的简单动作，到反映成人的社会生活内容，从单独游戏到合作性游戏，这是随着幼儿年龄的增长发展起来的。幼儿的游戏更离不开老师的指导。但指导不是包办代替，更不是指挥命令，要在掌握幼儿身心发展规律和观察幼儿的行为基础上，较多采取间接的方式来影响游戏，引导幼儿行为，使教育的意图逐渐地、自然地转变为幼儿的愿望和动机，从而在积极游戏活动中得到发展。

如何开展中班建筑游戏

李连荣

建筑游戏是幼儿通过想象活动，创造性地反映现实生活的游戏，幼儿在游戏中，依照自己的愿望，自己设计，动手建造，实现构思。幼儿在自己设计和建造的活动中，训练了手部动作，养成了做事认真、能互相协商合作的良好行为，他们积极感觉知觉，思维能力得到发展，审美能力及创造力也有所提高。根据中班幼儿的年龄特点及其发展水平，我们注重从以下几个方面开展中班建筑游戏。

一、创设适宜的游戏环境

建筑活动中，大中型积木和空间环境的提供是十分重要的。以往开展建筑游戏时，教师只给幼儿提供一些整盒的积木，让幼儿自己拿到桌上或分别在各个角落去建造。由于场地和材料的限制，幼儿只能搭建一些品种单一的建筑物，不能更好地开动脑筋，发挥想象，自由地建造。而且，幼儿之间也不能很好地相互影响，搭建有创造性、更富表现力的建筑。因此，我们为幼儿扩大了活动的空间，创设了有利于积木游戏建构的较宽敞的场地。

二、提供充足的游戏材料

1. 增加辅助材料

我们为幼儿提供了大型积木、中型积木，还与幼儿一起，收集了大量的废旧玩具材料进行游戏。如：易拉罐、旧电池、饮料瓶、纸盒玩具、上色三合板、皱纹纸花、挂历纸棍等。五颜六色的易拉罐，被幼儿用来做道路隔离墩、路灯、楼房支柱、电视天线、汽车轱辘等；幼儿用高矮不同的易拉罐进行拼摆组合，在堆高时考虑平衡、匀称、稳定，排列时考虑对称。简单的废旧物品到幼儿手里，变成了多功能材料，创造出多种玩法，充分发挥了幼儿的想象力、创造力，对幼儿感知觉及思维能力的发展起到积极作用。

2. 按类取放游戏材料

在建筑区，有那么多的玩具材料、废旧物品，如果无规律地乱放，不利于游戏的开展。根据中班幼儿的年龄特点，我在玩具柜上，按照中型积木的形状，贴上了几何图形的标记，使幼儿按类取放各种积木，正方形的与正方形的放在一起，长方形的与长方形的放在一起，各种废旧可乐瓶都整齐地码放在幼儿装饰过的大纸盒里，罐头桶则按大小高矮标记，排列在玩具柜底层。

游戏材料的按类摆放，不仅培养了幼儿按类取放物品，不乱放玩具的良好行为，使建筑角长期保持整齐，富有条理，从而便于取用进行建造，同时，还可促进幼儿数形概念的发展。

3. 丰富游戏的材料，提高游戏兴趣

中班幼儿应具备一定的安全常识，懂得有关的交通规则，应配合集体教育内容对幼儿进行交通安全常识教育。因此，在制订一个阶段的游戏计划时，我们考虑对建筑区重点引导幼儿开展“红绿灯”游戏。开始，幼儿只能用大积木摆放出马路、十字路口，用小积木搭出人行横道，但游戏内容不能扩展，游戏兴趣不是很高。根据发现的问题，我及时丰富了“高速公路”拼插玩具，它可以拼接成四通八达的交通道路，幼儿的兴趣一下子高涨起来，争先恐后地说出自己的设想：“老师，它可以拼成立交桥，立交桥上有双层汽车、高级轿车、面包车。”“老师，我家有好多小汽车，我把它带来，放在立交桥上。”“教师，我家那边的立交桥，下面还有草地、花园、（还有）敲锣打鼓、跳扇子舞的呢！”……

游戏材料的丰富，使幼儿游戏的积极性大大提高，他们开动脑筋，积极回忆自己的生活经验，游戏内容一下子丰富起来。在游戏中，幼儿互相协商，分工合作共同建造。有的用大型积木建楼房，有的用中型积木建花园，还有的用拼插材料拼交通道路。一条条的公路绕过花园、草地，向高层建筑延伸，一辆辆的汽车在桥上、桥下奔驰……经过幼儿动手动脑，积极地思维创造，优美的城市风光呈现在大家面前。幼儿不仅通过游戏，巩固了交通安全常识，还创造出一幅幅布局合理的城市景象。

三、丰富印象，积累素材，开展游戏

丰富幼儿对物体及建筑的印象，对开展好建筑游戏是十分必要的。中班幼儿有了一定的观察能力，能够区分物体的主要特征，教师可以通过带领幼儿参观、游览、观看电视节目、欣赏建筑图片等形式，引导幼儿有目的、有计划地观察、积累素材，丰富印象。

目前，北京的高级饭店很多，幼儿建筑时很爱搭饭店，但往往搭的只是一座座漂亮的高楼，其他辅助设施较少。因此，我们请爸爸妈妈配合，引导幼儿在回家的路上注意观察，或到一些大厦、饭店中参观。同时，我与幼儿一起在建筑区墙壁上贴出了几张漂亮美观的饭店内景图片，引导幼儿观察饭店整体布局，明确饭店的高楼有各种形状的：有单独一幢楼的，有一高一低两幢并在一起的。除主楼之外，还有许多辅助设施。幼儿在观看图片、谈话、参观、讨论的过程中，丰富了印象，积累了素材，以后再搭饭店时，就可以比较得心应手地建造出各式各样的高楼，以及雕塑、走廊、花园、喷水池，还有茶座等辅助设施。

四、培养幼儿有目的、有计划的建造

建筑游戏，为了实现幼儿反映现实的愿望，需要动脑筋，构思设计游戏主题，用积木一块一块地建造，每搭一块积木，都包含着幼儿的一种期待感。有些幼儿建造时目的性不强，就不能有始至终地完成自己的工作。因此，需要教师引导幼儿有目的、有计划地进行建造。

根据游戏计划，在游戏之前，我启发幼儿联系已有的印象，考虑建造北京城的什么地方。经幼儿协商决定，搭建地铁站。幼儿设计了建造的主题内容，头脑中有了印象，就可以有目的地集中注意力，自始至终认真地建造。减少了游戏的盲目性，培养了幼儿做事认真，坚持到底的良好行为。

五、欣赏建筑成果，提高审美能力

幼儿在有目的、有计划地建造之后，有了共同创造的成果，就要向大家做介绍了，这也是我班幼儿游戏后最高兴的事。

夏天翔先向大家介绍：“我们搭的是火车站。我是和陈云龙、常一鸣、刘柏洋一起搭的。这是我搭的山洞，火车从山洞里钻出来，呜呜地开走了。这个小房子是休息室。前边路上还有红绿灯，这个杆一落下，人和汽车就不能过了。过去就该让火车撞着了。”

“老师，这个北京站是我和刘柏洋搭的，您看漂亮吗?”陈云龙兴奋地说：“火车开到我们这里就不走了。这是停火车的地方，这是北京站的大钟。”

常一鸣不慌不忙地说：“今天我们搭的是美丽的火车站。一列一列的火车钻过山洞，开到火车站，把大家送到北京来。欢迎客人们到北京来。”

幼儿在向同伴介绍作品的同时，发展了语言表达能力，体会到了成功的喜悦，得到了老师与小朋友的夸奖。其他幼儿在欣赏作品的过程中，也受到了启发，丰富了印象，提高了审美能力，增强了自己亲自动手参与创造活动的愿望。大家在共享成功的喜悦中，激发了再创造的愿望。因此，欣赏讲解建筑成果，是开展建筑游戏，提高游戏水平的重要环节。

自选游戏是促进幼儿个性健康发展的重要手段——大班幼儿自选游戏的开展与指导

单银雪

孩子生下来无知无识，没有什么能力，他们的成长需要甚多，总的概括起来就是“发展个性”。个性是如何发展的呢?是否独来独往就可以尽量发展了呢?是否长大以后就可以发展，无须外力的启发呢?我们知道鲁滨逊孤居荒岛的故事，他的个性必定难以得到发展。那么，个性将通过怎样的途径才能发展呢?

以往幼儿园的教学多采取集体讲授方法，严格按教学大纲进行，为每个孩子提供同等的知识，这种方式可促进班内整体水平逐步提高。然而却忽略了幼儿个体差异，不利于因材施教，且忽视了幼儿的主体地位，抑制了他们的兴趣和情感的发展。

以往的角色游戏或是由教师凭主观意志去组织活动，或是放任自由，因而常常出现室内一团糟，玩具遍地是的现象。这样做忽视了幼儿的自主性，特别是创造性的发展。

随着对《规程》理解的逐步深入，在北京师范大学张燕老师和《学前教育》杂志社姜维静老师的帮助指导下，我们认识到了“游戏是幼儿的基本活动，通过游戏发展幼儿的个性”的真正内涵。游戏既包含幼儿认识的需要，也包含幼儿情感的需要。自选游戏可以使幼儿在自由、轻松、愉快的气氛中选择游戏，在游戏中让幼儿得到最大限度的发展，从而达到通过游戏发展幼儿个性的目的。

首先，我们与家长配合，共同了解幼儿、教育幼儿。

幼儿园与家庭是幼儿的生活和成长环境，二者作为有机整体影响着幼儿。因此，幼儿园与家庭之间应该密切配合，共同了解幼儿，教育幼儿。开学初，我们就每个幼儿的实际情况从认识、交往、能力、情感等方面向家长做了汇报，并通过《家园联系册》向家长交换意见，征求建议等，使老师与家长对幼儿有一个全面整体的认识，从而更有效地、有针对性地教育幼儿。

高雅是一个聪明、懂事、性格内向的小姑娘。平时，她只与班上几个小女孩在一起，从事一些安静性游戏。积木区、娃娃家她很少光顾，因而影响了她的社会性发展。我们向高雅的家长介绍了她的情况，高雅的家长非常感谢老师细致、耐心的工作。在回执中这样写道：

“高雅在家接触的人不多，由于家庭的宠爱，有些唯我中心。幼儿园对于培养她的道德，学习与人的交往是非常适宜的。我们希望与老师之间能密切配合，共同教育好高雅 。”

别的家长也是这样，在每一封回执里，字里行间里都流露着家长对孩子的期望，对老师的渴望。期望着孩子能得到全面健康的发展，渴望着老师辛勤的播种、耕耘。从家长的期望中，我们深刻体会到自身所承担的重要责任和工作任务。幼儿园与家庭之间只有形成一个有机的整体，才能更好、更全面地了解幼儿，为教育幼儿奠定基础。

其次，在自选游戏中，通过老师有针对性的指导发展幼儿个性。

个性的发展需要良好、和谐的环境，而游戏恰恰是这二者完美的结合。游戏是儿童喜欢的，儿童的生活就是游戏，我们应该利用儿童这种强烈的活动动机诱导他们，使他们在自由、轻松、愉快的气氛中去生活，去探究、去创造，从而促进幼儿个性健康发展。

我们所说的“自选游戏”是教师充分考虑到幼儿的兴趣，让他们自由选择游戏活动方式，并在幼儿园与家庭相互沟通、了解每个孩子的基础上，在充分满足他们的兴趣的同时，对游戏加以周密的组织和巧妙的引导。

自选游戏使幼儿情绪愉快，不受约束，这种气氛有助于他们进行积极的探究活动。在游戏中他们会出现各种各样的行为。有的是积极的，有的是消极的，有的是情感方面的，有的是能力方面的。孩子们无意识反映出的各种行为，是我们更好地指导幼儿，有针对性地引导幼儿的必要前提。白雪峰在一次自选游戏中竟然参加了5种游戏区的活动。这说明他还不会按自己的意愿去独立完成某一件事情，这边瞧瞧，那边看看。我就针对他这一问题进行指导，帮助他选择游戏内容，如：请他先想想自己要玩什么，喜欢哪种玩具或游戏中打算怎么玩等。他在老师的启发下，增强了行为的意识性和兴趣的持续性。

在幼儿自由选择游戏方式的同时，我们做好充分的游戏准备，除了物质准备以外，还要对活动过程做好计划，并充分估计可能出现的问题。这样，教师才能在幼儿自选游戏中有目的、有意识地指导他们。

苏昊小朋友在平时的活动中攻击性行为较多，我们在做计划时就引导他从事一些安静性游戏，例如：图书区，棋区。

在游戏活动中，我们还给幼儿恰当的示范和巧妙的引导。使幼儿产生更高水平的游戏行为，激发新需要，并避免幼儿由于感到困难而降低游戏的积极性。同时，把握游戏方向。活动中还注意设置问题情景，鼓励他们有独特的看法和丰富的想象。如在美工区，教师示范用蛋壳做脸谱之后，马上提问：“用这只蛋壳还可以做什么玩具？”启发幼儿的创造思维。

在教师指导方面，观察记录中有这样几则：

“李成逊平时创造性较差，今天他在益智区插了一只两层的轮船，这时我问他：‘这只船没有栏杆，人掉下来怎么办？’他连忙加了几根栏杆，船更像了。但他不满足，又想办法装饰船，使它更美观……

“郭莉叶是班上能力发展一般的幼儿。今天，她选择了美工区进行绘画，我问她画的是什么。她告诉我：‘今天是妈妈的节日（三八妇女节），我想送妈妈一个节日礼物。’我又问她：‘爸爸这时想妈妈怎么办？’她告诉我：‘那我再做一个照相机，给妈妈照好多照片，然后把照片寄给爸爸。’（因为叶子的爸爸在国外工作)。”

“高伟忱是班上发展较好的幼儿。今天,他与3个小伙伴一起用积木建了运动场,他自任小组长,并组织其他3名幼儿一起活动。他们建好运动场之后,我问他:‘运动场里的这么多人,他们是怎样到这里来的呀?来这里干什么呀?’他连忙同伙伴一起商量,搭了二环路,二环路上有正在赶路的行人,有行驶有序的大大小小的汽车。不时,还能看见几名警察。”

第三,把有计划的指导影响和随机教育结合起来,更好地促进幼儿发展。

有计划的指导是促进幼儿游戏活动质量的关键,随机教育则是计划教育有益的和必要的补充。在教师制订游戏计划、有目的地指导游戏时,幼儿可能表现出计划外的行为。这就需要随机给予指导。4月第二个星期,我在写语言区的游戏计划时是这样写的:“引导幼儿通过看图讲述,增强他们的口语表达能力。”游戏中我看到幼儿在看图讲述的基础上,出现了“小学校”的主题,幼儿以这一主题和相应情节进行续编故事,我没有阻止,而是注意观察并因势利导:“高颂你这个小老师带着你的学生进行活动,要让他们遵守纪律,认真听讲,多学本领呀。”引导高颂小朋友增强角色意识,她学着老师的样子认真组织活动。“吕菲请你举手回答问题,声音再大点……”我又在适当时机建议:“高颂老师,你不能让你的学生总是坐那儿学习呀,他们的身体也非常重要呀。”于是,高颂带着她的“学生”去户外进行锻炼,有集体广播操、游戏,还有分散活动呢!“学生们”玩得很开心。此后,语言区的幼儿也都竞相玩“小学校”的游戏,并且每次都有与上次有不同的地方。对于幼儿游戏中自发出现的主题、情节或活动形式,教师应该给予随机相应的指导。激发巩固幼儿的兴趣,促进游戏的深入和活动质量的提高。

总之,教师在游戏中要随时抓住教育契机,给予有针对性的指导。使计划教育与随机教育巧妙结合,更好地促进幼儿个性的发展。

自选游戏给幼儿快乐、经验、学识、思想、健康,是促进幼儿个性发展的重要途径,同时也是重要的教育手段。在人类社会飞速前进的时代,“生有涯,知无涯”,教育应该努力促进幼儿的自主性,注意培养良好的个性,使他们能主动探索知识,形成良好习惯,成为有创造性的一代新人。

自选游戏中的个性化教育

李连荣

游戏，是幼儿最喜爱的活动。儿童的天性决定了他们是游戏的天然构创者，他们聚在一起，就会自发地、随意地产生游戏活动，但这种自发的游戏活动给幼儿身心发展所带来的客观结果，具有极大的偶然性和盲目性，而教育是一个有意识的培养过程，它是通过对幼儿施加影响来促进其身心发展的。

《幼儿园工作规程》中明确提出："应充分尊重幼儿选择游戏的意愿。""为幼儿提供充分活动的机会。"而自选游戏充分体现了《规程》的这一基本思想。

自选游戏，是指在一定的时间、空间内设置各种活动区，为幼儿提供各种丰富的游戏材料，幼儿可以根据自己的兴趣、能力、意愿选择游戏，这就为他提供了成功的机会。又因为活动区游戏是自选的，所以幼儿可以自我调节需要，保持愉快的情绪，主动参与活动。同时，自选游戏又渗透了教育目的要求，是有目的的教育影响过程，可以引导幼儿行为的方向性，实现教育目标。

苏霍姆林斯基说："让每个孩子都抬起头来做人。"

如何在活动区中开展个性化教育，促进每个幼儿身心和谐发展呢？在幼儿和谐发展教育实验课题组指导下，我们进行了以下的尝试。

一、在活动区中观察了解幼儿

观察幼儿，可以为我们提供真实、具体的信息。老师只有首先掌握了每个幼儿的发展水平，才能有针对性地进行个性教育。为此，在学期初我们重点在各个活动区和日常生活中，对全班每个幼儿进行了以下几方面的观察记录：行为目的性、行为规则、语言表达能力、交往能力、运动能力、活动兴趣、持续性、生活能力等。经过观察、分析，我们对班上幼儿总体发展水平和每个幼儿的发展水平有了一定的了解，从而纠正了过去老师对某些幼儿的偏见或模糊印象。比如，在那些能力强的"好孩子"身上，老师发现了他们的许多弱点及偏面发展的倾向；对于能力差的、比较淘气的幼儿，老师则发现了他们许多不易被人发现的可贵长处，即闪光点。

另外在游戏观察中我们还发现男、女幼儿游戏水平、兴趣和操作能力等发展不平衡，以及幼儿之间的个体差异等。

中班幼儿已由“自我中心”开始向“社会中心”转化。他们对周围的一切事物开始产生了探索的兴趣，好说、好动、爱管别人，所以同伴之间易发生争吵及行为问题。

针对以上普遍存在的问题，我们首先加强了在活动区中规则意识的教育，并注重在活动区发挥同伴间的教育作用。

二、在活动区中发挥同伴的相互作用

儿童个性的发展和儿童社会化都离不开人与人之间的相互联系和相互交往，这种相互作用就童年期来讲，主要体现在以下两方面：儿童与父母之间的相互作用、儿童与同龄伙伴之间的相互作用。儿童在一起相互模仿，互相学习以及互相评价，使他们的社会性、自我意识、自我形象及自尊都得以逐渐建立和发展起来。简而言之，同龄伙伴的关系对儿童个性的发展和儿童社会化过程都起着重要的促进作用。那么如何在自选游戏中体现伙伴之间的教育作用呢？

根据观察结果，我们把幼儿的表现作了分析归纳，针对幼儿的不同表现进行了有针对性的指导。首先，我们对那些游戏持续性差、目的性不强、游戏水平较低的幼儿采取了“以强带弱”的方法，比如：李根、阎鹏、马辰龙、阎雷、徐达等小朋友，由于他们游戏水平较低，操作能力差，所以他们在哪个活动区都玩不好，他们较多选择的是益智区玩具，但是又插不出什么东西来，取而代之的就是打闹和乱串。针对这种情况，我首先带他们去欣赏别人制作的玩具作品，从而诱发幼儿与同伴共同游戏的兴趣，同时又鼓励能力强的幼儿主动与他们游戏。环境及教育作用是很重要的，由于能力强的幼儿的行为影响着他，玩具作品又吸引着他，所以他们也很快动起手来操作，每当我来到这些孩子们身边时，他们都是带着成功的喜悦，争着让我来观看他们插的玩具、搭的积木等。这些孩子们，在同伴的影响下得到了成功的乐趣，建立起了自信心，这对他们的个性发展起到了积极的作用。

另外，对于新插班幼儿也采取了同样的方法，并且收到了良好的效果。周朝是一个长相文静的小女孩，在家里养得非常娇，从不走出楼门，更提不上与伙伴交往了。所以她来到幼儿园后表现更是缩手缩脚，即使在自选游戏时她也不敢主动参加到活动区去。“谁来和周朝游戏？”“谁来做周朝的好朋友？”在我的倡导下，大家争着带周朝去玩。我有目的地选择了几个幼儿，这样通过伙伴间的影响，周朝很快适应了新环境，并在游戏中与大家自然融为一体，在玩中学到了新本领。她不但非常爱幼儿园，而且各方面都发生了很大的变化。

积木区游戏对幼儿是一项十分有益的活动。幼儿通过建造活动，促进着感觉、知觉和思维的发展及动手操作的能力。

由于积木游戏能构成具体的物体，使幼儿可以看到自身行为或活动的结果，从而体验成功与自信，因此积木区对幼儿很有吸引力。

然而，我班积木区经常被一些能力强的男孩子占领，他们构建水平越来越高，但也造成了个体之间的差异越来越大。因而，对那些想玩又玩不上，到失去信心，导致索性不玩的幼儿来讲，长期下去对他们的个性发展是一种损失。另外，女孩子对“娃娃家”、“医院”、美工制作感兴趣，所以也造成了女孩子的片面发展。针对以上这些问题，我采取了大家轮流参加的方式，在幼儿自选的基础上我对各区人员配备上给以调整，如男女幼儿搭配，能力强弱搭配等，改变了积木区的状况，提高了全班幼儿的游戏兴趣，促进了幼儿不同个性的发展。

三、家园配合是促进幼儿个性发展的重要因素。

幼儿教育不等于幼儿园教育。《规程》中第四十七条指出：“幼儿园应主动与家庭配合，帮助家长创设良好的家庭教育环境，向家长宣传科学保育、教育幼儿的知识，共同担负教育幼儿的任务。”家园配合是双向的需要，是幼儿个性的发展需要，家园的教育应该是一致的，这样才有利于幼儿个性发展。因此，在开学初我们把老师在游戏活动中对幼儿的个案观察记录和需家长配合的建议，一个个抄写在家园联系本上，发给每位家长，让家长了解幼儿的发展水平，增加了双方配合的透明度。然后我们再让家长反馈回幼儿在家的表现，征求家长的意见，并通过家长园地，老师与家长的个别交谈等方式，引导家长重视游戏对幼儿个性发展的重要性，我们还利用开放日让家长观看孩子们的游戏情况，展示玩具作品等。

由于我们采取了以上措施，家长能有目的地配合，并且对自己孩子的不良行为习惯给以了重视。比如张雪家长反映："老师的观察很细，很客观，张雪在家也是这样，做事磨蹭，不爱收拾玩具，任性等。以前我没当回事，只想长大了自然就好了，现在看来这种想法是错误的。从现在开始我一定配合幼儿园教育……。"经过一段时间的配合，加上老师有意识地在活动区中正面引导，使张雪发生了很大的变化，她再也不是小磨蹭了，张雪不但做事快，而且她的整个心态在发生着变化，她对自己有了自信心，有了积极上进的愿望。

实践表明，自选游戏能够促进每个幼儿个性的和谐发展。

游戏科研的开展与教师队伍成长

郝杰兰

为了进一步贯彻落实国家教委颁布的《幼儿园工作规程》，探索幼儿教育改革的新路，提高保教质量，促进幼儿身心和谐发展，从 1991 年 9 月开始在崇文区光明幼儿园进行了"幼儿园自选游戏的实验研究"科研活动，至今已进行了 3 年。参加实验的班级是小一班、中一班和大一班，每年同时在 3 个不同年龄班内开展这项实验活动。这样，3 年内共有 5 个教学班参加实验，共有 11 名教师曾经参加该课题组的实验研究活动，占全园教师总数的 55%。此课题实验研究方案的实施过程是新的教育观念和教育理论同幼儿园教育改革实践相结合的过程；是教师的政治思想素质和业务素质全面提高的过程；也是强有力地促进幼儿身心和谐发展的过程。总之，3 年来课题组老师的辛勤劳动，取得了可喜的收获。下面我们主要就游戏科研的开展与幼儿园教师队伍的成长向大家作个介绍。

一、开展游戏科研促进了教师教育观念转变

在实施游戏实验方案过程中，课题组首先培训了全体参加实验活动的老师。主要是通过学习理解《幼儿园工作规程》和有关的教育理论，更新观念。树立"以游戏为幼儿园的基本活动的观点"，把游戏作为促进幼儿体、智、德、美全面发展的重要手段，充分认识幼儿游戏活动的教育功能，明确游戏活动的开展与实现教育目标的关系。参加实验活动的老师们经历了一个观念上的

转变过程。过去大家总是摆脱不了旧的传统教育观念的束缚，存在着重上课轻游戏的倾向，忽视游戏活动在幼儿身心发展过程中的价值。表现为：开展游戏活动时无目的、无计划；对幼儿游戏活动干预过多，限制过死；以教师为中心，按教师意愿开展游戏活动，全班的游戏活动成了教师导演的一台戏。后来发展到在游戏中幼儿可以自选伙伴、自选内容、自选玩具、自由取放玩具，这在一定程度上给幼儿开展游戏松了绑。但是，游戏活动与教育目标脱节，又变成了“放羊”，仍然是无目的、无计划、无指导，仍然没有有效地发挥游戏的教育作用。通过培训，教师们提高了认识，转变了观念，明确了游戏活动是最符合幼儿生理和心理特点的学习手段，游戏活动要为实现教育目标服务。由于认识提高了，观念转变了，老师们对游戏活动的开展，思想上重视了，把它放在重要的位置上，并注意用心指导幼儿的游戏活动，不断提高幼儿的游戏水平，深化游戏活动的内容。

二、开展游戏科研促进了骨干教师队伍的形成

首先，科研活动的开展，激发了教师的探究精神，使大家更热爱自己所从事的幼教事业，更热爱孩子。尽管带科研班要比带普通的班付出双倍的劳动，但是在课题组指导老师的精心指导下，老师们各方面进步很快，3 年中有两名科研班的老师被党组织发展入党，有 4 名老师获得先进个人荣誉称号，有两名老师被提升为主管教育教学工作的管理干部。

另外科研活动的开展促进了教师们教育教学水平的提高。特别是对游戏的指导方面，取得了一定的经验。围绕有关专题，科研班的老师撰写的论文有十余篇在报刊杂志上发表。在对幼儿游戏的指导方面归纳起来有以下几个方面的提高。

第一，教师为幼儿创设游戏条件。其中包括创设优化的游戏环境。首先为孩子开展游戏创设最佳的精神环境，教师爱孩子爱事业的高尚情操、和谐民主的师生关系、愉快宽松的班内气氛是幼儿开展游戏活动必不可少的条件。另外，在不同的游戏活动区域内布置不同的画面，为孩子开展各类游戏活动营造相应的气氛，激发幼儿开展游戏活动的兴趣和积极性。除了营造精神环境外，老师更注重为孩子开展游戏创造物质环境，如为孩子提供充足的游戏时间，调整一日作息制度，每天保证孩子上、下午各有一小时开展自选游戏活动的时间。开辟扩展游戏空间，把活动室、卧室、走廊充分利用起来，便于开展各项游戏活动；为孩子提供丰富的游戏材料，大量清洗干净的无毒无害的废旧包装、旧挂历、冰棍棍、石子、沙、水，便于孩子动手摆弄，还准备大批半成品和必要的工具便于孩子动手操作。

第二，丰富幼儿知识经验。幼儿的游戏内容是其自身知识经验的反映。因此要提高游戏水平就必须以“大自然、大社会”为课堂，不断丰富幼儿的知识经验。如组织幼儿去公园游览，观察动植物形态变化，欣赏园林中精美的亭、台、楼、阁等建筑，为幼儿照顾自然角、绘画，开展积木区游戏丰富了印象。为了深化建筑游戏和角色游戏的内容，带幼儿去马路旁、铁路旁观察各种交通工具的性能、形状，警察指挥交通的情景。去幼儿园内部的厨房、外面的饭馆、邮局、银行、理发馆、农贸市场、百货商店、副食店等处观察成人劳动，认识人与人之间的关系。注意引导幼儿回忆已有的知识经验。如教师使幼儿回忆家长带孩子看病时的经历：看病程序，医生、护士、病人及病人家属之间的交往等，利用一切可以利用的机会丰富孩子的知识经验。

第三，教师参与游戏，激发幼儿游戏兴趣。由于幼儿崇拜老师又极易接受暗示，因此当老师有目的、有计划的参与某个活动区游戏时，孩子们非常高兴，很愿意和老师一起玩，并且游戏时间也更持久。老师在参与游戏活动时首先是要做到“忘我”，放下教师的架子和以往的权威身分，以和幼儿平等的“普通一兵”的身分同孩子一起充当某个角色，自然地同孩子们融为一体，这样更便于观察了解每个孩子的游戏水平及各方面的发展水平，同时又给孩子们开展游戏起到示范作用，不断提高孩子的游戏水平，深化游戏内容。

第四，因人施教促进发展。游戏中教师根据每个幼儿的身心发展水平，帮助幼儿丰富游戏内容，指导角色去完成“自己的职责”，使幼儿能创造性地反映现实生活。教师善于在游戏中观察在孩子们之间发生的矛盾和困难，帮助孩子们提高组织能力、合作能力、自控能力和解决问题的能力，从而实现教育目的。如中一班有个小朋友口齿不清，语言发展迟缓，老师启发他去食品店当售货员，目的是给这个孩子创造一个说话的机会，老师当顾客，给他出难题，非要买食品店里没有的东西——打油。这孩子动脑筋想办法，于是他走出柜台，到“万宝箱”抱来几只大雪碧瓶子，走到这位老师跟前：“我替您打来了油，我给您送货上门。”老师当场表扬了他，这孩子可高兴了。以后玩游戏时特别爱当售货员，语言发展水平明显提高了，遇到事情也会动脑筋想办法克服困难。

第五，教师善于评价游戏，及时鼓励孩子的创造力。游戏结束时及时小结，教师评价游戏的依据是看幼儿通过游戏活动是否实现了教育目标。具体讲就是对幼儿角色的扮演、游戏的情节、玩具材料的使用是否有创造性等等。对表现突出的幼儿或进步明显的幼儿进行鼓励。评价是深化游戏的重要环节。

总之，开展游戏科研有力地促进了教师全面素质的提高，3年来本课题组的成员有两人评为小学高级教师，有一人破格评为中学高级教师。

游戏科研的开展促进了光明幼儿园办园水平的提高。随着实验活动方案的实施，幼儿园及时推广科研成果，园内其他班的老师经常观摩实验班的游戏活动，为各班的游戏活动的开展起了很好的示范作用。目前“以游戏为基本活动，促进幼儿全面发展”已成为光明幼儿园的办园特色。孩子们在玩玩乐乐中轻松愉快、生动活泼地学到知识，开发了智力，学会了与人交往，发展了个性心理品质，幼儿的素质明显地提高。孩子热爱幼儿园，热爱老师、小朋友，他们每天都高高兴兴来到幼儿园，看到孩子们的进步，家长们很高兴。可以肯定地说：游戏科研的开展，促进了光明幼儿园保教质量的提高，收到了良好的社会效益。近年在大多数幼儿园面临着生源不足的情况下，光明幼儿园生源滚滚而来。家长们愿意把孩子送到光明幼儿园来。这有力地增强了幼儿园在社会主义市场经济条件下的竞争实力。

三、谈几点体会

第一，幼儿园科研活动的开展为教师提供了学习机会，通过指导老师亲临现场精心指教，集中培训讲课辅导，课题组的老师们提高了理论水平和教育教学能力；通过组织外出参观开阔了眼界，吸取外单位好经验，老师不断增长才干。

第二，游戏科研的开展为教师显露才华提供了机遇。由于科研班经常接待课题组指导老师的观摩检查以及来自本市及全国各地幼教同行的参观指导，锻炼了教师队伍，为老师们实现个人价值、显露各自的才干提供了机会。参加教育科研的积极性越来越高，从不把科研活动作为负担，很珍惜课题组给她们提供的这一机会。

第三，科研活动的实践培养了教师们无私奉献的精神，大家一心追求的是为幼教事业做出自己的贡献，从不受金钱的诱惑。特别是指导老师们对幼教事业的强烈的事业心、责任感以及对学术上的探究精神深深感染了光明幼儿园这支年轻的教师队伍，指导老师们严谨的学风、无私奉献的精神为青年教师树立了好榜样，激励她们立志做一名又红又专的幼儿教师。

第四，游戏科研的开展使我们认识到：科研并不神秘，只要持之以恒，克服困难，坚持数年必有好处。

主要参考资料：

1.《学前教育学》，黄人颂主编，人教社，1989。

2.《学前教育学原理》，卢乐山主编，北师大出版社，1991。

3.《学前儿童的因材施教》，〔前苏联〕科瓦尔楚克，北京少年儿童出版社。

4.《现代育儿百科知识》，第十一章、第十三章，中国青年出版社，1989。

5."游戏在儿童早期教育中的价值"，〔美〕B·D·戴伊，选自《学前教育参考资料》（下），黄人颂编，人教社，1992。

6."游戏的发展性价值"，〔美〕克拉拉·S·舒斯特。（同上）

7."游戏"，〔英〕凯·加维。（同上）

8."在游戏中发展幼儿的创造力"，〔美〕安·亨德里克。（同上）

9."儿童游戏材料和游戏环境的标准"，〔芬兰〕苏塔玛。（同上）